영어권 탈식민주의 소설연구

한국현대영미소설학회

신아사

간행사

한국현대영미소설학회는 1992년 창립 이래로 20세기 이후 영국소설과 미국소설 분야의 주요 작가 및 작품들에 대한 회원들의 다양한 연구 결과물들을 묶어 단행본으로 출간하는 작업을 지속해왔다. 2002년 발간한 『20세기 영국소설의 이해 I』(홍덕선 편, 신아사)를 필두로, 2003년 『20세기 미국소설의 이해 I』(박정오 편, 신아사)을, 2005년 『20세기 미국소설의 이해 II』(이소희, 김진경 편, 도서출판 동인)를, 2006년 『20세기 영국소설의 이해 II』(박진임 편)를 발간한 바 있다. 또한 2005년 이후부터 본격적으로 영어권 작가 중심의 연구서를 기획하여 <현대영미소설 작가 총서> 시리즈를 발간하였다. 그리하여 2007년 제1권으로 『토마스 핀천』(박은정, 박인찬 편, 도서출판 동인)을, 2009년 제2권으로 『토니 모리슨』(김미현, 이명호 편, 도서출판 동인)을 발간하였으며 이 두 권은 각각 그 해의 문화관광부 추천 우수학술도서로 선정된 바 있다. 그리고 2012년 6월 이 시리즈의 제3권으로 『조지프 콘래드』(왕은철 편, 도서출판 동인)를 발간하였다. 그러므로 이제까지 학회에서 발간한 단행본들은 주로 미국과 영국에서 활동한 작가들과 두 국가 내에서 쓰인 작품들만을 대상으로 하였다. 이러한 점을 고려할 때 이번에 발간되는 『영어권 탈식민주의 소설연구』는 최근 영어권 소설 연구 분야의 탈식민주의적 비평 관점을 반영하는 동시에 영어로 쓰인 전 세계 작품들을 연구 대상으로 하고 있다는 점에서 주목할 만한 저작물이다.

오늘날 전 세계가 영어를 언어적 매개로 하여 소통되고 있다는 현실을 감안할 때 이 단행본에서 보여주고 있는 영어권 작가들의 소설 작품에 대한 탈식민주의적 연구는 미시적, 거시적으로 매우 중요한 연구결과물이며 보다 주의깊고 치밀한 분석을 요구하는 작업이다. 따라서 개별 작가들이 처해 있는 식민주의적 사회, 문화, 역사적 경험을 고려할 때 그들만의 독특한 정신세계를 영어를 통하여 탈식민주의적 관점에서 어떻게 구현하고 있는가 하는 점을 밝혀내는 일은 오늘날 우리에게 시사하는 바가 크다. 이 책에 게재된 14편의 논문들은 20세기 이후 영어권 작가들의 독특한 탈식민주의적 글쓰기에 천착하고 있다는 점에서 현대영미소설 분야의 최근 연구경향을 잘 보여주고 있는 저작물이다. 이 단행본을 위하여 귀한 논문을 보내주신 14명의 필자와 이 논문들을 묶어 한 권의 단행본으로 발간하느라 수고하신 박종성 교수님께 심심한 감사의 말씀을 전한다.

2012년 12월 20일
한국현대영미소설학회
회장 이소희

영어권 탈식민주의 소설연구
– 한국현대영미소설학회

머리말

1993년 2월 8일자 『타임』지가 「제국의 식민지 되받아 쓰기」(“The Empire Writes Back”)란 제하로 커버스토리를 낸지 어느덧 20년이 흘렀다. 특집 기사를 쓴 피코 아이어(Pico Iyer)는 제국의 식민지 출신 작가들이 종주국 영국의 저명한 문학상인 부커상을 휩쓰는 현실을 주목했다. 식민지시대 이후에 등장하고 억압(지배)과 피억압(종속)의 관계망을 탐구하는 탈식민지 담론은 영문학과 세계문학의 지평을 넓혀주었을 뿐만 아니라, 시각, 문체, 서사구조 및 감수성을 다양화시켰다. 특히 지배 권력(자)의 억압성과 폭력성을 비판하는 동시에 비서구(인)의 문학과 언어 및 목소리에 관심을 촉구했다는 점에서 탈식민주의 문학은 일정 부분 기여했다. 탈식민주의 문학과 담론이 이제 유통기한이 끝난 것이 아닌가 하는 의구심이 생길 시점에 그간 국내에서 진행되어온 학문적 성과를 『영어권 탈식민주의 소설연구』이란 제목의 단행본으로 묶어내는 것은 나름 의미가 있다고 본다.

영어권 탈식민주의 소설의 속살을 살펴보고 전체적인 지형도를 그려보려고 모두 14편의 논문을 모았다. 나라별로는 아프리카, 인도, 카리브해, 호주, 캐나다, 그리고 영국이 포함되었다. 시간적으로는 2차 세계대전 종전 후 많은 식민지들이 외형적으로 독립을 이룬 시점부터 출간된 작품들이 포함되었다. 그리고 가급적이면 부커상 수상작들을 논의 대상으로 삼았다.

목차의 구성은 지역적 구분을 따르면서도 탈식민주의 담론을 구성하는 몇 개의 키워드를 뽑아 구분하는 방식을 따랐다. 아프리카 출신 작가들(응구기, 아체베, 쿳시)의 반서구적 사유양상의 차이를 드러내는 글들을 먼저 소개했다. 다음으로 인도계 작가들(루시디, 로이)의 새로운 저항의 가능성을 짚어보는 글들이 이어진다. 루시디는 탈식민주의 존재양태로서 혼종성이 지니는 가능성을, 그리고 로이는 개발자본주의와 세계화에 맞서 약자들의 연대가능성과 생태적 상상력을 각각 탐구한다. 식민주의는 이산, 이민, 뿌리 뽑힘, 전위 등의 부산물을 낳았다. 유색인 출신 작가들(셀본, 나이폴, 쿠레이쉬)은 각자의 소설에서 낯선 곳에 위치한 사람들이 겪는 소외, 환멸, 정체성의 혼란을 조명한다. 카리브해 출신의 여성 작가들(리스, 킨케이드)이 크레올 여성과 흑인 이민여성을 통해 내는 반제국적 목소리를 담은 글들이 뒤따른다. 마지막으로 백인 영어권 출신 작가들(애트우드, 캐리, 온다치)이 서구담론의 한계를 지적하고 '공식적' 진실(국민적 정체성의 자의적 구성)을 삐딱하게 바라보는 글들을 배열했다. 지면 제약 상 논의 대상에서 제외된 작가들과 작품들도 있지만, 탈식민주의의 주요 양상들을 파악하는 데는 큰 무리는 없을 것 같다. 초창기 서구담론에 맞선 저항성이 전유의 가능성을 지니며 백인 원죄의식의 속죄로 변모되는 흐름뿐 아니라, 제국주의적 권력망 해체와 지배자와 피지배자 간의 이항대립들을 넘어서는 가능성을 모색하는 흐름도 감지된다.

탈식민주의 소설을 논하는 데 있어서 아프리카를 출발점으로 삼는 것은 자연스런 일이다. 아프리카(인)는 식민 제국주의(자)의 차별과 폭력 및 약탈의 대상이었던 동시에 이에 맞선 저항의 주체였다. 에이메 세자르(Aimé Césaire)는 「식민주의에 관한 담론」("Discourse on Colonialism")에서 는 식민화는 곧 사물화라는 방정식을 세웠다. 그는 인간을 사물의 위치로 떨어뜨리는 것을 타자화, 비인간화 및 불평등의 시작으로 보았다. 탈식민주의란 이런 불평등(한 관계)을 시정하려는 인본주의적 담론 중 하나라고 할 수 있다.

케냐 출신의 응구기 와 씨옹오(Ngugi wa Thiongó)는, 독립이 '깃발만의 독립'이 아닌 '정신의 탈식민화'로 이어져야 하는 당위성을 역설했던 작가라는 점에서 주목할 필요가 있다. 그는 영어로 창작을 거부하고 키쿠유어로 글을 썼으며, 서구의 근대성과 기독교의 가치를 의심했고, 영어의 유입과 사용에 반대했던 작가였다. 이석호는 케냐인의 독립투사(농민해방군)를 그려낸 『마티가리』(*Matigari ma Mjimruumgi*, 1987)를 중심으로 논하면서 응구기가 반서구적 혹은 탈식민적 사유와 글쓰기와 실천하는 작가임을 논한다. 응구기는 탈식민주의를 저항담론이자 해방의 서사로 이해했던 작가였다.

다음으로 나이지리아 출신인 치누아 아체베(Chinua Achebe)는 탈식민주의 계열의 작가군에 속하면서도 몇 가지 면에서 응구기와는 다른 면모를 보인다. 우선 그는 영문학 작품을 문학적으로 인유하며 영어로 작품 활동을 해왔다. 그는 근대화 혹은 서구화에 대해서 그 장점과 폐해를 모두 인정하는 양가적인 입장을 취한다. 영어를 매개로 소통의 폭을 넓혀나가 나이지리아의 지역적 상황과 토착문화를 전 세계에 알림으로써 영어독자의 인식체계를 바꾸려는 전략을 택한다. 이성진은 아체베가 탈식민주의가 "자주적 정체성과 가치관을 확립해 나가는 미래지향적 운동"으로 본다는 점을 입증한다. 아체베는 『모든 것이 무너지다』(*Things Fall Apart*, 1959)에서 신식민주의자들이 자신들의 법제도와 기독교를 강요하는 방식과 이에 맞선 아프리카인들이 퇴행적 민족주의와 문화적 본질주의를 둘 다 비판한다. 무엇보다도 아체베는 문화적 식민주의가 작동하는 현실을 직시할 것을 주문한다.

그렇다면 남아프리카 공화국 출신의 백인 작가인 존 쿳시(John Coetzee)는 어떤 문제의식을 갖고 어떤 방식으로 작품을 형상화하는

가? 쿳시는 백인으로서 원죄의식을 지니면서도 제국주의(자)의 이데올로기의 허상을 까발리는 작가다. 『야만인을 기다리며』(*Waiting for the Barbarians*, 1980)를 상호텍스트 맥락에서 논하면 왕은철은 쿳시가 제국주의자들이 지닌 "야만인을 섬멸시키고 싶어하는 제국주의 욕망"을 포착할 뿐만 아니라, 타자를 왜곡되게 재현 혹은 번역하는 것을 극도로 경계하는 작가라는 점을 설득력 있게 입증한다. 왕은철은 쿳시가 관념적, 반리얼리즘 작가라는 비판에도 불구하고, 그를 제국주의자의 기만과 허구성을 폭로하여 정직하게 진실에 근접하려는 작가로 평가한다. 이들 아프리카 출신 작가들의 제국주의(자)에 대한 접근 시각이 균질한 것이 아니며 차이가 존재함을 알 수 있다.

시선을 아프리카에서 인도로 옮겨보면 살만 루시디(Salman Rushdie)와 아룬다티 로이(Arundhati Roy)가 있다. 인도 뭄바이 출신의 루시디를 특징짓는 키워드 중 하나인 '혼종성'(hybridity)은 탈식민주의 주된 존재 양태이기도 하다. 전수용은 『악마의 시』(*The Satanic Verses*, 1992)를 분석하면서 '혼종성'이 두 문화의 경계선상에서 형성되는 가변적이며 창조적인 것이라는 점에서 문화적 다양성이나 다문화주의와는 다르다고 선을 긋는다.

로이는 인도 출신의 여성작가로서 반세계화 운동의 기수로 평가를 받는다. 그녀는 세계화를 다름 아닌 식민주의의 변종에 불과하다고 일갈한다. 1997년에 부커상을 받은 첫 소설 『작은 것들의 신』(*The God of Small Things*)에서 그녀는 세계화에 저항하는 마오이스트(인도 원주민)의 저항의 가능성에 주목한다. 박혜영은 초국적 자본주의가 활개를 치고 생태환경이 파괴되는 현실 속에서 로이를 탈식민적·생태적 상상력의 필요성을 모색하는 작가로 평가한다. 로이는 생명에 대한 경외심을 회복하고, 힘없는 약자들 사이의 연대와 해방 추구라는 대안을 적극 모색한다.

식민주의는 이산자와 이민자 및 귀화자의 소외, 불안, 환멸, 및 정체성의 혼란을 초래했다. 서인도제도 출신인 샘 셀본(Sam Selvon)은 『외로운 런던인들』(*The Lonely Londoners,* 1956)에서 흑인 이주노동자가 런던에 대해 갖는 동경과 환멸이란 양가적 감정을 잘 포착한다. 나이폴이 식민지 엘리트의 관점과 감수성을 지니고 글을 썼다면, 셀본은 흑인 도시 산책자의 관점에서 이민자들이 제국의 중심인 메트로폴리스에서 겪는 안도감과 환멸감(예를 들면, 인종차별)이라는 이중감정의 결을 가시화한다.

나이폴(V.S. Naipaul)은 탈식민주의 시대에 이산(자)이 보편적 현상임을 증언한다. 『자유국가에서』(*In a Free State*, 1971) 그는 전 세계를 일주하면서 이산의 원인을 탐색하고 이산자들이 처한 궁지를 포착한다. 뿌리와 전통과 공동체를 상실하고 떠도는 나이폴은 이산자, 이민자, 백인 식민지배자(의 후손)의 존재방식과 정체성에 주목한다. 한 걸음 더 나아가, 그는 '중심'(유럽)과 '주변'(제 3세계 혹은 탈식민국가들)에 위치하는 백인과 유색인, 주인과 하인, 유럽인과 아프리카인 사이의 변화하는 힘의 역학관계, 즉 백인 식민주의자들이 권위와 특권을 누릴 수 없는 변화된 현실에 주목한다. 『자유국가에서』의 주제인 '자유의 희생자들'은 자유로움이 상실감으로 이어지는 자유의 역설적 의미를 지닌다. 박종성은 나이폴을 아웃사이더 입장에서 이산(자)의 문제를 전체적 관점에서 균형감을 갖고 바라본 작가로 평가한다.

하니프 쿠레이시(Hanif Kureishi)는 영국 내 유색인종, 특히 이민 2세대의 삶과 혼종의 정체성을 탐구한다. 쿠레이시의 첫 소설 『도시 교외의 부처』(*The Buddha of Suburbia*, 1990)를 분석하면서 홍덕선은 이민 2세대(일명 '신종 영국인') 카림이 지니는 혼종성을 창조적 유동적 과정으로 긍정적으로 파악한다.

이들 3명의 작가들의 작품을 연결지어 분석해볼 때, 독자는 이민자, 이산자, 귀화자, '신종 영국인'의 불안정한 삶의 결을 시대적 흐름 속에서 파악할 수 있게 된다.

카리브해 여성들의 반제국적 목소리도 탈식민주의 논의에서 빼놓을 수 없는 부분이다. 도미니카 출신의 진 리스(Jean Rhys)는 『드넓은 사가소 바다』(*Wide Sargasso Sea*, 1966)에서 백인 크레올 여성의 정체성 구성방식을 탐구한다. 리스는 『제인 에어』(*Jane Eyre*)속 광녀 버사 메이슨에게 목소리를 부여하여 그녀를 앙뚜와네트란 주체로 재탄생시킨다. 리스는 백인과 흑인, 백인의 인종차별주의와 흑인의 적대감 사이에 낀 백인 크레올의 소외와 불안과 분노를 가시화한다. 이경민은 탈식민주의 담론의 핵심 개념들인 혼종성, 양가성, 경계선 상의 주체 등을 동원하여 작품을 새롭게 분석한다.

셀본과 나이폴이 카리브해 출신의 남성 작가들이고 리스가 크레올 출신의 여성 작가인 반면에, 자메이카 킨케이드(Jamaica Kincaid)는 카리브해 출신의 흑인 여성 작가이다. 그녀는 뉴욕에서 살고 있는 대표적인 이민 작가들 중 한 명이다. 이경란은 『애니 쟌』(*Annie John*, 1985)을 흑인 여성 성장소설 관점에서 조명하며, 『작은 곳』(*A Small Place*, 1988)에서는 카리브해 관광산업이 백인의 착취와 흑인의 공모에 의한 것임을 들춰낸다. 이경란은 킨케이드가 (신)식민주의와 민족주의 간 이항대립들을 넘어서는 가능성을 모색할 뿐만 아니라 흑인 여성의 삶을 가시화하는 작가로 평가한다. 백인 관광객들의 권위와 특권을 조롱하는 방식으로 카리브 포스트/식민 공간에 대한 탈식민적 재해석 작업은 신식민주의 시대에 필요한 일종의 백신과도 같다.

캐나다 출신의 여성 작가인 마가렛 애트우드(Margaret Atwood)는 미국의 지배문화에 대항하여 식민지적 위치에 있는 캐나다의 문화를 정의하고 정체성을 정립하려는 작가이다. 2000년 부커상 수상작인 『눈먼 암살자』(*The Blind Assassin*)는 자신과 주변 상황을 이해하지 못하는 눈먼 상태의 폭력성을 다룬 작품이다. 이귀우는 「지배담론을 전복하는 트라우마 서사」란 글에서 『눈먼 암살자』를 예로 들면서 애트우드의 트라우마 서사 혹은 회고록 쓰기가 진실을 은폐하는 '공식적' 담론을 전복시킬 수 있는 힘을 지닌다고 본다. 애트우드가 공식담론에 맞서 캐나다의 역사를 새롭게 쓰기 위해 역사와 허구의 경계를 허무는 실험적 서사인 트라우마 서사 쓰기에 의미를 두고 있다는 점을 논증한 글이다.

1988년에 『오스카와 루신다』(*Oscar and Lucinda*)로 부커상을 수상한 호주 출신의 작가 피터 캐리(Peter Carey)는 호주의 전설적인 부시레인저(산적)의 이야기를 『켈리 일당의 실화』(*True History of the Kelly Gang*, 2000)로 재탄생시켰다. 이 과정에서 그는 켈리한테서 아일랜드 민족주의를 제거하고 그를 호주 민족주의의 아이콘으로 만든다. 이석구는 캐리가 호주의 국민적 정체성을 구성하기 위해 기억을 재구성할 때 작동하는 정치학을 밝혀낸다. 호주의 공화주의자들이 반영(反英) 감정을 해소하기 위해 켈리라는 역사적 인물을 자의적으로 호주 민족의 영웅으로 구성하는 이유가 잘 드러난 글이다.

1992년 『영국인 환자』(*The English Patient*)로 부커상을 수상한 마이클 온다치(Michael Ondaatje)는 세계주의를 지향하는 작가이다. 『아닐의 유령』(*Anil's Ghost*, 2000)을 예로 들면서 육성희는 진실의 고갱이가 보편성과 객관성을 표방하는 서구의 거대담론이 속이 아니라, "스리랑카 내전의 상황적, 지역적, 종속적 지식" 속에 있다는 의견을 개진한다. 1980년 중반부터 1990년 초반에 벌어진 스리랑카 내전의 진실을 규명하는 방식은, 서구 법의학자의 객관적·과학적 증거가 아니라 지역정서에 밝은 고고학자들의 분석방식에 의존하는 것이 더욱 타당하다는 온다치의 반서구적 시각을 밀도 있게 추적한 글이다.

아웃사이더의 시각은 신선하기 마련이다. 동질적이며 배타적 민족주의 담론이 허구 혹은 신화일 수 있다는 의심은 일본계 영국작가 카주오 이시구로(Kazuo Ishiguro)의 소설『지난날의 잔재』(*The Remains of the Day*, 1989)에서도 확인된다. 김영주는 영국의 '목가적 경관'이 산업화와 전쟁을 거쳐 제국건설에 이르는 역사적 과정에서 영국적 정체성과 영국성을 구성하는 데 중요한 문화적 기표 혹은 문화코드로 사용되고 있다는 점을 논한다. 피터 캐리가 호주(인)의 국민적 정체성을 구성할 때 작동하는 정치학에 주목했다면, 이시구로는 대영제국의 와해와 종언이 현실이 된 탈식민주의 시대에, 특히 대처정부 하에서 이전보다 더욱 필요해진 '영국성'(Englishness)이 결국은 허구적인 산물이라는 점에 주목했다. 김영주는 영국의 목가적인 자연풍광이 문화적 기표로서 유통되는 과정을 밀도 있게 추적한다.

이 책에 수록된 14편의 글들이 영어권 탈식민주의 소설의 지형도를 그려내고, 탈식민주의 담론 속 공통점과 차이점을 파악하는 데 도움이 되길 바란다. 모쪼록 독자가 지난 20여 년 동안 국내외에서 진행되어 온 탈식민주의 소설과 담론의 성과를 일별할 수 있기를 기대해본다. 탈식민주의의 요체는 지배(자)와 종속(자)의 불평등(한 관계)을 시정하고, 주변부(적 존재)가 목소리를 낼 수 있도록 해주며, 타자화라는 비인간적인 인식론적 폭력을 종식시키는데 있다고 본다. 이런 점에서 본다면 탈식민주의 담론 혹은 문학은 정의(正義)를 실현하려는 일련의 의미 있는 몸짓이자 투쟁이었다고 할 수 있다.

2012년 12월 20일

박종성 씀

감사의 말씀

이 책에 수록된 논문들 중 일부는 전에 『현대영미소설』, 『영미문학연구』, 『영어영문학』, 『영미문학페미니즘』, 『영미문화』, 『영어영문학21』에 발표되었던 것을 재수록하거나 수정 · 보완한 것입니다. 한국영미소설학회는 친절하게 재수록을 허락하여 주신 이들 학회지를 발간하는 학회들에 깊은 감사를 드립니다. 처음으로 수록하는 논문은 출처를 표기하지 않았습니다.

목차

간행사 –이소희(한국현대영미소설학회 회장) • *3*

머리말 –박종성(한국현대영미소설학회 출판이사) • *5*

I. 아프리카 출신 작가들의 반서구적 사유의 양상
—저항, 전유, 속죄

민족문학과 근대성 • *19*
—응구기의 『마티가리』를 중심으로
이석호_ 원광대 학술연구교수/(사)아프리카문화연구소장

알레고리를 통한 탈식민 상황 읽기 • *33*
—아체베의 『모든 것이 무너지다』
이성진_서남대교수

J.M. 쿳시의 소설에 나타난 식민주의 및 제국주의 • *61*
—『야만인을 기다리며』의 상호텍스트성에 관하여
왕은철_전북대교수

II. 인도계 작가들의 새로운 저항의 가능성

탈식민주의 존재양태로서의 혼종성 • *101*
—루시디의 『악마의 시』를 중심으로
전수용_이화여대교수

아룬다티 로이 • *147*
—식민주의와 그 변종들, 그리고 탈식민주의를 위한 저항
박혜영_인하대교수

III. 이산자와 이민자의 존재방식과 정체성

1950년대 런던의 흑인 도시 산책자 • *173*
—샘 셀본의 『외로운 런던인들』
이정화_조선대교수

탈식민주의 시대에 이산의 보편성 • *197*
—나이폴의 『자유국가에서』
박종성_충남대교수

영국 이민자 문학의 탈인종적 변신 • *219*
—하니프 쿠레이쉬의 『도시 교외의 부처』
홍덕선_성균관대교수

IV. 카리브해 여성들의 반제국적 목소리

크레올 여성의 정체성과 존재양식 • *249*
—진 리스의 『드넓은 사가소 바다』
이경민_충남대 박사과정

자메이카 킨케이드의 『작은 곳』과 『애니 잔』 • *267*
—카리브 포스트/식민 공간에 대한 탈식민적 재해석
이경란_이화여대 HK연구교수

V. 지배담론의 균열과 틈새 읽기

지배담론을 전복하는 트라우마 서사 • *305*
—마거릿 애트우드의 『눈먼 암살자』
이귀우_서울여대교수

기억의 정치학 • *331*
—피터 캐리의 『켈리 일당의 실화』
이석구_연세대교수

역사적 진실 찾기 • *355*
—마이클 온다치의 『아닐의 유령』
육성희_숙명여대 교수

문화지리학적 경관미학과 영국성 • *379*
—카주오 이시구로의 『지난날의 잔재』
김영주_서강대교수

I. 아프리카 출신 작가들의 반서구적 사유의 양상 — 저항, 전유, 속죄

I

이석호 _ 원광대 학술연구교수/(사)아프리카문화연구소장
이성진 _ 서남대교수
왕은철 _ 전북대교수

민족문학과 근대성

– 응구기의 『마티가리』를 중심으로

이석호(원광대 학술연구교수/(사)아프리카문화연구소장)

탈식민주의 소설가, 기쿠유족의 아들 응구기

응구기 와 씨옹오(Ngugi wa Thiongó)는 나이지리아의 치누아 아체베와 더불어 아프리카 문학의 탈식민화를 주도하는 대표적인 작가 중의 하나이다. 1938년 케냐의 카미리투(Kaniriithu) 지역에서 기쿠유(Kikuyu, 케냐의 한 부족) 농민의 아들로 태어난 응구기는 고등학교 재학 시절 영국의 식민지 정책에 대항해 케냐 민중들이 일으킨 마우마우(Mau Mau) 독립운동을 현장에서 목격한다. 실제로 그의 어머니는 그의 외삼촌이 마우마우 유격단원들과 관련이 있다는 혐의 때문에 온갖 고초를 겪기도 한다. 한편, 벙어리인 그의 이복형은 영국 치안경찰의 말을 잘 못 알아듣는다는 이유로 총살을 당하기고 한다. 응구기는 이 시절의 경험들이 그의 '초기 소설의 알심'임을 고백한 바 있다. 응구기의 본격적인 문학수업은 우간다에 있는 마케레레(Makerere) 대학에 진학해 영문학을 공부하면서 시작된다.

아프리카 문학의 탈식민화와 관련해 응구기의 문학적 여정은 크게 세 단계로 나누어 볼 수 있다. 첫 번째 단계는 그가 마케레레 대학에 입학해 영문학을 공부하면서 읽었던 콘래드(Joseph Conrad)라든가 포스터(E.M. Forster) 등의 작가들을 여과 없이 받아들인 초기 습작 단계이다. 두 번째 단계로는 상기한 작가들의 기교를 기쿠유인 특유의 내러티브로 전유해 형식과 내용 면에서 기존의 것과 전혀 다른 소설을 써내기 시작하는 중기 단계를 들 수 있다. 그리고 창작의 매개어인 영어를 폐기하고 자신의 토착어인 기쿠유어로 소설 및 동화 그리고 희곡 등을 쓰기 시작하는 실험적 단계가 바로 마지막 단계에 속한다.

영미문학이란 그릇에 담은 초기 소설들

응구기는 1964년 『울지 말아라, 아이야』(*Weep Not, Child*)라는 첫 소설을 상자하면서 문단에 등장한다. 이 소설은 마우마우 독립운동이 한창이던 시절 가족은 뿔뿔이 흩어지고 마을은 쑥대밭이 되어가는 와중에 서구식 학교에 다니면서 서구식 교육을 받는 한 식민지 아이의 정신적인 갈등을 그린 자전적인 작품이다. 이 작품에서 응구기는 아프리카인의 비극이 근본적으로는 토지의 상실에 있음을 주목한다. '토지'는 응구기의 문학에서 끊임없이 회자되는 주제이다. 청년 시절 마르크스-레닌주의에 강하게 경도된 바 있는 응구기는 이 소설의 배경으로 등장하는 마우마우 운동의 본질도 케냐의 농민들이 조상신을 모시고 가족들을 부양할 땅을 상실한데 있음을 지적한다. 응구기는 이 소설에서 '기쿠유와 뭄비'(Kikuyu and Mumbi)라는 창조신화를 동원해 '땅의 회복'이 문제의 핵심임을 강조한다.

1965년 응구기는 실제로는 『울지 말아라, 아이야』보다 먼저 탈고했지만, 출판은 일 년 늦게 한 『샛강』(*The River Between*)이라는 소설을 발표한다. 『샛강』은 호니아(Honia)라 불리는 생명의 강을 사이에 두고 기독교도가 중심이 된 한 마을과 아프리카 정통 신앙을 숭상하는 다른 마을 사이의 종교적이고 이념적인 갈등을 그린 작품이다. 이 작품에서 응구기는 기독교 교육을 받은 와이야키(Waiyaki)라는 청년을 통해 기독교와 토착 종교, 다시 말해 근대와 전통 간의 화해를 시도한다. "선교 학교에 가거라, 가서 백인들의 온갖 지혜와 비밀을 배워오너라. 팡가(나무 막대기)를 가지고 나비를 잡을 수는 없지 않느냐?"라고 말하는 아버지의 뜻에 따라 선교 학교에 다니게 된 와이야키는 굳은 신념을 가지고 갈등이 깊어진 두 마을을 화해시키려 하지만, 오히려 자신이 어이없이 그 갈등의 골에 빠지고 만다. 응구기는 기독교적인 가치에 일방적인 특권을 부여하는 식민지 체제하에서 근대와 전통은 상호 화해가 불가능한 대립쌍임을 분명히 한다.

서구 모더니즘을 아프리카의 확장된 리얼리즘으로

두 편의 초기 소설들을 통해 형식과 내용 면에서 유럽 작가들의 그것과 미학적인 변별점을 구축하는데 실패한 응구기는 아프리카인만의 독특한 내러티브에 눈을 뜨기 시작한다. 응구기는 이때부터 이른바 역작들을 생산해내기 시작한다. 『한 알의 밀알』(*A Grain of Wheat*, 1967)이 그중 하나이다. 『한 알의 밀알』은 1952년부터 1960년까지 계엄령이 공표된 한 마을에서 벌어진 살인 사건을 다룬다. 응구기는 이 소설에 여러 인물들을 등장시켜 각자의 시선으로 본 사건의 전말을 구술하게 한다. 한 사건은 여러 등장인물들의 구술과 다양한 입장을 통해 다각적으로 교직되면서 그 사건에 연루된 사람들의 숨겨진 사연들을 입체화한다. 응구기는 이 작품에서 콘래드가 즐겨 사용한 복수 시점이라는 장치를 아프리카 식으로 전유한다. 다시 말해 "유럽의 모더니즘을 아프리카의 확장된 리얼리즘으로 바꾸는 것이다."

"유럽의 모더니즘을 아프리카의 확장된 리얼리즘으로 바꾸는" 시도는『핏빛 꽃잎』(*Petals of Blood*, 1977)이라는 작품에서도 계속된다. 이 작품은 응구기의 소설 중 최초로 독립 이후의 케냐를 다룬 것으로 신식민지 케냐에서 벌어지는 부패한 정권 및 자본과 기층 민중들의 싸움을 그린 것이다. 응구기는 이 작품을 통해 "케냐의 민중들이 목숨을 바쳐가며 이루어낸 독립"이 이후 부패한 엘리트들의 손아귀에 매몰되면서 "진정한 독립이 아닌 깃발만 펄럭이는 독립"이 되었다고 애석해한다.

영어를 버리고 기쿠유어로 글을 쓰기 시작하다

응구기는『핏빛 꽃잎』을 마지막으로 더 이상 영어로 창작을 하지 않겠다고 선언한다. 그것은 두 가지 이유 때문이다. 하나는 다소 이념적인 이유로 언어는 '단순한 의사소통의 매개'라기보다는 그 언어를 사용하는 '집단의 정신'이기 때문이라는 것이다. 그는 한 집단의 언어를 잃는 것은 소통의 도구를 잃는 것이 아니라 그 집단의 '존재론적 토대'를 잃는 것이나 마찬가지라는 판단을 하게 된다. 다른 하나는 보다 방법론적인 이유로 그의 탈식민주의적인 글쓰기와 실천적으로 맞닿아 있다. 응구기는 그를 소위 '세계적인 작가'의 반열에 오르게 한『한 알의 밀알』이나『핏빛 꽃잎』같은 소설들이 진정 그런 상찬을 받을 만한 자격이 있는가를 반문한다. 실천적인 차원에서 이 소설들이 실존적 한계를 내포하고 있음을 깨달았기 때문이다. 이유는 무엇보다도 이 소설들이 영어로 씌어졌기 때문이다.

응구기는 그의 소설들이 영어로 집필되어 많은 수의 서구 독자들을 사로잡긴 했지만, 정작 그가 소설쓰기를 통해 헌정의 대상으로 삼았던 케냐의 기층민중들은 언어적인 장벽 때문에 기실 그 소설을 감상도 할 수 없었다고 고백한다. 이를 계기로 그는 영어라는 창작의 매개어를 통해 유입된 서구적 근대의 부정적 유산을 발본적으로 고민하게 된다. 서구의 근대란 과연 무조건적 수용의 대상인지를 진중하게 심문하기 시작한 것이다. 그는 영어라는 제국어를 매개로 이식된 서구의 근대가 기술적 타협내지는 조건부 조율의 대상은 될지언정 무조건적 몰입의 대상은 아님을 분명하게 인식한다. 다시 말해, 영어는 기쿠유어로 씌어진 자신의 작품을 대외적으로 알릴 필요가 있을 때 번역이라는 훌륭한 매개를 통해 기능적으로 사용하면 그만이라는 것이다. 이 생각은 응구기 뿐만 아니라 많은 아프리카 작가들에게 서구의 근대 혹은 근대성에 대해 혁명적인 사고의 전환을 가져다준다.

이런 이유로 인해 응구기는 과감하게 영어로 창작하는 관행을 버리고 자신의 토착어인 기쿠유어로 복귀하게 된다. 『십자가 위의 악마』(*Caitaani Mutharaba-ini*, 1982)와 『마티가리』(*Matigari ma Mjimruumgi*, 1987)라는 소설을 비롯해 『결혼하고 싶을 때 결혼할래요』(*Ngaahika ndeenda*, 1980)와 『어머니, 저를 위해 노래를 불러주세요』(*Naitu njugira*, 1981) 등의 희곡이 영어가 아닌 기쿠유어로 쓰인 대표적인 저작들이다. 모국어로 회귀한 응구기 문학이 가장 빛을 발하는 장은 연극에서이다. 응구기는 아리스토텔레스 류의 유럽 전통 연극이 판을 치는 케냐 극장에서 영어를 몰아냄으로써 연극의 개념을 바꾸고, 춤과 노래를 가미한 아프리카 전통 연극의 복권을 시도한다. 응구기에게 연극은 언어적인 차원에서 대단히 중요한 실천적 의미를 갖는다. 소설에 비해 연극은 현장성이 강조되는 장르이다. 현장성이 강조되다보니 언어는 두말할 나위 없이 중요성을 갖게 된다. 응구기는 아프리카 연극을 현장의 언어, 즉 토착어로 공연함으로써 연극 자체의 밀도 및 완성도를 높이는 한편 관객 일반들로부터도 생동감 있는 유기적인 반응을 이끌어내는데 성공한다.

기쿠유어로 쓴 최초의 소설『십자가 위의 악마』는 응구기가 필화사건으로 인해 수형 생활을 하면서 간수의 눈을 피해 화장지에 기록한 작품이다. 이 작품 역시 신식민지 케냐의 부패상을 다룬 것으로 알레고리 기법을 쓰고 있다. 응구기는 이 작품에서 '악마의 잔치'에 참가해 최고의 도적을 가리는 자리에 일곱 명의 도적들을 우의적으로 등장시켜 케냐 독립 정부의 고위 공무원을 비롯한 정치인, 은행가, 사업가 등이 얼마나 교묘한 방법으로 민중들을 사취하고 있는가를 적나라하게 묘사한다. 이 작품은 한국문학과 관련해서도 주목을 요한다. 그 이유는 응구기가 이 작품을 집필할 때 김지하의『오적』과「비어」를 그 바탕글로 삼았기 때문이다. 이는 응구기가『정신의 탈식민화』(*Decolonising the Mind*, 1986)라는 책에서 고백한 바이기도 하다.

『마티가리』, 아프리카 민족문학의 한 전형을 쓰다

기쿠유어로 쓰였지만 정치적인 이유 때문에 정작 케냐에서는 판금조치를 당한『마티가리』(*Matigari*)라는 소설은 1982년 응구기가 런던에 체류할 때 썼던 작품이다. 응구기는 당시 귀국하면 구금될 것이라는 소식을 듣고 그 길로 의도하지 않은 반영구적인 망명의 길에 나선다.『마티가리』는 응구기가 포스트모더니즘적인 수법을 동원해 쓴 실험적인 작품이다. 이 작품은 마우마우 독립 운동 시 게릴라전을 수행할 목적으로 산속으로 들어갔던 투사 마티가리가 독립을 성취하고 시간이 한참 지난 후에 세속으로 돌아와 독립 전이나 독립 후나 변한 것이 아무 것도 없는 현실을 보고 새로운 투쟁을 결심하게 되는 과정을 다루고 있다. 응구기는 이 작품을 통해 케냐의 독립이 '깃발만의 독립'임을 새삼 확인한다.

아프리카 민족문학의 한 전형으로 평가를 받고 있는 『마타기리』의 내용을 보다 자세히 살펴보자. 마티가리는 케냐의 소위 농민해방군이라 불리는 마우마우 운동 집단의 한 단원이다. 그는 오랜 게릴라 전쟁 끝에 민중의 적인 식민주의자 윌리엄즈(Williams)와 그의 부역자 존 보이(John Boy)를 처단하고 마침내 무장을 해제한다. 독립운동을 하느라 제대로 돌볼 겨를이 없었던 것은 물론이고 생사 및 행방조차 확인할 수 없었던 가족을 찾아 마을로 돌아오면서 그는 독립 이후 한층 열악해진 삶을 살고 있는 케냐 민중들을 만나게 된다. 형식적인 독립을 이루었을 뿐인 케냐는 '검은 피부, 하얀 가면'의 위정자를 통해 과거 식민주의 시절보다 더 악랄한 권력을 행사하고 있었다. 마티가리는 상황을 보다 주밀하게 파악하기 위해 고아, 창녀, 경찰관, 학생, 교수, 판사, 노동운동가 등 신분의 상하를 막론하고 여러 부류의 사람들을 만난다. 그리고 그들과 더불어 술집, 감방, 정신병원, 법정 등 여러 기관을 돌아다닌다. 그 결과 그는 소위 '국민의 정부'(People's Government)라 불리는 새 정부의 집권자들이 민중의 삶의 질 향상에는 관심이 없고 오로지 기득권 유지에만 혈안이 되어 있음을 깨닫는다. 그리하여 그는 사이비 '국민의 정부'와의 전면전을 결심하고 재무장을 하기 위해 그가 스스로 무장을 해제했던 숲 속 무구모 나무 밑으로 다시 찾아간다. 이것이 이 소설의 큰 얼개이다.

응구기는 이 소설을 통해 두 가지 큰 문제틀을 제시한다. 먼저 아프리카에 이식된 근대(성)를 대하는 아프리카 민중 일반의 태도이고, 다른 하나는 그 근대(성)를 극복해가는 과정이다. 아프리카인들에게 근대(성)는 이식된 혹은 주입된 경험에 다름 아니다. 새로 산 신발처럼 어딘지 모르게 뒤축이 불안한 경험인 것이다. 마치 마티가리와 구테라(Guthera) 그리고 무리우키(Muriuki)가 유럽의 근대로 표상되는 법무부 장관 부인의 자가용인 벤츠 자동차를 탈취하여 도심을 질주할 때 보이던 그 촌스러움처럼 말이다.[1] 이식된 근대(성)의 경험을 비교적 안정적으로 체화한 계급은 소수 기득권층뿐이다. 이것은 마티가리가 자신이 손수 피땀 흘려 지은 집을 되찾기 위해 예전에 살던 집을 찾아갔을 때 집 앞을 말을 타고 유유자적하던 윌리엄즈의 아들과 부역자 존 보이의 아들을 보면서 느낀 감회에 명료하게 드러난다. 여기서는 익숙함의 대상이 자동차에서 말로 바뀌어 있을 뿐이다.

> 어떤 한 백인과 한 흑인이 대문 옆으로 난 좁다란 포장도로 한켠에 말을 타고 앉아 있었다. 그들이 탄 말은 거의 똑같아 보였다. 광택이 번쩍번쩍 나는 갈색의 몸뚱이를 지닌 말들이었다. 말을 타고 있는 사람들도 똑같은 색의 옷을 입고 있었다. 그 둘 사이에 유일한 차이가 있다면 피부색 차이뿐이었다. 심지어는 안장에 앉아 있는 자세마저도 똑같았다. 채찍을 쥐고 있는 자세며 고삐를 틀어쥐고 있는 자세도 모두 한결같았다. 말하는 태도도 예외가 아니었다. (36)

응구기는 독립 이전 및 이후의 아프리카 사회를 익숙하게 지배하는 계급으로 윌리엄즈 부자 및 부역자 존 보이 부자를 배치함으로써 아프리카가 독립 이전이나 이후에나 별 변화 없이 식민주의의 연속선상에 있음을 암시한다. 응구기는 이들 부르주아 계급이 체현해내는 근

---

1 Ngugi wa Thiongó, *Matigari*. Asmara: Africa World Press. 1998. 123쪽에서 130쪽 사이에 이 촌스러움이 잘 나타나 있다. 앞으로 이 책에서의 인용은 본문에 쪽수만 표시하기로 한다.

대(성)의 경험과 마티가리 부류의 계급들이 현현해내는 전근대적 혹은 비근대적 경험에 대한 향수를 상호 충돌시켜 근대(성)라는 이물적 경험에 대한 반성적 사유를 시도한다. 『마타기리』에는 근대(성)의 수혜를 직간접적으로 받은 부류들이 존 보이 부자와 윌리엄즈 부자 외에도 여럿 나타난다. 공권력을 민중 일반과 가장 가까운 현장에서 행사하는 경찰 및 법무부 장관 등이 그 예이다. 응구기는 이들을 반민중 세력으로 규정한다. 그것은 구테라라는 창녀를 통해서 입증된다.

구테라는 독립운동가를 도와준 혐의로 사형선고를 받고 복역 중인 아버지를 면회하러 갔다가 담당 경찰들로부터 자신의 처녀성을 바치면 아버지의 목숨을 구할 수 있다는 밀거래를 제안 받는다. 오랜 고민 끝에 구테라는 자신의 처녀성을 지키는 대가로 아버지의 목숨을 저버린다. 아버지의 죽음에 대한 죄의식과 아버지의 부재로 인한 가세의 기울어짐을 지켜보다 못해 거리로 나서게 된 구테라는 역설적이게도 "처녀성"을 매매하는 창녀가 된다. 그러나 구테라는 그후 스스로에 대한 다짐으로 "매국노 경찰들에게는 그들이 아무리 후한 호의를 베풀지라도 결코 쾌락을 팔지 않겠다"는 결심을 한다. 그것이 자신의 "열한 번째 계명이 될 것"임을 천명한다(31). 구테라에게 '아버지'는 일종의 정체성의 기원을 의미한다. 구테라를 구테라이게끔 하는 그 모태적 기원이 식민지 근대의 공권력에 의해 무참히 유린되는 것이다.

구테라에게 정체성을 부여하는 '아버지'가 마티가리에게로 옮겨가면 '집'으로 전화된다. 마티가리에게는 자신의 노동이 깊숙하게 삼투된 '집'이 곧 자신의 정체성을 규정하는 상징이 된다. 마티가리가 노동자 청년 우가루로(Ngaruro)와 고아 무리우키(Muriuki)와 나누는 대화 속에 '집'의 의미가 잘 드러난다.

> "[…] 아저씨 생각엔 우리가 무엇 때문에 그렇게 투쟁했다고 보시는데요.
>
> "집 때문이지 나의 집 말이야.
>
> 보란 말이야. 내가 내 손으로 손수 지은 집이 있어. 그런데 그 집 안에서 잠을 자는 놈은 정착민인 윌리엄즈고 나는 그 집 바깥 베란다에서 쭈그리고 잠을 청해야 한단 말이지. 그 집 앞에 널따랗게 펼쳐진 뜰을 가꾸는 건 난데 수확은 그놈이 해간단 말이지. 나는 그놈이 흘리고 간 삭정이 몇 알만을 주워갈 수 있을 뿐이지. 그뿐만이 아니야. 공장에서 기계와 죽도록 씨름하는 사람은 난데 은행에다 이익금을 꼬박꼬박 예금하는 놈은 그놈이지. 난 그저 그놈이 흘리고 간 푼돈 몇 닢을 먹고 떨어져야 한 판이란 말이지. 이미 너희들도 다 알고 있는 사실이겠지만 말이야." (18)

마티가리의 '집'에 대한 집착은 집요한데, 이야기가 거듭되면서 이 '집'은 단순한 의미의 한 '사적 소유'가 아니라 국민 혹은 민족공동체로까지 의미가 확장된다. 그것은 마티가리가 숲 속에서 독립투쟁 시 불렀던 노래에도 잘 드러난다. "이 외제 앞잡이 놈들아/당장 보따리 싸들고 꺼져라/이 집의 주인님들이/지금 행차하고 계신다"(38). 한 개인의 '사적 소유물'로서의 '집'이 한 민족 혹은 국민을 넘어 정치적 외연으로서의 '국가'로까지 변주되는 상황은 마티가리가 만난 폐차장의 고아들을 통해서도 간명하게 드러난다. 유럽인들이 타다 버린 고물 벤츠니, 도요타니, 제네랄 모터즈 등 따위를 자신들의 '집'으로 사용하는 부모 없는 아이들을 통해서 말이다. 마티가리에게 '집'의 회복은 그러므로 작게는 소외된 노동의 회복일 뿐만 아니라 크게는 정치적 주권의 회복까지도 의미한다.

응구기는 『마타기리』에서 '집'을 둘러싼 "매국노와 애국자"(31) 두 적대세력 간의 갈등을 극대화함으로써 마티가리 부류의 반대편에 존재하는 부르주아 세력들의 정체성을 심문한다. 식민지 시대의 부역자인 "매국노"는 독립 이후인 신식민지 시대로 이행해가면 "매판자본가"(106)로 변주된다. 흥미로운 것은 식민지에서 신식민지로 사회구성체적 성격이 변모해가면 양 체제의 한 극을 구축하던 계급은 매국노에서 매판자본가로 바뀌는데 반해, 다른 한 극은 동일한 계급으로 남는다는 점이다. 다시 말해 식민지 시대의 이항대립인 매국노/애국자가 신식민지 시대로 가면 매판자본가/애국자의 대립이 되는데, 전자의 축과 달리 후자인 애국자의 축은 시대가 바뀌어도 동일하다는 것이다. 이 말은 아프리카의 상황이 독립 이전이나 그 이후나 별반 달라진 것이 없음을 의미한다. 그렇다고 응구기가 "애국자"의 탈식민주의 투쟁 방식까지 단순화시키는 것은 아니다. 응구기는 식민지 시기와 신식민지 시기를 뚜렷하게 구분하면서 투쟁방식의 입체화를 시도한다. 그것은 마티가리가 "말만으로는, 그 말이 아무리 정당하다 해도, 적들을 물리칠 수 없다. 그렇다고 무력만 가지고도 되지 않는다. 진리와 정의로 가득 찬 말이 무장세력의 비호를 받을 때라야만 진정 적들을 물리칠 수 있다"(117)고 한 대목에서도 느낄 수 있다.

투쟁방식의 입체화 필요성에 대한 마티가리의 깨달음은 부르주아 매판세력들의 교묘한 민족주의 이데올로기와 긴밀한 관련이 있다. 부르주아 매판세력들은 민족주의에 대해 양가적 태도를 보인다. 한편으로는 민족주의를 비판하면서 다른 한편으로는 그것을 은근히 고무한다. 그들이 비판하는 민족주의란 "개인의 자유"를 중시하여 "적자생존의 원칙"을 따르려 하기보다는 "가족, 씨족, 민족, 민중"(40) 등의 집단주의에 기대어 "조금이라도 월급을 더 많이 받아보고자 파업을 일으키는"(6) 기층민중의 민족주의이다. 반면 그들은 자신들의 기득권을 완전무결하게 보호해주는 정부 여당의 일당 독재는 민족주의 감정을 악용해 쌍수를 들고 비호한다. 정부와 국가 그리고 자신들이 운영하는 회사의 운명을 절묘하게 동일시하면서 말이다.

> "정부 여당은 바로 우리 자신의 당입니다. 바로 여러분 자신의 당인 것입니다. 다시 말해 국민의 당인 것입니다. 우리 회사가 이 나라와 이 국가에 지분을 당당히 바치는 것도 그 때문입니다. 그러므로 오늘부터 여러분들은 여기 계시든 여기 계시지 않든 모두 예외 없이 우리 회사와 운명을 같이하는 분들인 것입니다. 우리 회사가 이제 여러분의 것이 되는 겁니다. 우리 모두의 것이 되는 겁니다. 우리 민족의 회사가 되는 겁니다." (90)

민족주의 담론은 매판 부르주아 세력의 손아귀에 들어가는 순간 공격적 수용의 대상이 아니라 적극적 경계의 대상으로 화한다. 따라서 "정당한 노동의 대가 지불" 및 "정치적 주권" 그리고 "자신의 고유한 언어 및 전통을 수호, 발전시킬 수 있는 권리" 주장처럼 어찌 보면 지극히 당연한 요구들이 "민족주의"를 부정적 시각으로만 재단하는 색안경 논리에 말려들게 되면 기 한번 제대로 펴보지 못하고 모두 질타의 대상으로 전락하게 된다. 응구기가 제시하는 진정한 의미의 민족주의도 "마티가리 마 은주중기와 응가루로와 키리로(Kiriro)가 밤을 세워 노동자들에 대해… 농민들에 대해… 투사들에 대해… 혁명에 대해… 아이들을 위해 새로운 내일을 건설할 온갖 무장세력들에 대해 자유롭게 이야기"하는 행위 그 자체인지도 모른다. 그러나 그러한 행위가 신식민지 아프리카에서는 "정신병원"(106)에서만 가능하다는 것은 커다란 비극이 아닐 수 없다.

『마티가리』는 흥미로운 일화를 하나 가지고 있다. 『마티가리』가 런던에서 출판된 후, '마티가리'라는 사람의 이름이 신식민지 치하에서 고통 받는 케냐인들의 입에 일종의 구세주 혹은 혁명가의 대리물로 수없이 회자되었다. 그러자 케냐 정부는 급기야 혁명을 운운하며 기층 민중들을 동원해서 정부의 전복을 꾀하려는 반정부주의자 마티가리를 현상금을 내걸고 생포하고자 했다. 그런데 알고 보니 마티가리는 실제로 현존하는 인물이 아니라 소설 속의 인물이었다는 것이다.

응구기가 남긴 과제

근래에 이루어지고 있는 기쿠유어 소설과 희곡 쓰기를 통해서 응구기가 실천하고 있는 '모국어로 창작하기'라는 신념은 표면적으로는 영어라는 언어를 사용하지 않고도 아프리카 문학내지는 문학운동이 현실적 추동력을 갖출 수 있을까라는 실험정신의 표상으로 보이기도 하지만, 궁극적으로는 아프리카 문학 혹은 문화판에서 전일한 권력으로 삼투되어 있는 유럽의 근대(성) 혹은 근대정신에 대한 강력한 심문내지는 도전의 의미를 담고 있다. 따라서 응구기의 성공은 아프리카를 비롯한 제 3세계 내에서 서구 근대(성)을 어떻게 이해해야 하는가와 관련해 발전적인 고민거리를 던져주고 있다.

참고문헌

Thiong'o, Ngugi, *Matigari*. Asmara: Africa World Press. 1998
이석호. 「응구기 와 씨옹고」. 『월경하는 세계의 지식인들』. 한길사. 2004.
_____. 「응구기 와 씨옹고: 민족문학과 근대성」. 『안과밖』(2000년 봄)

알레고리를 통한 탈식민 상황 읽기
— 아체베의 『모든 것이 무너지다』

이성진(서남대 교수)

I

탈식민 문학 연구에서 가장 중요한 출발점은 아프리카 문학이다. 그리고 아프리카 탈식민 문학 연구는 치누아 아체베(Chinua Achebe)로부터 시작된다 해도 과언은 아니다. 역사적인 면에서 볼 때 영어권 지역(English Speaking World) 연구는 아프리카로부터 시작되며 유럽의 인종차별적인 시각에 대항하여 글을 쓰기 시작한 이는 아체베이기 때문이다. 제2차 세계대전의 종전과 함께 시작된 아프리카의 독립은 1960년대에서 1970년대 사이에 가장 많이 이루어졌으며 아프리카 문학 역시 이 시기에 가장 활기를 띠게 된다. 당시 아프리카의 대표적인 작가로는 셍고르(Léopold S. Senghor), 투투올라(Amos Tutuola), 레이(Camara Laye), 그리고 아체베를 들 수 있으며 이들의 주된 관심은 아프리카 전통문화였다(김윤진 133-34). 이들은 아프리카의 전통문화를 연구하고 소개함으로써 그 문화의 훌륭함과 중요성을 역설하였다.

아체베의 소설은 당시 아프리카에서 "중요한 문학적 또는 문화적 사건"(Irele 1)으로 작용했다. 『모든 것이 무너지다』(*Things Fall Apart* 1959)는 식민지하의 아프리카 상황을 묘사함으로써 아프리카인들이 처한 문화적·사회적 사태에 대해 철학적 고찰을 종용했다. 또한 사회학적 또는 심리학적 의미에 있어서도 유럽 타자의 시선에 의한 글쓰기에 의존하지 않고 자신들에 대해 스스로 쓸 수 있다는 자긍심과 자존감을 심어주었으며 이러한 자신감은 더 나아가 하마탄 열풍처럼 아마디(Elechi Amadi)나 무노녜(John Munonye) 그리고 느와파(Flora Nwapa)와 같은 후배 작가들의 창작욕으로 불타올랐다(김윤진 137-38).

8세기 초부터 이슬람의 통치를 받아오던 유럽(특히 지중해 근방)이 1492년 이사벨(Isabella)과 페르디난드(Ferdinand)의 재정복(Reconquista)으로 자주권을 회복한 후, 국내의 정치적·경제적 문제를 해결하기 위해 새로운 땅을 찾아 나섬으로써 인류에게 식민주의라는 문제의 역사적 단초를 제공하였다. 주지하다시피 십자군을 일으켜 재정복에 참여했던 귀족들이 왕실에 자신들의 요구를 쏟아놓기 시작했으며 오스만 제국이 동쪽(인도)으로부터 들어오는 향신료 무역로를 봉쇄하자, 포르투갈이 새로운 무역로를 찾아 서쪽으로 항해함으로써 아프리카 식민화 사업이 시작되었다. 물론 이전에도 이슬람 무역상들에 의해 아프리카로부터 노예와 물품이 유럽으로 수입되었지만 아프리카에서 물적·인적 착취뿐만 아니라 정신적 착취가 이루어진 때는 유럽의 식민주의 시대부터이다. 유럽 식민주의자들은 값싼 공산품을 이용해 아프리카의 금과 상아 등을 수입해 갔으며 수많은 아프리카인을 대서양 중간항로(The Middle Passage)를 이용하여 노예로 끌고 갔다. 물론 아프리카에 식민지를 갖고 있지 못한 포르투갈과 스페인은 카리브 지역 국가들과 아메리카의 플랜테이션에 필요한 노예를 주로 영국 노예상으로부터 구입하여 이용했다. 이런 과정에서 식민주의자들은 아프리카를 지속적으로 지배하기 위해 아프리카인들로 하여금 스스로를 열등한 존재로 믿도록 하는 정신적 착취까지 자행한다. 당시 유럽인들은 '검은 아프리카'(Black Africa)의 원주민들을 인종적으로는 원숭이와 인간 사이에 있는 존재이며 문화적으로는 미개한 존재로 여겨 그들에게 문명을 전파해야할 의무가 있다고 굳게 믿었다.

이러한 식민주의/제국주의적 관점에 의문을 제기한 작가가 콘래드(Joseph Conrad)였지만 아체베의 입장에서 보면 그 역시 "철저한 인종차별주의자"("An Image" 9)였다. 『암흑의 핵심』(*Heart of Darkness*)은 아프리카의 이미지를 "타자의 세계" 즉 유럽의 안티테제(antithesis)로 정형화하고 있다. 그 결과 아프리카는 반문명의 세계로 규정되며 마침내는 의기양양한 유럽의 잔혹함을 통해 한 인종의 자랑스런 지성과 세련됨은 조롱받는다(Achebe "An Image" 3). 아체베에게 있어서 콘래드의 소설은 아프리카 문화를 탈역사화하고 지성과 세련됨을 지닌 엄연히 존재하는 한 인종을 비인격화하고 있다. 아체베는 아프리카 사회로 하여금 스스로에 대한 신뢰를 회복케 하고 자기 모멸이나 자기 비하와 같은 콤플렉스의 세월을 벗어던질 수 있도록 조력하는 것이 작가의 의무라고 생각한다. 그는 아프리카 아이들에게 아프리카의 기후나 풍광이 시적 소재로 손색없음을 알려줌으로써 정신적 탈식민화의 '혁명'을 일으키고자 한다(Achebe "The Novelist" 44). 이런 점에서 아체베의 소설은 『암흑의 핵심』과 상호텍스트적인 관계에 있다.

아체베의 『모든 것이 무너지다』는 콘래드의 『암흑의 핵심』과 상호텍스트성을 갖는다는 점에서 국내외에서 많은 논의가 있어 왔다. 국내에서 이러한 논의들은 크게 두 가지 입장으로 나눠볼 수 있다. 하나는 아체베가 콘래드를 최고의 인종주의자로 몰아세우는 데는 콘래드 시대와 소설을 오해한 때문이라는 입장과, 또 하나는 콘래드가 유럽 제국주의의 실체를 보여주고 있음에도 불구하고 아프리카와 아프리카인에 대한 유럽 중심적 편견을 드러내고 있다는 입장이다. 국내 연구자들 중 전자의 입장에 속하는 이들로는 박상기, 왕철 교수 등이 있으며 후자의 입장에 속하는 이들로는 김순식, 민경숙 교수 등이 있다. 그리고 이석구 교수는 식민지 언어와 역사를 통한 탈식민 담론을 주장하고 있다. 박상기 교수는 콘래드가 반제국주의자이면서 동시에 인종주의자라는 아체베의 주장은 여러 가지 문제점이 있다고 지적한다. 그는 아체베가 19세기 말에 쓰인 콘래드의 작품을 20세기 후반의 반인종주의적 시각을 통해 독해함으로써 당시의 역사적 상황을 간과하고 있다고 주장한다(267). 그리고 왕철 교수는 리얼리즘 기법으로 쓰인 『모든 것이 무너지다』와 달리 『암흑의 핵심』이 인상주의 기법으로 쓰인 여행기 형태를 취하고 있기 때문에 두 소설을 동등하게 비교하는 것은 잘못이라고 지적한다. 그는 서로 다른 소설 기법에도 불구하고 아체베가 『암흑의 핵심』의 흑인 인물들이 곡해되었다고 단도직입적으로 비판하는 것은 『모든 것이 무너지다』에서 백인 인물이 곡해되었다고 말하는 것과 마찬가지로 불만족스럽다고 주장한다(146). 한편 김순식 교수는 역사를 바라보는 시각의 균형을 잡기 위해서 다른 관점을 보여주는 작품을 비교하거나 대조시켜 상대적으로 볼 것을 주장한다. 또한 이를 위해 기존 정전에 속하는 작품들과 상호텍스트성을 지닌 작품을 통해 타자의 목소리를 들을 수 있다고 주장한다(「정전확장」 68-69). 아프리카 담론은 백인들의 무의식 속에 잠재되어 있는 '검은 대륙'에 대한 모든 부정적 가치관과 상징들이 투사된 것으로써 아체베가 백인 위주와 우월감이라는 이 담론을 해체하고 있다고 주장한다(「탈식민주의」 54). 그리고 민경숙 교수는 아체베가 콘래드의 소설을 중심으로 서구의 시각 속에 나타난 아프리카에 대한 편견을 되짚음으로써 이러한 편견을 바로 잡고 있다고 지적한다. 해외 연구는 세 부분으로 나눌 수 있는데 첫째 갤러거(Susan Gallagher)나 코텐나(Ten Kortenaar)는 언어적 측면에서 접근하였고, 둘째 스탁(A.G. Stock)은 아체베의 이보(Igbo) 사회와 예이츠의 영국 사이의 친연성을 고찰했으며 렌(Robert Wren)과 노림(Nnolim)은 역사적 · 문화적 콘텍스트에 대해 탐구하였다(Okpala 559). 최근 파웰(Andrea Powell)의 여성주의 시각에서 본 이보 여성에 대한 연구가 있었다.

하지만 필자는 콘래드를 옹호하는 입장에 서 있는 비평가가 굳이 작품이 쓰인 시대와 그 작품에 대한 비판의 시기가 일치하지 않는다는 시대구분을 하는 이유를 알 수 없다. 일반적으로 정전이란 시대에 구애받지 않는 시대정신과 미학을 지닌 것으로 평가받기 때문이다. 그리고 『암흑의 핵심』이 리얼리즘 기법으로 쓰였을 때 어떤 효과가 있을지 의문이다. 만약 콘래드의 소설이 리얼리즘 기법으로 쓰였다면 아프리카와 아프리카인에 대해 보다 사실적인 묘사를 할 수 있었겠지만, 콘래드가 궁극적으로 의도했던 식민제국의 실체에 대한 비판이라는 목적을 달성하기는 어려웠을 것이다. 왜냐하면 리얼리즘 기법으로 식민제국의 실체를 묘사했다면 당시 유럽 사회가 느꼈던 식민주의/제국주의에 대한 의문이 오히려 강한 확신으로 전달되는 뜻하지 않은 일이 발생할 수 있기 때문이다. 따라서 인상주의 기법은 한때 절대적인 것으로 믿었던 식민주의/제국주의에 대한 유럽인들의 의혹을 드러내기에는 가장 효과적인 방법이었다. 반면 아체베가 『모든 것이 무너지다』에서 리얼리즘 기법을 이용한 것은 이를 통해 식민주의가 간과 또는 무시했던 아프리카의 전통과 문화를 객관화/역사화시킬 수 있기 때문이다. 기법이 다르다는 이유로 두 소설을 다르게 간주하기 보다는 두 소설에서 재현되는 타자들의 실상을 비교하는 것이 적절하다고 본다. 하지만 모든 책임을 식민주의에 전가하는 것 역시 문제가 있다. 따라서『모든 것이 무너지다』는 백인 식민주의에 대한 이분법적 반격이라기보다 저자의 의도처럼 역사에서 탈락된 이보의 전통을 재현함으로써 나이지리아인들에게 나아가 아프리카인들에게 민족적 자긍심을 불러일으킴으로써 식민주의에 대한 정신적 예속으로부터의 독립으로 이해하는 것이 옳다.

아체베는 이보 사회의 여러 사건과 우화를 알레고리로 이용함으로써 이보 사회의 탈식민 상황을 재현하고 있다. 이보 사회의 풍습과 전설 그리고 식민주의에 저항하는 오콩쿼(Okonkwo)의 죽음은 알레고리로 해석할 수 있다.『모든 것이 무너지다』에서 오콩쿼는 이보 사회의 전통을 대표하고 있기 때문이다. 유산을 전혀 상속받지 못한 오콩쿼는 얌(yam) 농사로 부자가 되어 세 아내를 얻게 되었으며, 씨름대회에서 어느 누구도 쓰러뜨리지 못한 아마린제(Amalinze)를 쓰러뜨림으로써 마을의 존경을 받게 되었다. 존경받는 원로로서 오콩쿼는 이보 전통을 절대적으로 신뢰하고 이를 수호하는데 최선을 다한다. 이런 오콩쿼의 몰락이 이보 사회의 붕괴를 의미한다는 맥락에서 볼 때 그는 이보 사회를 재현하는 하나의 알레고리로 해석할 수 있다. 또한 이 소설 속의 이보 속담과 전설은 일차적으로 축어적 의미를 갖지만 이차적으로 또 다른 은유의 의미를 갖기 때문에 이 또한 알레고리로 해석할 수 있다.

지금까지 탈식민 문학은 국내외에서 많은 연구가 이루어졌으며 대부분 계몽주의의 명분을 내세운 식민담론에 대한 비판적 논의와 민족주의나 본질주의로 변질되는 피식민에 대한 반성이 주를 이루었다. 하지만 탈식민주의는 과거 회귀적이기 보다 식민 과거를 따져 묻고 반성함으로써 자주적 정체성과 가치관을 확립해 나가는 미래 지향적인 운동이다. 따라서 이 글에서는 아체베가 알레고리로써 재현하는 이보 사회의 전통문화를 통해 문화적 자존감 회복에 대해 알아보고 영국 식민주의가 어떻게 이보 사회를 식민통치 했는지 따져 묻는다. 또한 이보 사회의 몰락이 식민주의자만의 책임이 아니라 이보 전통의 악습에도 그 책임이 있음을 고찰함으로써 식민주의와 조우한 이보 사회의 희망적인 비전을 살펴보고자 한다.

II

『모든 것이 무너지다』의 구조는 이중적 의미로 해석할 수 있다. 앞서 언급한 렌은 25장으로 이루어진 이 소설을 오콩궈가 오발로 에제우도(Ezeudo)의 아들을 살해하는 13장을 중심으로 두 부분으로 나눈다. 그리고 다시 전체를 각각 여섯 장씩 네 부분으로 구별한다. 첫 번째 여섯 장(1장에서 6장)은 이케메푸나(Ikemefuna)가 오콩궈의 집으로 오기까지와 오콩궈가 셋째 아내 오지우고(Ojiugo)를 평화 주간(Week of Peace)에 구타하는 이야기를 그리고 있으며, 두 번째 여섯 장(7장에서 12장)은 이케메푸나의 희생과 오콩궈의 딸 에진마(Ezinma)의 오그반제(ogbanje) 이야기가 소개된다. 아체베는 첫 여섯 장에서 오콩궈를 중심으로 주로 남성성을 제시하고 있으며 두 번째 여섯 장에서는 대지의 여신 아니(Ani)나 오그반제를 통한 여성성을 제시하고 있다. 세 번째 여섯 장(14장에서 19장)에서는 오콩궈의 음반타(Mbanta) 마을로의 유배와 백인과 그들의 종교에 대한 서사를 제시하고 있으며 마지막 여섯 장(20장에서 25장)에서는 오콩궈가 판무관의 메신저를 살해함으로써 발생한 오콩궈의 자살 사건과 이보 사회의 붕괴를 재현하고 있다(23-25). 세 번째 여섯 장이 기독교를 통한 백인의 식민화 과정이라면 마지막 여섯 장은 식민주의로 인한 이보 전통의 몰락을 의미한다. 또 한 가지 주목할 점은 볼륨에 있어서 이보 사회를 다룬 부분과 백인 식민주의자를 다룬 부분의 현격한 차이이다. 이보 사회에 대한 이야기가 거의 삼분의 이를 차지하며 나머지가 백인 식민주의자에 대한 이야기이다. 이는 탈식민성이라는 주제로 보아 모순된 것 같지만 아체베의 글쓰기 전략으로 볼 수 있다. 적은 분량이지만 판무관의 관점에서 갑작스럽게 결말을 맺어 독자에게 앞으로 일어날 식민주의의 폐해에 대해 강한 확신을 심어준다.

『모든 것이 무너지다』는 우무오피아(Umuofia) 마을의 여러 풍습을 소개함으로써 이보 사회의 전통을 역사화하고 있다. 아체베가 아프리카 지역의 역사를 충실히 복원하는 이유는 식민담론에 의해 신화화되고 억압당한 아프리카의 진면목을 복원함으로써 서구의 담론에 대항하기 위함이다(지봉근 199). 이 소설이 아프리카의 전통과 삶을 잘 보여준다는 점에서 볼 때 주인공은 인물이기보다 오히려 이보 마을의 전통과 삶이다(김순식 「정전확장」 70). 이보 마을은 오래 전 한 조상으로부터 아홉 씨족으로 갈라졌으며 죽은 조상뿐만 아니라 함께 살고 있는 씨족 간의 화합을 근간으로 하고 있다. 이석구 교수는 우무오피아 마을을 소개하는 소설 도입부분에 대해 "주인공의 무용(武勇)을 비교, 평가하기 위하여, 우무오피아와 음바이노(Mbaino)를 포함한 인근 지역이라는 구체적인 사회 공간의 차원뿐만 아니라, 마을의 창건이라는 아득한 과거의 시점을 소설 내에 끌어들임으로써, 텍스트는 주인공을 사회적, 역사적 맥락 내에 위치시킨다"(「식민주의 역사」 137-38)고 주장한다. 아체베가 이보 전통을 역사화하려는 의도는 아프리카의 특수한 상황을 먼저 설정하지 않고는 그 다음에 오는 것들의 의미와 깊이가 없기 때문이다. 이 때문에 아체베는 이보의 여러 사건들을 통해 오콩궈로 하여금 그 전통에 대해 객관적으로 인식하게 할뿐만 아니라 독자 특히 아프리카 독자들로 하여금 자신들의 전통에 대해 보다 올바르게 인식하도록 하는 이중의 의도를 가지고 있다. 이와 관련된 아체베의 유명한 언급이 하마탄이라는 차가운 계절풍이다. 한 학생이 하마탄을 소재로 하여 글을 쓰면 친구들이 부시맨으로 놀릴까봐 쓰지 않았다는 일화이다. 이에 대해 아체베는 아프리카의 하마탄도 충분히 시의 소재가 될 수 있음을 설파하였다. 아프리카인 스스로가 자신의 기후와 문화에 자신감을 가질 때 비로소 자존감과 독립심이 생긴다는 지적이다("The Novelist" 44). 이를 반증하듯 아체베는 하마탄을 소재로 아프리카의 풍광을 아름답고 서정적으로 묘사하고 있다. 오콩궈의 아버지 우노카(Unoka)는 어린 시절 북쪽으로부터 하마탄이 불어올 때를 좋아했다. 왜냐하면 더 이상 더운 날씨가 계속되지 않기 때문이다. 때때로 심하게 하마탄이 불어올 때면 노인과 아이들은 모닥불 주변에 앉아 몸을 녹였으며 아이들은 하마탄이 부는 계절에 첫 번째로 날아온 솔개를 환영하는 노래를 불렀다.[1] 일반적인 생각과는 다르게 아프리카에도 계절의 변화가 있는데 모든 동식물에게 생명과 활기를 불어넣어주는 우기/농사철과 이후 열기를 식혀주는 차갑고 건조한 하마탄의 겨울/농한기가 있다. 그리고 추수를 마친 농한기에는 춤과 음악을 즐기며 얌 축제(New Yam Festival)와 같은 문화행사를 치른다. 하마탄 이야기는 일차적으로 아프리카의 계절 변화와 농사짓기를 보여주고 있지만, 이차적으로 열등한 것으로 인식되었던 아프리카의 자연 환경을 서정적이고 평화로운 이미지로 대체

1 Chinua Achebe, *Things Fall Apart* (1959; New York: Anchor, 1994) 5. 이후 이 텍스트 인용은 괄호 안에 쪽수만 표시함.

하고 있다.

결혼식과 장례식 풍습은 가족 간의 유대를 의미하며 씨름대회나 에그우그우(egwugwu)의 재판은 마을 주민들의 화합을 바탕으로 한다. 씨름대회는 용사를 중심으로 평화와 화합을 다지는 이보 전통의 일면을 보여주고 있다. 『모든 것이 무너지다』에서 씨름대회는 오콩쿼가 마을의 영웅으로 추앙받는 시작 부분과 6장에서 자세히 소개된다. 마을 주민들이 모인 일로(Ilo)에서 벌어지는 씨름 경기는 가난하고 어린 오콩쿼가 권위 있는 영웅으로 성장하는 과정을 연상케 한다. 그 해 씨름대회에서 오콩쿼의 친구 오비에리카(Obierika)의 어린 아들 마두카(Maduka)가 마을 주민들의 관심을 받고 승리하며 작년까지도 승부를 가르지 못한 이케주에(Ikezue)와의 경기에서 오카포(Okafo)가 승리를 거둔다(49-50). 이보 사회는 씨름대회를 통해 마을을 지켜줄 용사를 선발하고 마을의 평화를 기원한다. 승자를 위한 아낙네들의 노래는 영웅의 승리를 축하하고 마을 주민을 위해 싸우고 봉사해 줄 것을 기원한다.

> 누가 우리 마을을 위해 싸워줄까?
> 　오카포가 우리 마을을 위해 싸울 거네.
> 백 명의 남자와 싸워 이겼는가?
> 　사백 명의 남자와 싸워 이겼다네.
> 백 명의 고양이와 싸워 이겼는가?
> 　사백 명의 고양이와 싸워 이겼다네.
> 그렇다면 우리를 위해 싸워달라고 전해주게. (51)

하지만 마을을 수호할 것으로 기대되는 영웅/칭호를 가진 남성은 오히려 마을의 평화를 해치는 아이러니를 가져온다. 3년 동안 오콩쿼를 아버지라 부르며 자라던 이케메푸나는 마을 신탁에 의해 희생된다. 오콩궈를 비롯한 칭호를 가진 마을의 남성들이 이케메푸나를 살해하기 위해 마을 밖으로 나아갈 때 먼 곳으로부터 칭호를 얻는 남성을 위한 음악과 춤 그리고 축제 소리가 침묵을 깨고 들려온다(59). 씨름대회는 가난한 오콩궈가 존경받는 영웅이 될 수도 있다는, 즉 기회가 균등하게 주어진 이보 사회의 일면을 보여주지만 또 한편으로 지나친 남성중심적 사유로 인한 폭력성과 그 결과 오콩궈와 이보 사회가 몰락하는 결말을 보여주는 알레고리이다. 이케메푸나의 희생은 뒤에서 살펴보겠지만 이보 사회의 전근대적 인식의 결과이다.

씨름대회의 승자를 위한 노래는 카리브 지역과 아메리카 플랜테이션으로 끌려간 노예들의 칼립소(calypso)나 블루스 그리고 재즈의 기원이다. 아프로-카리비언 음악(Afro-Caribbean Music)이 잔인한 사탕수수 플랜터너를 조롱하고 가혹한 노역으로 인한 애환을 노래한 것처럼, 이보인들은 이미 아프리카 피진(pidgin)을 이용해 영국 식민주의자나 하급관리를 비웃는 노래를 불렀다. 우무오피아 사람들은 코트마(Kotma)라 불리는 판무관의 메신저를 비웃는 노래를 부르는데(175) 이는 카리브 지역에서 자신들을 학대하는 식민주의자를 조롱하는 칼립소와 유사하다. 또한 이보 사회의 결혼 풍습에서 신부의 순결을 증명하기 위해 행해지는 의식은 카리브 지역의 부두교(voodoo)와의 친연관계를 보여준다. 암탉을 손에 쥐고 있는 신부는 자신의 순결에 대해 확답하고 신랑 측 원로가 이를 증명하기 위해 신부의 손에 있는 암탉의 목을 갈라 그 피로써 증명한다(132).

아체베의 소설에서 많은 비중을 차지하고 있는 전통문화 중 하나가 결혼 풍습이다. 이보 사회의 결혼 풍습은 양가의 화합을 보여준다. 이보 결혼 풍습은 마을마다 다양하다. 어떤 마을에서는 마치 가축을 사고팔듯 신부를 거래하고 어떤 마을에서는 과다한 지참금 요구로 인해 결국 파경을 맞는다. 우무오피아 마을에서 결혼지참금은 양가에서 금액을 제시하여 조정에 들어가지만 우문소(Umunso) 마을의 경우 신부 집에서 그만 가져오라고 할 때까지 지참금을 가져가야 하는 풍습이 있다(73-74). 이보 사회에서 지참금 풍습은 양가에서 신부와 신랑의 존재 가치를 소중히 여기며 존중한다는 의미인데 우문소 마을처럼 이를 잘못 이해한 풍습도 있다. 이보 사회에서 결혼식은 신부 부모와 친족은 물론 수많은 일가들과 마을 사람들이 한데 모여 얌푸푸(yam foo foo)와 고기 그리고 야자술 등을 함께 나누는 씨족 간의 화합의 장이 된다.

모기의 청혼 우화는 문화 인식에 대한 양가성을 보여준다. 모기의 청혼을 받은 귀(Ear)는 빼빼한 모기가 얼마 살지 못할 것 같아 거절하고 이에 창피해진 모기는 달아나버린다. 이후 모기는 귀를 만날 때 마다 아직 살아 있음을 알리기 위해 귀에 대고 윙윙거린다. 이 우화는 일차적으로 약자/하위주체인 모기가 자신보다 강한 귀에게 살아 있는 자신의 존재를 알리는 절규의 의미이며, 이차적으로 이케메푸나를 죽인 오콩궈/권력주체가 사랑했던 아들을 살해한 데 대한 회한의 괴로움이다(75). 오콩궈는 지금껏 맹목적으로 수호하던 전통에 대해 새롭게 인식하기 시작한다. 딸 에진마가 오그반제 때문에 죽게 되었을 때, 오콩궈와 그의 둘째 아내 엑웨피(Ekwefi)는 뒤따라오지 말라는 여사제의 말을 무시하고 신탁의 언덕을 오르게 된다. 오콩궈의 이러한 행동은 이케메푸나를 포기한 것과는 대조적이다. 오콩궈는 여사제 치엘로(Chielo)가 에진마를 업고 신탁의 동굴로 들어갈 때 최선을 다해 딸을 보호하는 엑웨피의 행동을 보고 신탁과 같은 전통 수호와 개인적인 희생 사이의 부조리를 인식한다. 과거 자신의 아내와 아이들에게

엄하기만 하였던 오콩쿼는 이 일을 통해 진심으로 엑웨피와 에진마를 염려한다(112). 오콩쿼는 엑웨피와 동굴 밖에서 딸을 기다리며 두 사람 사이의 과거를 회상하고 진정한 사랑과 용기를 인식한다(109). 우문소 마을의 결혼식과 오콩쿼 딸의 오그반제를 통해 볼 수 있는 것처럼 결혼과 육아 이야기는 씨족의 전통 수호와 개인의 희생을 통해 이보 사회의 부조리를 보여주는 알레고리이다.

에그우그우의 재판과 식민주의자의 재판 이야기는 합리적이고 이성적인 통치/재판체제에 무조건 따르라는 식민주의 담론을 풍자하는 탈식민주의 담론의 알레고리이다. 이보 사회는 문제가 발생했을 때도 공동체의 화합을 최우선으로 한다. 그 대표적인 예가 마을 원로들이 진행하는 재판이다. 우조울루(Uzowulul)의 아내와 자식들을 오빠들이 데리고 가 돌려보내지 않자 우조울루는 아내와 아이들을 돌려보내지 않으려면 결혼 지참금을 되돌려줄 것을 요구한다. 하지만 오빠 오두크웨(Odukwe)와 마을 사람들의 증언에 따르면 우조울루는 결혼생활 9년 동안 하루도 빼지 않고 아내에게 폭력을 행사하였음이 드러난다. 원로들은 양측의 의견을 듣고 우조울루에게는 아내와 오빠들에게 사과할 것을 그리고 오두크웨에게는 우조울루의 사과를 받아들이고 여동생을 돌려보내라고 판결한다. '악마의 숲'(Evil Forest)이 "우리의 임무는 이 사람을 비난하고 저 사람을 칭찬하는 것이 아니라 논쟁을 해결하는 것이다"(93)며 양측을 화해시키는 재판과정은 현대 사회의 그것과 다르지 않는 상당 수준의 아프리카 문화를 보여준다. '악마의 숲'은 한편으로 쌍생아나 병에 걸려 죽은 사람을 버리는 부정한 공간이지만 또 한편으로 에그우그우 조상신 중 최고 서열의 신으로서 산 자와 죽은 자를 연결해준다. 뿐만 아니라 에그우그우의 재판과정은 식민지 판무관의 재판과 대조된다.

사흘 후에 판무관은 우무오피아 지도자들에게 달변의 메신저를 보내 본부에서 만날 것을 요구했다. 그 또한 이상할 게 없었다. 판무관은 종종 그들을 불러 장시간의 협의를 요구했다. [···] 일이 너무나 빨리 일어나 여섯 사람[지도자들]은 그 추이를 살피지 못했다. 잠깐의 실랑이가 있었을 뿐 칼을 빼들 틈도 없었다. 여섯 사람은 수갑이 채워져 감방에 갇혔다. (193-94)

이보 사회의 에그우그우들이 분쟁의 양 당사자들의 이야기를 듣고 분쟁을 해결하는데 반해 백인 판무관은 스미스(James Smith) 목사의 말만 듣고 이보 지도자들을 감금해 버린다. 사건의 빌미는 일부 광신도들이 에그우그우의 탈을 벗기려 함으로써 이보의 종교적 · 정치적 신념을 모욕하는 우를 범하였음에도 불구하고, 식민주의자들은 이보 사회의 종교나 전통에 대해 전해 이해하려 하지 않고 자신들의 통치 체제만을 강요한다.

이보 사회는 남성중심 사회이며 이로 인한 어느 정도의 폐단을 안고 있다. 여성에 대한 오콩퀴의 욕망은 "정복과 억압"이다(Powell 171). 그는 씨름대회를 알리는 징소리를 들으며 정복하고 억압하고픈 욕망으로 전율을 느낀다. 그리고 이것은 여성에 대한 욕망과 같다(42). 이러한 욕구가 아내들을 자주 폭행함으로써 자신에게 절대 복종하도록 만든다. 오콩퀴가 아내와 자식들에게 엄격한 가부장의 권위를 가지고 있음에도 불구하고 그는 남성/가부장 중심주의의 가장 큰 피해자 중 한 사람이다. 그의 마음속에 자리잡고 있는 가장 큰 공포는 자신이 패배자 또는 약자로 평가 받아서는 안 된다는 것이다. 그는 감정 표현을 연약함의 소치로 치부하고 가정에서도 자신의 애정을 뒤로하고 주먹을 앞세운다.

> 오콩궈는 그것이 분노가 아니면 결코 어떤 감정도 공공연히 드러내지 않았다. 호의를 드러내는 것은 나약함의 표시였기 때문에 밖으로 드러낼 유일한 가치가 있는 것은 물리적 힘이었다. (28)

그가 패배자 또는 약자가 되지 않으려 애쓰는 이유는 어린 시절 친구들로부터 자신의 아버지가 '아그발라'(agbala)라고 놀림을 받았기 때문이다(13). 오콩궈가 후에 알게 된 사실이지만 아그발라는 여성을 의미하는 다른 말일뿐만 아니라 칭호를 갖지 못한 남성을 가리키는 말이다. 하지만 오콩궈는 친구들의 놀림에 아그발라는 여성을 의미한다고만 믿었던 것이다. 주목할 점은 어린 오콩궈처럼 이보 사회의 어린이들까지도 칭호가 없는 무력한 남성을 여성으로 간주하는 젠더 의식이다. 어린 시절 아버지로 인한 불우한 환경과 놀림은 오콩궈에게 남성중심의 젠더 의식을 심어주었을 뿐만 아니라 심적 외상(trauma)으로 작용한다.

> 그[오콩궈]는 이케메푸나가 그를 향해 뛰어오며 "아버지, 저 사람들이 나를 죽이려 해요!"라고 울부짖는 소리를 들었다. 두려움으로 망연해진 오콩궈는 칼을 뽑아 아이를 내려쳤다. 그는 약한 자로 여겨지는 것이 두려웠다. (61)

오콩궈는 사랑하는 이케메푸나를 죽여서라도 자신의 남성다움을 증명하고자 한다. 그리고 그가 추구하는 남성성이란 어린 시절 아버지가 호명되던 여성이라는 의미의 아그발라에 대한 심리적 방어기제라 할 수 있다.

역사상 아프리카에는 부족 간의 끊임없는 전쟁과 복수가 있었다. 전쟁에서 한 부족이 다른 부족을 죽이고 포로를 잡아오면 이에 대한 복수와 재복수가 연속되었다. 이 소설의 도입부에서 징(ogene) 소리와 함께 포고가 울릴 때 오콩쿼가 처음으로 생각하는 것 역시 이웃 마을과의 전쟁이다(10). 19세기 유럽의 노예상인이나 그 이전 이슬람 노예상인이 침입하기 이전에 아프리카에는 포로를 노예로 삼는 관습이 존재하고 있었다. 음바이노(Mbaino) 시장에서의 살인사건에 대한 해결책으로 이케메푸나와 처녀가 우무오피아로 끌려오는 것은(12) 아프리카의 이런 예를 보여주는 것이다.

칭호를 갖지 못한 무능력한 남성을 칭하는 '아그발라'는 이웃 간의 논쟁이나 불행이 닥쳤을 때 신탁을 내려주는 대지의 여신 아니의 여사제에게도 붙여졌다. 이런 점에서 볼 때 이보 사회는 여성을 부정하고 타락한 존재로 보면서도 마을에 평화를 가져오는 존재로 간주하고 있다. 이런 맥락에서 오콩쿼의 몰락 원인은 양성적 구조로 이루어진 이보 문화를 잘못 이해하고 남성성만을 고수하려했기 때문이다. 이보 사회는 남성중심 사회였지만 여성적인 면을 완전히 무시하지는 않았다. 오콩쿼가 수긍할 수 없었던 은둘루에(Ogbuefi Ndulue)와 오조에메나(Ozoemena) 부부의 화목한 관계나(68), 평화 주간의 대지의 신 아니의 에피소드에서 알 수 있는 것처럼 이보 사회는 어느 정도 여성성과 남성성이 조화를 이룬 사회였다. 이보 사람들의 개인의 신인 치(chi) 역시 개인과 치의 의지가 조화를 이룰 때 문제가 발생하지 않는다.

『모든 것이 무너지다』는 아프리카에서 유럽 특히 영국 식민주의의 실상을 심문하는 알레고리이다. 아체베가 아프리카 전통을 구체화 하는 이유는 식민통치 이전의 아프리카를 이상화하려는 것이라기보다 식민통치 기간 동안 무슨 일이 일어났으며 잃어버린 것이 무엇인지 보여주기 위함이다(이석구 「식민주의」 138-39). 이보 사회의 분열은 이보 인들의 과오뿐만 아니라 식민주의 정책 때문이다. 기독교를 앞세워 이보 사회에 침입해 들어오는 양상이나, 제목에서 드러나는 것처럼 이보 사람들의 구심력을 무력화시켜 그 사회를 붕괴시키는 것은 영국 식민주의의 전형적인 양상이다.

> 백인들은 매우 영리한 이들이네. 그들은 종교를 앞세워 조용히 평화스럽게 들어왔었지. 우리는 그들의 어리석음을 확신하고 머물 수 있도록 허락하지 않았나. 이제 그들은 우리 형제들을 끌어들였고 우리 부족은 더 이상 한 몸처럼 행동할 수 없게 되었네. 그들은 우리를 하나로 만들어주는 것에 칼을 꽂았고, 우리는 결국 무너져 내리게 된 것이네. (176)

영국 식민주의는 먼저 기독교 포교라는 가면을 쓰고 침입함으로써 이보 인들의 경계심이 작동하지 못하게 한 후 결정적인 순간에 무력을 행사하여 통치체제를 갖추었다.

처음에 소규모의 정찰병을 보내 탐색하고 나중에 대규모로 하늘을 뒤덮는 메뚜기 떼는 식민주의의 지배양상을 암시한다. 메뚜기 떼가 처음 나타났을 때 우무오피아 사람들은 기뻐한다. 어느 면에서 메뚜기 떼는 이보 사람들에게 귀중한 단백질 공급원이 되기 때문에 싫어할 이유가 없는 것이다. 하지만 온통 마을을 뒤덮은 메뚜기 떼가 온갖 풀과 나무를 먹어 치울 때는 어찌할 방도가 없었다(56). 영국 식민주의가 이보 사회에 들어와 거래소를 설치하자 처음에는 야자 기름이 고가에 팔리고, 효능 좋은 의약품을 얻을 수 있게 된다. 하지만 식민주의자들은 메뚜기 떼처럼 아바메(Abame) 주민들을 대학살하는 잔혹함을 보여준다. 아바메 사람들은 신탁에 따라 철마(iron horse)를 타고 온 백인 선교사를 죽이고 철마를 나무에 묶어둔다. 얼마 후 백인들은 아바메 장날에 모든 사람들이 모이기를 기다렸다 총을 발사해 대부분의 사람들을 살해한다.

> 백인 세 명과 다른 많은 사람들이 시장을 포위했답니다. 그들은 시장에 사람이 꽉 찰 때까지 자신들이 눈에 띄지 않도록 강력한 주술을 사용했음에 틀림없습니다. 그리고 총을 쏘기 시작했습니다. 집에 머물고 있던 늙은이와 병든 사람들 그리고 치가 똑바로 깨어있어 시장에 가지 않은 몇몇 사내와 아낙네를 제외하고 모두가 살해됐답니다. (139-40)

역사상 실재했던 아바메 마을의 대학살 사건을 메뚜기 떼의 출현과 병치시킴으로써 식민주의의 지배 양상을 알레고리화 하고 있다. 이보 사회가 부족 간에 많은 전투를 하였지만 그것은 식민주의의 대량학살과는 비교된다. 오콩궈는 가장 잊지 못할 전투로 이시케(Isike) 부족과의 싸움을 든다. 이 전투에서 우무오피아 전사들은 이시케 부족에게 잊지 못할 살육을 저질렀지만 그 사망자 수는 이시케 쪽에서 12명이었고 우무오피아 쪽에서는 불과 2명이었다(200). 더 나아가 비록 아프리카인들이 저지른 범죄가 부지기수로 많다 할지라도 이들의 미덕은 세상에 인종차별주의를 출현시키지 않았다는 것이다.

기독교를 앞세운 식민주의는 처음에 이보 사회와 우호적인 관계를 유지한다. 마을 사람들의 분노를 사지 않도록 신도들을 엄격하게 단속한 브라운 씨(Mr. Brown)는 아쿤나(Akunna)라는 원로와 호의적인 관계를 유지한다. 두 사람은 정기적으로 만나 절대자/하나님에 대해 이야기를 나누지만 브라운 씨는 이보 문화와 종교를 이해하지 못하면서 이보 전통을 열등한 미신으로 규정한다. 브라운 씨는 이보 인들이 믿는 신들은 나무 가지나 돌덩이에 불과한 것이며 오로지 하나님만이 존재할 뿐이라고 말한다. 하지만 아쿤나는 신과 전도사 그리고 여왕과 식민지 판무관과 같은 지휘체계를 이야기함으로써 이보 사회의 다신 사상의 정당성과 기독교 유일신 사상의 모순에 대해 냉철하게 꼬집는다.

> 어느 날 브라운 씨가 방문했을 때 아쿤나는 말했다. "당신이 하늘과 땅을 창조한 최고의 신이 있다고 말씀하셨는데 우리도 그 신을 믿습니다. 우리는 그분을 추크우라고 부릅니다. 그분이 세상의 모든 것과 다른 신들을 창조하셨습니다."
>
> "다른 신들은 없습니다." 브라운 씨가 대꾸했다. …
>
> "그게 바로 내가 말하려는 것입니다. 당신들의 교회 수장은 당신 나라에 있습니다. 그가 당신을 메신저로 이곳에 보냈습니다. 그리고 당신 역시 당신의 메신저와 하인들을 지목했습니다. 판무관을 예로 들어보겠습니다. 당신의 왕이 그를 보냈습니다." (179-80)

브라운 씨는 아쿤나를 통해 이보 마을의 종교에 대해 배우게 되며 이들과의 정면대결은 성공할 수 없다는 결론에 도달한다. 차선책으로 그는 우무오피아 마을에 학교와 병원을 세운다. 브라운 씨는 집집마다 방문하여 아이들을 학교에 보내지 않으면 다른 지역 출신이 지배하게 될 것이라고 말한다. 실제로 우무루(Umuru) 지역 사람들이 판무관의 메신저 역할을 하고 있다(181). 법정 메신저들은 이방인이어서 우무오피아 전통을 이해하지 못할 뿐만 아니라 오만하고 고압적이었다. 오콩퀴와 유지들이 감옥에 갇혔을 때 메신저는 유지들의 머리를 박박 깎고 욕하고 쥐어박는 등 심한 굴욕과 복수심을 심어준다(194-95). 뿐만 아니라 이들 메신저들은 보석금이 200자루의 카우리인데도 50자루를 더 붙여 250자루의 카우리라고 전함으로써 중간에서 부당한 이득을 가로챈다(268). 식민주의와 그 대리인의 거짓에 이보 인들이 침묵하는 것은 이보 사회가 식민주의에 의해 목소리가 거세되는 상황으로 볼 수 있으며 두 문화의 배타적 충돌이 그 원인이다(홍덕선 282-83). 이러한 양상은 식민주의 교육이 결국 식민지배에 필요한 소수의 하급관리나 통역사를 양성할 뿐임을 보여준다. 응구기(Ngugi wa Thiong'o)는 식민주의가 침입해서 지배하기까지의 과정을 다음과 같이 언급한다.

> 제국주의는 또한 제국주의 이데올로기로 무장한 선교사들을 이용해 아프리카에 글쓰기를 소개했다. 이것은 필연적 수순이었다. 복종하라는 성서적 메시지는 물론 노동을 통제하고 세금을 거둬들일 행정부의 권한, 그리고 내란혐의자를 살해할 군경의 권한 등을 식민지인들에게 메신저를 통해 직접 전달할 필요를 느꼈기 때문이었다. (154)

식민주의는 먼저 군사적 정복을 하고 이어 정치적 독재를 행한다. 그러나 식민주의가 가장 염두에 두고 있는 것은 식민지인들의 정신세계이다. 식민정부의 후원 아래 식민주의는 기독교 학교를 통한 글쓰기 교육을 시행한다. 문화식민주의의 시작이라 할 수 있다.

또한 식민주의자들은 자신들에게 보다 많이 동화되었거나 다루기 쉬운 부족을 이용하여 다른 부족을 지배함으로써 오늘날까지 부족 간 반목의 불씨를 남겨 놓았다. 이는 르완다와 부룬디에서 후투족(Hutus)과 투치족(Tutsis) 사이의 내전에서도 잘 나타난다. 인구수로는 소수이지만 상대적으로 피부색이 하얗고 영국에 우호적인 투치족에게 다수의 후투족을 통치하게 하는 과정에서 투치족은 후투족에게 고압적인 자세를 취해왔다. 원래 상당수의 가축을 가지고서 농경문화를 이룬 부족이었던 후투족이 식민주의의 간섭 때문에 소유한 가축

수의 많고 적음에 따라 후투와 투치로 불리게 되었다.[2] 1884년 베를린 회의(Berlin Conference)에 의해 아프리카에서 식민지 쟁탈전을 벌이던 유럽의 식민주의자들은 지역 여건을 고려하지 않고 임의로 국경선을 그음으로써 같은 부족을 두 세 개 국가로 나누거나, 지금까지 원수지간으로 지내온 부족을 한 나라로 통합하여 부족 간의 폭동과 내란의 원인을 제공했다. 『모든 것이 무너지다』에서 영국 식민주의는 이보 사회의 전통과 문화를 무시하고 유럽에 동화된 소수의 사람들을 통해 나머지 다수를 대리 통제/통치하게 함으로써 각 부족/마을 사이에 새로운 계급구조를 형성하고 분열을 야기한다. 영국의 이러한 식민주의 양상은 식민 인도(India) 통치의 핵심이라 할 수 있는 분할 통치(Divide and Rule)에서도 어렵지 않게 볼 수 있다.

결말에서 드러나는 식민지 판무관의 독백은 오리엔탈리즘적 식민 담론의 알레고리를 보여준다. 오콩퀴의 시신을 매장하는 것과 같은 하찮은 일이 지역 판무관의 존엄성을 떨어뜨린다는 생각은 식민지에 행정관을 파견할 때 대머리나 나이든 사람은 결코 파견하지 않았던 치밀함과 관련 있다. 판무관이 쓰고자 하는 책은 지식과 권력과의 관계를 보여주고 있으며, 책에 담을 것이 너무 많아서 오콩퀴의 죽음은 한 장 또는 한 단락 정도 될 것이라는 말은 이후 식민지에서 일어날 엄청난 폭력과 압제를 암시한다.

> 그는 법정으로 되돌아오면서 책에 대해 생각했다. 매일 같이 그에게는 새로운 소재거리가 생겨난다. 메신저를 죽이고 스스로 목을 맨 이 사내의 이야기는 흥미로운 이야기 거리가 될 것이다. 그에 대

---

2 이러한 내용은 테리 조지(Terry George) 감독의 『호텔 르완다』(*Hotel Rwanda* 2004)를 통해 볼 수 있다.

> 해 한 챕터를 쓸 수 있을 것이다. 전체 챕터는 아니더라도 어째든 상당한 길이의 단락이 될 것이다. 그밖에도 포함할 이야기가 상당히 많아 세세한 것들은 잘라내야만 한다. (208-09)

오콩궈의 자살로 끝나는 결말에 대해 베감(Richard Begam)은 단순히 비극적인 것으로 평가하지 않고 중층적인 해석을 한다. 아체베의 결말은 역사에 대한 서로 다른 세 가지 개념과 관계있다. 첫째 아체베는 아프리카인의 입장에 설 수 없거나 서지 않은 역사가들에 의해 부정되거나 억압된 이보 사회의 과거를 재구성하는 민족주의적 역사를 쓰고 있다. 둘째 아체베는 아프리카 모조의 역사를 해체함으로써 잃어버린 진정한 역사를 복원하는 뒤집어 본 역사를 쓰고 있다. 셋째 아체베는 메타 역사를 쓰고 있다. 이것은 무엇을 포함하는지(선택) 무엇을 강조하는지(강조) 그리고 어떻게 구성되어 있는지(구성)를 원칙으로 하는 글쓰기 또는 서사 해석(narrative construction)을 시도하는 일이다(397-98). 지금까지 전통을 고수하려 노력한 오콩궈의 자살은 씨족 간의 화합이 와해된 때문이며, 이런 오콩궈의 자살은 이보 사회의 몰락을 보여주는 중요한 알레고리이다. 베감의 지적처럼 아체베는 오콩궈와 이보 사회의 몰락이라는 알레고리를 이용하여 탈식민적 역사 인식에서 전근대성의 탈피라는 희망적 패러다임을 추구하고 있다. 그 결과 아체베는 첫째 식민주의자들이 침묵시켰던 이보의 전통과 풍습을 민족주의적 시각에서 역사화 했으며, 둘째 식민주의가 기독교와 학교를 내세워 세뇌시키려했던 식민담론을 해체하였으며, 셋째 이보 전통과 식민주의 양상을 재현해 냄으로써 식민지인들에게 각각의 장·단점을 강조하고 자주적 정체성 확립과 발전적인 미래로의 도약을 제시하고 있다.

앞서 언급한 것처럼 이케메푸나의 희생은 이보 사회의 전통이 미개하고 폭력적인 복수극이라기보다는 전근대적인 성격을 보여주고 있다. 친자식이 아닌데도 이케메푸나가 먹은 것을 토하는 동안 등과 가슴을 쓰다듬어주고 3주일 동안 간병해준 오콩궈의 첫째 아내의 행동은 야만인에게서는 볼 수 없는 약자에 대한 사랑이다. 그녀는 신탁에 의해 이케메푸나가 희생되었다는 소식을 접하였을 때도 너무 놀라 그릇을 떨어뜨리고 자신의 가슴을 감싸 안은 채 이케메푸나의 죽음을 안타까워한다. 또한 마을에 쌍생아가 태어나면 악마의 숲에 아기를 유기하는 전통 역시 이보 문화의 전근대성을 보여준다. 이석구 교수는 근대화론의 대표적인 주창자로 겔너(Ernest Gellner)와 네언(Tom Nairn)을 꼽는다. 겔너는 역사적으로 근대화가 전개되는 과정에서 민족주의가 발생하는 것으로 보았고 네언은 근대화에 대한 적극적인 대응으로써 민족주의가 발생하는 것으로 보았다(「치누아 아체베」 250-51). 하지만 필자가 주목하는 것은 근대화의 양가성, 즉 한편으로는 근대화가 표방하는 선진화와 다른 한편으로는 근대화로 인한 주변 국가들이 자본주의적 세계경제체제에 예속되는 현실간의 간극이다. 필자는 오콩궈의 아들 느웨(Nwoye)가 이보 사회의 전근대적 전통의 폐단을 선진화할 수 있는 희망이라고 본다.

이 소설에서 이보 사회의 전통을 존중하면서도 맹목적이지 않고 그 문화의 폐단을 인식하는 인물로 느웨와 오비에리카 그리고 몇몇 원로들을 들 수 있다. 오비에리카는 악의 없는 실수로 인해 오콩궈가 유배를 떠나야 하고 쌍생아라는 이유로 자신의 아이를 유기해야 하는 이보 문화에 대해 의문을 품는다. 오비에리카가 이케메푸나 사건에 참여하지 않은 것은 이보의 악습을 직시한 때문이다.

> 왜 사람은 본의 아니게 저지른 범죄 때문에 그처럼 가혹하게 고통 받아야 하는가? [⋯] 그는 자신이 내다버린 아내의 쌍둥이 아이를 떠올렸다. 그 아이들이 무슨 죄를 지었단 말인가? (125)

마을 원로는 평화 주간에 이를 어긴 사람을 땅에 질질 끌고 다니는 것과 같은 악습은 오히려 평화를 망치기 때문에 중단되었다고 말한다(31-32). 이해가 부족한 좋지 않은 풍습이라는 원로의 말은 전통 문화가 시대에 따라 바뀔 수 있음을 의미한다. 느웨는 전통의 폐단에 대해 강한 의심뿐만 아니라 거부의 행동을 보인다. 느웨는 처음에 이케메푸나가 희생된 이유 그리고 쌍생아가 악마의 숲에 버려져야 하는 이유를 알지 못한다. 하지만 암흑과 두려움 속을 헤매는 형제들에 대한 찬송가를 통해 이 해답을 찾게 된다(61-62). 이것은 비록 식민주의가 기독교의 가면을 쓰고 침입해 왔지만 식민지인의 진보적 사유를 도왔음을 의미한다. 백인이 들여온 기독교는 사회에서 배제된 천민 오수(Osu)나 버림받은 여성들처럼 억압받는 소수자에게도 인간이 평등함을 일깨워 준다. 진보적 사유라는 맥락에서 볼 때 느웨는 이보 사회의 악습을 타파하고 발전을 가져올 희망적 비전인 것이다. 오수나 버림받은 여인들은 그 사회로부터 소외되고 배제된 경험이 있기 때문에 지위가 바뀌게 되면 또 다른 지배자로 자리할 수 있다. 판무관의 메신저들이 식민체제하에서 고압적인 자세를 취하는 것에서 그 이유를 찾을 수 있다. 따라서 이보 사회에 희망적인 존재는 그 사회의 중심부 인물이면서도 비판적 시각을 가진 느웨가 될 수 있다.

III

지금까지 살펴본 것처럼 아체베의 『모든 것이 무너지다』는 식민주의 시각에서 타자화된 이보 사회의 전통을 자신의 시각으로 재정립시켜준 아프리카의 대표적인 탈식민 문학이다. 이보 사회의 풍습과 문화는 오콩궈의 경험과 직·간접적으로 연결되어 있으며 대부분의 탈식민 소설이 그러하듯 주인공과 사회/조국과의 관계는 알레고리로써 해석될 수 있다. 아체베가 언급한 하마탄은 일차적으로 아프리카의 계절의 변화를 말하고 있지만 그 이면에는 유럽 식민주의에 의해 정형화된 거친 계절풍 속의 부시맨의 이미지에서 벗어나 이보의 농경문화와 목가적 서정성을 재현하는 알레고리이다. 일반적인 알레고리의 용례가 그러하듯 이보의 결혼식 풍습과 에그우그우의 재판 그리고 씨름대회는 축어적 의미뿐만 아니라 이면의 다양한 의미를 갖는다. 결혼식의 경우 신랑과 신부를 존중하는 의미에서 생긴 지참금 풍습이 양가의 분쟁을 불러일으키거나 물질만을 존중하는 좋지 못한 인습으로 바뀔 수 있었다. 아체베가 결혼식 풍습을 통해 보여준 것은 화합을 추구했던 이보의 전통과 지참금 분쟁으로 파경을 맞는 전통의 폐단을 양가적으로 재현했다. 화합과 화해를 추구하는 에그우그우의 재판은 차별과 억압을 지향한 식민주의자의 재판과 대조를 이룸으로써 이보 전통의 우수성과 식민통치의 이중성을 심문하는 알레고리의 예를 보여주었다. 씨족의 안녕과 번영을 위해 영웅을 뽑는 씨름대회는 씨족 간의 화합을 근간으로 한 이보 사회의 남성중심주의와 하위주체에 대해 배타적인 이보 전통의 알레고리였다.

주지하다시피 아프리카, 아시아, 그리고 아메리카 등의 과거 식민지 국가들이 그 지역의 문화가 부재 또는 열등하였다거나 국민/인종이

미개하거나 야만적이었기 때문에 유럽의 식민지가 된 것은 아니었다. 오히려 과거 중국이나 인도에 비해 문명의 발전 정도가 낮았던 유럽이 상대적으로 먼저 근대국가 체제를 갖추고 산업화에 성공하였기 때문에 제3세계를 식민 통치할 수 있었다. 『모든 것이 무너지다』는 이보 사회의 몰락 원인이 씨족 간의 화합이 붕괴되었을 뿐만 아니라 상대적으로 전근대적 상태에서 벗어나지 못했기 때문임을 보여준다. 아체베는 과거 이보 문화를 되돌아봄으로써 전통과 민족에 대한 자신감 회복을 돕고 남성 중심의 전근대적 사회에서 벗어나 서구의 진보적인 사유를 전용하여 발전할 수 있다는 희망의 비전을 제시하고 있다.

이 글은 지금까지의 연구들과 달리 텍스트의 단편적인 이해나 다른 소설과의 비교를 통한 상호텍스트성 연구에서 벗어나 아프리카라는 영어권 지역 연구뿐만 아니라 카리브 지역 국가들과의 식민사적 연관성에 대해서도 함께 고찰할 수 있는 토대가 될 것으로 기대한다.

참고문헌

김순식. 『탈식민주의적 아프리카 담론의 한 전형: 치누아 아체베의 작품 세계」 『외국문학』 38 (1994): 48-65.

______. 「정전확장과 변방출신 영어권 작가들의 목소리 듣기」. 『영미문학교육』 6.1 (2002): 65-89.

민경숙. 「치누아 아체베의 '역사 바로 세우기'」. 『용인대학교 논문집』 17 (1999): 1-19.

박상기. 「콘래드의 양가적 제국주의 비판」. 『영어영문학』 50.1 (2004): 265-90.

왕철. 「콘래드의 소설과 아체베의 소설의 대화적 관계」. 『현대영미소설』 4.1 (1997): 137-51.

응구기 와 씨옹오. 『탈식민주의와 아프리카 문학』. 이석호 역. 고양: 인간과 사랑, 1999.

이석구. 「식민주의 역사와 탈식민주의 담론」. 『외국문학』 50 (1997): 122-43.

______. 「치누아 아체베와 민족주의 문제」. 『영미문화』 1 (2001): 249-72.

이석호. 『아프리카 탈식민주의 문화론과 근대성』. 서울: 동인, 2001.

지봉근. 「탈식민 시대의 제3세계 문학의 역할에 대한 일고찰: 아체베의 『무너져 내리다』를 중심으로」. 『영어영문학』 18.1 (1999): 189-208.

홍덕선. 「탈식민지 담론의 주체성: 치누아 아체베의 *Things Fall Apart*에 나타난 문화적 다원성」. 『현대영미소설』 4.1 (1997): 265-88.

Achebe, Chinua. *Things Fall Apart*. New York: Random, 1959.

______. "An Image of Africa." *Research in African Literatures* 9.1 (Spring 1978): 1-15.

______. "The Novelist as Teacher." *Hopes and Impediments: Selected Essays*. New York: Anchor, 1998. 40-46.

Begam, Richard. "Achebe's Sense of an Ending: History and Tragedy in *Things Fall Apart*." *Studies in the Novel* 29.3 (1997): 396-411.

Conrad, Joseph. *Heart of Darkness*. New York: Norton, 1963.

Irele, F. Abiola. "Chinua Achebe At Seventy." *Research in African Literatures* 32.3 (Fall 2001): 1-2.

Okpala, Jude Chudi. "Igbo Metaphysics in Chinua Achebe's *Things Fall Apart*." *Callaloo* 25.2 (2002): 559-66.

Powell, Andrea. "Problematizing Polygyny in the Historical Novels of Chinua Achebe: The Role of the Western Feminist Scholar." *Research in African Literatures* 39.1 (Winter 2008): 165-84.

Wren, Robert M. *Achebe's World: The Historical and Cultural Context of the Novels*. Washington: Three Continents P. 1980.

출처: 『영어영문학21』 제22권 1호 (2009), 55-77쪽에 실린 글을 수정한 것임.

J.M. 쿳시의 소설에 나타난 식민주의 및 제국주의

—『야만인을 기다리며』의 상호텍스트성에 관하여

왕은철(전북대 교수)

1

어째서 모든 거리와 광장이 그렇게도 빨리 텅 비어 가는가?
그리고 모든 사람들이 그렇게도 깊은 상념에 잠겨 다시 집으로 향하는가?
저녁이 되었어도 야만인들이 오지 않았기 때문이다.
일부 사람들이 변경에서 돌아왔다.
그들은 더 이상 야만인들이 없다고 말했다.
야만인들이 없다면 우리는 이제 어떻게 될 것인가?
그 사람들은 일종의 해결책이었다.

Why are all the streets and squares emptying so quickly?
And everybody turning home again so full of thought?
Because night has fallen and the barbarians have not come.
And some people have arrived from the frontier;
They said there are no barbarians any more.
And now what will become of us without Barbarians?
Those people were some sort of a solution. (Cavafy 15)

이것은 2003년에 노벨문학상을 수상한 남아프리카 작가 쿳시(J.M. Coetzee)가 그의 소설의 제목으로 삼은 그리스 시인 카바피(C.P. Cavafy)의 시 “야만인을 기다리며”(1904)의 마지막 연인데, 그 내용을 잘 살펴보면 그가 이 시의 제목만이 아니라 내용까지 고스란히 빌려 썼음을 알 수 있다. 카바피의 시에서처럼, 쿳시의 소설에서도 기다리던 야만인들은 나타나지 않는다. 어부들과 유목민들이 나타나긴 하지만, 그들은 졸 대령과 같은 제국주의자들이 생각하는, 밤에 출현하여 부녀자들을 강간하고 아이들을 죽이며 집에 불을 지르는 야만인들과는 너무나 동떨어진 사람들이다. 카바피의 시에서처럼, 쿳시의 소설에서도 그러한 야만인들은 존재하지는 않지만 존재해야만 하는 “일종의 해결책”이다. 그렇다면 쿳시의 소설과 카바피의 시의 상호텍스트성은 불가피한 것이 된다.

쿳시의 『야만인을 기다리며』가 상호텍스트적인 관계에 있는 것은 카바피의 시만이 아니다. 쿳시가 베켓(Samuel Beckett)에게서 지대한 영향을 받았다는 것을 감안하면, 베켓의 『고도를 기다리며』(*Waiting for Godot*)와 『야만인을 기다리며』가 제목의 일부를 공유하는 것은 우연이 아닐 것이다. 블라디미르와 에스트라공이 기다리는 “고도”가 “야만인”은 아닐지 몰라도 실체가 없으며, 실존적인 고뇌를 토로하고 있다는 점에서는 같은 맥락에 있고, 그 “고도” 또한 쿳시의 야만인처럼 한없는 기다림의 대상에 지나지 않기 때문이다. 또한 쿳시의 소설의 “일반적인 상황”은 부자티(Dino Buzzati)의 『타르타르 대초원』(*The Tartar Steppe*)에 “빚을 지고 있다.” 부자티의 소설에서 야만인에 해당되는 타타르인들은 오래 전에 사라지고 없는 사람들인데, 그럼에도 불구하고 바스티아니 요새에 배치된 군인들은 그들을 기다린다(Newman 127).

카바피, 베켓, 부자티의 작품에 공통점이 있다면 누군가를 기다리는 걸 모티브로 삼고 있다는 것인데, 쿳시의 소설도 동일한 모티브를 자신의 소설의 제목과 내용의 근간으로 삼고 있다는 점에서 이들의 작품과 맥을 같이 한다. 누군가 혹은 뭔가를 기다리지만 그것이 결국 실체가 없는 기다림이라는 모티브는, 그리고 그 기다림이 때로는 체제를 공고히 하거나 현상을 유지하기 위해 이용된다는 모티브는 문학작품에서 자주 사용되는 것이다. 또한 그것은 현실에서도 정략적으로 이용되는 경우가 허다하다. 있지도 않은 것을 만들어 사람들의 마음에 불안을 조장하는 것은 인류의 역사만큼이나 해묵고 보편적인 것이기도 하다. 최근의 사건[1]에서 한 예를 찾아보자면, 미국이 대량살상무기를 찾겠다고 정보를 조작해 가며 '야만적인' 이라크를 상대로 벌인 전쟁을 들 수 있을 것 같다. 그곳엔 대량살상무기도 없었고 핵무기를 개발하기 위한 우라늄이나 기초시설도 없었다. 결국 대량살상무기, 즉 야만적인 것에 대한 '기다림'은 아무런 소득도 없이 무위로 끝나고 말았다. 카바피의 시에서처럼, 이라크의 '야만인들'은 미국의 제국주의를 위해 필요한 "일종의 해결책"에 지나지 않았다. 그러나 타자를 야만인으로 규정하고 벌인 전쟁이 진정한 "해결책"이었는지는 두고 볼 일이다. 이라크 전쟁을 염두에 두고 읽으면, 20여년 전의 상호텍스트적인 소설이 이 전쟁을 예측하고 쓰인 것이 아닌가 하는 생

1 여기에서 "최근의 사건"이라고 한 것은 이 글이 재수록되는 현시점(2012)에서 보면 전혀 맞지 않는 말이다. "최근의 사건"에 해당하는 이라크전쟁은 2003년 3월에 시작되었기 때문이다. 그럼에도 불구하고 어조를 조정하지 않고 굳이 주석을 다는 것은 필자가 전쟁이 발발한 직후인 2003년 후반기에 쓰고 2004년도에 발표한 이 글이 쿳시의 소설에 대한 논의임과 동시에 이라크전쟁(2003)에 대한 반응의 한 형태였다는 점을 강조하기 위해서다. 즉, 이 글과 이라크전쟁이 상호텍스트적 관계에 있다는 말이다.

각이 들 정도로 통렬한 아이러니가 느껴진다.

이렇듯, 『야만인을 기다리며』가 활용하고 있는 기다림의 모티브는 현실에서도 그렇고 예술적 형상화의 소재로서도 다분히 보편적인 것이다. 『야만인을 기다리며』에 등장하는 비밀경찰 졸 대령이 전권을 위임받고 변경에 와서 유목민이나 어부들을 잡아들여 그들을 야만인들이라고 단정하고 고문, 폭행하여 죽이며, 급기야 원정을 나가 실체가 없는 야만인들과 전쟁을 벌이다 돌아오는 것은 우리가 흔히 읽거나 듣고 목격하는, 새로울 것이 없는 것들이다. 이는 자칫하면 『야만인을 기다리며』의 내러티브를 밋밋하고 진부한 것으로 만들고, 작품 자체의 틀을 빈약한 것으로 만들 소지가 있다는 말이기도 하다.

그런데 『야만인을 기다리며』의 내러티브를 면밀히 살펴보면, 이 소설이 카바피, 베켓, 부자티의 작품과 맺고 있는 상호텍스트적인 관계는 외면적인 틀을 제공하는 것에 불과하고, 더 중요한 상호텍스트적 관계가 내재해 있음을 알 수 있다. 앞서 언급한 바처럼 전자가 기다림의 모티브를 중심으로 형성된 상호텍스트성이라면, 후자는 "고백"의 모티브를 중심으로 형성된 상호텍스트성이다. 전자가 외면적인 틀을 제공하는 기능을 한다면, 후자는 그 틀 안에서 내러티브를 심화시키는 기능을 한다.

여기에서 "고백"의 모티브라고 하는 것은 우선, 이 소설이 1인칭 화자인 치안판사의 자기고백적인 내러티브로 되어 있다는 의미이고 둘째, 그 고백의 내면적인 형식이 고백에 대한 작가의 사색이나 성찰과 맞물려 있다는 의미이다. 고백에 대한 쿳시의 생각은 「고백과 이중적인 생각—톨스토이, 루소, 도스또옙스키」("Confession and Double Thoughts: Tolstoy, Rousseau, Dostoevsky")라는 에세이에 잘 나타나 있는데, 자신의 작품에 대한 해석을 극도로 자제하는 것으로 잘 알려진 그가 이 에세이를 구체적으로 지칭해 "내 생각에는『야만인을 기다리며』와 나란히 읽으면 가장 좋다"(*Doubling* 394)고 말한 것은 의미하는 바가 크다.

『야만인을 기다리며』가 치안판사의 자기고백적인 내러티브로 되어 있다는 것은 중요하다. 변방의 행정, 사법권을 관할하는 최고책임자인 치안판사가 서술하는 내용이 야만인들을 "일종의 해결책"으로 제시하는 제국의 모순만이 아니라, 그러한 모순에 대한 반발과 저항에도 불구하고 제국의 일원으로서 제국에 봉사할 수밖에 없는 자신의 한계를 드러내주기 때문이다. 쿳시의 소설에 일관되게 적용되는 하나의 문법이 있다면, 그것은 가해자와 피해자, 식민주의자와 피식민주의자, 백과 흑 등의 이분법에 의존하지 않고, 체제에 순응하기를 거부하는 진보적인 식민주의자를 내세워 체제 이데올로기의 허구성을 폭로함과 동시에 그것에 대한 자신의 공모성을 부각시킨다는 점일 것이다. 즉, 그것은 폭력적인 식민주의자들의 실체와 허상을 드러내는 기능도 하지만, 그보다 더 중요한 것은 폭력적인 정권이나 이데올로기에 저항하면서도 자신이 거기에 연루되어 있다는 것을 때로는 자신의 의도와는 상관없이, 아니 때로는 자신의 의도와 상반되게 드러낸다는 것이다.『나라의 심장부에서』(*In the Heart of the Country*)의 마그다,『철의 시대』(*Age of Iron*)의 커런,『포우』(*Foe*)의 수잔 등이 바로 그러한 이중적인 기능을 하는 인물들이다.『야만인을 기다리며』의 치안판사도 마찬가지다. 그는 자기고백적인 내러티브를 통해, 그 내러티브가 자신에게 유리한 것이 아님에도 불구하고 자신이 "야만인들"을 억압하고 식민화하는 제국주의 이데올로기와 연루되어 있다는 것을 부지불식간에 내비친다. 앞서 언급한 외면적인 상호텍스트성의 측면에서 보자면, 피식민주의자들의 편을 들어줌으로써 식민주의자인 죨 대령에 의해 감옥에 갇히게 되는 치안판사는 정의를 표방하는 휴머니스트로서, 야만인들에게 행해지는 제국주의적 폭력과는 거리가 먼 정의로운 진보주의자일 것이다. 그는 제국주의자들의 기다림을 허구적인 것으로 인식할 줄 아는 지식인이자 진보주의자인 것이다. 그런데 그의 내러티브를 자세히 들여다보면, 그 자신도 제국의 이데올로기에 물들어 있음이 곧 드러난다. 죨 대령이 폭력을 통해 제국을 유지하려는 보수주의자라면, 치안판사는 온정적이고 인간적인 통치를 통해 제국을 영속화 하려는 진보주의자이다. 결국 제국을 위해 봉사한다는 점에 있어서는 서로 다를 바가 없는 것이다.

쿳시가 『야만인을 기다리며』에서 관심을 기울이는 것은 바로 이 부분이다. 아니, 그의 소설은 거의 모두가 이러한 이중성에 각별한 관심을 기울이고 있다고 해도 무방하다. 그는 섣불리 피식민주의자를 대변하려고 하지 않는다. 그렇게 하는 과정에서 끼어들 수 있는 허위를 차단하기 위해서다. 치안판사의 문제는 따라서 남아프리카 백인작가인 쿳시의 것이다. 치안판사의 내러티브에서 드러나는 공모성은 식민주의자의 후손이면서도, 메미(Albert Memmy)의 표현을 빌리자면 "식민주의자이기를 거부하는" 반체제 작가인 쿳시의 것이다. 이러한 이유에서 이 글은 우선, 졸 대령과 같은 "고문 전문가들"이 대변하는 제국주의의 폭력성을 논한 다음, 치안판사의 행동이 그 "전문가들"의 폭력성과 어떤 역학 관계에 있으며, 그리고 그가 그 "전문가들"이 억압한 야만인들, 특히 야만인 소녀와 어떤 관계를 형성하면서 식민주의자와 피식민주의자 사이의 상이한 입장을 드러내는지 살펴보고, 그것이 쿳시라는 작가에 대해 무엇을 말해주는지 짚어보고자 한다. 또한 이 글은 치안판사의 자기고백적인 내러티브가 제국주의의 실체에 대해서, 그리고 그 고백의 주체에 대해서 무엇을 드러내주는지, 앞서 언급한 상호텍스트적인 측면을 고려하여 논하고자 한다.

2

우선, "야만인들"과 관련된 제국주의의 문제점들을 짚고 넘어갈 필요가 있을 것 같다. 치안판사의 자기고백적인 내러티브에 대한 논의는 그의 내러티브를 통해 드러나는 제국주의의 폭력성에 대한 논의가 선행되지 않고서는 행해질 수 없는 성격의 것이기 때문이다. 죨 대령을 비롯한 비밀경찰들이 변경에 와서 행하는 일들은 깊은 논의가 필요없을 만큼 속이 훤히 들여다보이는 것들이지만, 이후에 논의될 치안판사의 행적과 불가분의 것인 만큼 짚고 넘어갈 필요가 있다고 판단된다.

카바피의 시에서 사람들은 야만인들이 나타나지 않자 실망하여 집을 향해 뿔뿔이 흩어지는데, 그것은 억압의 대상인 야만인들이 존재하지 않으면 제국은 더 이상 아무런 의미도 없다는 걸 갑자기 깨닫기 때문이다. 제국은 그것의 타자가 있어야만 정의될 수 있는 존재인 것이다. 따라서 제국은 자신이 살아남기 위해서, 타자가 존재하지 않더라도 타자를 만들어내야 한다. 조작된 정보를 사람들에게 유포시키는 것은 바로 그러한 이유 때문이다.『야만인을 기다리며』에 나오는 야만인도 그렇게 조작된 정보에 의해서 만들어진 허구적인 타자임은 물론이다.

그런데 문제는 그 허구가 신빙성을 띠고 사람들에게 다가온다는 데 있다. 생존에 대한 위협이 느껴질 만큼 그것이 구체적인 것으로 다가오기 때문이다. 바바(Homi Bhabha)에 따르면, "식민지 권력은 피식민주의자들을 '타자'적이지만 동시에 전적으로 알 수 있고 가시적인 고정된 실체로 만든다"(Bhabha 199). 사람들의 머리 속에 각인된 이 "고정된 실체"가 공포심을 조장하는 것이다. 그래서 "안전한 길을 여행하던 장사꾼들이 야만인들로부터 공격을 받고 약탈을 당했고" "가축의 도난이 빈번해졌고" "통계청 관리들이 행방불명되었다가 얕은 무덤에 매장된 상태로 발견되었고" "순시를 하는 지방 치안판사에게 총격이 가해졌다"는 소문이 꼬리에 꼬리를 물고 이어지면서, 사람들을 "히스테리"로 몰고 가는 것이다. 이것은 치안판사의 말대로 근거가 전혀 없는 "야만인들에 대한 히스테리"임에 분명하지만, 사람들은 그들의 존재 여부를 이성적으로 판단할 수 없을 정도로 불안과 공포에 시달린다. "변방에 사는 여자치고, 침대 밑에서 야만인의 시커먼 손이 불쑥 나와서 발목을 잡는 꿈을 꾸지 않은 사람이 없다. 또한 남자치고, 야만인들이 자기 집에 쳐들어와 술에 취해 흥청거리며 법석을 떨고, 접시를 깨뜨리고 커튼에 불을 지르며 자기 딸들을 강간하는 상상을 해보고 두려움에 떨지 않은 사람은 없다."[2] 본국의 경찰청 정보부에 근무하는 비밀경찰인 졸 대령이 변경에 파견된 것은 바로 그러한 "히스테리"를 조장하고 "피에 굶주린 애국심"(177)을 고취시키려는 의도 때문이다. 그는 "취조 전문가"이자 "진실의 신봉자"이다(18). 그는 취조와 고문을 통해서 "진실"에 도달하려고 하는데, 여기에서 "진실"이라고 하는 것은 두말할 것도 없이 제국이 "진실"이라고 믿고 싶어 하는 것이다.

비밀경찰인 졸 대령이 변경에 와서 처음으로 하는 일은, 야만인들

2 존 쿳시, 『야만인을 기다리며』, 왕은철 역. 서울: 들녘, 2003. 18쪽. 이후의 인용은 이 번역서의 쪽수를 본문에 표기함. 그리고 쿳시의 다른 글을 인용할 경우, 서적 혹은 논문의 첫 글자와 쪽수를 본문에 표기함. 가령 쿳시의 *Doubling the Point*의 5쪽을 인용할 경우, (*Doubling* 5)라고 표기함.

이 연합전선을 펴 제국을 공격할 음모를 꾸미고 있다는 "진실"을 확인하기 위해, 아이의 곪은 상처를 치료해 주려고 의사를 찾아가는 도중, 잡혀온 노인을 아이와 함께 고문하는 것이다. 그에게는 노인과 아이가 "야만인들"이거나, 그들과 한통속이 되어 제국을 와해시키려는 음모를 꾸미고 그들과 내통하는 자들이다. 따라서 고문은 불가피한 것이 된다. 그에게 "고통은 진실이다. 그 밖의 모든 것은 의심해야 한다"(13). 즉, 고문을 하면 진실은 나오게 마련이라는 논리다. 그의 경험상, 죄수는 "처음에는 거짓말을" 하고, "물리적인 힘이 가해지면 더 거짓말을" 하고, "압력이 더 가해지면 변화가" 생기고, "그러다가 물리적인 힘이 더 가해지면 그때서야 진실을 얘기"한다(13). 그는 바로 이러한 이유에서 노인의 "흰 수염에 피가 엉기고, 입술은 짓이겨진 상태에서 말리고, 이는 부러지고, 한쪽 눈은 뒤집히고, 다른 쪽 눈은 피로 범벅이 돼 아예 구멍이 되게 만든다." 그는 고문을 하는 도중에 노인이 죽어도 전혀 주춤하지 않는다. 아니, 오히려 그 시체를 아이가 있는 방에 놓아두라고 지시하며 아이에게 이렇게 말한다. "너의 할아버지와 자거라. 할아버지를 따뜻하게 해주거라." 여기에서 아이는 노인의 "누이의 아들"이지만(10), 대령은 그런 자질구레한 것은 안중에도 없이, 실제로 그렇게 하지는 않지만 "똑같은 수의 속에 넣고 봉해버리겠다"고 소년을 위협하기까지 한다(15). "진실"을 캐내기 위해서는 어린아이도 예외일 수 없는 것이다. 실제로 그는 "소년의 몸을 칼로 푹 쑤시고, 그것을 열쇠처럼 왼쪽, 오른쪽으로 돌리"며 배와 사타구니를 비롯한 온몸에 "1백 군데도 넘는 작은 칼자국"을 낸다(20, 22).

졸 대령이 노인과 소년에게 가하는 고문은 진실 여부와 상관없이 자신의 의지를 그들에게 폭력적으로 강요해 주어진 답을 받아내기 위한 것이다. 이러한 그의 생각은 잔모하메드(Abdul JanMohamed)의 표현을 빌리면, "'원주민'이라고 말하는 것은 자동적으로 '악'이라고 말하는 것을 의미하는" 식민주의자들의 "마니교적(Manichean) 알레고리"가 작동된 것이다(JanMohamed 84). 여기에서 식민주의자들이 영원한 선의 영역에 속함은 물론이다. 이 말을 조금 달리 하면, 피식민주의자들은 "(식민주의자들이) 그들에게 투사한 자아의 부정적 요소들의 수령인(recipient)"일 뿐이다(JanMohamed 86). 즉, 자아의 부정적인 것들은 모두 원주민들의 것이요, 긍정적인 것들은 모두 식민주의자들의 것이란 말이다. 따라서 마니교적 알레고리를 근간으로 삼고 있는 졸 대령의 입장에서는, 자신은 영원히 고착된 선의 영역에 속해 있으니, 악의 뿌리를 캐기 위해서는 수단과 방법을 가릴 필요가 없는 셈이다. 그가 노인과 소년으로부터 원하는 것을 캐낼 수 없게 되자, 상처가 채 아물지도 않은 소년을 "가이드"로 삼아 원정을 떠나 어부들과 유목민들을 잡아들이는 것도 그 악을 확인하고 그 뿌리를 제거하기 위함이다. 그런데 문제는 그들이 제국과 전쟁을 벌이려고 하는 야만인들이 아니라는 사실이다. 그들은 안으로 들어와 설탕, 빵, 차와 같은 문명의 맛을 보자 너무 좋아서 제정신을 못 차리는 어부들과 유목민들이다. 어부들은 "이상한 말소리와 굉장한 식욕, 동물처럼 수치심도 없는 행위와 격한 성격을 보여주면서 사람들의 눈요깃감이" 될 뿐이다(35). 그러나 대령을 비롯한 비밀경찰들은 아침부터 저녁까지 쉴새없이, 날이 두 개 달린 포크를 석탄불에 달궈 죄수들의 몸을 지지는 고문을 한다. 그들은 "아비가 보는 앞에서"(65) 딸의 발을 망가뜨려 걸을 수 없게 만들고, 석탄불에 달궈진 포크를 그녀의 "얼굴에 아주 가까이 대고" 그녀의 "눈꺼풀이 감기지 않도록 잡고"(72) 바라보게 만들어 그녀가 앞을 제대로 볼 수 없게 만든다. "마니교적 알레고리"가 그들을 이렇듯 강박관념으로 내몰고 있는 것이다.

졸 대령은 자신이 잡아들인 포로들을 취조하고 고문하고 죽여도 별 효과가 없자, (물론 그는 치안판사의 질문에, 자신이 집행하는 심문이 "어느 정도 성공적이었"으며 "다른 변경 지역에서 비슷하게 진행되고 있는 수사 상황을 고려해볼 때 특히 그렇다"(42)고 대답한다.) 변경을 떠나 제국의 수도로 돌아간다. 그렇다고 그가 "진실"을 포기한 것은 아니다. 그는 비상권을 위임받은 비밀경찰이지만 이 시점까지는 포로들에 대한 고문을 제외하면, 치안판사의 권한을 제약한 바가 없었다. 그것은 심문 중에 노인이 죽었을 때, 그것을 처리하는 과정에서 졸 대령이 사유서 —"취조하는 과정에서 죄수의 증언 중 모순되는 것이 드러났음. 이러한 모순을 지적하자, 죄수는 격노하여 취조자를 공격했음. 실랑이가 벌어졌고, 그 과정에서 죄수의 몸이 벽에 심하게 부딪쳤음. 그를 살리려고 노력했지만 소용이 없었음."—를 작성하여 치안판사에게 보내고, 그 상황을 목격한 모든 병사들에게 자신의 보고서에 맞게 "죄수가 통제력을 잃고 경찰관님을 공격"했다고 허위증언을 하라고 협박하는 행동에서 잘 드러난다(13-4). 따라서 졸 대령은 치안판사의 비협조적이고 "불온한"(unsound)(23) 정치성향을 상부에 직접 보고하고 그의 직위를 박탈하기 위한 정치력을 행사하기 위해 수도로 돌아가는 것이다. "마니교적 알레고리"는 설령 자신의 영역에 속한 자라고 해도, 그 이분법에 이의를 제기하면 용납하지 않는 것이다. 대령과 치안판사의 관계가 그러하다.

그런데 치안판사는 졸 대령이 떠나고 없는 사이, 그에게 고문당한 여자를 발견하고 도와주다가 급기야 그녀의 부족이 사는 곳으로 데려다 주는 아슬아슬한 행동을 하게 된다. 치안판사는 상급자인 총독에게 문서 —"본인은 정보부의 공격적 행동으로 인해 생긴 상처를 다

독거리고, 전에 있었던 바와 같은 상호간의 신뢰와 선의를 회복시키기 위해, 야만인들을 잠시 방문하고자 합니다."(99)―를 보내고 길을 떠나지만, 그의 목적은 오직 한 가지, 여자를 그녀의 부족이 사는 곳으로 데려다 주는 데 있다.

치안판사는 그녀를 데려다 주고 돌아온 직후, 적과 "반역적인 내통"(132)을 했다는 혐의를 받고 공직을 박탈당하고, 야만인 소녀가 한 때 "아버지의 눈앞에서 고문을 당해 상처를 입었고, 자신의 눈앞에서 아버지가 모욕을 당하는 모습을 지켜보았던"(137) 바로 그 감옥에 갇혀, 대령이 야만인들에게 행사한 것과 다름없는 폭력을 경험하게 된다. 야만인에 대한 폭력이 제국의 일원인 치안판사에게도 가해지는 것이다.

졸 대령이 본국에서 돌아온 후 달라진 게 있는데, 그것은 그가 전보다 더 공격적으로 일을 추진하며, 야만인들에 대한 폭력이 더 이상 은밀한 취조실이 아니라 공개적인 장소에서 노골적으로 행해진다는 점이다. 그는 전초기지를 떠나 야만인을 상대로 몇 달간 작전을 전개한다. 그가 상대하는 집단은 "평화로운 유목민 집단"이지만, 그는 그들이 "조직이 잘 돼 있는 적들"(194)이라고 생각하고 또 그렇게 얘기한다. 그리고 그것을 사람들에게 확인시켜 주기 위해 그들을 무차별적으로 잡아들인다. 그는 포로들의 손바닥과 뺨을 긴 철사로 꿰어 막대기에 묶은 채 끌고 온다. 그들은 "치통으로 괴로워하고 있는 사람들"처럼 손으로 뺨을 감싼 자세로 "양처럼" 순해져 병사들을 따라온다(175). 대령은 그렇게 끌고 온 포로들을 땅바닥에 꿇어앉히고 "그들의 벌거벗은 등에 한줌의 먼지를 문지르고, 숯을 가지고" 위에서 아래로 적(ENEMY)이라는 말을 쓰게 한 다음, 병사들로 하여금 "단단한 초록색 등나무 회초리"로 그들을 때리게 한다. "그들의 등에 쓰인 글씨가 깨끗이 없어질 때까지" 그들에게 채찍질을 하게 하는 것이다(179). 대령은 병사들이 포로들을 때리는 데 지치자, 구경꾼들에게 채찍을 넘겨주고 그들을 때리게 한다. 그러자 사람들은 "회초리를 잡으려고 너도나도 아우성이다. 군인들이 통제를 할 수 없을 정도다"(180). 대령의 가학적인 면이 사람들에게 전이된 것이다. (이 장면은 카프카(Franz Kafka)의 단편소설「형벌의 식민지에서」(In the Penal Colony)와 상호텍스트적인 관계를 이룬다(Attwell 83, Head 76-7). 카프카의 소설은 사형수의 몸에 죄목에 합당한 문구를 써넣고 그를 처형하는 방식에 관련된 것인데, 여기에서는 상급자에 상관모독죄를 범한 죄인의 몸에 "HONOUR THY SUPERIORS!"라는 문구를 써넣고 처형한다.)

폭력은 거기에서 끝나지 않는다. 대령은 "천막의 말뚝을 박는 데 사용되는 4파운드짜리 망치를 머리 위로 들어올려 사람들에게 보여준다"(180). 그 망치로 포로들에게 더 큰 폭력을 행사하겠다는 것이다. 바로 이 부분에서 감방을 몰래 빠져나온 치안판사가 앞으로 나서며 "짐승에게도 망치는 사용해서는 안 돼!"(182)라고 말하며 졸 대령을 몰아친다. 군인들은 몽둥이로 치안판사의 온몸을 두들겨 패, 코가 부러지고 광대뼈가 깨지고 팔이 부러지고 결국 정신을 잃게 만든다.

치안판사는 이 사건을 계기로 전보다 심한 모욕과 형벌을 감수해야 한다. 졸 대령이 또 다른 원정을 떠난 후, 그의 권한을 위임받은 그의 부하 만델 준위는 졸 대령보다 한술 더 떠 지독한 방법으로 치안판사를 괴롭힌다. 만델은 사람들이 지켜보는 가운데 치안판사로 하여금 회초리를 맞으며 벌거벗은 몸으로 구내를 빙빙 돌게 하고, 무릎 높이의 밧줄 위로 줄넘기를 하도록 하며, 여자의 속옷을 입고 목에 올가미가 걸린 상태에서 나무에 매달려 "비행"을 하도록 만든다(207). 그는 "여자옷을 입고 살려 달라고 아우성을 치던 날, 마지막 남은 권위의 흔적마저도 잃어버리고 늙다리 광대가 되어 버린 상태다. 게다가 손을 사용할 수 없게 됐기 때문에 1주일 동안이나, 바닥에 놓인 음식을 개처럼 지저분하게 핥아먹어야 한다"(212). 이러한 야만적인 폭력이 야만인과 "반역적인 내통"을 했다는 이유에서 변경의 책임자인 치안판사에게도 무차별적으로 가해지는 것이다.

그러나 그들의 폭력을 정당화하는 명분으로 삼는 야만인들은 그 실체를 드러내기는커녕, 여전히 미지의 대상으로 있을 뿐이다. 베켓의 고도처럼, 그들은 아무리 기다려도 오지 않는다. 아니, 찾아가도 나타나지 않는다. 졸 대령이 원정군을 이끌고 "야만인들을 계곡에서 내쫓고 그들과 그들의 아이들이 결코 잊지 못할 교훈을 가르쳐 주기 위해, 깃발을 휘날리며 트럼펫을 불고 빛나는 갑옷을 입고 의기양양한 모습으로 말을 타고 출정한 후로"(211) 3개월이 넘었지만, 야만인들은 나타나지 않는다. 결국 그는 대부분의 병사를 잃은 채 귀환하고 만다. 야만인들을 만난 것도 아니고, 그들과의 전투에서 진 것도 아니다. 그들은 그저 산속과 사막을 헤매다가 추위와 굶주림에 죽어갔을 뿐이다.

그러나 한 가지 분명한 것은 졸 대령과 같은 제국의 하수인들의 머리 속에는 그들이 존재하고, 또 존재해야 했다는 사실이다. 카바피의 시에서처럼, 야만인들은 제국에게는 "일종의 해결책"이었던 것이다.

3

치안판사는 "나는 경험을 통해, 한 세대에 한 번씩은 꼭, 야만인들에 대한 히스테리가 일어난다는 사실을 알고 있다."(18)고 얘기한다. 『야만인을 기다리며』의 자기고백적인 내러티브는 "야만인들에 대한 히스테리"가 생기고 조장되는 시점에서, 그가 제국의 일원으로서 겪어야 했던 심적 갈등에 대해 많은 것을 시사해 준다. 이 소설의 내러티브는 그 중에서도 "히스테리"가 일어난 시점에서 행동을 개시하는 제국주의자의 모습이 어떠하며, 그것이 평화로운 시기의 제국주의자와 어떻게 대비되는지에 각별한 관심을 할애하고 있다.

그는 자신이 "편안한 시절에 제국이 스스로에게 얘기하는 거짓말이고, 대령은 거친 바람이 불며 세상이 험악해질 때 제국이 얘기하는 진실"이라며 그것이 "제국의 통치술의 양면"이라고 고백한다(232). 즉, "고문 전문가"인 졸 대령은 "야만인들에 대한 히스테리"가 요구될 때 제국이 동원하는 제국주의자이고, 진보주의자인 치안판사는 그 "히스테리" 없이도 모든 게 잘 돌아갈 때 제국이 동원하는 제국주의자라는 말이다. 여기에서 치안판사가 자신을 "거짓말"로, 대령을 "진실"로 지칭하는 것에 잠시 주목할 필요가 있다. 결국 대령이 "진실"이라는 말은 제국의 본모습이 폭력이라는 말이며, 제국의 존속을 위해서는 "거짓말"과 "진실"이 동시에 필요하다는 말이기도 하다. 또한 이는 치안판사를 선으로, 대령을 악으로 규정하게 되면, 자칫 제국의 양면성을 간과하고 흑백논리적인 이분법으로 제국의 성격을 규정하고 왜곡할 우려가 있다는 말이기도 하다.

치안판사는 그의 내러티브의 처음부터 끝까지, 폭력을 구사해서 통치를 하려는 졸 대령으로부터 거리를 지키고 싶은 욕구와, 폭력에 대한 입장은 현저히 다르지만 제국에 봉사한다는 의미에서 보면 같은 제국주의자일 수밖에 없는, 따라서 졸 대령으로부터 거리를 지키려 하는 것이 전혀 무의미한 현실 사이에서 고민하고 갈등한다. "반면에, 그와 거리가 있다고 주장하는 나는 도대체 누구인가? 나는 그와 함께 차를 마시고, 그와 함께 식사를 하고, 그에게 이곳저곳을 구경시켜 주고, 그가 가져온 위임장에 명시된 대로, 아니 그 이상의 편리를 그에게 제공한다"(13). 즉, 치안판사는 졸 대령의 폭력적인 방식이 마음에 들지는 않지만, "고통은 진실"이라는 명목 하에 죄수들을 고문함으로써 야만인들에 대한 "진실"을 캐내려 하는 졸 대령이 그의 직무를 수행할 수 있도록 최대한의 편의를 제공하는 사람이 바로 자신이라는 것을 모르지 않는다. 또한 그는 노인과 소년을 졸 대령에게 넘겨줘 극단적인 방식으로 고문하게 하는 것도 궁극적으로는 자신이며, 노인이 죽은 뒤 소년을 찾아가서 밧줄을 풀어주고 자신의 손으로 그의 손을 감싸고 비벼주며, 졸 대령에게 "진실"을 얘기하라고 부드럽게 충고하는 것도 자신이라는 것을 모르지 않는다. 그는 자신이 "격노한 아버지한테 야단을 맞는 아이를 위로하는 어머니의 역할 이상의 것을 그 아이에게 해줄 수 없다는 걸 의식하지 않을 수 없다." 또한 그는 "심문관이 두 개의 가면을 쓰고, 두 개의 목소리로 얘기한다는 사실을 모르지는 않는다. 한 쪽은 거칠게, 다른 쪽은 사근사근하게 말이다"(16). 졸 대령과 치안판사는 제국을 위해 "각자의 임무를 수행"하며 나름대로 제국에 봉사하고 있는 것이다.

결국 치안판사가 저항하는 것은 제국 자체가 아니라 잡혀온 사람들을 "거칠게" 다루는 방식이라는 말이다. 그는 자신도 야만인들의 실체를 잘 모르고, 그들이 잔인한 약탈자라는 고정관념을 갖고 있지만, 지금 잡혀온 사람들은 자신이 존재한다고 믿는 야만인들이 아니라 어부나 유목민들이기 때문에 인간답게 대해줘야 한다고 생각한다. 그런데 그의 말대로 그것은 무력하기 짝이 없는, "잡혀온 적들을 신사적으로 대하라는 케케묵은 규범"(184) 외에는 아무 것도 아니다. 졸 대령이 치안판사의 불온한 행적을 보고하기 위해 본국으로 돌아가자마자, 치안판사가 병사들에게 내리는 첫 번째 명령은 "비누와 물"로

"모든 것을 깨끗이 해놓아라!"는 것인데(43), 이는 졸 대령이 포로들에게 행한 극단적인 고문을 생각하면 너무나 미미하고 무력한, "거의 희극적일 정도"(Newman 131)의 몸짓이다. 치안판사는 졸 대령이나 만델 준위와 같은 "고문기술자"들의 폭력은 "비누와 물"로 씻어내는 것과 같은 그 나름의 의식이 없다면 일상적인 삶과 양립될 수 없는 것이라고 믿는다. 치안판사가 제국의 "새로운 사람들"이 야만인들의 몸을 "펜치로 비틀거나 나사로 돌려" 못쓰게 만드는 비인간적인 행위를 하는 것을 질타하는 것은 지극히 타당한 것이지만, 문제는 치안판사가 처음에는 폭력의 의미를 개별적인 것으로 한정시킬 뿐, 그 원인을 제국의 폭력성 자체에서 찾아내지 못한다는 데 있다. 그는 졸 대령이나 만델 준위의 행위가 못마땅하면서도, "작은 끈에 묶인 채 호위병들에 둘러싸여 뜰의 구석에 서 있는" 유목민들과 어부들을 여전히 야만적인 타자로 인식하고 있는 것이다. 그에게는 그들이 "추한 사람들"일 뿐이다. 그는 가능하다면, "추한 사람들"에 대한 폭력을 "비누와 물"로 씻어내는 "정화 의식"을 거행하고 제국을 처음부터 다시 건설하고 싶어 한다. 그는 "만약 세계사의 어두운 한 장이 지금 당장 종식될 수 있다면, 이 추한 사람들이 지구의 표면으로부터 지워지고, 우리가 더 이상의 불의와 고통이 없는 제국을 운영하기 위해 새 출발을 하겠다고 맹세를 할 수 있다면, 더할 나위 없이 좋을 것이다"(43)고 생각한다. 눈앞에 보이는 현실이 못마땅하니, 지우개로 지우듯 깨끗이 지워버리고 새로운 제국을 건설하자는 논리다. 이는 콘래드의 『암흑의 핵심』(*Heart of Darkness*)에 나오는 커츠가 "짐승들을 전멸시켜라!"고 한 말을 연상시킨다. 비록 그가 커츠와 같이 잔인하게 "야만인들"을 억압한 것은 아니지만, 야만인들을 "구덩이"에 "영원토록 묻어" "지구의 표면으로부터 지워"버리고 싶다는 그의 제국주의적 욕망은 커츠의 것과 다를 바가 거의 없으며, 이런 점에서 그는 졸 대령과 같은 제국주의자인 것이다. 제국은 졸 대령과 같은 폭력주의자를 필요로 하기도 하지만, 외면적으로는 평화와 정의를 주장하면서도, 타자를 영원히 타자의 테두리에 묶어두는, 평화와 정의라는 말 이면에 폭력을 숨기고 있는 치안판사와 같은 온정주의적 제국주의자도 필요로 한다. 치안판사는 자신이 "아직도 지난 이야기를 가지고 몸부림을 치는 사람"이기 때문에 제국의 운영이 자신의 "방식대로 되지는 않을 것"이며, 결국 제국의 미래는 "새 출발과 새 장과 새 페이지를 믿는" 졸 대령에게 달려 있다고 생각하지만, 문제는 그가 바라는 제국이나 졸 대령과 같은 "새로운 사람들"이 바라는 제국이 크게 다를 바가 없다는 데 있다.

이상에서 언급한 치안판사의 이중성과 모순을 더 적나라하게 보여주는 예는 그의 자기고백적인 내러티브에서 2-3장(45-130)에 해당하는 부분, 즉 졸 대령에게 고문을 당해 아버지가 죽고 자신은 발이 망가지고 눈이 잘 보이지 않게 된 야만인 소녀에 관련된 부분이다. 특히 이 야만인이 여성, 그것도 젊은 여성이라는 사실은 치안판사의 모순적이고 이중적인 특성을 보다 선명하게 드러내준다.

제국주의자(식민주의자)들은 그들이 식민화하는 대상을 정복의 대상인 여성으로 간주하는 게 보통이다. 키플링(Rudyard Kipling)의 "남아프리카"(South Africa)라는 시를 예로 들어보면 이 점은 분명해진다. 키플링은 이 시에서 남아프리카를 "단순하지도, 친절하지도, 그렇다고 진실하지도 않은 / 굉장한 여인"이라고 부르고, 그 여인이 영국의 기독교도 신사들을 "거세게 끌어들였다"고 노래하면서, 그 땅을 "우리의 남아프리카"라고 선언한다. 즉, 남아프리카라는 공간이 결국 남자(영국)에게 정복당하는, 혹은 남자를 자기한테 "거세게" 끌어들이는 여자로 비유되어 있는 것이다. 이처럼 정복의 대상은 거의 언제나 여성으로 비유된다. 이런 맥락에서 보면, 치안판사와 야만인 소녀의 관계는 식민주의자와 피식민주의자 사이의 다면적인 관계를 파악하는 데 중요한 단서가 될 수도 있다. 여기에서 두 사람 사이의 관계가 다면적이라 함은 첫째, 그들의 관계가 남성과 여성에 비유될 수 있는 식민주의자와 피식민주의자의 관계라는 말이요, 둘째, 식민주의가 가한 고통과 비극적 상처를 보상해주고자 하는 진보적인 식민주의자와 그러한 몸짓 자체를 궁극적으로 거부하는 피식민주의자의 관계라는 말이요, 셋째, 그들이 실제로 남성과 여성으로서 관계를 맺고 있다는 말이다. 여기에서 유의할 점은 첫 번째 관계가 나머지 두 관계에 절대적인 영향력을 행사한다는 사실이다. 이는 치안판사와 같은 온정적인 사람이 졸 대령과 같은 제국주의자들의 폭력과 야만성을 제아무리 씻어내고자 해도, 그리고 그러한 과정에서 야만인 여성을 향한 동정이 사랑의 감정으로 바뀐다고 해도, 그가 제국주의자이기를 그만두지 않는 한, 그리고 제국이 존립기반을 상실하고 소멸되지 않는 한, 그것은 실패로 끝날 수밖에 없는 운명에 있다는 말이다.

치안판사가 졸 대령을 비롯한 비밀경찰들에게 당한 고문의 후유증으로 몸을 잘 가누지 못하고 구걸을 하거나 몸을 팔아서 연명을 하는 야만인 소녀를 식당 설거지와 자신의 방 청소를 하도록 배려하는 행위는 분명히, 그녀의 딱한 처지에 대한 현실적인 동정에서 비롯된 것이다. 그리고 그가 그러한 현실적인 도움을 주는 단계에서 한 걸음 더 나아가, 그녀의 발에 생긴 상처를 어루만지고 따뜻한 물로 씻겨주는 것은 심리적인 성격의 것으로서, 졸 대령을 비롯한 비밀경찰들이 저지른 잘못에 대한 일종의 "의식"(54)을 거행하기 위한 것이다. 여기에서 발을 씻기는 "의식"은, 맥락은 약간 다르긴 하지만, 성경에서 라자루스의 누이인 마리아가 예수의 발을 향유로 씻겨주고, 예수가 최후의 만찬 이전에 제자들의 발을 씻겨주는 의식을 연상케 한다(John 12:1-8, 13:4-5). 그러나 이 상호텍스트적인 "의식"은 시간이 지날수록 본래의 종교적 의미를 상실하고, 세속적이고 에로틱한 의식으로 변질되어 버린다. 치안판사는 처음에는 상처 때문에 자주색을 띠고 있는 야만인 소녀의 두 발만을 씻김으로써 "의식"의 차원에 머무르지만, 시간이 지나면서 발만이 아니라 다리, 허벅지, 엉덩이, 배, 가슴, 목, 머리까지 씻겨준다. 이는 치안판사가 거행하는 "의식"이 야만인의 몸에서 제국주의적 폭력의 흔적을 씻겨주기 위한 정신적 차원이 아니라, 남자가 여자의 몸을 대하는 차원으로 넘어가 있음을 잘 말해준다. 치안판사는 그녀의 몸 구석구석을 씻기고 닦은 다음, 아몬드 기름을 발라주고 자신도 알몸이 되어 그녀 곁에 누워서 잔다.

그런데 기이한 것은 그러한 에로틱한 행위에도 불구하고, 치안판사가 그녀와 성행위를 하지 않는다는 것이다. 그는 그녀의 젖가슴을 어루만지며 자면서도 그녀와 성행위를 하지 않는다. 그는 "여관의 여자를 정기적으로 찾아가"(77) 자신의 성욕을 만족시키면서도, 정작 옆에 있는 여자에게는 그렇게 하지 않는다. 그것은 "불구가 되고 상처받고 손상된 그녀의 몸"(97)이 "불완전"(74)하다는 생각 때문이다. 즉, 그는 자신이 거행하는 "의식"에도 불구하고 졸 대령이 가한 고문의 흔적을 그녀의 몸에서 씻어낼 수 없으며, 자신도 그녀에게 일종의 폭력을 행사하고 있다는 자의식 때문에, 다른 여자와는 그렇게 할 수 있어도 "그녀의 몸 속"으로는 들어갈 수가 없는 것이다. 그것은 식민주의자와 피식민주의자의 관계가 남성과 여성의 관계에 선행하고 있다는 말이기도 하다. 따라서 그가 "이 여자한테는 몸속이 존재하지 않고, 내가 이리저리 들어갈 곳을 찾아 헤매는 표면만이 있는 것 같다"(75)고 생각하는 것도 무리는 아니다. 그리고 그가 "그녀의 불완전한 몸을 통해서 다가갔던 이상한 황홀경을 생각해" 보고 "메마른 혐오감"을 느끼며, 마치 자신이 "짚과 가죽으로 된 물건과 섹스를 하며 여러 날 밤을 보내기라도 한 것처럼"(82) 느끼는 것도 무리는 아니다. 이는 물론, 속으로는 원하면서도 그녀의 몸에 배어 있는 폭력의 흔적 때문에 무기력해지는 자신의 마음 상태를 반어적으로 표현한 것이긴 하지만, 두 사람 사이의 관계가 정상적인 남녀 관계가 될 수 없다는 것을 여실하게 드러내주는 대목이다. 치안판사가 그녀의 몸에 들어가지 못하도록 처리되어 있는 것은 식민주의 담론에 대한 작가의 입장을 잘 드러내 주는 부분이다. 애트웰에 따르면, "욕구의 대상이 되는 여성 피식민주의자는 그녀가 내적인 것과 물질적인 풍성함, 풍경, 혹은 미지의 것에 대한 순전히 심리적인 풍요로움을 의미하든, 식민주의 담론의 수사(trope)에 해당하는 것으로 잘 알려져 있다. 따라서 쿳시는(치안판사가 그녀의 몸에 침투하는 걸) 허락하지 않음으로써, 지배에 대한 이러한 일반화된 암시들을 인정함과 동시에 그것들을 영속화시키기를 거부한다"(Attwell 79).

치안판사는 자신이 그녀의 몸을 씻겨주고 어루만지며 자긴 하지만, "똑같은 의미에서, 그녀를 의자에 묶고 그녀를 두들겨 팰 수도 있다"는 걸 모르지 않는다(76). 이것은 졸 대령이 행한 폭력과 그가 행하는 폭력이, 방식은 약간 다르긴 하지만 결국 동전의 앞뒤에 지나지 않을 수 있다는 자각이다. 과거에 일어났고 현재에도 일어나는 폭력에 대한 강박관념이 그로 하여금 그녀를 온전한 여자로 대할 수 없게 가로막고 있는 것이다. 어떠한 방식의 고문을 통해서 그녀에게 그런 상처가 생기게 됐는지, 그가 그녀에게 끝없이 질문을 하는 것도 같은 맥락에서다. 그는 그녀를 고문의 대상으로서만 인식하고 있으며, 이런 점에서 그는 졸 대령과 크게 다르지 않다. 그는 졸 대령의 고문을 "수동적으로 받아들였을 뿐만 아니라" 나중에는 그녀를 "고문의 현장으로서 구체화시킴으로써" 고문자들의 "행위에 동참하고 있는 것이다" (Gallagher 128). 따라서 이러한 강박관념이 있는 한, 그는 그녀를 여자로 대할 수가 없다. 그의 "마음은 그녀를 향해 가건만" 그가 "할 수 있는 건 아무 것도 없다." 그녀도 마찬가지다. 그녀는 모욕감을 느끼지만, 그렇다고 그의 "아파트를 떠날 수도 없는 처지다. 비틀대고 더듬거리지 않고서는 옷도 입을 수 없는 처지다. 그녀는 전과 마찬가지로 죄수일 뿐이다"(96). 이렇듯, 그들은 식민주의자와 피식민주의자의 일방적이고 상호배타적인 관계에 갇혀 있는 것이다.

바로 이것이 치안판사가 야만인 소녀를 그녀가 사는 곳으로 데려다 주기로 결정한 주된 이유이다. 아니, 그곳에 데려다 주기로 결정했다기보다는 그곳에 당도해, 그녀로 하여금 그곳에 남든지, 변경으로 다시 돌아오든지, 양자간에 택일을 하도록 하기 위함이다. 물론 치안판사의 속마음은 그녀가 자신과 함께 돌아와 같이 살아줬으면 하는 것이다. 그렇다고 치안판사의 행동을 전면적으로 "그녀의 환심을 사기 위한 책략으로 보는 것은 너무 안이한 것이다." 그러기에는 그가 "덜 계산적이고, 덜 자기통제적이고, 그 여행은 그렇게 보는 것이 암시하는 것보다 더 위험하다"(Attwell 81-2). 또한 그는 그녀를 제국의 밖으로 데리고 나옴으로써 졸 대령과 정면으로 대치되는 행동을 한 것이며, 그 결과로써 지위를 박탈당하고 고문까지 당해야 한다. 그러나 자신을 돌봐준 것도 그러려니와 자신을 데리고 사막을 건넌 것이 비록 선한 마음에서 비롯된 것이긴 하지만, 자신의 의사와는 전적으로 무관하게 상대방의 의지에 따라 행해진 것이라는 걸 너무나 잘 알고 있는 야만인 소녀는 고개를 저으며 그의 제안을 단호하게 거부한다. "싫어요. 저는 그곳으로 돌아가고 싶지 않아요"(123). 그녀는 "자신이 (그의 제안을) 받아들이는 순간, 자신의 자유가 훼손될 것이라는 걸 알고 있는 것이다"(Attwell 81). 치안판사는 그녀가 자신의 제안을 거부하고 나서야 지금까지 자신이 뭔가를 베풀면서 베푸는 자로서의 우월감에 빠져 있었다는 걸 깨닫게 된다. 그는 그녀를 그곳까지 데려다 주는 것을 일종의 선행으로 생각했고, 그녀가 그것을 알아주고 자신의 사랑을 받아들이며 자신과 함께 돌아가 주기를 바랐지만, 결국 그것이 자기만족과 자기도취를 위한 허위적 태도로 비칠 수 있다는 사실을 깨닫게 되는 것이다. 야만인 소녀가 그의 제안을 단도직입적으로 거부한 후, 치안판사는 "이게 무슨 낭비란 말인가! 저 애는 아무것도 할 일이 없는 긴긴 저녁 시간에 자기네 말이나 나한테 가르쳐주며 한가롭게 지낼 수도 있었을 텐데!"(123)하고 탄식하지만 결국 남은 건 "에로티즘의 흔적"도 아니고 "여행을 하면서 느꼈던 동료애의 흔적"도 아닌 "공허함"과 "황량함" 뿐이다(125).

치안판사가 야만인 소녀를 떠나보내면서 느끼는 "공허함"과 "황량함"을 제대로 이해하게 되는 것은 그녀를 데려다주고 돌아온 즉시, 졸 대령으로부터 치안판사직을 박탈당하고 감옥에 갇혀 고통을 겪는 과정에서다. 그는 그녀가 졸 대령에게 당한 고통과 모멸감을 자신이 직접 경험하고 나서야, 압도적인 권력의 힘을 피부로 느끼고 그녀의 마음을 헤아리게 되는 것이다. 그는 그녀와 다른 죄수들이 고문당했던 방에 갇혀 "짐승"같은 취급을 당하면서, 그곳에 "불려와 아버지의 눈앞에서 고문을 당해 상처를 입었고, 자신의 눈앞에서 (발가벗겨진) 아버지가 모욕을 당하는 모습을 지켜보았던"(137) 야만인 소녀가 받았음직한 모멸감과 무력감을 조금이나마 짐작할 수 있게 되는 것이다. 야만인 소녀가 졸 대령으로부터 모진 고문을 당한 후, 망가진 몸을 끌고 사람들한테 손가락질을 당하며 구걸을 하고 몸을 팔았던 것처럼, 치안판사는 여자의 속옷을 입고 나무에 대롱대롱 매달려 치부를 드러내면서 사람들의 눈요깃감이 되거나 몽둥이로 맞아 팔과 얼굴이 으깨지는 폭력을 당한 후, 사람들에게 아첨하고 애원하며 구걸을 해 먹고 살면서, 그녀가 느꼈음직한 것들을 체험하는 것이다.

치안판사는 야만인 소녀가 겪은 바와 유사한 경험들을 통해서, 자신이 그렇게 보이지 않기를 당시에는 바랬지만, 결국 자신도 졸 대령과 다를 바 없는 제국주의자였다는 사실을 깨닫는다. 아니, 졸 대령이 그녀에게 보여준 것은 "제국이 얘기하는 진실"이었고, 그가 그녀에게 보여준 것은 그 폭력적 진실의 발톱을 안으로 감춘 온정적인 "거짓말"이었다는 사실을 깨닫게 되는 것이다. 그는 이제야 왜, 그녀가 그를 끝내 받아들이지 않으려 했었는지 이해하게 된다. 그가 그녀에게 접근한 것은 "감각적 동정심"(sensual pity) 때문이었고, 그녀는 자신에게 그렇게 접근해 오는 그의 "속내를 알아차리고 그걸 받아들이기를 거부했던" 것이다. 그녀는 처음부터 "자신을 조여오는 허위의 독기를 느꼈던" 것이다. 그는 이제, 그녀가 그의 "침대에서보다 채소의 껍질을 벗기면서 더 행복해했던 것도 놀라운 일은 아니다"고 생각한다. 그녀에게는, "달궈진 인두"를 갖고 그녀의 눈을 상하게 한 졸 대령이 "허위"가 없다는 점에서는 더 편한 상대일 수도 있었다(231). 졸 대령은 "제국을 수호하기 위해서라면 그것에 따르는 희생이 무엇이든, 모든 수단을 동원하는"(68) 사람이어서, "감각적 동정심"으로 사람을 대할 이유가 없었던 것이다. 그녀의 입장에서 보자면, 그는 폭력을 날것으로 드러내는 전형적인 제국주의자이기 때문에 두 번 다시 생각해 볼 필요가 없는 사람인데 반해, 치안판사는 어설픈 "동정심"으로 위장하고 있지만 결국은 자신과 수직관계에 있는 제국주의자라는 점에서는 다를 바 없는 사람이기 때문에 전자보다 더 어려운 상대였던 것이다. 그녀를 부족에게 돌려보내는 치안판사의 행위도 겉으로 보이는 것처럼 그렇게 이타적인 행위가 아닌 셈이다. 그가 후에 솔직하게 고백하는 바처럼, "부족사람들이 그녀에게 아무리 친절하게 대해준다고 해도, 그녀는 정상적인 방식으로 구애를 받지도 못하고 결혼도 하지 못할 것이다. 그녀는 영원히, 이방인의 소유물이라는 낙인이 찍힌 것이다"(231). 그렇다면 그녀를 돌려보내는 행위도 어느 정도까지는 "허위"적이었다는 말이다. 떠나온 곳으로 다시 돌아가자는 그의 제안을 그녀가 단호히 뿌리치는 것도 바로 이 "허위" 때문이다. 그녀는 메울 수 없는 자신과 그의 거리를 이미 알고 있었고, 자신이 부족에게 돌아가서 따돌림을 받는다고 해도 그것만이 치안판사의 자기만족적인 "허위"를 뿌리치고 자유를 얻는 유일한 길이라는 것을 인식하고 그에게서 등을 돌린 것이다.

따라서 진보적인 제국주의자인 치안판사가 느끼는 "공허함"과 "황량함"은 제국주의자와 야만인 사이의 관계가 온정적인 것이라 해도, 제국이 존속하는 한, 수직적이고 일방적이고 독백적인 관계에 머물 수밖에 없다는 것을 웅변적으로 말해준다. 치안판사와 야만인 소녀의 관계는 드포우의 『로빈슨 크루소』에서 크루소와 프라이데이가 형성하는 관계 다를 바가 없는 것이다. 프라이데이가 크루소에게 휘둘리듯, 야만인 소녀는 치안판사에게 처음부터 끝까지 휘둘리고 있는 것이다. 이런 의미에서 보면, 『야만인을 기다리며』가 『로빈슨 크루소』와 상호텍스트적인 관계에 있다는 말은 맞는 말이다(Newman 132). 치안판사는 비록, 제국의 폭력성에 대해 회의하고 거기에서 일탈하려고 하는 몸짓을 하는 과정에서 자신도 제국의 희생자가 되긴 하지만, 야만인 소녀와의 관계에서는 제국주의자일 수밖에 없다는 태생적 한계를 안고 있는 것이다. 물론 그는 제국의 변방을 관할하는 치안판사인 자신에게 주어진, 자신의 "변덕에 맞춰 그녀를 마누라, 첩, 딸, 노예, 혹은 그 모든 것을 통튼 존재, 혹은 아무것도 아닌 존재로 만들 수" 있는 "무제한적인 자유"를 행사하지 않고(134), 그녀를 인간적으로 대하면서 결국 부족에게 데려다주며, 그렇게 한 대가로 "국가의 적이 되어 폭행을 당하고 감옥에 갇히는"(184) 신세가 된다는 점에서, 내러티브에 등장하는 어떤 인물보다도 따뜻하고 인간적인 사람임이 확실하지만, 그의 따뜻하고 인간적인 품성이 제국의 타자인 야만인들에게 적용될 때는 허위적인 것이 되어버린다. 야만인 소녀와의 관계는 그것을 결정적으로 증언해 준다. 그가 고백하는 것처럼, 제국에 대한 "감염"의 정도가 졸 대령보다 덜한 건 아니기 때문이다. 제국은 "재앙에 대한 상상을 먹고 산다. 도시가 약탈당하고, 사람들이 강간당하고, 죽은 사람의 뼈가 산처럼 쌓이고, 수많은 땅이 황폐해질지도 모른다는 상상 말이다. 그건 말도 안 되는 미친 상상이지만 전염성이 강하다. 부드러운 밑바닥 흙을 밟으며 물살을 가르고 있는 나도, 충성스러운 졸 대령보다, 그러한 생각에 덜 감염된 건 아니다"(229). 야만인들이 약탈과 강간과 살인을 저지른다는 생각이 "말도 안 되는 미친 상상"이라고 해도, 그 "전염성"으로 말미암아 치안판사와 같은 진보적인 사고의 소유자도 그것에 "감염"되어 있는 것이다. 그는 비록 졸 대령에게 "네 놈이 오기 전에는 국경 문제 같은 건 전혀 없었다"(194)고 얘기하지만, 자신도 날조된 "재앙"의 이미지로부터 자유롭지 못하다. 그가 감염된 것은 "재앙"의 이미지만이 아니다. 그는 졸 대령과 그의 부하들에게 치욕적인 폭력을 당하면서, 자신도 그 폭력에 "감염"된다. 예를 들어, 그는 평화롭던 변경에 "야만인들에 대한 히스테리"를 몰고 와 온 도시를 난장판으로 만들어버린 졸 대령이 결국, 기다리던 야만인들을 찾지 못하고 마차에 타고 있는 걸 보고, "유리창을 때려 부수고 그 속으로 손을 집어넣어, 저 인간을 들쭉날쭉한 유리구멍 밖으로 질질 끌어내면서, 깨진 유리에 살이 찢어지게 만들고, 땅바닥에 내동댕이치고 녹초가 될 때까지 두들겨 패고 싶은 충동"(250-1)을 느낀다. 이 충동은 죨 대령이 했던 야만적인 행위들을 감안하면 한 인간으로서 당연히 느낌직한 의로운 분노라고 볼 수 있을지 모르지만, 그것이 상대방에 대한 합법적인 처벌이 아니라, 그 자의 잔혹성에 상응하는 형태를 띠고 있다는 점을 감안하면, 치안판사가 폭력에 "감염" 되어 있다고 보는 것도 무리는 아닐 듯하다. (물론 그의 오염의 정도가 죨 대령의 그것과 그의 오염의 정도가 비슷한 수준의 것은 아닐 것이다. 그가 죨 대령을 향해 느끼는 "살인적인 감정"은 이내, 그의 "휜칠하고 창백한 관자놀이를 응시"하며 자신이 "혐오하는 잔혹 행위만이 아니라, 어머니의 부드러운 젖가슴과, 그가 처음으로 연을 날렸을 때 손에 느껴지던 감촉에 대한 기억들이 그 안에 저장되어"(251) 있을지 모른다는 생각으로 변한다. 치안판사가 죨 대령의 유년기를 상상하며 "살인적인 감정"을 억제하는 것은 어쩌면 그를 향한 일말의 자비심과 동정심을 느끼고 있다는 말이며, 바로 이것이 어느 면에서는 죨 대령과 공모관계에 있는 그를 죨 대령으로부터 분리하는 선이기도 하다.)

정도의 문제야 어쨌든, 치안판사는 자신도 모르게 제국의 논리에 물들어 있고 그 폭력에도 감염되어 있다. 그는 "제국이 백성들에게 강요하는, 아니 행방불명된 백성들에게조차 강요하는 역사의 바깥에 살고 싶었"고, "야만인들에게 제국의 역사를 강요하는 걸 원치 않았다" (265)고 생각하지만, 암암리에 제국의 논리에 말려들고 있었던 것이다. 그가 자신이 죨 대령보다 "덜 감염된 건 아니다"고 말하는 건 그래서 그가 어느 정도의 자기인식에 도달하고 있다는 증거이기도 하다.

이렇게 보면, 야만인 소녀에 대한 그의 "속죄의 몸짓"(232)은 그 테두리가 미리 정해져 있었던 셈이다. 게다가 그 "속죄의 몸짓"이 남성과 여성 사이의 모호한 관계로 변질되면서, 억압의 사슬을 풀어주려고 시작했던 그 "몸짓"이 야만인이자 여성인 그녀를 이중적인 억압 속으로 밀어 넣는 아이러니컬한 상황이 되어 버렸다. 그녀의 아픈 곳을 어루만지고자 하는 "속죄의 몸짓"이 미완의 것으로 끝나버리는 이유가 바로 여기에 있다.

그런데 여기에서 한 가지 더 짚고 넘어가야 할 것은, 야만인 소녀를 향한 "속죄의 몸짓"이 제국의 이데올로기에 감염되어 있기 때문에 미완의 것이라면, 치안판사는 왜, 자기고백적인 내러티브를 통해서 자신의 치부를 드러내는가 하는 문제다.

첫째, 그것은 그의 내러티브가 자신의 행동과 사고에 정당성을 부여하려는 의도에서 출발한 것이기 때문이다. 쿳시에 따르면, "자서전이란 이기적인 것(self-interest)에 의해 지배된다"(*Doubling* 392).[3] 고백을 하는 사람이 한편으로는 "고백"을 하면서, 다른 한편으로는 "구실"을 내세우니 이기적일 수밖에 없다. 치안판사는 "자신이 살았던 시대를 기록으로 남기고, 동시에 자신이 식민주의자로서 한 역할을 변명하고자 하는 것이다"(Kossew, *Post-colonial* 88). 그는 "언젠가 누

3 여기에서 쿳시가 말하는 "자서전"은 루소나 몽테뉴의 고백록만이 아니라, 톨스토이의 『크로이처 소나타』(*Kreutzer Sonata*), 드포우의 『록새나』(*Roxana*)와 『몰 플랜더스』(*Moll Flanders*), 도스또옙스키의 『지하생활자의 수기』(*Notes from Underground*) 등처럼 자서전적인 형식으로 된 소설을 총칭하는 말이다. 그리고 『악령』(*The Possessed*)에 나오는 "스타브로긴의 고백"처럼 그 일부가 자서전적인 고백으로 되어 있는 경우도 이에 포함된다.

군가가 이것에 대해서 얘기하게 된다면, 그리고 먼 훗날 누군가가 우리가 어떻게 살았는지에 대해 관심을 갖게 된다면, 제국의 변방 오지에도, 마음속에서는 야만인이 아니었던 자가 적어도 한 사람은 있었다는 얘기를 할 수 있도록 해야겠다"(177)고 말한다. 이것은 자신의 내러티브가 "먼 훗날" 자신의 글을 읽을 독자들을 향한 것이라는 선언임과 동시에, 예기되는 반대나 항의 따위를 미리 반박하여 예방선을 쳐두는 일종의 예변법(豫辨法)으로서 제국의 야만성으로부터 자신을 분리시키고자 하는 전략이다(Kossew, *Post-colonial* 89). 야만인 소녀에 대한 "속죄의 몸짓"에 대해 얘기하는 것도 그렇고, 외삼촌을 고문으로 잃고 자신도 고문을 당한 소녀에게 인간적으로 대해줬다고 얘기하는 것도 모두 그런 이유에서다. 그리고 자신이 제국의 야만성으로부터 책임이 없지 않음을 깨닫고 그것을 고백하는 것도 그렇고, 야만인 소녀를 향한 "속죄의 몸짓"에 "허위"가 있었음을 고백하는 것도 같은 이유에서다. 자신이 제국과의 공모성을 완전히 떨쳐낼 수는 없었지만, 적어도 자신이 "마음속에서는 야만인이 아니었던 자"라는 것을 훗날 누군가가 알아줬으면 하는 것이다. 쿳시가 루소의 고백에 대해서 얘기한 바와 같이, 치안판사의 고백도 "사랑과 승인을 얻고 싶은 목적"(*Doubling* 267)에서 행해진 것이다. 여기에서 쿳시가 말하는 "사랑과 승인"은 "모든 고백의 종착지"인 "사죄"(absolution)라는 말과 통하는 것이다. 사죄란 "에피소드의 끝이요, 닫힘이요, 기억의 압박으로부터 해방되는 것이다"(*Doubling* 251-2). "기억의 압박으로부터 해방"될 경우, 고백은 더 이상 의미가 없는 것이다.

둘째, 치안판사가 그렇게 하는 것은 쿳시의 말대로, 그에게 "진실을 향한 압도적인 의지"가 있기 때문이다(Penner 38, 재인용). 치안판사의 고백이 "이기적인 것"이고 자기변명을 위한 것이라는 것은 어느 정도 사실이지만, 그가 자신의 공모성을 비롯한 모든 걸 묻어버리지 않고 드러내는 것은 "진실을 향한 압도적인 의지"가 있기 때문에 가능한 일이다. 그의 고백을 살펴보면, 치안판사도 자신에 대해서 완벽하게 알지 못하고 있다는 사실이 드러난다. 이것은 그가 내러티브의 마지막에서 "바보 같은 느낌"을 받는 것과 무관하지 않다(267). 그러나 이보다 더 중요한 것은 그의 고백이 "진실을 향하고 있다는 것"(truth-directedness)이다. 쿳시가 말했듯이, "진실성의 조건은 완벽한 자기이해가 아니라 진실을 향하고 있다는 것이다"(*Doubling* 261). 치안판사와 같이 "의식이 과잉된"(hyperconscious) 사람은 언제나 자의식의 덫에 갇혀 사는 사람이다. 그는 자기변명을 하더라도, 그것에 대해 생각하고 또 생각하며 의심의 눈길을 거두지 않는다. 이런 점에서 그는 도스토옙스키의『악령』(*The Possessed*)에 나오는 스타브로긴과 흡사하다. 스타브로긴이 그의 치욕스러운 과거를 고백하면서, 동시에 그렇게 하는 자신의 동기와 속마음을 향해 회의의 눈길을 거두지 않듯이, 치안판사도 자신의 행동이나 말의 동기를 끊임없이 회의하고 또 회의하는 사람이다. 그러나 치안판사를 스타브로긴으로부터 분리해 주는 것은 그러한 의심과 회의에도 불구하고, "진실을 향한 압도적인 의지"가 그에게 있다는 것이다. 쿳시가 말한 바와 같이, "자의식이 넘어설 수 있는 것이고, 자기의심의 회귀성이 진실을 향한 압도적인 의지로 따라잡을 수 있는 것"(Penner 38, 재인용)이라면, 치안판사의 고백은 그 예에 해당한다.

이처럼 "진실을 향한 압도적인 의지"와 "예변법"은 치안판사의 고백에서 갈등을 일으키며 내러티브를 끌고 가는 두 가지의 서로 다른 힘이다. 치안판사가 고백을 하면서 자신에게 불리한 것까지 드러내는 이유는 바로 이 힘의 갈등에서 찾아야 한다.

4

지금까지 논의한 바와 같이,『야만인을 기다리며』의 중심은 “거친 바람이 불며 세상이 험악해질 때 제국이 얘기하는 진실”이 아니라, “편안한 시절에 제국이 스스로에게 얘기하는 거짓말”이다. 즉, 졸 대령이나 만델 준위와 같이 폭력적인 비밀경찰이나 제국주의자들이 중심이 아니라, 치안판사와 같이 온정적인 제국주의자의 고민과 갈등이 중심이라는 말이다. 이는 기다림의 모티브보다는 고백의 모티브가 이 내러티브의 심층적인 부분을 차지하고 있다는 말이기도 하다. 전자는 표면적인 것이어서 더 이상 언급할 필요가 없을 정도로 가시적인 것이지만, 후자는 자신의 내면을 파고들어 거기에 도사리고 있는 “공허함”과 “황량함”을 들춰내는 복잡한 성격의 것이기 때문이다.

여기에서 우리는 쿳시의 소설을 관통하는 중요한 것을 유추해낼 수 있는데, 그것은 그가 가해자/피해자, 식민주의자/피식민주의자 등의 이분법에 맞춰 소설의 내러티브를 전개하지 않고, 이분화된 것을 다시 잘게 쪼개, 그것도 앞쪽의 것을 다시 쪼개, 그쪽에 초점을 맞춰 소설의 내러티브를 전개한다는 것이다.『야만인을 기다리며』의 내러티브가 잘 말해주듯, 쿳시는 치안판사와 같은 온정적 제국주의자로 하여금, 졸 대령이나 만델 준위와 같은 파쇼적 제국주의와 자신의 온정적 제국주의의 역학관계를 (때로는 무자비할 정도로) 파고들게 한다. 즉, 그는 제국주의나 식민주의 이데올로기의 문제를 안으로부터 파고들게 함으로써, 그 테두리 안에 있는 자가 어떠한 입장에서 그 이데올로기를 대하든, 궁극적으로 그것과 공모 관계에 있다는 것을 고백하게 만드는 것이다. 또 한 가지 유념할 것은 쿳시가 그의 내러티브에서 타자의 입장을 섣불리 대변하지 않는다는 사실이다. 가령, 치안판사는 야만인 소녀(타자)에 대해 "몸속이 존재하지 않고, 내가 이리저리 들어갈 곳을 찾아 헤매는 표면만이 있는 것 같다"고 얘기하는데, 이는 제국주의자가 누구든, 타자를 이해하는 데 어려움을 겪을 수밖에 없음을, 아니 완전한 이해에 도달하는 것이 거의 불가능한 것임을 적나라하게 암시하는 대목이 아닐 수 없다.

쿳시는 예술의 기능(craft)이 모두 "타자, 즉 틈, 거꾸로 된 것, 베일에 가려진 것, 어두운 것, 묻힌 것, 여성적인 것, 타자성(alterity) 등을 읽어내는 데 있다"(*White Writing* 81)고 말한 바 있지만, 그와 동시에 타자를 재현 혹은 "번역"하는 데 따르는 "왜곡"을 극도로 경계한다. "왜곡이 없는 '순수한' 번역을 할 수 없다"는 이유에서다. 따라서 "우리가 할 수 있는 최선의 것은 그 왜곡을 최소화하는 것이다"(Begam 425). 쿳시는 이러한 점에서 보면 결벽증이 있다고 할 수 있을 정도로 철저하다. 가령, 그의 『포우』를 보면 수잔과 포우의 타자에 해당하는 프라이데이는 혀가 없어 말을 하지 못하는 벙어리로 설정되어 있다. 수잔과 포우가 제아무리, 그들의 언어를 통해 프라이데이의 실체에 접근하려 해도, 그는 끝까지 미스터리로 남는다. 쿳시는 프라이데이를 선불리 대변하려 하지 않는 대신, 그의 혀가 잘린 상태와 그 침묵이 암시하는 바가 언어의 매개체 없이 커다란 의미망을 형성하게 만들고 있는 것이다. 치안판사의 타자인 야만인 소녀는 실제적으로 혀가 잘려져 있지는 않지만, 제국주의자들과의 관계에서는 혀가 잘린 상태에 있다고 해도 과언은 아니다. 제국의 변경에 잡혀 들어와 유형무형의 폭력에 시달리는 상황에서는, 제아무리 무슨 말을 하려고 해도, 수평적인 언어소통의 통로가 봉쇄돼 있어서 그럴 수가 없는 것이다. 이런 의미에서 보면, 졸 대령에게 잡혀온 야만인들은 한결같이 혀가 잘린 사람들이다.

탈식민주의적인 입장에서 보면, 쿳시처럼 피식민주의자들에게 목소리를 부여하지 않는 작가가 불만스러울 수도 있을 것이다. 투쟁과 탈식민화가 필요한 시기에 끝없이 자의식에 얽매인 알레고리적인 소설을 쓰는 그가 좋아 보일 리도 없을 것이다. 나딘 고디머(Nadine Gordimer)가 쿳시에게 가지는 불만은 바로 이것이다. 고디머는 『야만인을 기다리며』가 "북극"이라면, "고뇌에 찬 흑인작가들"의 "선동적인" 글은 "남극"인데, "다뤄져야 하는 세계는 그 중간에 있으며," 쿳시가 『야만인을 기다리며』와 같이 알레고리적인 소설을 쓴 것은 "남아프리카에 살고 있는 모든 사람들처럼, 그 자신의 목까지 차 올라온 사건들과 그것들의 일상적이고 지저분하고 비극적인 결과로부터 벗어나기 위한" 것이라며 그걸 "장엄한 괴팍성" 혹은 "충격"이라며 그를 공격한다(Gordimer 3). 고디머는 남아프리카를 배경으로 하고 있는 『마이클 K』(*Life & Times of Michael K*)에 대해서는 익명의 공간을 배경으로 하는 『야만인을 기다리며』보다 후한 점수를 주지만, 쿳시가 이 소설에서도 여전히 그의 인물들에게 "악에 저항할 의지의 에너지를 부정한다"며 비난의 강도를 낮추지 않는다. 그녀에게는 "종달새처럼 날아올라 매처럼 쳐다보는 상상력을 갖고 있는 작가"가 루카치가 주창한 "개인적인 운명과 사회적인 운명 사이의 필수적인 관계" (Gordimer 6, 3, 6)를 소홀히 하고 알레고리적인 소설을 쓴다는 것이 끝내 못마땅한 것이다.

남아프리카의 좌파 학자인 본(Michael Vaughan)의 입장도 고디머의 것과 크게 다르지 않다. 그는 쿳시가 "고뇌에 찬 의식의 상태"에 주안점을 둔 나머지, "남아프리카에서 벌어지는 억압과 투쟁의 물질적인 요인들"에 관심을 기울이지 않고 있으며, 특히 『야만인을 기다리며』는 "삶을 관념적으로 바라보는 헤겔 식의 경향을 터무니없는 상태까지 몰아붙이면서, 야만인들에 대한 억압에 물질적인 논리가 전혀 없는 것처럼 만들고 있다"고 비판하고 있다(Vaughan 65). 본의 이러한 비판은 정도의 차이는 있지만, 쿳시에게 비판적인 좌파 계열의 남아프리카 학자들의 입장을 대변하고 있다고 해도 과언이 아니다.

『야만인을 기다리며』가 1980년, 남아프리카의 흑백 갈등이 고조되던 시점에서 발표되었다는 걸 감안하면, 고디머나 본의 비판에 일리가 없는 것은 아닐 것이다. 그러나 고디머나 본의 비판에 문제가 없는 것은 아니다. 고디머가 루카치의 소설이론을 자신의 미학적 입장으로 삼고 있고, 본이 맑시스트라는 걸 감안하면, 이들이 사회주의 리얼리즘 소설을 선호하는 것은 어쩌면 당연한 것일 수 있다. 그러나 쿳시가 사회주의 리얼리즘, 아니 리얼리즘과는 거리가 먼 소설을 일관되게 써온 작가라는 점을 생각하면, 그들이 획일적인 잣대를 쿳시의 소설에 들이대고 비판을 가하는 것은 문제가 있을 수 있다. 그는 루카치와 같은 이론가들이 옹호하는 "전형적인" 인물의 창조에 전혀 관심이 없는 것이다. 실제로 그는 "실제 세계를 복사하는 데 자부심을 갖는 리얼리즘에 관심이 없거나, 아니면 그것에 내 자신을 심각하게 관련시킬 수 없다"고 밝힌 바 있는데(Morphet 63), 이는 쿳시의 소설을 좌파적인 잣대로 재단하고 판단하기 전에 한 번쯤 짚고 넘어가야 할 중요한 미학적 발언이다. 그는 "소설이 역사 담론에 식민화되는 것을" 거부하며 스토리텔링 자체를 "사고의 다른 방식"이라고 생각하는 작가인 것이다("Novel Today" 3-4). 이는 쿳시 소설의 진면목이 오히려 반리얼리즘적인 측면에 있으니만큼, 좌파적인 잣대를 들이대는 것보다는 그것을 있는 그대로 수용하여 나름대로 판단하는 것이 더 합당하다는 말이다.

쿳시는 안드레 브링크(André Brink)나 고디머처럼, 피아를 명확히 구분하여 저항적인 리얼리즘 계열의 소설을 쓰는 작가가 아니라, 오히려 그러한 구분 자체를 회의하면서 자신의 공모성을 부각시키고 지배 이데올로기의 허구성을 폭로하고자 하는 관념적인 작가인 것이다. 머래가 말한 바와 같이, "리얼리즘 소설에서 독자는 희생자와 자기동일시를 하면서 도덕적 위안을 느끼고, 정치적 잔학행위의 가해자로부터 의도적으로 거리를 지킴으로써, 우월한 윤리적 입장에서 그들의 행동을 자기만족적으로 비난할 수 있게 된다. 그런데 쿳시의 소설을 읽는 독자에게는 그러한 자기만족이 주어지지 않는다"(Marais 81). 오히려 쿳시 소설의 독자는 치안판사의 내러티브를 읽으면서, 썩 내키지는 않지만 피해자보다는 오히려 가해자와 동일시를 하면서 공모성과 죄의식을 느끼게 된다. 이런 의미에서 본이 쿳시를 가리켜 "삶을 관념적으로 바라보는 헤겔류의 작가"라고 한 것은, 물론 비판적인 의미에서 한 말이긴 하지만, 어느 정도 맞는 말이다. 그는 내러티브를 통해 사유하는 관념적인 작가인 것이다.

그리고 그 사유가 비록, 본과 같은 좌파 비평가들에게는 "진보적인 쁘띠 부르주아 인텔리겐차가 처한 곤경"에 대한 사유이기 때문에 부정적인 것으로 보일지 몰라도(Vaughan 65), 그 사유의 방식은 그의 관심의 대상인 식민주의/제국주의 이데올로기를 해체하는 데 아주 효과적인 것이다. 그것이 효과적인 것은『야만인을 기다리며』의 치안판사가 그러하듯, 안에서부터 그 이데올로기의 허상을 분석하고 해체하기 때문에 그러하다. 그것은 스피박(Gayatri Chakravorty Spivak)의 말을 빌려 얘기하자면, "자신이 바깥에서 일하는 게 아니고 자신이 그 안에 머물 수밖에 없기 때문에" "폭력과 위배의 구조"를 바꾸고자 하는 일종의 "타협"일 수도 있다. 체제에 속해 있기 때문에 입지가 취약할 수도 있겠지만, 자신의 "위치가 취약하면 취약할수록, 더 타협해야 한다." 그래야만 "그것을 까발릴"(breaking it open) 수 있는 것이다 (Spivak 72).[4] 그리고 그러한 사유의 방식은 효과적일 뿐만 아니라 정직하고 성실한 것이기도 하다. 그것은 치안판사가 그러하듯, 쿳시가 체제에 저항하면서 그것의 폭력과 기만의 논리를 폭로하는 입장에 있지만 결국 그 체제에 몸담고 있고, 때로는 그 체제의 혜택을 받는 모순적인 입장을 자각하고 그걸 고백하고 있기 때문에 그러하다. 남아프리카에서 태어난 백인의 원죄를 쿳시만큼 성실하게 인식하고 그 갈등을 심도있게 소설화한 작가도 없을 것이다. 그리고 그 원죄의 성격을 남아프리카에 국한시키지 않고 보편적인 것으로 만들어 호소력있게 만든 작가도 그리 흔치 않을 것이다. 그는 남아프리카의 아파르트헤이트 이데올로기나 식민주의, 제국주의를 남아프리카에 국한된 것이 아니라, "식민주의, 후기 식민주의, 신식민주의와 관련이 있는 더 폭넓은 역사적 상황의 한 표현일 뿐"이라고 인식한다(Watson 13). 그가 『야만인을 기다리며』의 시간적, 공간적 배경을 남아프리카와 상관이 없는 미지의 것으로 설정하고 있는 것은 바로 이러한 이유에서다. 그의 소설이 끝없이 다른 텍스트들과 상호적인 관계를 형성하며 알레고리화 하는 것도 바로 이러한 이유에서다. 그래서 『야만인을 기다리며』가 카바피, 드포우, 베켓, 부자티, 도스또옙스키, 카프카, 루소, 몽테뉴, 성서, 그 외의 많은 텍스트들과 상호적인 관계를 형성하는 것은 작가의 현학성을 드러내기 위한 것이 아니라, 남아프리카라는 공간에 국한되지 않고 세계의 다른 텍스트들과 대화적 관계를 유지함으로써 더 큰 의미망을 확보하기 위한 것이다.

4 물론 여기에서 스피박이 말하는 "타협"이란 서구 진보주의를 그 안에서 해체하는 것을 가리키지만, 쿳시의 경우에도 해체의 대상이 제국주의와 진보주의인 만큼 "타협"이라는 말을 적용해도 무리는 아닐 듯싶다.

참고문헌

존 쿳시. 『야만인을 기다리며』. 왕은철 역. 서울: 들녘, 2003.

Attwell, David. *J.M. Coetzee: South Africa and the Politics of Writing*. Berkeley: U of California P, 1993.

Begam, Richard. "An Interview with J.M. Coetzee," *Contemporary Literature* 33.3(1992): 419-57

Bhabha, Homi. "Difference, Discrimination and the Discourse of Colonialism," *The Politics of Theory*, ed. Francis Barker. Colchester: U of Essex P, 1983. 194-211.

Cavafy, C.P. "Waiting for the Barbarians," *Collected Poems*. trans. Edmund Keeley and Philip Sherrard. London: Chatto & Windus, 1990, 14-5.

Coetzee, J.M. *Doubling the Point: Essays and Interviews*. ed. David Attwell. Cambridge: Harvard UP, 1992.

_____. "The Novel Today," *Upstream* 6 (1988): 2-5.

_____. *Waiting for the Barbarians*. New York: Penguin Books, 1980.

_____. *White Writing: On the Culture of Letters in South Africa*. New Haven: Yale UP, 1988.

Dovey, Teresa. "Waiting for the Barbarians: Allegory of Allegories," *Critical Perspectives on J.M. Coetzee*. ed. Graham Huggan & Stephen Watson. London: Macmillan, 1996, 138-51.

Gallagher, Susan VanZantern. *A Story of South Africa: J.M. Coetzee's Fiction in Context*. Cambridge: Harvard UP, 1991.

Gordimer, Nadine. "The Idea of Gardening," *The New York Review of Books* (2 February 1984): 3-6.

_____. "Preface" to *Critical Perspectives on J.M. Coetzee*. ed. Graham Huggan & Stephen Watson. London: Macmillan, 1996, vii-xii.

Head, Dominic. *J.M. Coetzee*. Cambridge: Cambridge UP, 1997.

JanMohamed, Abdul R. "The Economy of Manichean Allegory: The Function of Racial Difference in Colonialist Literature," *Race, Writing and Difference*, ed. Henry Louis Gates Jr. Chicago: U of Chicago P, 1986, 78-106.

Marais, Michael. "The Hermeneutics of Empire: Coetzee's Post-colonial Metafiction," *Critical Perspectives on J. M. Coetzee*, ed. Graham Huggan & Stephen Watson. New York: St. Martin's, 1996, 66-81.

Morphet, Tony. "Interview with J. M. Coetzee," *Social Dynamics* 10.1 (1984): 62-5.

Newman, Judie. "Intertextuality, Power and Danger: *Waiting for the Barbarians* as a Dirty Story," *Critical Essays on J.M. Coetzee*. ed. Sue Kossew. New York: G.K. Hall, 1998.

Penner, Dick. "Sight, Blindness and Double-Thought in J.M. Coetzee's *Waiting for the Barbarians*," *World Literature Written in English* 26.1(1986): 34-45.

Spivak, Gayatri Chakravorty. *The Post-colonial Critic: Interviews, Strategies, Dialogues*. ed. Sarah Harasym. New York: Routledge, 1990.

Wade, Jean-Phillipe. "The Allegorical Text and History: J.M. Coetzee's *Waiting for the Barbarians*," *Journal of Literary Studies* 6.4 (Dec. 1990): 275-88.

Watson, Stephen. "Colonialism and the Novels of J.M. Coetzee," *Critical Perspectives on J.M. Coetzee*, ed. Graham Huggan & Stephen Watson. London: Macmillan, 1996, 13-36.

출처: 『영어영문학』 제50권 1호 (2004), 55-77쪽에 실린 글을 수정한 것임.

II. 인도계 작가들의 새로운 저항의 가능성

II

전수용 _ 이화여대교수
박혜영 _ 인하대교수

탈식민주의 존재양태로서의 혼종성(Hybridity)

– 루시디(Rushdie)의 『악마의 시』 (*The Satanic Verses*)를 중심으로

전수용(이화여대 교수)

서구 제국주의가 자신들의 지배대상인 아시아인이나 혹은 흑인에게 보인 인식상의 폭력성으로 벗어나는 방법으로 에드워드 사이드(Edward Said)나 프란츠 파농(Frantz Fanon)은 문화나 인종의 이분법적 정체성, 즉 서양과 동양, 혹은 백인과 흑인이라는 고정불변하며, 보편타당한 정체성의 부인을 시도한다. 사이드는 그의 저서『오리엔탈리즘』(*Orientalism*)에서 동양의 한 지역, 한 시대, 한 집단의 변화하는 현실에 대하여 관찰하는 것, 또 한 개인의 특성에 대하여 이야기하는 것은 가능하지만, 수많은 지역과 시대를 망라하는 고정된 총체로서 동양을 논한다는 것은 서양이 동양을 열등한 문화로 규정하여 자신들의 세계지배 욕망을 충족시키기 위하여 마련된 신화를 재생산하는데 지나지 않는다고 주장한다. 파농의 주장도 유럽의 지배문화가 흑인의 의식 속에 주입하여 내재화시키고 있는 우수한 항으로서의 백색과 열등한 항으로서의 흑색이라는 이분법적 구조를 탈피하자는 것이다. 그는 아프리카에 존재했던 찬란한 문화의 역사를 기억함으로써, 혹은 흑인적 특성을 숭배함으로써 흑인의 고정된 정체성을 강조하는 것이 식민화된 의식구조를 탈피하는 길이라고 보지 않는다. 그의 목적은 단지 흑인을, 나아가서는 모든 인간을 피부색으로 결정되는 정체성의 속박으로부터 자유롭게 하자는 것이며, 그렇게 함으로써 피부색을 바탕으로 한 집단이 다른 집단을 억압하는 부당한 당대의 현실을 개조하자는 것이다.

> 내가 제안하는 것은 유색인을 자신으로부터 자유롭게 하자는 것이다. 우리는 이 일을 아주 서서히 진척시킬 것이다. 그 이유는 백인과 흑인의 두 진영이 있기 때문이다.
>
> 우리는 고집스럽게 양편의 형이상학을 탐사할 것이고 그 둘이 사실은 상당히 유동적임을 알게 될 것이다.
>
> 우리는 전직 총독, 전직 선교사들에 대해서 자비심을 가지지 않을 것이다. 우리에게 흑인을 숭배하는 사람은 흑인을 혐오하는 사람과 마찬가지로 병적으로 생각된다.
>
> 반대로, 자기 종족을 백인으로 전환시키고자하는 흑인도 백인에 대한 증오를 설교하는 자들만큼이나 불행하다.
>
> 절대적인 의미에서 체크인을 특별히 사랑할 이유가 없는 것처럼 흑인을 특별히 사랑할 이유도 없다. 정말로 해야할 일은 인간을 자유롭게 하는 것이다. (Fanon 10-11)

> 이 점을 명백히 하자. 나는 기원전 3세기 흑인의 문학 및 건축에 접하는 것이 대단히 흥미로우리라고 확신한다. 플라톤과 어떤 흑인 철학자 간에 어떤 일치점이 있다는 것을 아는 것도 즐거울 것이다. 그러나 이런 사실이 마르티니크나 과델루프의 사탕수수밭에서 일하는 여덟 살짜리들의 삶에 어떤 변화를 가져올 수 있는지는 절대 알 수가 없다. 인간을 틀 속에 넣으려고 시도해서는 안 된다. 왜냐하면 그의 운명은 자유롭게 되는 것이기 때문이다.

> 흑인은 존재하지 않는다. 백인이 존재하지 않는 것과 마찬가지로. (Fanon 230-231)

호미 바바같은 탈식민주의 이론가는 이러한 본질론으로부터의 탈피를 파농의 반식민 이론의 주축으로 보면서, 현대 탈식민주의 이론이 파농의 전통에 접목될 수 있는 접점으로 본다. 반면 파농의 투쟁성을 보다 부각시키고 싶어하는 베니타 패리(Benia Parry)는 이러한 바바의 해석을 고의적 오독으로 본다. 식민지 상황을 대칭적 적대관계로 보기를 거부하는 바바의 입장이나, 식민인과 피식민인의 이분법적 대립 이외에도, 성과 계급등 고려해야 할 요소들이 훨씬 복합적으로 얽혀있다고 주장하는 스피박(Spivak)의 주장이 모두 식민세력과 피식민 세력의 대립구도의 기반을 침식하여 투쟁성을 약화시킨다는 것이 패리의 입장이다. 패리에 의하면, 파농은 토착민이 백인과 자신의 차이성을 인식함으로써 항거할 수 있는 힘을 얻으며, 토착문화전통의 회복이 식민상태와의 절연을 야기하는 데 주요한 요소임을 주장했다는 것이다.

> 파농이 제기하는 문제는 토착민이 항거할 수 있는 힘을 주는 토착민의 차이를 확인하는 자기 정체성의 형성이다. 그러므로 내부로부터 토착문화를 회복하고 활성화시키는 대신 관습과 믿음을 재확인하고 조상숭배를 다시 시작하는 전통의 재발견으로부터 거리를 유지하면서도, 파농은 이러한 전통의 소생이 식민화된 상태로부터 단절을 가져오는데 비교할 수 없는 주관적 중요성을 가진다고 주장한다. (Parry 30)

> '이러한 열정적인 신봉을 기초로 토착민은 모든 형태의 인간 착취와 소외에 대항하여 싸울 결심을 할 것이다. [...] 과거의 깊은 틈으로 뛰어드는 것은 자유의 조건이고 원천이다.' 여기서 파농의 글

> 쓰기는 압제자에 대하여 완전히 적대관계에 있으며 지구상의 불행한 자들이 식민세력에 대항하여 무장투쟁을 할 수 있도록 동원될 수 있는 전투적인 주체의 위치를 점유하는 정치적으로 의식화되어 있고, 통일된 혁명적 자아의 구축을 촉진시키기 위하여 개입한다. (Parry 30)

호미 바바와 베니타 패리의 파농 논의에서 드러나는 차이점은 아마도 사유적 파농과 행동가로서의 파농의 차이점에서 유래한다고 볼 수 있다. 인간을 흑인 혹은 백인이라는 피부색 속에 가두어 놓는 사회구조를 탈피해야만 한다는 것이 사유적 파농의 견해라면, 이런 사회구조를 탈피하기 위한 반식민 투쟁의 초기단계에서 전술적으로 아군과 적군의 진영을 갈라야 할 필요가 있다는 것이 정치운동의 일선에서 행동가 파농이 관찰한 현실이었다. 호미 바바가 무게를 두고 있는 파농은 그가 본격적으로 정치운동에 뛰어들기 전에 정신과 의사로서 식민지인의 정신의학적 문제를 관찰한 『검은 피부, 흰 가면』(*Black Skin, White Masks*)의 파농인데 반하여 패리가 주로 인용하고 있는 파농은 반식민투쟁 시대의 인물로서(카리브해의 소 안틸레즈(Lesser Antilles) 제도 중의 하나인 마르티니크 출신이었던 파농이 1961년 사망하였을 때, 그가 가담하였던 알제리아 독립운동은 아직 성공을 거두지 못하였고, 1962년에야 독립이 실현되었다. 그의 출생지 마르티니크는 현재까지도 프랑스 국회에 3석, 상원의 2석의 의석을 가지고 있는 프랑스 영토이다) 실제로 알제리아 독립운동에 투신하여 시시각각으로 변해가는 독립혁명의 추이와 이미 독립을 획득한 주변국가들의 급변하는 정황의 소용돌이 속에서 쓴 저서 『지구상의 불우한 자들』(*The Wretched of the Earth*)의 저자 파농이다. 『검은 피부 흰 가면』에서 파농이 관조적 거리를 유지할 수 있었다면 『지구상의 불우한 자들』에서 파농은 근시안적 관찰자가 주마등처럼 지나가는 현실을 눈에 띄는대로 급히 기록하고 있는 형국이다. 그런 점을 상기한다면 『지구상의 불우한 자들』에서 그의 주장이 전투성과 독립과정의 단계별 행동지침이나 그 발전적 전개과정의 묘사로 가득차 있어 그의 형이상학적 사유와 때로 모순을 일으킨다는 것은 놀라운 일이 아니다. 『검은 피부, 흰 가면』의 파농의 주장이 장기적 시간틀 안에서 비교적 안정된 타당성을 가지는 주장이라면, 『지구상의 불우한 자들』의 파농의 주장들은 철저한 통시성의 축을 따라 읽어야 하는 변증법적 발전의 각 단계들에 대한 주장이다. 얼른 보기에 모순되게 보이는 파농의 인종적 정체성에 대한 상반되는 주장은 다음과 같이 요약될 수 있다. 인종적 정체성은 진정한 인간적 삶을 위하여 궁극적으로는 탈피되어야 하는 것이나, 그를 성취하기 위한 투쟁의 과정에서는 인종적 정체성이 일시적으로 전투력의 원천이 될 수 있다.

반면, 파농이 고정된 인종적 정체성의 탈피를 통한 인간해방을 주장했다고 보는 호미 바바의 해석은 그의 모국 인도와, 이미 정치적, 경제적으로 세계적 주도권을 잃어 버렸고, 문화적 주도권만을 유지하고 있는 전 식민 종주국 영국의 관계에 대한 사변적 고찰을 주축으로 형성되었음을 상기할 필요가 있다. 식민지배의 종식 후에 피식민국에 남게된 지배문화의 흔적이 이미 그 나라 문화의 일부가 되었고, 해방 후 식민 종주국의 대도시로 몰려들어 이채로운 도시문화를 형성하고 있는 이전 식민지 사람들의 군상이 이미 식민 종주국의 살아있는 현실이 되어있는 상태에서 패리가 파농의 주장에서 부각시키는 투쟁의 출발점으로 삼는 정체성이라는 것은 이전과 같이 단순한 실체가 아닌 것이 사실이다. 호미 바바가 제기하는 자아와 타아의 경계의 불분명성, 자문화와 타문화 사이의 경계의 가변성에 관한 주장은 투쟁의 대상이나 책임의 소재를 불분명하게 하여 전투적 논리로는 힘이 없는 것이 사실이나, 현대라는 구체적 역사현실 속에서, 개인의 가치관에 따라 선택적으로 받아들이거나 또는 받아들이지 않을 수도 있는 문제가 아닌 보편화된 현상에 대한 묘사라고 할 수 있다. 또한 그가 주장하는 것은 단일하고 절대적인 정체성의 불가능함이지 정체성 자체의 부인은 아니다. 가변적 경계와, 그리고 내부에 포함하고 있는 수많은 차이의 공간들에도 불구하고 정체성은 유동적 상태로 존재하는 것이다. 이제 안틸레즈나 남아공국같은 특수한 경우들을 제외하고는 지구상의 대부분의 전식민지국들이 겪고 있는 사회적 문화적 문제와 갈등들은 투쟁적 주체위치의 점유라는 파농적 모델보다는 호미 바바의 정체성에 대한 심문이라는 모델에 의해 보다 쉽게 설명될 수 있는 부분들이 많다.

이 글에서는 탈식민주의 문화의 대세를 비교적 잘 반영하고 있는 호미 바바의 이론중 필자가 보기에 탈식민지 시대의 정체성에 대한 심문의 핵심적 개념이라고 할 수 있는 혼종성(Hybridity) 개념을 호미 바바 자신이 "혼종화의 작가"(hybridizing writer)라고 칭했고 바바와 문화적 배경을 상당부분 공유하는 샐먼 루시디(Salman Rushdie)의 작품, 그중에도 문화적 혼재성의 문제를 다룬 작품『악마의 시』에 적용해 봄으로써 이 개념이 가지는 설명적 힘과 한계를 규명해 보고자 한다.

"혼종성"이라는 개념은 호미 바바의『국가와 서술』(*Nation and Narration*)이라는 편저에서 소개되고,『문화의 소재지』(*Location of Culture*)에서 발전시킨 개념이다. 바바는 근대 서구역사의 기본 단위이자 주체였던 국가의 개념을 그의 논의의 출발점으로 삼는다. 그의 편저『국가와 서술』에 수록된 에르네스트 르낭(Ernest Renan)이라는

19세기 학자의 국가론이 바바의 입장을 설득력 있게 대변해 준다. 국가의 발생은 지리적 필연성이나 민족적 단일성등 자연적 원인을 근거로 해서는 설명할 수 없는 현상이다. 프랑스의 예를 보면, 골(Gaul)족과 로마(Roma)인의 후예들이 원주민을 이루고 있는 곳에 게르만 계통인 프랑크(Frank)족이 침입하여 형성된 국가이다. 프랑스라는 이름의 근거가 되는 지배자 프랑크 족은 사실 당시 인구의 10%도 안 되었다. 게다가 지금의 북부 프랑스와 남부 프랑스의 통일은 잔혹한 대학살을 거쳐 이루어졌다. 다시 말해 프랑스라는 국가의 통일성은 이러한 투쟁과 갈등의 망각에 기초하고 있다. 보통 국가란 전통과 역사를 공유하는 사람들의 집단이며, 그 공동유산을 기억보전하는 것이 국민으로서의 의무라 생각하지만, 실은 국가는 기억의 보전이 아니라 기억의 말살에 의하여 유지된다는 것이다. (*Nation and Narration*, 10-11) 이러한 르낭의 논의를 수록함으로써 바바가 이야기하고자 하는 것은 "국가"(Nation)라는 기표와 기의 사이에는 아무런 자연적, 혹은 필연적 관계가 없으며 단일하고 순수한 국가적 정체성이라든가 국가의 뿌리가 되는 실체란 존재하지 않는다는 것이다. 기호에 본질적 가치가 있는 것이 아니라, 기호의 차이만이 의미체계를 형성하듯이, 국가적 문화나 인종적 집단에도 본질적 의미가 있는 것이 아니라 이들은 차이의 체계 속의 한 항목일 뿐이라는 것이다. 문화와 문화 그리고 인종집단과 인종집단 간의 차이의 공간에 자리잡고 그 차이를 거래하는 매개체가 곧 "혼종성"이다.

> 국가적 문화의 '소재'는 그 자신과의 관계에 있어서 통일된 것도 아니고 단일한 것도 아니다. 그리고 이것을 그 바깥에나 그 너머에 있는 것과 단순히 '타자'적 관계에 있는 것으로만 보아서도 안된

다. 그 경계는 두개의 얼굴을 가지고 있으며 안과 밖의 문제는 언제나 그 자체가 새로운 '사람'들을 정체(body politic) 속으로 유입시키고 의미의 다른 지대를 생성시키며 그 정치적 과정에서 필연적으로 정치적 적대성과 정치적 재현의 예측할 수 없는 힘들의 무인지대를 생산하는 혼종화의 과정이다. (*Nation and Narration* 4)

혼종성의 공간을 인정하지 않는 "순수하고 '인종적으로 정화된' 국가적 정체성이라는 생각"은 세르비아 민족주의와 같은 독단에 의한 참혹한 역사를 남길 수 있음을 바바는 지적한다. (*Location of Culture* 5)

그러나 혼종성이 매개하는 문화적 차이(Cultural Difference)라는 것은, 문화적 다양성(Cultural Diversity)이나, 다문화주의(Multiculturalism)와는 구별되는 개념임을 바바는 역설한다. 총체적이고 공시적인 인식의 대상으로서 존재하는 문화적 다양성과, 문화와 문화의 차이의 공간에서 문화의 정체성을 역동적으로 매개해 나가는 문화적 차이성을 구별하자는 것이다.

문화적 다양성이라는 것은 인식의 대상이다—경험적 지식의 대상으로서의 문화이다—반면에 문화적 차이라는 것은 '알 수 있고', 권위적이며, 문화적 정체성의 구축에 적합한 문화를 선언하는 과정이다. 문화적 다양성이라는 것이 비교윤리, 비교문화, 혹은 비교 인종학의 범주라면, 문화적 차이는 그것을 통하여 문화의 진술 혹은 문화에 대한 진술이 힘과 언급과 적용성과 능력의 생산을 차별화하고, 판별하고, 승인하는 의미화의 과정이다. (*Location of Culture* 34)

문화적 다양성은 이미 주어진 문화적 내용과 관습을 인지하는 것이다; 상대주의적 시간틀 속에서 이 문화적 다양성은 다문화주

> 의, 문화교류 혹은 인간성의 문화라는 자유주의적 생각을 발생시킨다. 문화적 다양성이라는 것은 또한 그 역사적 위치의 간텍스트성에 오염되지 않고, 고유한 집단적 정체성의 신화적 기억의 이상주의 속에서 안전하게 살고있는 총체화된 문화분리의 급진적인 수사학의 재현이기도 하다. (*Location of Culture* 34)

식민지적 상황에서 혼종성은 보다 특정한 의미를 갖게 된다. 식민지 상황에서는 소수의 집단이 다수의 집단을 지배하게 되는 것이 보통이다. 이렇게 소수의 집단이 다수의 집단을 지배할 수 있는 대표성을 갖기 위해서는 두 집단 사이에 차이가 있음을 강조해야 한다. 한 집단에는 정통성을 부여하고 또 한 집단은 그 정통집단의 아류, 혹은 열등한 변형임을 증명해야 한다. 그러나 처음 식민세력에 의해 주도된 차별화의 대상인 피식민 세력은 그 시선을 마주 쏘아 식민세력의 권위를 흔들어 놓는다. 즉 식민세력이 유포하는 자국의 문화적 혹은 권위적 텍스트는 토착문화에 의하여 재현될 때 예외 없이 왜곡되고 잠식당한다는 것이다.

> 혼종성은 식민주의적 거부의 효과를 역전시키는 식민지적 재현과 개별화의 문제성이다. 그래서 다른 '거부된' 지식은 지배적 담론에 들어가 그 권위의 기초-즉 그 인지의 법칙-를 무력화시키게 된다. (*Location of Culture* 114)

예를 들면 서구인이 기독교 교리를 전파하면서, '하나님'을 보기 위해서는 다시 태어나야 한다라고 말하면, 인도인들은 자신들의 경전에도 다시 태어나야 한다는 말은 있으니, 그런 교리는 하나도 새로울 것이 없다고 말한다. 물론 이 경우에 기독교적 의미는 새로운 인간이 되어야 한다는 의미이고, 인도인들이 이해하는 의미는 해탈하기 전에는 윤회하며 환생한다는 의미이다. 좀 더 그들을 잘 설득하기 위하여 두 번 태어나야 한다 혹은 거듭 나야한다고 말을 바꾼다. 그러나 이 거듭난다는 말도 이미 인도문화에서 사용되고 있는 개념이다. 브라만의 아들들은 정식으로 브라만이 되기 전에 정화의식을 치뤄야 하는데, 이 정화의식을 인도인들은 "거듭남"이라고 부른다는 것이다. 그래서 결국 두번째의 노력도 신을 보려면 모두들 완전한 브라만들이 되어야 한다는 인도적 의미로 변형되고 만다는 것이다. (*Location of Culture* 33)

이러한 지배문화 전수과정의 혼종화는 권위의 기호를 놀림거리로 만들고, 권위에 대한 모방, 혹은 토착민이 그 뒤에 숨을 수 있는 가면을 만들어 낸다. 그리하여 파농이 괴로워 하며 벗어버리려 했던 백인문화의 가면은 바바에 이르러서는 그 뒤에 숨어 백인문화를 희롱하고, 전복까지도 할 수 있는 도구가 된다.

> 그러면, 차별이 혼종성의 명언으로 변함에따라, 권위의 표지는 가면, 조롱거리가 된다. 토착문화의 심문을 우리가 경험하고 나서, 우리에게 주어진 심리적 선택이 '백인이 되거나 사라지는' 것이라는 파농의 주장에 전적으로 동의할 수가 없다. 보다 모호한 세번째의 선택이 있다: 즉 위장, 모방, 검은 피부/흰 가면이 그것이다. (*Location of Culture* 120)

> 담론이란 것이 방어적 전투임을 가정할 때, 모방은 규범적 공공질서 속에서 시민적 저항의 의미를 가진다. 즉 이것은 극적인 저항의 표징인다. 그렇게 되면 주인의 말은 혼종화—토착인의 전투적인 부차적 기호—의 장이 된다. 그러면 우리는 행간을 읽을 수 있을 뿐 아니라 그 글들이 그렇게도 명료하게 담고 있는 강제적 현실을 바꾸려고 노력할 수 도 있다. (*Location of Culture* 121)

이러한 호미 바바의 인식틀 속에서는 사이드가 주장하는 서양의 동양에 대한 인식적 폭력이란 것은 동양인에게 수용되는 과정에서 미리 그 위험성 내지 유효성이 배제 내지 축소된다고 패리는 지적한다. (Parry 42) 바바의 논리를 따르면, 서양인의 동양관은 서양인들이 공유하는 문화권 안에서는 유효한 힘으로 작용하여 호전성을 유발하는 원인으로 작용할 수 있지만, 그것이 동양인에게 열등감을 조장하는 역할은 할 수 없다는 뜻이 된다. 동양인은 자기 나름의 체계를 가지고 서양의 텍스트를 이해하기 때문이다. 또한 이것은 아무런 적극적 행동을 하지 않아도 토착문화는 지배문화에게 압도당할 수 없다는 의미를 함축하고 있다. 그래서 바바에게, 피동성 내지 안이한 현실수긍의 혐의를 두지 않을 수 없는 것이 사실이다. 한편 이것은 유구한 인도의 전통이 수백년 정도 영국의 지배를 받아가지고는 그 주도권을 빼앗기지는 않으리라는 문화적 자긍심의 발로로 해석될 수도 있다.

그러니까 바바의 논의는 단일하고, 정통적이고 통합된 국가적 문화는 존재하지 않지만, 경계의 변화와, 내부에 존재하는 다양한 힘들의 대결을 교섭해 가는 차이의 효과로서의 국가적 문화와 문화적 정체성은 상당히 보수적 성향을 지니고 존재하며, 그것이 결국 피식민 세력이 식민 세력에게 저항하는 기반이 된다는 함의도 내포하고 있다. 그리하여 파농과 같이 그도 정체성의 부인을 표방하는 듯 하면서도 유동성으로 완화된 정체성에 근거한 논리를 펴고 있음을 알 수 있다.

이와같이 문화와 문화간의 완벽한 의사소통에는 어려움이 있고, 그 어려움을 이용한 저항도 가능하지만, 호미 바바가 궁극적으로 추구하는 것은 문화와 문화의 경계에 서서 그 차이를 번역하면서 인류사회의 유대를 이루어 가는 것이다. 바바는 문화와 문화간의 의사소통의 어려움을 벤야민의 번역이론을 빌려 설명한다. 즉 벤야민에 의하면 병의 깨어진 조각은 그 짝으로서의 역할을 하려면 서로 같은 모양일 필요는 없지만, 깨어진 부분의 선은 서로 아귀가 맞아야 한다. 번역도 원전의 의미와 유사하게 스스로를 만드는 대신 원전의 의미의 양식에 따라 스스로를 형성해야만 보다 큰 언어의 체계 속에서 의미를 가질 수가 있다. (*Nation and Narration* 320, Benjamin, "The Task of the Translator" 재인용)

이와같이 원전의 의미를 완전히 복제해 내는 번역이란 가능하지 않지만, 적어도 두 문화의 의미체계 속에서 서로 상응하는 의미를 생산해 내는 것은 가능하다. 여기에서 두 문화 혹은 여러 문화 속에서 기능할 수 있는 지식인의 역할이 중요해지는데, 바바는 자신을 포함하여 이와같이 국제화된 지식인들의 역할을 문화간의 차이를 번역하여, 문화와 문화 사이에 유대를 형성하는 것으로 보았음을 알 수 있다.

> 역사와 언어의 변경에 삶으로써, 인종과 성의 한계선에 삶으로써, 우리가 그들 사이의 차이를 일종의 유대감으로 번역할 수 있는 입장에 있기 때문이다. (*Nation and Narration* 320)

이와같이 탈식민주의 담론을 화해와 유대의 차원으로 끌어가고자 하는 바바의 혼종성이라는 개념이 포괄하는 전제들을 다소 단순화하여 정리해 보면 다음과 같다.

1. 모든 문화의 경계는 가변적이어서 자문화와 타문화의 경계를 뚜렷하게 설정하는 것은 어렵다.
2. 문화는 그 안에 항상 타자성을 가지며, 단일하게 보이는 문화 안에도 여러 이질적 요소가 차이의 공간들을 점유하고 있다.
3. 문화적 단일성, 절대성을 요구하는 것은 위험한 독단이다.

4. 지배문화의 권위를 부과하려는 시도는 지배문화의 변형된 복제문화를 생산하고 이 변형된 복제문화는 지배문화의 권위를 전복할 가능성을 지닌다. 지배문화의 가면을 쓰고 그것을 역습하는 것이 가능하다.
5. 문화의 단일하고 절대적 정체성이란 존재하지 않지만, 문화의 정체성이란 유동적으로 존재하며, 토착문화의 유동적 정체성은 지배문화에 항거하는 배경이 된다.
6. 문화의 교류는 최상의 경우에도 완전한 복제일 수는 없고 번역에 불과하지만, 문화와 문화의 경계에서 그 차이를 번역하여 문화간에 유대감을 형성할 수 있다.

이러한 원리들은 루시디의 『악마의 시』에 잘 구현되어 있으며, 이 작품이 바바의 혼종성 개념의 원천이라고 볼 수도 있다. 이제 영국과 인도문화, 서구의 식민주의와 이슬람의 근본주의, 선과 악, 환상과 현실, 과학주의와 신비주의 등의 경계를 매개하는 작품인 『악마의 시』에 나타난 혼종성의 양태를 추적해 봄으로써 좀더 구체적인 형태로 구현된 혼종성의 모습을 살펴보고자 한다.

우선 작품의 분석을 위하여 대강의 작품 골격을 보면 다음과 같다.

이 작품의 두 주인공은 지브릴 파리시타(Gibreel Farishita)와 살라딘 참차(Saladin Chamcha)이다. 지브릴은 인도의 푸나(Poona) 출신의 도시락업자의 아들로서, 인도에서 성공을 거둔 인기배우이다. 살라딘 참차는 봄베이의 부호의 집안에서 태어났으나, 그의 자아를 끝없이 좌절시키기만 하는 부친에 대한 반항으로, 인도를 버리고 훌륭한 영국인이 되는 것을 삶의 목적으로 삼는다. 그는 영국의 사립학교 교육을 받고, 영국에서 성우로 크게 성공을 거두고, 그의 숙원을 이루어

영국여자와 결혼을 하여 저택까지 마련한다. 그가 꿈꾸던 영국의 일류시민이 된 것이다. 지브릴과 살라딘, 두 사람은 우연히 봄베이에서 영국으로 향하는 점보 젯트기 "보스탄(Bostan)"[1] 호를 같이 타게 되었고, 비행기는 공중납치범들에게 납치되어 111일간 메카근처의 알 잠잠(Al-Zamzam)이라는 오아시스에 억류되었다가 영국으로 향하던 중 납치범들 중의 극렬분자에 의해 영국상공에서 폭발하게 된다. 평소에 환생에 관심이 많던 지브릴의 꿈이 실현된듯, 두 사람은 수천 미터 상공에서 추락했음에도 불구하고 살아남아, 영국에서 제2의 삶을 시작하게 된다. 그들은 영국 남부 해안의 로사 다이아몬드(Rosa Diamond)라는 노부인의 집 앞에 있는 해변에 떨어지게 된다.

영국 땅에 떨어짐과 동시에 지브릴의 머리에서는 후광이 나오고, 살라딘의 머리에는 악마의 뿔이 돋는다. 지브릴은 곧 로사 다이아몬드 부인의 마음을 사로잡게 되고, 의심스런 용모의 살라딘은 해안 경비대에게 밀입국 혐의로 체포된다. 한편 지브릴은 후광 덕분에 체포를 면한다. 살라딘은 체포된 후 이송 도중 뿔이 더욱 완전히 돋게 되고, 털이 북실북실하며 발굽이 있는 염소(악마)의 모습으로 완전히 변하며 이송되는 차 안에서 영국 경찰에게 얻어 맞고 걷어 채인다. 나중에는 모습 뿐 아니라 생리도 염소와 같아진 그는 차 바닥에 염소똥같은 배설물을 싸게 되고, 이것을 먹도록 강요당하는 곤욕까지 치룬다. 그는 이러한 인권유린이 과연 민주적 공공질서의 귀감이 되는 나라 영국에서 일어날 수 있는 일인가를 의심하게 된다. 아이러니칼하게도, 그는 그가 가장 숭배하여 모방하던 대상으로부터 철저하게 배반을 당하는 것이다. 아무런 신분 증명서도 없이 하늘에서 떨어진 그로서

1 이슬람의 천국에 있는 정원이름.

는 자신의 정체를 증명할 길이 없으나, 컴퓨터로 그의 신분을 조회해 본 경찰은 그가 자신의 주장대로 영국의 일등 시민임을 확인하고, 책임추궁이 두려워 그를 기절 시킨 뒤 병원에 입원시킨다.

병원에서 깨어난 지브릴은 폐에 찬 분비물을 제거하기 위하여 하이아신스(Hyacinth)라는 흑인 간호원으로부터, 그를 올라타고 두들겨 패는 이상한 치료를 받는다. 그는 곧 이 병원이 자기 이외에도 온갖 정글 야수의 모습을 한 유색인들로 가득 차 있다는 것을 알게 된다. 그들은 백인들이 그들을 묘사하는대로, 이런 야수의 모습이 된다는 것이다. 이 수상한 병원을 빠져나가기로 모의를 한 그들은 하이아신스까지도 가담하여, 집단 탈출에 성공한다.

여전히 악마의 모습인 채로 그는 아내 파멜라가 사는 집으로 찾아가나, 그가 죽은 줄 알고 그의 친구 점피 죠시(Jumpy Joshi)와 이미 동거생활에 들어간 파멜라는 흉악한 모습으로 돌아온 그의 존재를 인정하지 않을 뿐 아니라, 완전히 히스테리컬한 반응을 보인다. 친구로서의 의리를 잊지 않는 점피 죠시는 그를 무하마드 수이판(Muhammad Suyfan)이라는 자비로운 인도인과 그와는 대조적으로 세속적 욕망이 많은 부인이 경영하는 하숙집에 안치시킨다. 하숙집에 있는 동안, 그는 전에 같이 성우일을 하던 미미(Mimi Mamoulian)이라는 친구에게 전화를 거는데, 미미는 그의 아내 파멜라와는 달리, 인간이 죽었다가도 살아올 수 있다는 가능성을 선선히 인정한다. 하숙집 딸들인 미샬(Mishal Suyfan)과 아나히타(Anahita Suyfan)는 십대 소녀다운 호기심으로 모든 사람들이 혐오하는 그의 모습을 신기해 하고, 즐거워 하며 그의 친구가 되어준다. 시간이 흐르자 아무도 발설한 사람이 없지만, 악마의 존재에 대한 소문이 런던을 휩쓸고, 소문의 크기만큼이나 커져가는 그의 육신은 드디어 비좁은 하숙방에 있을 수가 없게 된다.

때마침 하숙집에 사무실을 가지고 있는 혼혈인 변호사 하니프 존슨(Hanif Johnson)과의 연애관계를 어머니에게 들켜, 집을 나가게 된 큰딸 미샬과 그 애인은 핑크왈라(Pinkwalla)[2]라는 그들의 친구 집에 머물게 되고, 살라딘은 핑크왈라가 경영하는 핫 왝스 클럽(Hot Wax Club)이라는 나이트 클럽의 홀에서 밤을 지내게 된다.이 클럽에는 밀랍으로 만들어진 수많은 역사적 인물 및 현존인물들의 인형이 있는데, 그곳에 있는 지브릴의 밀랍인형을 보는 순간 그는 격렬한 증오감에 사로잡히게 되고, 그 증오심의 폭발은 그를 정상적인 인간의 모습으로 돌아오게 한다.

파멜라와 죠시가 사는 자기 집으로 돌아온 그는 자신의 옛날 서재에 기거하게 된다. 파멜라에게서 더 이상 매력을 못 느끼는 그는 아내의 새로운 생활을 받아들이고, 점피 죠시는 살라딘에게 온갖 친절을 베푼다. 그러던 어느날 미미와 그 연인 빌리 바투타(Billy Battuta)가 개최한 파티에서 지브릴을 보게된 살라딘은 다시 한번 끝없는 증오와 질시의 감정에 사로잡힌다. 자신은 아내와 직장을 잃고, 아내는 점피 조시의 아이를 임신하고 있는 판국에, 지브릴은 런던에서도 배우로서의 인기를 누리고 있으며, 눈같이 흰 미인 알렐루야 코운(Allelluia Cone)이라는 히말라야 등반가를 연인으로 동반하고 있는 것이다.

지브릴의 행복을 깨뜨리기 위하여, 살라딘은 지브릴과 그의 연인을 휴양지로 방문하여, 그들 생활의 내막을 알아낸다. 그리고 성우의 실력을 발휘하여 가장된 목소리로, 앨리(알렐루야의 약칭)에게는 지브릴이 자신과의 사생활을 떠벌이고 돌아다닌 것을 의심케 하는 모략전화를 걸고, 그렇지 않아도 병적인 질투심이 있는 지브릴에게는 앨

2 분홍인간이라는 뜻의 영어와 힌두어의 합성어

리가 난잡한 생활을 한듯한 모략전화를 건다. 그의 깜쪽같은 목소리 위장술에 속은 두 사람의 관계는 파탄이 나고, 그렇지 않아도 정신분열 성향이 있었던 지브릴은 완전히 제정신을 잃게 된다. 그는 트럼펫을 하나 사서 자신이 죽음의 천사 애즈리엘(Azrael)이라 믿으며, 종말을 고하기 위하여 길거리로 불고 다닌다. 인도인들이 모여사는 런던의 거리는 마침 그동안 고조되던 인종적 감정이 극에 달해, 폭력과 방화가 빈발하여, 종말의 날을 방불케 하는 상태였다. 한 때 살라딘의 은신처였던 샨다르 카페(Shandaar Caf)도 마침 불길에 휩싸이고 있었는데, 이곳에서 살라딘과 지브릴은 다시 만나게 된다. 살라딘은 자신이 불행했던 시절 애정을 베풀었던 수이판의 식구들을 구하기 위하여 불길 속으로 뛰어들었다가 무너지는 재목에 깔리게 되었고, 지브릴은 그를 구출한다.

살라딘은 아버지의 죽음이 임박함을 알고 인도로 돌아가, 아버지와 조국과 화해를 하고 아버지의 임종을 보게 된다. 정신적 불균형을 겨우 수습하고 영화촬영을 위하여 인도에 온 지브릴은 때마침 히말라야 등반을 위해 인도에 온 앨리를 자신의 아파트에서 만난다. 앨리는 영화 제조업자인 위스키 시소디아(Whisky Sisodia)와 동행이었는데, 예의 질투심이 발동한 지브릴은 위스키 시소디아를 쏘아죽인다. 그때, 지브릴의 버림을 받은 뒤 오해로 인해 추락자살을 했던 레카 머천트(Rekha Merchant)의 유령이 앨리를 에베레스트(Everest)라는 이름을 가진 그 아파트 빌딩의 꼭대기로 인도하여 자신과 같이 추락하도록 만든다. 한편 아버지의 임종과 함께 보다 성숙하고 독립적이 된 살라딘은 지난번 인도 방문 때에 일시적인 연인이었고 어릴 때부터의 친구였던 지니 바킬(Zeeny Vakil)과 재회한다. 그리고 그녀가 이끄는 대로 다소의 회의를 가지면서도 인도의 분파주의 세력들 사이에 유대감을 형성하는 인간사슬 만들기 운동에 참여한다. 살라딘의 이야기는 이렇게 끝을 맺는다.

살리딘의 이야기와 불가분의 관계를 가지고 얽혀있는 지브릴 쪽의 이야기를 따라가 보면 다음과 같다. 이 이야기의 현실적 평면에서 지브릴이 담당하는 역할은 그리 크지않다. 살라딘의 체포 이후 그는 로사 다이아몬드 부인과 지내게 되는데, 그녀는 그에게 남편의 옷을 입히고, 그를 남편의 서재에 머물게 하는 한편, 그에게서 그녀와 남편이 아르헨티나에서 농장을 경영하던 시절의 옛 연인 마르틴 드 라 크루즈(Martin de la Cruz)의 모습을 본다. 그녀의 임종을 지키게 된 지브릴에게 로사는 세가지의 다른 결론을 가진 마르틴 드 라 크루즈와의 연애담을 들려주며 죽어간다. 로사의 죽음 이후 지브릴은 런던행 기차를 타고, 자신이 런던행 비행기를 탔던 목적인 사랑하는 여인 알렐루야 코운을 찾아 나선다. 자신이 런던으로 떠나며 남긴 메시지를 잘못 알아듣고 아이들 둘과 동반 추락자살을 했던 레카 머천트라는 여자의 유령이 그를 계속 괴롭히나, 그는 결국 지친 방황 끝에 우연히 알렐루야 코운의 발밑에 쓰러지게 되어 그녀의 구원을 받고, 같이 지내게 된다. 그가 미미의 파티에서 살라딘과 재회하기 전까지의 삶은 주로 앨리와의 사랑 싸움, 질투, 그리고 자신이 런던을 구원할 의무가 있는 가브리엘(지브릴) 천사라는 환상에서 비롯된 해프닝들로 구성되어 있다.

그런데, 이 작품에서 정말로 중요한 지브릴의 역할은 꿈꾸는 자로서의 그의 역할이다. 그의 꿈은 소설의 사실주의적 관례를 벗어난 보다 광범위한 시간과 공간으로 활동무대를 넓혀 이슬람교 발생 당시의 아라비아를 재현하는가 하면, 신비주의적 종교경험을 재현할 수 있는 장치로 기능하기도 한다. 본래 이슬람 교도였던 그는 인도를 떠나기 얼마 전 이상한 출혈병에 걸렸다가 기적적으로 살아나게 되는데, 투병생활의 절망 속에서 알라에 대한 신앙을 잃게 된다. 그 이후 그는 잠이 들면 이상한 꿈들을 꾸게 되는데, 이 꿈에서 그는 천사 지브릴의 시각으로 세상을 바라본다. 지브릴 혹은 가브리엘은 예언자 마호멧에게 알라신의 계시를 전달했던 천사이다. 꿈은 마치 비디오 테입을 멈췄다 다시 켰을 때처럼, 그가 잠이 들기만 하면, 멈췄던 자리에서 다시 계속된다. 이런 식으로 꾸는 그의 꿈은 네개의 커다란 에피소우드를 이루며, 이 꿈 속의 에피소우드들은 현실의 사건 사이 사이에 하나씩 삽입되어 있다. 그래서 이 작품의 아홉 장중, 1, 3, 5, 7, 9장은 현실의 사건으로, 2, 4, 6, 8장은 꿈의 내용으로 이루어져 있다. 2장 "마훈드(Mahound)"[3]에 나오는 첫번째 꿈의 내용은 이슬람교를 창시한 마호멧이 소시적에 메카에서 박해를 받아 메디나로 피신하기까지를 다룬다. 4장 "아예샤(Ayesha)"는 아예샤라는 이름을 가진 여인이 등장하는 두개의 에피소우드로 되어 있다. 첫번째 에피소우드 속의 아예샤는 중동지방에 거주하는 친미적이고 부패한 정권의 여자 통치자로서, 런던에 망명하고 있던 이슬람 근본주의자의 이맘(Imam)에게 축출된다. 두번째 에피소우드의 시대배경 역시 현대이다. 이 에피소우드 속의 아예샤는 나비를 먹는 인도의 가난한 소녀로서 천사 지브릴의 은총을 입은 후 종교지도자가 된다. 그녀는 유방암이 걸려 종교적 기적을 바라는 마을 유지 미르자 사이드 악타르(Mirza Saeed Akhtar)의 아내인 미샬(Mishal)을 포함한 티틀리푸르(Titlipur) 마을 주민들을 모두 데리고 도보로 메카 순례에 나선다. 6장 "자힐리아로 귀환(Return to Jahilia)"에 나오는 꿈은 마호멧이 강대한 종교, 정치집단

3 마훈드는 마호멧의 다른 이름으로 주로 중세 서양에서 마호멧을 악마적으로 인식한 사람들이 부르던 이름이다.

의 지도자로 성장하여, 자신이 태어난 도시 메카로 돌아와 근엄한 신정을 시작하던 시기를 다룬다. 마지막으로 8장의 "아라비아해를 가름(The Parting of the Arabian Sea)"에서는 아예샤 장의 두번째 에피소우드의 속편이 다루어 진다. 아예샤가 이끄는 순례단은 배고픔, 갈증, 지침, 회의, 분열, 주변의 적대, 홍수등의 시련을 겪은 후 아라비아 해에 도달한다. 종교적 기적을 굳게 믿는 마을 사람들은 아라비아해가 갈라진 환상을 보고 아예샤를 따라 바다로 걸어들어가고, 뒤쳐져 있던 몇명의 회의주의자들만이 목숨을 건진다. 꿈의 내용은 이슬람교의 정통성, 이슬람교에서 요구하는 희생의 절대성, 그 도덕적 독단성등에 대하여 끊임없이 의문을 제기하고 있다.

이 꿈들의 화자이자 시점인 지브릴은 때로는 영화 카메라처럼 때로는 배역을 맡은 배우와 같이 느끼며, 자신이 하고 있는 천사의 역할에 항상 반신반의하고 있다. 게다가 그는 꿈꾸는 자 특유의 불가항력적 피동성에 압도당해 있다.

그러면 지금까지 보아온 작품의 줄거리를 토대로, 이 소설에서 바바의 혼종성이 상정하는 전제들이 어떻게 다루어지고 있는지 검토해 보기로 한다. 위에서 논의 되었던 여섯가지 전제를 그대로 이용하기로 한다.

1. 모든 문화의 경계는 가변적이어서 자문화와 타문화의 경계를 뚜렷하게 설정하는 것은 어렵다.

루시디가 문제 삼는 경계의 가변성은 비단 자문화와 타문화 사이의 문제 만은 아니다. 그의 두 주인공들이 표면상 천사와 악마의 모습을 띄고 나오는 것은 결국 천사나 악마의 전형성, 그리고 그것이 상징하는 선과 악의 전형적 정체성의 타당성을 심문하기 위한 것이다.

지브릴이 천사의 역할을 맡게 되고, 살라딘이 악마의 역할을 맡게 된 데는 아무런 필연적 인과성이 없다. 자신의 문화를 버리고 완전한 영국인이 되고자 한 살라딘의 반항이 그의 도덕적 결함이라 할 수는 있지만, 화자는 그것이 그의 악마성을 전적으로 설명할 수는 없다고 못 박는다. 백인들이 단순히 묘사하는 행위로 유색인들을 야수로 만들 수 있다는 병원 에피소우드 속의 주장은 악마나 천사적 범주의 부여가 얼마나 임의적인가를 유추할 수 있게 해 준다. 그리고, 살라딘이 지브릴과 앨리 코운에게 가하는 복수는 실로 악마적 본성의 표현과 같이 잔혹하지만, 그는 또한 아무런 사심없이 불속에 뛰어들어 자신에게 친절했던 사람들을 구하려 하는 이타심을 보이기도 한다. 화자 또한 그의 악마적 복수도, 아무 이유 없이 모든 것을 잃은 자가 아무 이유 없이 모든 것을 가진 자에 대하여 가질 수 있는 질시의 발로라고 이해심 있게 설명하려 애쓴다. 그리고 화자는 레카 머천트의 유령의 입을 빌어서, 기원전 8세기나 6세기 까지만 해도 구약의 기록에 선과 악은 모두 신이 창조한 것이라고 기록되어있음을 상기시킨다. 즉 선과 악의 설정이라는 것은 시대와 상황에 의하여 변화할 수 있는 가변적이고 유동적 실체라는 것이다.

이와같은 사고방식은 논리적 인식의 첫번째 단계인 “A는 비A가 아니다”라는 자기동일성의 원리를 해체시킴으로써, 이 작품의 산만하고 자가당착적 논리의 원천이 된다.

자아와 타아 사이의 경계의 가변성이란 문제는 작품의 출발점부터 강조되며, 그의 작품의 산만하고 혼란스런 구도 속에서도 꾸준히 반복되어 일관성을 유지시키는 패턴 중의 하나이다. 이제 국가적 경계의 문제로 관심을 돌려 보자. 호미 바바도 이 작품에 표현된 국가적 경계에 대한 심문을 중요하게 부각시키고 있다. 작중인물인 인도인 영화제작자 시소디아는 "영국인들의 문제는 그들의 역사가 해외에서 이루어졌기 때문에, 그 역사의 의미를 모르는 것"이라고 재치있게 지적한다. 그리고 로사 다이아몬드의 앞뜰에 떨어진 지브릴은 바로 해외에서 이루어진 영국역사의 귀환이라고 바바는 해석한다. 이것은 영국역사의 중요부분을 차지하는 제국주의의 역사에 대한 언급인 동시에 한 국가의 역사는 그 국가의 경계선내부에서 이루어진다는 통념을 처음부터 흔들어 놓는 발상이다.

무사히 착륙한 지브릴은 살아있는 기쁨을 감추지 못하며, 이제 이곳을 공격(storm)해야 한다고 말함으로써, 그들의 착륙은 영국에 대한 식민지인의 역습의 의미를 가지고 있음을 나타낸다. 살라딘이 어린 시절 처음 영국에 왔을 때 가시 많고 먹기 힘든 훈제 청어를 곤욕을 치루며 먹어치우고서 떠올리는 생각도 이것이 그의 영국정복의 첫 번째 단계라는 생각이다. 그들의 착륙이 이루어지는 지점은 바로 노르만디 공 윌리엄이 영국을 정복했던 헤이스팅즈(Hastings) 전투가 있던 곳에서 멀지 않은 해변이라는 사실은 그들의 귀환이 가지는 공격과 정복이라는 상징적 의미를 더욱 분명히 한다. 뿐만 아니라 그들을 맞이하는 로사 다이아몬드는 소녀시절에도 헤이스팅즈 전투의 환상을 본 적이 있고, 노르만디공 윌리엄의 함대가 들어오는 환상에 집착하는 인물이다. 그녀의 상상력이 기다리던 윌리엄 공의 상륙은 결국 두 식민지인의 착륙이라는 형태로 이루어진다.

얼핏 보기에 노르만디공 윌리엄의 영국정복은 영국적 정체성을 최종적으로 결정지은 마지막 정복으로서 영국의 국가적 정체성의 근원이라고도 볼 수 있는 사건이다. 그런데, 바로 국가적 통일성을 부여해야 하는 이 근원적 사건에는 그 자체가 타민족의 유입, 타아가 자아의 경계를 뚫고 들어온 사건으로서의 의미가 중첩되어 있다. 그리고 이제 지브릴과 살라딘이라는 두 식민지인이 최후의 정복자로서 영국땅을 밟는 사건은 바로 이 정체성의 근원에 존재하는 균열을 다시 한번 강조한다. 그리고 이것은 자신들의 존재를 대영제국의 산물로서, 영국이 감싸 안아야 하는 영국의 일부이기를 희망하며, 영국의 문을 두드리는 수많은 전 식민지국민들의 모습을 좀 더 강력하게 부각시킨 상징적 사건이기도 하다. 런던 거리의 인종전시장같은 모습을 상기하면 "이 맥없는 영국인들 같으니라구!—그들은 역사가 돌아와 자신들에게 출몰하지 않으리라고 생각했단 말인가"라는 지브릴의 말에 십분 공감할 수 있다.

그러나, 그들의 영국상륙도 돌아온 영국역사, 혹은 피식민인의 종주국에 대한 역습의 의미만을 갖는 것은 아니다. 그들과 함께 비행기에 타고있던 이민노동자들의 추락에 대한 묘사에서 보이듯이, 새로운 땅에서 그들은 조국이라든가 소속이라든가 하는 단어를 잊고서 과거와 단절되고 파편화된 삶을 대면해야만 한다.

> 비행기의 잔해와 섞여서, 그와 마찬가지로 조각나고, 마찬가지로 우스꽝스러운 영혼의 파편, 깨어진 기억들, 벗어버린 자아의 허물들, 단절된 모국어들, 침해된 사생활, 번역할 수 없는 농담들, 꺼져버린 미래, 잃어버린 사랑, 공허하게 울리는 나라, 소속, 가정등의 단어들이 부유하고 있었다. (4)

이들이 상륙한 로사 다이아몬드의 집 근처에는 해안선이 물러나서, 한때는 바닷가 절벽에 있던 최초의 노르만인들의 성이 이제는 육지쪽에 들어와 있다는 언급이 있다. 이것은 이제는 영국의 일부로 동화된 외부세력 노르만인들의 위상을 말해주는 등시에, 방금 상륙한 인도인들이 영국 사회에서 주장하게 될 위치에 대한 암시로까지 해석해 볼 수 있다. 그리고 경계의 변화를 보이는 자연현상의 존재는 경계의 가변성이란 것은 인간사와 자연에서 보편적인 현상임을 시사하는 듯 하다. 이러한 가변적 경계를 가진 국가적, 문화적, 종교적, 인종적 정체성을 두고서 순수, 절대, 단일등을 주장하는 독단의 부질없음을 여러 평면에서 격파해 버리는 성공적인 도입부라 할 수 있다.

어려서 아버지의 도시락 장사를 도우며, 쇠고기를 안 먹는 힌두교도에게 보낼 고기통과 돼지고기를 안먹는 이슬람교도에게 보낼 고기통을 장난 삼아 바꿔치기 하며 종교의 금기적 경계를 희롱하던 지브릴은 이제 이르헨티나의 식민가였던 로사 다이아몬드의 남편 헨리 다이아몬드(Henry Diamond)의 옷을 입고 정복자 윌리엄의 이미지와 겹쳐지면서, 돌아온 역사로서 영국이라는 국가적 정체성 속에 침투한다. 반면에, 영국착륙과 함께 멸시받는 이방인, 의심스런 타자의 탈을 쓰게된 살라딘은 임의적 정체성 부여의 가공할 현실들을 체험한다.

국가적, 문화적 정체성을 심문하는 과정에서 주인공들에게 부여되는 정체성의 중첩, 반복, 임의적 부여등은 다른 인물들에게도 널리 적용된다. 고금을 오가는 다양한 꿈의 세계를 채우고 있는 인물들과 현실의 인물들은 반복되거나 중첩되어 사용된다. 우선 꿈의 세계를 의식하는 주체 자체가 중첩적으로 설정이 되어 있다. 배우인 지브릴이 꿈을 꾸는데, 꿈속에서 그는 지브릴 천사이다. 그런데, 그는 자신이 동시에 카메라이자 관객이라고 느낄 뿐 아니라, 천사 지브릴이자 예언자 마훈드라고 느낀다(108, 110). 이 후자의 사실은 어려서 그가 부모를 여읜 후 점심 도시락 업자 조합의 총무인 바바사헤브 마트레드(Babasaheb Matred)의 집에 기거할 때 꾸었던 꿈의 내용과도 연결이 된다. 그는 자신을 엄습해 오는 육신의 욕망을 잊기 위해 독서에 열중하게 되는데, 이때 읽었던 내용들이 후에 그의 꿈의 세계의 자료가 된다. 수많은 변신의 이야기들, 예언자 마호멧의 경력의 초기에 있었던 "악마의 시 사건," 그의 후궁들의 이야기, 나비가 소녀의 입 속으로 날라들어가는 이야기등이 그것이다. 그중에도 그는 마호멧의 첫부인이 부자상인 카디자(Khadija)였고 카디자와의 결혼이 마호멧이 부와 지도력을 키울 수 있는 발판이 되었음을 기억하고, 자신과 같이 고아였던 마호멧과 동일시하며 자신이 신부가 되어 나이 많은 신랑 마트레드에게 시집을 가는 꿈을 꾸게 된다. 정체성과 역할의 도치에 대한 거의 유희적인 변주를 보여주는 예이다.

한편, 하인드라는 인물은 살라딘의 아버지인 찬제즈 참차(Changez Chamcha)가 가지고 있는 마호멧의 일생을 그린 고화 속에 나오는 여인으로 마호멧의 삼촌 함자(Hamza)의 간을 빼어 먹은 여인이다. 이 여인은 지브릴의 꿈 속에서 마훈드와 대결하는 권력자의 아내로 다시 등장한다. 그리고 현실 속에서 하인드는 미샬과 아나히타 수이판의 어머니이고, 무하마드 수이판의 아내이다. 꿈 속과 그림 속의 하인드가 초기에 이슬람을 탄압하던 세력이었다면, 현실의 하인드는 이슬람의 계율에 대한 전통적 집착을 보이는 여자이다. 이와 같이 복수적 정체성 사이에는 별 일관성이 없다.

아예샤는 지브릴의 두번째 꿈의 두가지 에피소우드에서 각각 나비를 먹는 소녀 예언자와 중동지방의 친미 부패세력을 대표하는 권력자로 나온다. 전자는 순례에 대한 근본주의적 믿음을 실천하는 이슬람의 지도자이고, 후자는 근본주의자들의 적인 타락한 여자 정치지도자임을 상기할 때, 역시 같은 이름을 가졌다는 사실은 공통점에 대한 보장이 아님을 알 수 있다. 이 이름은 또한 마호멧의 가장 어린 아내의 이름이기도 하고, 사창굴 "베일"에서 가장 어린 창녀가 갖게 되는 별

칭이기도 하다.

현실에 등장하는 미샤의 이름은 꿈 속에서 다시 미르자 사이드 악타르라는 대지주의 아내의 이름으로 쓰인다. 현실 속의 미샤은 생동감 넘치는 반항아이고, 꿈 속의 미샤은 유방암을 고치겠다는 일념으로 예언자 아예샤를 맹목적으로 추종하는 여자이다. 반드시 논리적 연관성이 없는 여러 인물들이 같은 이름을 공유하는 것은 윤회와 환생의 인도적 상상력의 발로이기도 하고, 여기에 영향 받아 정체성을 또다른 각도에서 심문해 보는 방법이기도 하다.

이름의 반복적 사용은 지브릴의 꿈에서만 일어나는 현상은 아니다. 살라딘의 아버지 찬제즈 참차는 살라딘의 어머니가 죽은 후 재혼을 하는데 재혼한 부인을 첫부인과 같은 이름인 나스린(Nasreen)으로 부른다. 그리고 하녀 카추르바(Katsurba)에게 죽은 아내 나스린의 옷을 입히고, 그녀를 가까이 하며, 이것을 보고 분노하는 살라딘에게 이것은 찬제즈와 카추르바와 그녀의 남편 발라브(Vallabh)가 다같이 나스린을 기억하는 하나의 의식이라는 이해할 수 없는 설명을 한다.

또한 예언자 아예샤 에피소우드에서, 아내 미샤과 아예샤에 대한 관심 사이에서 갈등하던 미르자 사이드 악타르는 그의 생을 마감하는 행복한 꿈 속에서, 죽어가는 아내 미샤의 혼이 아예샤의 몸 속에 들어가 제2의 삶을 얻는 것을 목격하게 되어 두 사람의 정체성을 겹치게 함으로써 도덕적 갈등에서 벗어나고 자기 나름대로 행복한 절충에 도달하게 된다.

이 모두 인간 개개인은 유일하고 고유한 정체성을 가진다는 고전적 개념을 해체하는 장치들이며, 정체성의 경계에 대한 심문은 다른 실체들 즉 선과 악, 천사성과 악마성, 사실과 꿈, 현실성과 초현실성, 일상성과 신비적 기적등간의 경계에 대한 심문과 연결된다.

2. 문화는 그 안에 항상 타자성을 가지며, 단일하게 보이는 문화 안에도 여러 이질적 요소가 차이의 공간들을 점유하고 있다.

문화가 내포하는 타자성은 흔히 분열, 균열 혹은 중첩의 형태로 나타난다. 19세기 영국문화는 자유주의의 전통에 따라 민주적 주권의식을 주장하는 한편 공리주의의 원리를 따라 유효하게 사용되고 있지 못한 식민지의 자원을 다수를 위하여 활용하는 융통성을 보인다. 그 결과 국민이 스스로를 통치하는 민주주의의 원리를 주장하는 동시에 그 기본원리를 벗어나 한 국민이 다른 국민을 통치하는 변칙적 현상을 만들어 낸다. 바바는 이것이 19세기 영국문화의 균열현상임에 유의한다.

영국적 자긍심과 국가적 정체성의 시원인 노르만족의 정복에 대한 집착을 생활원리로 삼는 로사 다이아몬드도 실은 피식민인 마틴에 대한 연애의 추억이라는 깊은 정체성의 균열을 안고 있는 존재임은 호미 바바도 지적한 바 있다.

단일한 정체성에 대한 루시디의 심문의 화살은 영국 쪽으로만 겨누어진 것은 아니다. 루시디는 자신이 속한 동양 문화 속에서, 어떤 의미에서는 서양 제국주의의 거대서사에 대항하는 또 하나의 거대서사 역할을 하고 있는 이슬람교의 절대성을 끈질기게 심문한다. 종교와의 과감한 결별 이후 잔류되어 있는 죄의식의 발로로 볼 수도 있는 지브릴의 꿈들은 마지못해 천사노릇을 하는 천사라는 애매한 시각에서 이슬람교의 독단성을 검토한다. 한편 현실 속의 지브릴은 신이 부여한 구원의 의무를 수행해야 한다는 망상에 빠져 정신분열증상이 날로 심화되어 간다.

이슬람교라는 것은 그 발생의 근원 자체가 모든 것의 근원이 그러하듯이 순수하고 단일하다고 할 수 없다. 마호멧은 상업화와 도시화가 진척되어, 유목시대의 공동생활 윤리가 무너져 가며, 개인주의와 배금주의가 팽패해 가는 7세기의 아라비아를 바로 잡기 위하여, 유목시대의 상부상조의 전통과, 유대교와 기독교의 유일신 사상과 내세및 심판 사상등을 결합하여, 새 시대를 인도할 수 있는 종교를 합성해 내었다. 그 근원의 유사성을 기억하면, 이슬람교와 유대교, 그리고 기독교간의 뿌리깊은 갈등의 역사는 아이러니가 아닐 수 없다. 이 소설에서 되풀이 되는 후렴중의 하나인 "새로움은 어떻게 이 세상에 오는가? 그것은 어떻게 태어나는가?/어떤 합성과 번역과 결합으로 그것은 이루어지는가?"라는 귀절은 이슬람교가 새로운 종교로 발생할 당시에 대한 혼종성에 대한 심문도 포함하고 있다.

처음부터 기독교와 유대교에서 차용한 원리와 가치관들, 그리고 현실적 동기가 중첩되어 발생한 이슬람교의 근원에 있는 균열들을 강조하기 위하여 루시디는 여러개의 쐐기를 박는다. 우선 위에서도 언급한 바 있는, 자신의 의지가 무엇인지 잘 모르는 꿈속의 지브릴이라는 시각의 설정부터가 해체의 출발점이다. 2장과 6장의 지브릴은 영화의 카메라처럼 자힐리아를 내려다 보거나 영화의 관객처럼 자힐리아를 관람하고 있는데, 때때로 마훈드가 나타나 자신에게서 계시를 받아간다. 신의 말씀이 자신을 통하여 전달되는듯 하기는 하나, 그 생각들은 좀체로 자기에게서 유래하는 생각이 아닌 것이다. 마훈드 이외에도 다른 에피소우드에서 지브릴을 찾는 종교 지도자들은 이맘이나 아예샤를 포함하여, 그에게서 자신들이 필요로 하는 것을 빼앗아 갈 뿐이다. 코란에서는 계시의 주체로 되어있는 지브릴을 이렇게 주체성을 결여한 균열된 주체로 설정하는 것은 이슬람교의 순수하고 독립적이며 독창적인 출발이라는 가정을 아예 근원부터 부인하는 장치이다.

이 책의 제목으로 되어 있는 『악마의 시』라는 것은 코란 속에서 알라 이외에도 다른 세 여신에게 신성이 있다고 하여 다신론의 가능성을 인정하는 지브릴의 계시를 적은 귀절로서, 후에 마훈드는 그때 자신에게 계시를 준 것은 지브릴이 아니라 샤이탄(Shaitan, 사탄)이었다고 하며, 이 귀절을 번복하고, 알라만이 유일신임을 주장한다. 이것은 역사적 인물 마호멧이 실제로 했던 일이다. 그런데, 소설에서 꿈속의 천사 지브릴은 다신론의 가능성을 인정한 것도 사실은 악마가 아니었고 자신이었다고 주장한다. 이렇게 애매하고 분열되고, 모순을 감싸 안는 지브릴에 대한 해석은, 절대적임을 주장하는 이슬람교의 교리의 근원 속에 존재하는 분열과 망설임에 대한 지적으로, 코란의 자귀를 문자 그대로 따라야 한다고 주장하는 근본주의자들에 대한 정면도전이다.

이 에피소우드를 생산하는 꿈 자체가 정신분열로 치닫고 있는 지브릴의 정신의 한 편린임을 상기한다면, 이 소설이 얼마나 철저히 균열의 원리에 기초를 두고 있는지 알 수가 있다. 근원적으로 불안한 이 가르침은 마호멧의 말을, 그의 초기추종자인 샐먼(Salman)이라는 필경사가 옮겨 적는 과정에서 다시 한번 왜곡된다. 샐먼은 마호멧의 정통성을 시험하기 위하여, 마호멧이 불러주는 계시내용을 조금씩 변경하여 적고는, 마호멧이 샐먼이 변경한 부분과 신의 계시를 구별하지 못하는 것을 보고는 계시의 내용이 마호멧의 창작임을 짐작하고 그를 떠난다.

이렇게 옮겨적는 과정에서 변질될 수 있는 기호는, 다시 그것이 기록된 형태로 있을 때에도 다양한 해석의 가능성을 보인다. 이에 대한 언급은 다른 문맥에서 나오지만 충분히 연결시켜 생각할 수 있다. 지브릴이 인도를 떠난 뒤, 그의 연인이었던 레카 머천트는 추락자살을 하게 되는데, 그 이유는 지브릴이 앨리 코운을 찾아 영국으로 떠나며, "우리는 공중의 존재들, 우리의 뿌리는 꿈과 구름 속에 있으며, 비상(flight) 속에서 다시 태어나네. 안녕"(13)이라는 메모를 남겼기 때문이다. 레카 머천트는 이 말을 공중으로 뛰어내려 이 세상을 벗어나자는 초대로, 혹은 어쩌면, 뛰어내려 보면, 신비적 구원이 기다리고 있을지도 모른다는 암시로 받아들여 자신이 살던 아파트의 옥상으로부터 아이들을 데리고 뛰어내린다. 물론 결과는 세 사람의 죽음이다.

지브릴이 말했던 비상은, 구체적으로 비행기를 타고 날라 새로운 삶을 찾아 영국으로 가는 것, 혹은 예전의 자아로부터 도망치는 것을 의미하는 것이었고, 결과적으로 추락하는 비행기로부터 날라나온 그는 영국에서 세로운 삶의 기회를 갖게 된다. 이와같이 한 글귀의 의미만도 이미 너댓가지의 해석의 가능성이 있는데, 코란의 가르침을 문자 그대로 실천하기를 요구하는 이슬람 근본주의는 루시디의 재치앞에서 방어하기가 어렵게 된다. 그나마 의미는 또 주어진 상황에 따라 무한한 변주의 가능성을 갖게 되는 것은 이 소설에서 수시로 반복되는 귀절들이 문맥마다 갖게 되는 조금씩 다른 의미에 의해 증명된다. 이러한 중첩된 균열 속을 살아가는 방법은 독단과 속단을 유보하고 항상 또 하나의 가능성을 인정하는 열린 사고를 하는 것이다.

루시디는 정체성의 균열이라는 명제를 영국과 이슬람교에만 적용하는 것이 아니라 인도에도 적용시킨다. 그의 논리는 자타에게 모두 공평하며, 자기반성적 요소가 강하다. 살라딘 참차의 어린시절의 친구로서 나중에는 연인이 된 지니 바킬은 "유일하게 정통성이 있는 인도인(The Only Good Indian)"이라는 제목의 인도미술사를 저술하며,

단일하고 정통적인 인도문화란 없으며, 인도문화는 대대로 인도에 유입된 문화들의 장점을 받아들여 융합함으로써 이루어진 문화임을 주장한다. 이 책의 제목은 초창기 미국의 정착자들이 인디언들에 대한 혐오를 표현하는 뜻에서 "유일하게 선한 인디언은 죽은 인디언"(The only good Indian is a dead Indian)이라고 말한 것을 차용한 것이다. 서구문화의 독단성과 인도문화의 절충성이라는 개념을 동시에 전달하는 또하나의 루시디식 의미확산 방법이다.

인종분규사태가 고조된 험악한 런던의 거리에서 살라딘은 지니의 이러한 절충주의를 너무 안일한 현실인식이라고 판단하며, 지니가 문화의 차이를 교섭하는 과정에서 일어날 수 있는 갈등과 충돌의 가능성을 너무 과소평가했다고 느끼지만 지니의 문화개념을 전적으로 무효화시키지는 않는다.

영국의 피지배국이였던 인도 내에도 억압된 인종집단이 있음을 보여주는 에피소우드가 바로 비행기 납치사건이다. 납치범들이 요구하는 것은 "새로운 것이 아니다. 조국의 독립, 종교적 자유, 정치범 석방, 정의…"등 피식민 상태의 인도인이 영국인들에게 요구했음직한 것들이다.

이것은 피지배국민은 그 국민적 정체성때문에 모든 도덕적 책임으로부터 면제되고, 지배국민은 또한 그 정체성때문에 책임을 면할 수 없다는 고정적 사고방식을 잠식하는 한 예이다. 이러한 현상은 인도 내에서도 피부빛이나 지참금의 다과에 의하여 신부를 차별하는 관습에 대한 언급이나, 살라딘 참차가 병원에서 탈출한 후 흑인 간호원 하이아신스에 대하여 꾸는 꿈의 일화에서도 지적되고 있다. 살라딘은 꿈 속에서 같이 도망하던 하이아신스에게 상당한 육체적 매력을 느끼다가, 긴박한 위험으로부터 벗어나, 이제 그녀와 압제에 대한 항거자로서의 동료의식이 희박해 질만한 거리에 이르자 그녀의 모습이 점점 혐오스럽게 변하는 것을 본다. 그리고 그녀의 눈에도 자신의 모습이 점점 혐오스럽게 변해감을 본다. 이것은 피식민인들이 서로간에 갖는 모멸감을 상징한 것으로 인종적 편견은 꼭 백인에게만 존재하는 것이 아님을 보여주며, 이것은 현실적으로 설득력이 있다. 정체성이라는 개념의 복합성과 문제성을 다시 한번 확인해 주는 예들이다.

정체성의 복합성을 시각적으로 보여주는 대표적 이미지는 보스탄 호에서 살라딘 참차와 지브릴이 떨어질 때, 그의 옆을 스쳐 지나가는 구름들에 대한 묘사 장면이다. 이 구름들은 절충적, 복합적 형태를 띄고 있으며, 참차 또한 그 구름들을 닮아 지브릴과 사지가 얽혀 혼합된 존재가 되어가는 것을 느낀다.

> 혼종의 구름 생물들이 그들에게 다가왔다. 살집있는 줄기에 매달려 있는 인간의 가슴을 가진 커다란 꽃들, 날개달린 고양이들, 반인반마의 괴물등. 희미한 의식 속에서 참차는 자신도 구름과 같은 성질을 띄게되어 마치 이제 자신의 다리 사이에 그[지브릴]의 머리를 기대고 있고 그[지브릴]의 다리가 자신의 길고 귀족적인 목을 감싸고 있는 존재로 변해가듯이 은유적이고 혼종적으로 되어가고 있다는 생각에 사로잡히게 되었다. (6-7)

이와같이 살라딘 참차와 얽혀서 비행기에서 떨어지면서, 노래를 하고 나르는 시늉을 하라는 참차의 주문에 따라 지브릴은 이것을 실천하고 그 결과 둘은 해안에 사뿐히 내려앉게 되는 것이다. 그렇다면 그 기적은 누가 이루어낸 것일까? 그리고 그 기적의 성격은 천사적인 것일까, 악마적인 것일까라는 의문을 화자는 연이어 제기한다. 결국 악마적인 것과 천사적인 것의 경계란 임의적이고 가변적이서, 떨어지는 과정에서 지브릴 파리시타의 심한 구취가 살라딘에게로 옮겨간 것처럼 한편의 속성이 다른 한편으로 옮겨갈 수도 있는 것이다.

이와같이 『악마의 시』에서는 영국적 정체성, 자유주의 정치이념의 정체성, 인도적 정체성, 이슬람적 정체성, 선과 악의 정체성 등 모든 정체성에 대한 자유분방하고 기발한 심문들이 이루어 진다.

3. 문화적 단일성, 절대성을 요구하는 것은 위험한 독단이다.

제 4장의 아예샤가 등장하는 첫번째 꿈에서 런던에 망명했다가 본국으로 돌아가 친미부패세력을 몰아내고 집권에 성공하는 이슬람 근본주의자 이맘에 대한 독선적 묘사에서 우리는 루시디의 독단의 위험에 대한 경고를 읽을 수 있다. 이맘은 모든 시계와 달력을 다 없애버리고, 시계바늘을 마호멧의 당대인 7세기로 돌려 고정시켜 버리기를 주장하는 정치 지도자이다. 이러한 묘사는 마호멧의 사상을 시대의 산물로 이해하여, 그의 가르침의 정신을 대범하게 계승하지 못하고 시대착오적으로 당대의 특수사정에 의하여 만들어진 규칙의 말 한마디 한마디에 집착하는 이슬람 근본주의에 대한 루시디의 비판을 담고 있다.

이슬람 교리에 대한 독단적 해석의 위험성은 다른 에피소우드에서도 지적된다. 지브릴의 꿈 속의 아예샤가 이끄는 순례단이 모슬렘 마을의 모스크에서 휴식을 하고 있을 때, 사원앞에 버려진 영아가 불륜의 씨가 분명하다는 이유로 죄없는 영아를 돌로 쳐 죽일 것에 동의하는 아예샤와 모스크의 사제의 결정에 분노하는 마을 사람들의 심정도, 절대성의 독단을 정죄하고 있다.

아예샤가 이끌고 있는 순례행렬 자체도 일상적 생활을 전적으로 희생할 것을 요구하는 순례의 계율에 대한 절대적 복종에서 이룩된 행렬이다. 아예샤가 요구하는 절대적 신앙생활에 대해서 화자는 해학적으로 회의를 제기하면서도 한편, 신비적 가능성을 끝까지 수긍하는 듯한 여운을 남겨 묘한 균형을 이끌어내고 있다.

4. 지배문화의 권위를 부과하려는 시도는 지배문화의 변형된 복제문화를 생산하고 이 변형된 복제문화는 지배문화의 권위를 전복할 가능성을 지닌다. 지배문화의 가면을 쓰고 그것을 역습하는 것이 가능하다.

이 작품에는 가면의 문제가 여러 각도에서 검토된다. 작품의 주인공들이 배우나 성우이고, 그들을 둘러싼 인물들도 영화, 텔레비젼 프로그램 제작등에 관여하는 사람들이므로 자신의 정체성을 벗어난 다른 역할의 가면을 쓴다는 것은 다반사이다. 가면을 쓰는 방법에도 여러가지가 있다. 배우의 역할등으로 가면을 쓰는 경우, 정신분열로 자신의 정체성을 확실히 파악하지 못해 여러가지 역할의 가면을 쓰는 경우, 생존을 위하여 자신의 정체성을 포기하고 타자가 되기 위하여 모방의 가면을 쓰는 경우, 다른 사람들이 임의적으로 분류한 정체성의 가면을 씌우는 경우, 자신의 정체성을 들키지 않고 유지하기 위하여 가면을 쓰는 경우 등 여러가지가 있다.

살라딘의 경우, 어린 시절 영국의 공립학교에 입학하여 생존하기 위하여 모든 행동을 영국인과 꼭같이 하는 영국인의 가면을 씀으로써 그들에게 받아들여지는 경험을 한다. (43) 성우로서 온갖 목소리를 완벽하게 위장해낼 수 있는 그의 직업에서도 그는 어린 시절 시작한 위장술을 계속하고 있는 셈이다. 이렇게 완벽한 가면 속에서만 생활하는 살라딘을 동료인 미미는 속이 텅빈 공허한 인간이라고 비난한다. 그런데, 그는 이러한 위장술을 이용하여, 얼굴색이 보이지 않는 라디오와 상품광고등의 매체에서 큰 성공을 거둔다.

그러던 그가 처음으로 얼굴을 보이는 연극배우로서 인도인 배역을 하기 위하여 인도에 갔다오는 비행기 속에서 그는 자신의 완벽한 위장의 도구인 목소리가 인도인의 목소리로, 인도인의 발음으로 돌아가는 것을 느낀다. 그 직후에 그는 유리피부를 가진 사람에 대한 꿈을 꾼다. 이 유리 피부를 가진 사람은 자기의 피부를 두드리며 살라딘에게 자신을 그 유리피부로부터 해방시켜줄 것을 부탁한다. 살라딘이 돌로 피부를 깨자 금간 유리 사이로 피가 배어 나오고, 유리조각을 떼려하자 피부가 같이 묻어나와 그 사람이 고통스러워하는 것을 보고 그는 잠을 깬다.

이 꿈은 살라딘 자신에 관한 꿈이라 할 수 있다. 그는 피부색이 주는 자신의 정체성을 유리와같이 투명하게 만들어 그것을 유리껍질처럼 벗어버릴 수 있다고 생각했지만, 그 피부라는 것이 자신의 정체성의 일부로서 거기에서 완전히 탈출할 수 없음을 알게 된 것이다. 살라딘의 경우만을 보면 실체를 위장하고 가면만을 쓰는 인간은 공허하며, 인간이 탈피할 수 없는 정체성이 있다는 쪽으로 화자가 결론을 유도하고 있는 듯이 보인다.

살라딘의 아버지도 아들이 배우 노릇을 하는 것이나, 인도인의 정체성을 버리고 영국인 노릇을 하는 등 자기 자신에게 진실하지 않은 것은 악마가 씌워서 그런 것이라고 해석하여(48), 지배자의 가면을 쓰는 방법에도 주체성을 유지하며 쓰는 방법과 공허한 주체 위에 가면만 쓰는 방법에는 근본적으로 차이가 있음을 보여준다.

영국인들이 살라딘에게 씌워준 악마성이라는 것도 일종의 가면이라 할 수 있다. 그의 아버지도 수긍하듯이 살라딘이 주체성 자체를 버리고, 자신의 국가와 민족을 경멸하며 영국인이 되려함으로써 그는 스스로를 악마에게 내어준 것이다. 영국인의 편견에 합류하여 인도인을 악마의 모습으로 보는데 그도 일조했고 스스로 그 편견의 희생물이 되어 본 후에야 그것이 얼마나 억울하고 허위적 편견인가를 느끼게 된다. 그런데 후에 런던에 거주하는 유색인들 사이에서는 악마의 뿔장식을 달고 다니는 것이 유행이 되었다. 이것은 이미 유색인들이 백인들이 그들에게 씌워준 악마의 가면의 정체를 파악하고, 그러한 정체성을 유희적으로 수용하며, 지배자가 씌워준 가면을 오히려 자신들의 결속과 그들에 대한 항거의 표시로 전환시킨 예로서, 지배문화의 가면을 전복적으로 수용할 수 있다는 바바의 주장에 가까운 가면 사용법이다.

가면은 또한 마훈드의 일화에서도 중요한 역할을 한다. 세력을 키워 자힐리아로 귀환한 마훈드는 자신이 태어난 도시를 완전히 장악하게 된다. 퇴폐와 무질서와 향락의 고장이었던 자힐리아는 엄격한 이슬람 율법의 치하에 들어가게 된다. 마훈드가 권력을 장악하기 전에 그를 조롱하는 시를 쓰던 풍자시인 바알(Baal)은 마훈드의 귀환 소식을 듣고는 베일(Veil)이라는 사창굴에 숨게 된다. 재미있는 것은 마훈드의 추종자인 필경사 샐먼과 함께 이 소설에서 작가의 역할을 대표하고 있는 바알은 마호메트가 상징하는 단일화된 권위적 문화의 편이 아니라, 옛 자힐리아의 모래문화가 상징하는 분열성의 편이라는 점이다. 이름조차 베일인 사창굴은 공식문화가 억압하는 모든 이면문화의 집산지라고 할 수 있다. 그곳에서 바알은 피부에 물을 들여 흑인으로 변장하고, 다른 흑인들과 같이 경비와 안내일을 맡게 된다. 창녀들과 고객들의 대화를 엿들으며, 그는 세상으로부터 격리된 생활을 하면서도 세상물정에 누구보다도 밝아진다. 예를 들면 이슬람교에서 금하는 돼지고기에 대한 사람들의 기호는 하루 아침에 끊을 수가 없으며, 뒷거래가 계속되고 있을 뿐 아니라 금기를 깨뜨리는 위험부담 때문에 그 값이 비싸 돼지고기 거래는 어느 때보다도 번성하는 장사거리가 된 것을 알게 된다. 공식문화의 표면적 규율은 문화의 실체에 대하여 아무것도 말해주지 않음을 그는 깨닫게 된다. 자신의 가면 속에서 그는 사회의 권위적 질서의 가면 속에 숨어있는 진면목을 훔쳐볼 기회를 갖는다.

다른 경비인들보다 나이도 많고 힘도 없는 바알은 처음에는 창녀들의 놀림거리인 하찮은 존재였다. 그러던 어느날 그는 이 집의 고객중 한 사람이 마훈드의 열두번째 아내인 아예샤에 대한 환상에 빠져있음을 알고, 그 고객을 상대하는 창녀에게 아예샤의 흉내를 내라고 조언을 한다. 이것은 물론 인간의 감정에서 상상력이 차지하는 부분이 얼마나 큰가를 이해하는 시인다운 통찰력의 발로이다. 바알의 조언을 따른 창녀는 고객에게 큰 만족을 주고, 돈도 듬뿍 받았다. 이 사건을 계기로 사창굴의 창녀들은 제각기 마훈드의 열두 아내의 흉내를 내기 시작했고 사업은 날로 번창하게 되었다. 금기는 욕망을 제어하기보다는 더욱 자극하는 기능이 있음을 보여주는 예이다. 또한 권위를 모욕하는 쾌감과 더불어 권위와 동일시하고자 하는 일반인의 소박한 희망들이 이러한 가면놀이에 의하여 충족된다. 반대로 늘 육욕의 늪에서 생활하며, 마훈드의 열두 아내의 흉내를 내던 창녀들은 자신들도 정말로 남편을 가지고 싶다는 생각을 하게 되고, 열두명이 모두 바알을 남편으로 삼는다. 그리하여 바알은 자신이 위장한 흑인의 가면 위에 자신의 탄압자 마훈드의 가면을 쓰게 된다. 이러한 모방은 창녀들의 바알에 대한 태도를 정말 남편에 대한 것처럼 진지하고도 정성스러운 것으로 변모시킨다.

그러던 어느날 지배초기의 유화정책으로 사창굴을 묵인하던 마훈드는 드디어 사창굴을 단속하게 되어, 포주는 자살을 하고, 창녀들은 모두 감옥에 잡혀간다. 잡혀가는 그들은 마훈드의 역할을 하는 바알에게 남편의 본분을 지켜 자신들을 구해주지 않는다고 불평한다. 이것이 마음에 걸린 바알은 매일 저녁 감옥 앞에 가서, 자신의 아내들에게 바치는 연시를 하나씩 낭송하고 이는 마을 사람들의 마음을 사로잡는다. 매일 읽은 시를, 그 시가 바쳐진 여인의 이름과 함께 벽에 붙여놓았는데, 열두번째 시를 완성하여 붙이는 날, 사람들은 그 여인들의 이름이 마훈드의 아내들의 이름과 일치한다는 것을 알게 되고, 창녀들이 그 이름들을 차용하였었다는 사실이 공개된다. 이러한 신성모독을 범한 바알은 물론 잡혀서 처형을 당하게 되고, 그는 용감하게 죽음을 맞이한다.

마훈드와 그의 아내들을 결합한 유대는 대부분이 정치적이고 실질적인 이유였다. 즉 어떤 집안과의 유대관계를 위하여, 혹은 이미 유대가 맺어진 집안의 여자가 다른 세력권으로 빠져나가는 것을 방지하기 위하여 결혼이 이루어진 경우가 많았다. 창녀들이 이들을 모방하는 첫 단계에서 이 모방은 지배질서가 피지배자들의 욕망앞에 무력함을 드러내고 지배자에 대한 성스러운 외경심을 완전히 전복시킨다. 그런데 이들의 모방은 지배질서를 전복시킬 뿐 아니라 모방자들까지도 변질시키는 묘한 힘을 갖고 있다. 처음에는 심심풀이로 출발한 바알과 창녀들의 장난은 모방을 통해, 점차적으로 가장 숭고한 자기희생의 차원에까지 도달하여, 현실적으로 계산된 동기에서 발생한 계율로 모든 것을 묶으려는 마훈드적 질서의 한계를 보여주고, 마을 사람들을 감동시켜, 지배세력의 윤리를 초월한 보다 숭고한 질서를 보여준다.

이것은 바바가 설명하는 식민국의 문화적 권위를 피식민국에 유포할 때 생기는 모방 속에 감춰진 저항과 전복의 가능성을 상기시키는 에피소우드이다. 단지 시인이 제안하고 수행하는 모방은 피식민인의 모방보다 풍부한 승화의 가능성을 보여준다.

5. 문화의 단일하고 절대적 정체성이란 존재하지 않지만, 문화의 정체성이란 유동적으로 존재하며, 토착문화의 유동적 정체성은 지배문화에 항거하는 배경이 된다.

보스탄에서 떨어지며 지브릴이 부르는 노래는 자신의 혼종성과 절충성에 대하여 언급하는 동시에 자신의 중심은 역시 인도인으로서의 정체성에 있음을 암시한다.

> '아, 나의 신발은 일본제,' … '이 바지는 영국제랍니다. 내 머리 위엔 빨간 러시아제 모자; 그러나 이 모든 사실에도 불구하고 나의 가슴은 인도제라오.' (5)

또한 무하마드 수이판과 하인드 수이판이 다양한 문화들을 수용하는 태도를 비교해 보면, 문화수용에 대한 루시디의 생각을 짐작할 수 있다. 무하마드 수이판은 이슬람 문화, 힌두 문화, 서양 고전문화, 기독교 문화에 두루 통달한 유식한 학자이다. 그가 아직 인도에서 교편을 잡고 있을 때, 이러한 남편의 복수주의적 개방성을 답습하여 그의 아내는 인도 각 지역의 다양한 요리 및 이제 인도문화의 일부가 된 서양음식까지 만들어내기 시작했다. 그 다양한 음식을 모두 먹어대어 아내는 공같이 둥글어졌다. 마치 경계가 없는 인도대륙처럼. 음식은 몸 속의 어떠한 경계선이라도 침투하는 힘이 있기 때문이다. 그런데

무하마드 자신은 한치도 더 살이 찌지 않고 그대로였다. 그 이유를 묻는 아내에게 그는 "절제도 또한 우리의 전통"(246)이라고 간단히 대답한다. 무차별적 탐식과같은 문화의 혼합과 섭취와 대조되는 전통적 절제로 분별심 있게 받아들이는 개방성을 구별하는 에피소우드라고 할 수 있다.

노출이 심한 옷차림과 성에 대한 개방적 태도로 전통적 가치관을 고수하는 어머니 하인드를 괴롭히던 미샬도 부모의 사후에는 부모가 경영하던 불타버린 샨다르 카페를 복원하여, 다시 문을 연 후에야 약혼자 하니프와 비로서 결혼을 하여 그녀 나름의 전통에 대한 충실함을 보인다. 샨다르 카페는 부모를 통하여 그들에게 전달되고 있는 인도의 전통이자, 인도인들이 모여서 살고 식사를 하는 공동체의 중심 역할을 하여, 인도사회와 신세대 이민 미샬을 연결해 주는 상징적 존재이다. 미샬은 자기 나름의 혼종화의 과정을 거쳐 인도인으로서 새로운 정체성을 만들어 내었다고 할 수 있다.

영국문화에 심취해있는 살라딘에게 비난을 퍼붓는 지니에게 살라딘은 자신을 세계 각국에 퍼져 있는 국제화된 인도인의 한사람이라고 소개한다. 지니는 비로소 자신이 인도인임을 인정하는 살라딘의 수사 속에 숨어있는 인식의 변화를 포착한다.

> '세계는 인도인들로 가득차 있어. 너도 알잖아. 우리는 어디든 가지. 우리는 오스트렐리아에서 땜장이가 되기도 하고, 우리의 머리는 이디 아민의 냉장고 속에 들어가기도 하지. 콜럼버스가 옳았어. 세계는 인도로 이루어져 있지. 동인도, 서인도, 북인도. 제길. 너는 우리를, 우리의 진취적 정신을 자랑스럽게 여겨야 해. 우리가 변경을 밀어붙이는 모습을. 단지 우리는 너희같은 인도인이 아닐 뿐이야. 아마 우리한테 익숙해지는 것이 좋을거야. 네가 쓴 책 제목도 있잖아?' (54)

살라딘이 인도인으로서의 정체성을 인정하자, 지니도 공격의 화살을 늦추고, 본토에 남아있는 인도 남자들의 음주, 아내 학대등의 문제를 거론하며, 살라딘과 같은 외국산 인도인이 바람직함을 인정한다.

지니의 영향으로 인도에 조금씩 뿌리를 내리려던 살라딘은 이것을 거부하고 영국으로 돌아가다가 보스탄 호의 사고를 만나, 기나긴 정체성의 시련을 겪게 된다. 살라딘이 진정으로 성숙한 인격을 얻게 되는 것은, 아버지의 임종으로 자신의 전통에 대한 전면적 거부를 벗어나게 되고, 영국에서의 경험으로 영국문화에 대한 맹목적 숭배와 모방의 단계에서 벗어난 후이다. 그는 자신의 사회에 대한 책임있는 행동으로 성인의 첫걸음을 내디디려 한다. 문화적 정체성에 대한 독단을 배제한 균형잡힌 소속감은 개인의 존재에 의미를 부여함을 보여준다.

이 모든 예는 정체성과 전통성에 대한 부단한 회의와 심문에도 불구하고, 작품의 효과는 이들을 전적으로 부인하는 것은 아님을 보여준다.

6. 문화의 이식은 최상의 경우에도 완전한 복제일 수는 없고 번역에 불과하지만, 문화와 문화의 경계에서 그 차이를 번역하여 유대감을 형성할 수 있다.

인종분규가 휩쓸고 간 런던의 거리에도 다시 질서는 회복되고, 대중매체의 편파보도에 매도당하고 부당하게 잡혀간 사람들은 혐의를 벗고 석방되며, 불타버린 샨다르 카페는 복원이 된다. 문화적 이질성은 오해와 분규를 초래하지만, 그 분규를 공정하게 해결하여 정의와 질서로 한발짝 다가가는 힘의 존재는 공존과 유대의 희망적 메시지로 떠오른다. 이 과정에서 파멜라와 점피 조시는 희생이 된다. 특히 파멜라는 영국인으로서 남편이었던 살라딘보다 항상 반영국적이었고, 정치적으로 진보적이었다. 인종의 경계와 가치관의 경계가 반드시 일치하지 않음을 보여주는 한 예이기도 하다. 이러한 정치적 개방성이 개인적 폐쇄성(죽음에서 돌아온 살라딘에 대한 거부)과 공존하던 모순의 존재였던 파멜라와 그녀와 살라딘에 대한 의리를 동시에 지키려 했던 점피 조시는 유색인들에게 괴이한 의학적 실험을 가하는 병원이 있다는 정보를 입수하고, 그것을 추적, 유포하려다가 희생된다. 그러나 그들의 희생을 댓가로 치루고 질서는 다시 회복된다. 물론 그것은 완전한 질서는 아니다.

위에 언급한 바와같이 인도적 전통과 정체성과의 연계를 유지한 채로 미샬은 국제사회에서 인도인의 권리를 방어할 수 있는 전문성을 갖춘 하니프와 결합함으로써, 두 문화의 차이를 번역하여 유대의 기초를 마련할 수 있는 새로운 삶의 터전을 이룬다. 미샬은 처음부터 머리를 짧게 잘라 세우고 무지개 색으로 세운 머리를 물 들이고, 허리가 다 드러나는 웃옷을 입고 다녀 어머니를 괴롭히지만, 인종분규가 끊이지 않는 거리의 현실을 꿰뚫어 보며, 인종차별과 향수 때문에 정신분열적 행동을 하는 이웃의 동족들에 대한 연민, 그리고 그들을 도와줄 방법에 대하여 진지한 고민을 하는 젊은이였다. 미샬과 하니프를 비롯한 좀더 국제화된 인도인들로서 양쪽 문화의 경계에서 그 차이를 매개할 수 있는 인물들의 설정도 긍정적 해결의 가능성을 암시한다고 볼 수 있다.

살라딘이 귀국한 인도에도 문제는 산적해 있다. 종교분쟁, 민족분쟁이 극렬하고도 다양한 형태로 존재하는 인도의 문제들을 본 그는 인도인이 인도인에게 가하는 박해와 압제가 백인이 유색인에게 가한 압박에 못지 않음을 느낀다. 우선은 봄베이를 가로질러 인간사슬을 만드는 의식으로 유대의 필요성을 가시화 하며, 이질적집단 사이에 유대의 공간을 만드는 데 주력하게 될 살라딘의 미래상이 제시된다. 마지막 장에서는 인도문화의 민속적 전통과 종교적 전통에서 구원의 상징으로 사용되는 마법램프와, 바다를 가르고 난 길의 이미지가, 산적되어 있는 어려운 현실문제 위에 겹쳐진다. 마법의 램프는 정말 기적을 가져다 주기보다는 지니 바킬의 출현과 지브릴의 자살이라는 두 가지 현실적 사건을 그에게 가져다줄 뿐이다. 지니는 현실에서 그의 구원자라 할 수 있고, 지브릴은 현실에서 살라딘이 꿈꾸던 허황된 자아상이라 할 수 있다. 자아의 허상의 죽음과 현실적 구원자를 그에게 가져다준 마법의 램프는 전혀 마법적 요소는 없지만 현실의 토대 위에서 구원의 가능성을 제시한다. 바다에 비친 지는 해의 그림자는 아라비아해를 가르고 순례자들의 마음의 눈에 나타났던 기적의 길의 이미지로 살라딘의 눈에 비친다. 그 신비주의적 상상력의 추억을 간직하면서도, 그것을 탈피한 견고한 현실인식을 길잡이로 미래를 직면할 살라딘의 모습을 제시하며 소설은 끝을 맺는다.

호미 바바의 혼종성 이론의 여러 측면들은 루시디의 소설 속에 거의 문자 그대로 재현되어 있다. 이 혼종성의 개념은 얼핏 보기에 대단히 방만하고 난해하여 일관된 구성의 원리를 파악하기가 대단히 까다로운 『악마의 시』의 의미를 풀어내는데 하나의 유효한 지침을 제공하여 우리에게 이 소설의 세계로 들어가는 하나의 통로를 제공한다. 그리고 루시디의 소설적 재현은 바바의 이론이 구체적 현실 속에서 어떤 양상을 띌 것인가를 생생하게 보여주며, 그의 이론의 타당성을 수용하도록 설득한다. 소설은 또한 이론이 미처 담아내지 못하는 분방한 상상력을 동원하여 경계의 심문이라는 작업이 가지는 무한한 변주의 가능성을 보여준다. 이와같이 『악마의 시』가 담아내고 있는 안과 밖, 자아와 타아의 경계를 흐리게 하는 탈식민주의 인식 전략은 가치가 문화적 정체성 속에 고정되어 있다는 선입견으로부터 우리를 효과적으로 해방한다. 이러한 사고방식은 전투적 투쟁력의 상실을 가져올는지는 모르나, 살라딘 참차처럼 이제 원망해야할 아버지(식민지 종주국)가 사라진 자리에 죽음을, 혹은 삶을 직시하며 혼자 서야하는 피식민국들이 가치의 혼재 속에서 자신에게 필요한 원리들을 합성하여 새로운 정체성을 지니고 서서 정직하게 자기 성찰과 반성을 할 수 있게 해주는 수단이 된다고 하겠다.

참고문헌

작 품

Rushdie, Salman. *The Satanic Verses*. Dover, Delaware: The Consortium, Inc., 1992.

기타 참고문헌

고부응. 「서구의 제3세계 담론」. 『문학과 사회』. 서울: 문학과 지성사, 1996년 겨울. 1773-1793.

______. 「에드워드 사이드: 변경의 지식인」. 『현대시사상』 26호. 서울: 고려원, 1996년 봄. 91-111.

권택영. 「탈식민주의와 문화비평」. 『현대시사상』 26호. 72-90.

김순식. 「탈식민지시대의 시인·작가론」. 『현대시사상』 26호. 154-185.

루시디, 샐먼. 「언제 소설이 위기가 아닌 적이 있었던가」. 장은수, 이지연 번역. 『세계의 문학』. 서울: 민음사, 1996년 겨울호. 238-250. 출처. *The New Yorker*, July 24 & July 1, 1996.

박주식. 「저항의정치학: 탈식민주의 문학이론의 쟁점」. 『안과 밖』. 서울: 창작과 비평사, 1996년 하반기. 309-334.

민승기. 「바바의 모호성」. 『현대시사상』 26호. 128-153.

이승렬. 「분신의 정치학—스피박의 탈식민주의 이론에 대한 비판적 읽기」. 『현대시사상』 26호. 112-127.

Ashcroft, Bill. Griffiths, Gareth; Tiffin, Helen. *The Empire Writes Back*. London/New York: Routledge, 1989.

Bhabha, Homi. *The Location of Culture*. London/New York: Routledge. 1994.

Bhabha, Homi ed. *Nation and Narration*. London/New York: Routledge.

Fanon, Frantz. *Black Skin White Masks*. London: Pluto, 1986.

JanMohamed, Abdul R. "The Economy of Manichean Allegory" Henry Louis Gates, Jr.ed., *"Race," Writing and Difference*. Chicago:U. of Chicago P., 1986.

MacDonogh, Steve ed. *The Rushdie Letters: Freedom to Speak, Freedom to Write*. Kerry, Ireland: Brandon, 1993.

Parry, Benita. "Problems in Current Theories of Colonial Discourse" *Kunapipi* Vol. xi, No. 1. 1989. 27-58.

Said, Edward. *Orientalism: Western Conceptions of the Orient*. Penguin, 1995.

Spivak, Gayatri Chakravorty. *The Post-Colonial Critic: Interview, Strategies, Dialogues*. Sarah Harasym Ed. New York/ London: Routledge, 1990.

Olson, James S. ed. *Historical Dictionary of European Imperialism*. New York / London: Greenwood, 1991.

Watt, W. Montgomery. *Muhammad: Prophet and Statesman*. London/ Oxford/New York: Oxford UP, 1961.

출처: 「탈식민주의 존재양태로서의 잡종성—루시디의 『악마의 시』를 중심으로」. 『현대영미소설』 제4권 1호 (1997), 231-263쪽.

아룬다티 로이
— 식민주의와 그 변종들, 그리고 탈식민주의를 위한 저항

박혜영(인하대 교수)

변방에서 막 돌아온 우리 측 사람들이 전하길
더 이상 야만인들은 없다고 한다.
야만인들이 없으면 이제 우린 어떻게 되는 거지?
그 사람들이 일종의 해결책이었는데.

—콘스탄틴 P. 카바피, 「야만인들을 기다리며」 일부

And some of our men who have just returned from the border say
there are no barbarians any longer.
Now what's going to happen to us without barbarians?
Those people were a kind of solution.

— Constantine P. Cavafy, *Waiting for Barbarians*

I. 아직 끝나지 않은 기획, 식민주의

2차 세계대전 뒤인 1949년 1월 2일 미국의 트루먼 대통령은 식민지를 착취했던 과거의 제국주의시대는 끝났으며 이제부터는 서구식 개발프로그램이 전 세계 미개발지역의 발전을 위해 도입될 것이라고 선언했다. 트루먼 대통령은 서구가 이룩한 "과학적 진보와 산업발달의 혜택이 미개발지역의 성장과 향상을 위해서도 이용될 수 있도록” 새로운 계획에 착수했으며, 이를 위해 “민주적인 공정무역 개념에 토대를 둔 개발프로그램”을 마련했다고 말했다(Sachs 8). 트루먼 대통령의 선언으로 과거 제국주의의 착취에서 갓 해방된 많은 식민지들은 이제부터 서구식 개발과 발전을 추종해야할 ‘미개발지역’으로 분류되었고, 이런 미개발지역의 풍부한 자원과 노동력을 서구의 다국적기업들이 자유롭게 이용하는 새로운 방식의 착취는 ‘경제개발’, 나아가 ‘세계화’(globalization)라는 탈정치적인 용어로 불리게 되었다. 아룬다티 로이(Arundhati Roy)는 제국주의의 종말과 경제개발시대의 도래를 알린 트루먼의 선언이 사실은 새롭게 탈바꿈한 변종식민주의의 시작을 선포한 것에 지나지 않음을 명민하게 인식한 작가이다. 로이는 과거의 영국제국주의가 인도민중의 삶과 문화를 무너뜨린 것과 같은 선상에서 오늘날의 초국적 자본주의가 경제개발과 세계화라는 미명아래 전 세계 약자들의 일상세계를 무너뜨리고 있음을 픽션과 논픽션을 오가며 날카롭고도 집요하게 파헤친다. 그녀가 노암 촘스키(Noam Chomsky), 하워드 진(Horward Zinn), 반다나 쉬바(Vandana Shiva)와 함께 반세계화운동의 기수가 된 것도 오늘날의 소위 세계화 역시 풀뿌리 민중의 입장에서 보자면 과거 식민주의(colonialism)의 변종에 불과하다고 생각하기 때문이다. 이런 까닭으로 1997년에 부커상을 받은 첫 소설『작은 것들의 신』(*The God of Small Things*) 이후 로이는 줄곧 논픽션에 매진하여 인도의 핵무기개발과 대형 댐건설을 비판한『생존의 비용』(*The Cost of Living*), 미국의 이라크 침략전쟁과 다국적 기업주도의 세계화를 고발한『9월이여, 오라』(*Come, September*)와『보통사람들을 위한 제국가이드』(*The Ordinary Person's Guide to Empire*), 그리고 인도 내 원주민들의 반정부 저항운동을 동행 취재한

최근작『부서진 공화국』(*Broken Republic*)에 이르기까지 다양한 정치 에세이들을 발표하였다.

부커상 수상으로 로이는 일약 탈식민주의(postcolonialism) 상상력의 문학적 승리를 대외적으로 알린 인도의 국가적 상징이 되었지만 사실상 그녀의 탈식민적 상상력은 첫 소설에서부터 최근의 논픽션에 이르기까지 언제나 국가나 민족이 아닌 인도 내부의 가장 힘없고 보잘 것 없는 약자에게로 향했다. 로이는 오직 이윤만 추구하는 다국적 기업과, 그 뒤를 돌봐주는 세계은행(World Bank)과 미국의 외교군사 정책, 그리고 인도의 부패한 정치관료와 엘리트전문가들의 국제적 공조와 결탁이 야기한 물, 토지, 자원과 같은 공공재의 민영화과정과 그로 인해 오래된 삶의 방식에서 쫓겨나 초국적 자본주의의 노예로 전락하게 된 인도의 풀뿌리 민중들의 고통에 주목한다. 로이에게 이들은 바로 소설에 등장하는 불가촉천민 벨루사(Velutha)이자 이혼 후 멸시 속에 어린 두 자녀를 키우는 아무(Ammu)이며, 논픽션에 등장하는 나르마다 계곡의 댐건설로 철거민이 된 아디바시(adivasi)들이자 보크사이트 채굴로 밀림에서 강제로 쫓겨난 원주민들이다. 로이의 탈식민적 상상력은 시장개방을 시작으로 세계화가 본격적으로 전개된 1997년 이후 지난 십년간 인도에서만 약 18만명의 농부들이 농약을 마시고 자살을 하게 된 사회적 현실을 밝히는데 있다. 또한 다국적기업들이 천연자원을 원활히 채굴할 수 있도록 인도정부가 오리사(Orissa)주의 가난한 자국민들을 상대로 "녹색사냥 작전"(Operation Green Hunt)이라는 국가테러를 자행하게 된 정치적 현실을 밝히는데 있다.[1]

1 "녹색사냥 작전"은 2009년에 인도정부가 반정부 무장저항세력인 낙살라이트들을 내전을 방불케 하는 무력을 동원해 강제 진압한 것을 부르는 명칭이다. 낙살라이트들의 저항은 소위 "붉은 회랑"(Red Corridor)이라 불리는 인

물론 그녀의 상상력은 가난한 사람들에게로만 향하지 않는다. 소설에 등장하는 아예메넴(Ayemenem)의 계급적, 성적 약자들의 삶을 보듬고 흘러가는 오염된 미네컬(Meenachal)강, 나르마다 계곡의 대형 댐건설로 사라지는 숲과 야생피조물들, 그리고 알루미늄과 맞바꾼 오리사주의 수호신인 작은 산들 역시 로이의 상상력 속에 등장하는 또 다른 약자들이다. 풀뿌리 민중의 삶뿐 아니라 자연파괴와 같은 환경문제에 대해서도 로이가 예민한 관심을 보이는 것은 빈부격차와 같은 사회문제, 테러나 민주주의와 같은 정치문제, 나아가 자연자원의 개발과 같은 생태문제를 서로 동떨어진 별개의 문제로서가 아니라 오직 이윤을 위해 세계화를 밀어붙이는 초국적 자본주의의 횡포에서 비롯된 동일한 문제로 간주하기 때문이다. "세계화는 '세계의 빈곤 근절'을 위한 것일까요? 아니면 세계화는 원격 조종되고 디지털 방식으로 작동되는 변종 식민주의일까요?"(『9월이여, 오라』 36)라는 로이의 수사적 질문은 지리적인 식민통치의 시대는 끝났어도 과거의 식민주의가 심어놓은 이분법적 억압과 착취구조는 오늘날까지도 살아남아 경제개발, 세계화, 코스모폴리타니즘(cosmopolitanism)과 같은 초국적 자본주의시대의 새로운 지배이데올로기 속에서도 여전히 건재하다는 점을 암시한다. 따라서 과거의 식민주의와 오늘날 등장한 새로운 변종 식민주의에 맞서 전 세계 풀뿌리 민중들과 함께 저항의 길을 걷는 로이의 문학이야말로 진정한 해방과 독립을 위해 주목해야 할 탈식민적 상상력이자 동시에 생태적 상상력이라고 할 수 있다.

도 중부지역에서 가장 활발하며 아직도 진행 중이다. 로이는 목숨을 무릅쓰고 정부군과 대치중인 이 지역을 직접 방문하여 인도정부에 의해 가장 극렬한 공산주의자인 "마오이스트"로 분류된 이들이 실제로는 자신들이 오랫동안 살던 땅을 지키고 다국적기업을 위한 자원개발에 반대하는 인도의 선량한 원주민들임을 최근에 출간된『부서진 공화국』에서 밝힌 바 있다.

II.『작은 것들의 신』
(후기) 식민주의를 넘어선 새로운 상상력, 탈식민적 생태주의

1. 식민주의와 그 유산

인도에 대한 영국의 물리적인 식민통치는 1947년에 끝났지만 영국이 심어놓은 소위 식민주의는 인도독립 후에도 쉽게 사라지지 않았다. 원래 유럽 식민주의란 일찍이 산업자본주의가 발달한 유럽국가들이 비유럽국가들의 영토를 강제로 점령하여 그들의 비자본주의 경제체제를 폭력적으로 재조정함으로써 이들 국가의 노동력과 자원을 유럽자본주의의 동력으로 조달했던 국가 차원의 광범위한 착취와 억압기제를 말한다(Sarangi 33). 이 때 원활한 식민통치를 위해 동원된 문명 대 야만이라는 이분법적 이데올로기는 식민주의자들과 식민지인들 모두가 억압과 착취체제에 대한 정당성과 합법성을 스스로 내면화하는데 이바지했다. 다시 말해 식민주의자들의 경우 스스로에게 ‘백인의 의무’(white men's burden)로 비유럽지역에 대한 문명화의 소명을 부여함으로써 비서구와의 접촉에서 우월적인 주체의식을 선점하도록 만들었던 반면 식민지인들에게는 그들의 비자본주의적인 사회체제를 열등한 야만상태로 받아들이도록 만듦으로써 주체적인 저항을 좌절시키고 이들을 비주체적인 ‘타자’(the Others)의 위치로 손쉽게 배치할 수 있었다.

내면화된 식민 이데올로기는 때로는 전통적인 관습과 충돌하기도 했지만 대체로는 가부장제나 종교대립과 같은 기존의 갈등체제를 더욱 강화하는 방식으로 유지되었으며, 물리적인 식민통치가 종결된 뒤에도 여전히 살아남아 이번에는 식민지 독립이후 등장한 지배엘리트들에 의해 자국의 민중을 효과적으로 억압할 수 있는 지배전략으로 재배치되었다. 이와 같은 식민주의의 유산은 탈식민주의 시대인 오늘날에도 인도가 일상적으로 겪고 있는 여러 가지 갈등, 즉 빈부, 도농(都農), 인종, 이념, 남녀, 종교, 환경문제의 근본적인 원인이 되고 있음을 쉽게 찾아볼 수 있다.[2]

한 예로 2007년 서벵갈 지역에서 발생한 경찰과 반정부 시위대 간의 무력충돌을 들 수 있다. 전통적으로 농업지역이던 서벵갈을 산업화하기 위해 서벵갈 주정부는 '경제특별구역'(Special Economic Zones)을 선포하고 거대한 화학공업단지 조성을 위한 강제 토지수용안을 발표하는데 여기에는 4천 헥타르의 농경지와 약 7만명의 이주계획이 포함되어 있었다. 이에 대해 난디그람(Nandigram)을 중심으로 농민들의 반발이 거세지자 서벵갈을 오랫동안 통치해온 인도공산당은 경찰과 민병대를 동원해 이들을 폭행하고 총기로 무력 진압함으로써 소위 서구식의 개발주의 앞에서는 공산당도 우경화의 길을 걸을 수밖에 없음을 잘 보여주었다. 서벵갈의 공산당 정부는 말하자면 자신들의 지지기반이던 농민들을 마오이스트(Maoist)로 몰아 이들과

2 반다나 쉬바나 마리아 미즈(Maria Mies)와 같은 에코페미니스트들은 이런 관점에서 가부장주의, 제국주의, 자본주의를 여성, 식민지, 무산계급에 대한 동일한 차원의 억압으로 간주한다. 왜냐하면 식민주의와 자본주의 역시 가부장제의 토대인 이분법적 분리와 차별이 국가간, 계급간으로 확대된 것으로 보기 때문이다. 따라서 이들은 서구식의 경제개발 이데올로기를 세계화시대에 새롭게 등장한 신종 가부장주의로 간주해 마치 봉건시대에 가부장들이 사적으로 여성들을 소유했듯이, 그리고 유럽 제국주의가 식민지들을 강제로 약탈했듯이 오늘날에는 서구의 다국적 기업들이 아프리카, 아시아, 라틴아메리카 대륙의 토지와 수자원을 비롯한 각종 공공재를 폭력적으로 사유화하고 있다고 보았다. 이런 관점에서 에코페미니즘은 경제개발주의를 비서구여성과 토착사회, 그리고 자연을 착취하는 새로운 식민주의라고 부른다(Mies 1-4).

의 대테러전쟁을 선포하면서까지 산업화를 추진한 것인데, 이 때 주정부가 조성하려고 했던 '경제특별구역'과 이를 위한 강제 토지수용이라는 폭력적인 절차는 사실상 과거 영국식민지 시절부터 시작된 '영국 식민지의 토지매입법령'(British Colonial Land Acquisition Act)의 유산에서 비롯된 것이었다(Mukherjee 6). 이 법령은 식민지 독립 이후에도 살아남아 이번에는 인도정부가 다국적기업을 위해 산업기술단지를 조성하거나 천연자원 채굴에 필요한 토지수용이나 강제철거를 추진할 때 치외법권적인 폭력을 행사할 수 있도록 법적 근거를 마련해 주었다.

이런 현실로 인해 로이가 비록 통치계급은 영국인에서 인도의 지배엘리트로 달라졌어도 풀뿌리 민중들을 강제로 이주시키고 그들의 토지를 불법 수용하는 식민주의의 폭력적인 착취방식은 달라진 바가 없다고 비판하는 것이다. 억압에 대한 하층계급의 저항과 이에 대한 지배엘리트들의 탄압이 식민지 시절이나 탈식민지 시절이나 대동소이하다는 점은『작은 것들의 신』에 등장하는 불가촉천민이자 가장 급진적인 낙살라이트(Naxalite) 활동에 가담한 벨루사를 경찰인 토마스 경위(Inspector Thomas Mathew)와 공산당 지도자인 필라이 동지(Comrade Pillai)가 서로 협조하여 학살하는 점에서도 쉽게 찾아볼 수 있다.[3] 낙살라이트인 벨루사의 학살에 경찰과 공산주의자가 협력한

3 원래 낙살라이트라는 명칭은 1967년 서벵갈의 낙살바리(Naxalbari)에서 발생한 농민반란에서 비롯되었다. 이들은 토지재분배와 계급평등을 위한 무장혁명을 주장함으로써 케랄라주를 지배한 온건한 인도공산당(CPI)과 달리 급진적이며 과격한 세력으로 인식되었다. 실제로 이들은 지주들의 토지를 몰수하고 인민재판을 통해 지주들을 처벌함으로써 중국 공산당의 지지를 받게 되었고 소위 마오이스트로 불리게 되었다. 최근까지도 낙살라이트들은 주로 인도 중부의 오리사주, 마디아 프라데시(Madhya Pradesh)주, 차

이 역사는 바로 서벵갈의 공산당정부가 경찰을 동원해 저항군들을 마오이스트로 몰아 폭력 진압했던 사건의 시작으로 볼 수 있다. 얼마 전 인도 수상은 이 마오이스트들이야말로 "인도의 치안을 위협하는 가장 커다란 단일세력"이라며 이들을 척결하겠다고 선전포고를 한 바 있지만 사실상 이들은 식민지시절부터 자기 땅을 지키기 위해 반식민주의 운동을 벌였던 인도민중의 저항에 그 기원을 두고 있다(『부서진 공화국』 3). 물론 인도수상이 소위 국가전복세력으로 분류하여 인도시민에서 배제시킨 이 위험한 마오이스트들은 로이에 따르자면 오늘날 초국적 자본주의의 노예가 되기를 거부하고 그들의 마을과 산과 강을 지키기 위해 목숨을 걸고 세계화에 저항하는 인도의 원주민일 따름이다.

환경문제도 식민주의 유산이라는 측면에서 살펴볼 수 있다. 가령 생태적 관점에서 보자면 인도의 국토와 자연은 영국식민지 시절의 착취로부터 조금도 해방되지 못했을 뿐 아니라 오히려 탈식민주의 시대에 이르러 환경파괴의 정도가 더욱 심해졌음을 『작은 것들의 신』에 등장하는 미네컬 강이 23년 전보다도 훨씬 더 오염되었다는 사실에서 찾아볼 수 있다.

> 이제 에스사는 다시 귀향했고, 아예메넴의 곳곳을 걸어 다녔다.
>
> 어떤 날은 세계은행이 빌려준 차관 덕분에 살충제와 배설물로 악취가 진동하는 강둑을 따라 걸었다. 물고기들은 거의 다 죽어 있었다. 그나마 살아남은 놈도 지느러미가 썩어버렸거나 아니면 온

티스가르(Chhattisgarth)주와 같은 미개발지역을 중심으로 반정부 활동을 펼치고 있으며, 오늘날에는 주로 자원강탈을 위해 원주민들을 몰아내려는 다국적기업과 인도정부에 맞서서 무장저항투쟁을 벌이고 있는 비제도권 공산주의자들을 지칭하게 되었다.

통 부스럼으로 뒤덮여 있었다.

다른 날엔 거리를 따라 내려갔다. 불행하게도 자기들은 멀고 먼 외지에서 격무에 시달리면서도 간호사와 석공과 전기배선공과 은행직원들이 걸프에서 보내온 돈으로 지은 설탕을 입혀 새로 갓 구워낸 신선한 집들을 지나갔다. 전용 고무나무 사이로 난 전용 주차로에 몸을 웅크린 채 질투심으로 안색이 파래지고 화가 불끈 치민 낡은 집들도 지나갔다. 자기들만의 전설을 간직한 채 휘청거리고 있는 하나하나가 영지(領地)였던 집들을.

(『작은 것들의 신』 14)

어린시절 에스사가 쌍둥이 여동생 라헬과 그들의 친구였던 벨루사와 함께 수영을 하던 미네컬 강은 식량증산을 촉진하고자 세계은행의 차관으로 살포된 살충제로 썩어가고 있었고, 반면에 아예메넴의 주택단지는 가난한 인도인들이 걸프지역에서의 이주노동으로 벌어들인 돈으로 입맛에 맞게 새 단장을 하고 있었다. 물론 그런 먼 곳에서 돈을 벌어올 자녀가 없는 집들은 예전보다 더 두드러진 빈부격차에 시기와 분노를 느끼며 낡은 집에 살 수밖에 없었다. 23년 뒤 아예메넴의 강과 마을에 닥친 현실변화에 대한 이 짧은 묘사는 아예메넴이 환금성 작물인 고무 재배지였던 영국식민지 시절보다 오히려 독립 이후 경제개발시대에 이르러 과거보다 더 큰 계급적 격차와 더 심한 환경파괴의 길로 접어들었음을 극명하게 암시한다. 미네컬 강의 오염은 세계은행의 차관으로 농부들이 몬산토와 같은 다국적 농기업의 종자와 살충제를 구입하다 빚더미에 앉게 되고 결국은 자살로 삶을 마감하게 되는 오늘날의 인도농촌이 겪고 있는 고통의 시작을 보여준다. 나아가 외화벌이로 새로 단장한 주택들은 식민지에서 해방된 많은 미개발지역의 값싼 노동자들이 일자리를 찾아 전 세계를 떠도는 초국적 자본주의시대의 노동현실인 국제이주노동의 시작을 잘 보여준다. 물론 '수영금지' 표지판을 붙인 채 죽어가는 미네컬 강의 모습이나 상대적 박탈감과 시기심으로 이웃끼리 소외된 아예메넴의 현재 모습은 단순한 주거환경의 변화 차원을 넘어서 식민지 독립 이후 상호연대감을 상실한 채 각자 파편화되어 죽어가는 인도인의 정신을 암시하는 것이기도 하다.

『작은 것들의 신』은 위와 같이 물리적 차원의 식민주의의 유산과 이데올로기 차원에서의 식민주의의 폐해가 서로 불가분하게 얽혀있음을 잘 보여준다. 이데올로기로서의 식민주의가 남긴 가장 큰 폐해는 끝없이 주체와 타자를 재생산하고 양자의 관계를 서열화시킴으로써 독립 이후에도 이와 같은 억압체제의 유산으로 인해 식민지인들 간에 공통된 역사의식이나 공동체 의식을 갖기 어렵게 만든다는 점이다. 다시 말해 식민주의가 남긴 분리주의(divide to rule)는 단순한 식민지 통치전략을 뛰어넘어 소설에서 그리고 있듯이 독립 후에도 개인과 개인 간의 관계뿐 아니라 개인과 역사, 그리고 개인과 세계와의 유대관계를 끝없이 부서뜨림으로써 공동체적 연대의식을 약화시키고, 그 결과 인간과 자연을 파괴하는 초국적 자본주의의 억압과 착취에 대해서도 주체적인 저항을 하기 어렵게 만든다는 것이다.

2. 식민주의 이데올로기와 소외

『작은 것들의 신』에는 쌍둥이인 라헬(Rahel)과 에스사(Estha)를 중심으로 두 개의 시간대가 씨실과 날실처럼 얽혀있다. 먼저 쌍둥이가 7살이던 1969년의 어느 날 있었던 소피 몰(Sophie Mol)의 장례식을 전후한 13일 동안의 과거와 23년이 지나 이제 31살이 된 쌍둥이들이 아예메넴에서 다시 만나는 1992년을 중심으로 한 현재가 그것이다. 로이는 이들이 어린 시절 겪었던 비극적인 역사, 즉 소피 몰의 익사와 아무와 벨루사의 금지된 사랑, 그로 인한 벨루사의 학살과 아무의 죽음의 의미를 이처럼 두 개의 시간대를 자유롭게 넘나들며 반추하는 복합적인 서술구조 속에서 살펴본다. 이와 같은 서술기법을 통해 로이는 과거역사의 현재적 의미를 끝임 없이 재정의함으로써 과거란 종결된 시간대가 아니라 현재 속에 계속해서 되살아나는 동시대적 시간대라는 점을 강조한다. 물론 로이의 작가적 시선이 반복적으로 반추하는 역사는 바로 인도의 식민주의에 대한 진실이다. 로이는 식민체제가 낳은 분리주의 이데올로기가 인도 고유의 카스트제도, 가부장제, 종교 갈등과 같은 기존의 억압체제와 결합하여 훨씬 더 강화됨으로써 독립 이후에도 식민주의의 유산이 인간과 인간, 인간과 역사, 인간과 자연과의 관계를 얼마나 광범위하게 소외시키는지를 다각도로 성찰한다. 다시 말해 식민주의를 계급, 젠더, 이념, 인종, 역사, 자연과 같은 모든 범주를 망라한 복합적 차원에서의 소외현상을 불러일으키는 동시대적인 문제로서 인식하는 것이다.

이 소설에는 3세대가 등장하는데 제1세대인 파파치(Pappachi)와 마마치(Mammachi), 베이비 코차마(Baby Kochamma)는 식민시대를 경험한 조부모 세대이고, 제2 세대인 차코(Chacko)와 아무 남매는 독립 이후의 부모 세대이며, 제3 세대인 라헬과 에스사는 과거 대영제국의 지배체제가 아니라 이제는 미국과 세계은행, 다국적 기업이 관할하는 새로운 세계경제 질서체제를 살아가는 세대이다. 따라서 이들이 겪는 식민주의의 유산도 분리와 소외라는 주제를 바탕으로 영국인과 인도인, 기성세대와 신세대, 남성과 여성, 가촉민과 불가촉민, 어른과 어린이와 같은 이분법적 구도 속에 다양한 변주곡의 형태로 등장한다. 예를 들면 식민주의의 내면화 정도도 세대별로 각기 서로 다른 모습으로 나타난다. 제국 곤충학자(Imperial Entomologist)에서 독립 이후엔 곤충학 부서의 공동 책임자(Joint Director)로 강등된 파파치는 아들인 차코가 영국인 똥걸레(British shit-wiper)라고 부를 만큼 대영제국을 맹목적으로 추종하는 친영주의자인데 비해 옥스퍼드 대학 로즈 장학생이자 조정 선수로서 제국의 본토에서 정통 식민교육을 받은 차코는 아이러닉하게도 영국에 대한 선망과 동시에 아무가 옥스포드식 허무(Oxford Moods)라고 부르는 패배주의에 사로잡혀 있다. 그의 패배주의는 어린 쌍둥이에게 미네컬 강 너머의 역사의 집(The History House)을 설명할 때 드러나듯이 자신이 어머니 지구(The Earth Woman)의 수십억년 시간대에서 결국 역사적 방향감각을 상실한 세대라는 자의식에서 비롯된 것이다. 식민주의가 인간 정신에 초래한 내전으로 인해 역사를 해석할 수 있는 온전한 정신을 상실하고 이 전쟁의 포로가 되어버렸기 때문이다.

> "우리는 역사의 집에 들어갈 수 없단다. 왜냐하면 문이 잠겨있기 때문이지. 창문에 대고 들여다봐도 그림자들밖에 보이지 않는단다. 또 귀를 대고 들어보면 속삭이는 소리밖엔 들리지 않지. 우리는 이 속삭임이 무슨 말인지 알아듣지 못한단다. 왜냐하면 우리정신이 전쟁을 하고 있기 때문이야. 우린 이 전쟁에서 이기기도 하고 지기도 한단다. 어쨌든 이건 가장 최악의 전쟁이야. 꿈을 생포했다가 풀어줘 또 꿈을 꾸게 만드는 전쟁이거든. 우리의 정복자를 찬양하고 우리 자신을 경멸하게 만드는 그런 전쟁이지 … 우리는 이 전쟁의 포로들이야. 우리가 꾸는 꿈엔 속임수가 들어있어. 우린 어디에도 소속되지 못할거야. 닻을 내리지 못한 채 거친 바다를 떠돌아다녀야 해. 우리를 받아줄 해안은 그 어디에도 없을거야. 슬픔도 결코 충분히 슬프지 않을테고, 기쁨도 결코 충분히 행복하지 않을거

야. 우리의 꿈도 결코 충분히 크지 않을테고, 우리의 삶도 결코 충분히 중요하지 않을거야. 문제를 삼기엔." (52)

차코는 인도인으로서의 열등감과 영국인에 대한 선망 가운데 그 어디에도 닻을 내리지 못한 채 패배주의에 젖은 제3세계 지식인으로서의 탈역사적인 삶을 살고 있기에 그 누구보다도 이분법적인 균열을 극명하게 보여준다. 가령 아무가 오빠인 차코를 "동지들! 동지들! 이라는 놀이를 좋아하는 응석받이 소군주"(63)라고 비웃는 데서도 드러나듯이 차코는 피클공장의 노동자들에게 노동조합 결성을 제안할 만큼 정치적으로는 맑스주의를 표방하지만 자신에게 생계를 의존하고 있는 여공들의 육체를 아무 죄의식 없이 농락하고 벨루사와 아무의 사랑에 대해 자신이 처벌할 권리가 있다고 믿을 만큼 사회적으로는 남성우월주의자인 지주로서 행세한다.

제3세대인 라헬과 에스사는 영국인이 아니라 영국화된 인도인에 의해 간접적으로 식민주의를 재이식 받은 세대이다. 쌍둥이들이 아는 영국이란 인도화된 영국인으로 동성애에 실패하자 자살로 생을 마감한 카리 사이푸(Kari Saipu)처럼 이미 전설화된 '비현실적인' 모습이거나 아니면 소피 몰과의 짧은 대면에서 잠시 체험되었으나 결국은 미네컬 강이 삼켜버린 '죽은' 영국의 모습이다. 조부모와 부모세대가 알던 그런 '대영제국'은 이미 존재하지 않기에 이들의 식민화는 앞 세대의 피식민지인들에 의해 보다 더 이데올로기적인 차원에서 일어날 수밖에 없다. 가령 베이비 코차마는 차코와 백인 영국여성과의 딸인 소피 몰의 방문에 앞서 쌍둥이들에게 "너희들이 인도의 대사라는 점을 잊지 말라"(133)라며 영국인에게 좋은 첫인상을 주기를 당부하고, 아무는 공항에서 가진 영어 환영인사 예행연습에서 라헬이 영어인사를 제대로 하지 않는다고 화를 내기도 한다. 아무 역시 이혼 후 유엔에서 일하거나 학교건립을 꿈꿀 만큼 자립적이고 진취적일 뿐만 아니라 시리아 기독교 상류가정 출신이라는 계급을 뛰어넘어 불가촉천민인 벨루사와 사랑을 나눌 만큼 사회적 인습보다 자연의 본성에 충실한 용감한 여성이지만 동시에 자신의 아이들에게는 영어책을 읽히고 영국인의 언어예법을 강조하며 아이들이 이런 "인도-영국식 행동 경진대회에서 수상"(139) 하기를 바라는 식민지인으로서의 한계를 보이기도 한다. 이런 점에서 아무에 대해 로이가 반복적으로 "살 수도 죽을 수도 있는 나이"(5)라고 정의하는 것은 흥미롭다. 아무 역시 차코와 마찬가지로 식민주의 이데올로기라는 관점에서 보자면 선망과 멸시, 종속과 해방, 강자와 약자, 주체와 타자, 삶과 죽음이라는 두 세계 사이에 걸려 어디에도 닻을 내리지 못한 채 표류하고 있는 세대임을 암시하기 때문이다. 따라서 이런 조부모와 부모세대로부터 라헬과 에스사가 받는 고통은 더욱 클 수밖에 없다고 하겠다.

쌍둥이들은 아예메넴으로부터의 탈출을 갈망하는 아무에게는 "낳자마자 고아원에 내다버렸어야 했어, 너희들은 내 목을 죄는 한 짝의 맷돌이야"(240)라는 폭언을 듣기도 하고, 할머니인 마마치에게는 근친상간(Inbreeding)보다 나쁜 이혼녀의 자녀라는 이유로 가족의 구성원에도 들지 못한 채 가부장제의 배제와 차별에 시달리기도 한다. 또한 쌍둥이들은 영국 사촌인 소피 몰보다 영국에 대해 더 잘 알고 있음에도 불구하고 베이비 코차마로부터는 처음부터 '비영국인'이라는 이유로 열등한 타자의 위치에 배치도기도 한다. 나아가 에스사는 가족과 함께 〈사운드 오브 뮤직〉(Sound of Music)을 보러간 극장에서 오렌지와 레모네이드를 파는 점원의 자위행위를 돕는 성추행을 당하면서도 그로부터 할머니의 공장을 물려받을 "운 좋은 부자집 도련

님"(100)이라는 멸시를 받기도 한다. 에스사와 라헬은 영국문명과 영국적인 것에 대해 조부모 세대처럼 맹목적이지도, 부모세대처럼 자의식적 패배주의에 젖지도 못하는 세대라는 점에서 오히려 더 큰 분열과 소외를 경험할 수밖에 없다. 왜냐하면 서구문명에 대한 이들의 열등감은 자발적 경험에 의한 것이 아니라 독립 이후 식민 이데올로기를 체화한 자국민에 의해 강압적으로 학습된 것이기에 어떤 점에서는 가장 비자발적인 폭력적 방식으로 식민주의 이데올로기를 수용해야 했기 때문이다. 그러나 "앞으로는 항상 영어로만 말하겠습니다"(36)라는 문장을 벌로 외워야 했던 에스사가 성인이 된 후 아예 말을 하지 않는다거나 미국이라는 또 다른 제국에 대한 아무런 선망도 없이 에스사를 만나기 위해 바로 고향으로 돌아오는 라헬의 모습은 피식민지인에 의한 식민주의의 비자발적 전승이 그다지 성공적이지 못하였음을 암시하기도 한다. 결국 조부모와 부모 세대뿐 아니라 아예메넴의 어디에서도 자신들의 정신적 거처를 발견하지 못한 이들에게 남은 유일한 안식처는 미네컬 강과 벨루사와 자기 자신들뿐이다. 하지만 벨루사는 23년 전에 이미 학살로 죽었고, 미네컬 강은 23년이 흐른 뒤 죽어가고 있기에 이제는 쌍둥이 자신들만 남게 된 것이다. 이 점에서 제3세대가 쌍둥이로 설정된 것은 매우 흥미롭다. 쌍둥이란 "둘을 합해서 보면 '내'가 되고, 둘을 떨어뜨려 하나씩 보면 '우리'가 되는"(4) 말하자면 상호보완적이며 근본적으로 평등한 통합관계인 까닭에 처음부터 이분법적인 식민주의 이데올로기의 외부에 존재하기 때문이다. 벨루사는 죽고, 강은 오염된 상황에서 서로가 상호주체인 에스사와 라헬이 식민주의로 인한 오랜 고통을 끝내기 위해서는 마침내 서로의 자아에 서로 닻을 내리는 근친상간으로 빠져들 수밖에 없다고 하겠다. 이처럼 서로의 경계를 허물거나 경계를 넘나드는 관계 맺기는 기본적으로 끊임없이 경계를 만들고 분류하려는 식민주의에 대한 저항으로 볼 수 있다.

3. 탈식민주의와 생태적 상상력

그렇다면 식민화란 정확하게 어떤 사회를 말하며, 식민주의는 궁극적으로 무엇을 파괴하는가? 또한 식민지인이 된다는 것은 무엇을 경험하는 것이며, 그것은 한 공동체에 어떤 결과를 초래하는가? 아프리카계 탈식민주의 극작가인 에이메 세자르(Aimé Césaire)는「식민주의에 관한 담론」("Discourse on Colonialism")에서 식민주의 이데올로기가 개인과 공동체에 가하는 야만성과 그에 따른 파괴적인 폐해를 다음과 같이 명확하게 지적한 바 있다.

> 주위를 둘러보면 식민자와 피식민지인이 대면하는 곳은 어디서든 폭력과 잔혹, 가학과 갈등을 찾아볼 수 있다. 또 이런 비즈니스를 매끄럽게 처리하는데 필요한 "사환들", 가령 기술자들, 사무요원들, 통역관들과 같은 수천명의 하급 기능인들이 사이비 교육방식으로 급히 제조되는 것도 찾아볼 수 있다. 나는 지금 식민자와 피식민지인간의 접촉에 대해 말하고 있는 것이다. 식민자와 피식민지인 사이에는 강제노동, 협박, 압박, 경찰, 과세, 절도, 강간, 의무경작, 멸시, 불신, 오만, 자아도취, 비열, 얼간이 엘리트들, 타락한 대중들 외에 다른 것이 들어설 여지가 없다. 인간적인 접촉은 전혀 없다. 그 둘 사이엔 오직 지배와 복종만이 존재하며, 그로 인해 식민자들은 교실의 장학사, 군대의 병장, 감옥의 간수, 노예의 관리인이 되고 원주민들은 생산의 도구가 된다. 이것을 방정식으로 표현하자면 식민화="사물화"라고 할 수 있다. 이 명제에 대해 거세게 항의하는 목소리가 들려온다. 저들은 내게 진보와 "성취들," 치유된 질병들과 향상된 생활수준을 들먹인다. 그러나 나는 지금 정수

> 는 다 빠져나가고, 문화는 구둣발에 짓밟혔으며, 제도는 망가지고, 토지는 몰수되고, 장인들의 위대한 창조력은 파괴되고, 다른 특출한 가능성들은 모두 쓸려나간 그런 사회에 대해 말하고 있는 것이다. 저들은 내게 사실과 통계, 그리고 도로, 운하, 철로의 개설거리를 들이댄다. 그러나 나는 지금 콩고-오션 철로건설에 희생된 수천명의 사람들에 대해 말하고 있는 것이다.[4] 내가 이 글을 쓰는 바로 이 순간에도 맨손으로 아비잔 항구의 흙을 파내야 하는 사람들에 대해 말하고 있는 것이다. 나는 지금 조상 대대로 내려온 자신들의 토속신과 터전과 습성, 그리고 생활과 춤과 지혜로부터 떨어져나간 그런 삶을 살아가는 수백만명의 사람들에 대해 말하고 있는 것이다. (6)

위에서 알 수 있듯이 세자르는 인간을 사물의 위치로 떨어뜨려 인간정신의 정수를 빨아버린 '물화'(物化)야말로 식민화 과정의 최종목표라고 보았다. 다시 말해 인간다운 삶을 영위할 수 있는 가능성을 모두 제거한 채 오직 인간을 자본을 위한 도구로만 다룸으로써 타자와의 관계에서는 물론이고 전통, 역사, 문화, 자연과 함께하는 삶의 총체성으로부터도 완전히 멀어지게 하는 실존적 고립이야말로 식민주의 이데올로기의 가장 치명적인 유산이라는 것이다. 그런데 이와 같은 식민주의가 과연 구시대의 식민통지로부터 벗어남으로써 자동적으로 극복될 수 있을까? 그렇다면 식민주의 이데올로기가 낳은 분리와 소외로부터 벗어나 자본을 위한 도구로써가 아닌 주체적 인간으로서의 진정한 탈식민적 해방을 누릴 수 있는 길은 어디에 있을까?

---

4 콩고공화국의 대서양에 면한 항구인 포인트 느와르에서 내륙도시인 브라자빌까지 약 502킬로미터의 철로를 콩고 강을 따라 개설했던 대규모 토목공사(Congo-Ocean railway)를 말한다. 프랑스의 식민통치를 위해 1921년부터 약 십년간 계속된 이 공사로 1만 7천명 이상의 아프리카 원주민들이 가혹한 환경을 이기지 못하고 죽었다.

로이는 인도사회의 최하위계층이자 식민주의의 해악으로 가장 극심한 고통을 당했던 벨루사를 중심으로 그 대안적 상상력을 제시한다.

벨루사는 가장 비천한 삶을 사는 불가촉 천민인 파라반으로 이 소설에서 인도민중의 운명을 대변한다. 그는 영국에 대한 선망도 자의식도 질시도 분열도 없는 말하자면 식민주의 이데올로기를 가장 체화하지 않은 계급으로 어떤 의미에서는 인도인으로서 가장 건강하고, 주체적이며 자립적인 삶을 영위하는 계급이다. 벨루사는 차코의 피클공장 운영에도, 마마치 집안의 기술적 운영에도, 나아가 몬순을 제때 부르고 미네컬 강이 강다운 모습을 유지하는데도 중요할 뿐 아니라 식민주의의 억압에서 벗어나 쌍둥이들이 자연 속에서 좋은 어린 시절을 보내는데도 또 가부장제를 벗어나 아무가 여성으로서의 해방된 삶을 사는데도 반드시 필요한 존재이다. 이처럼 아예메넴이 인간과 자연이 공존하는 공동체로 지속하는데 그 토대로서 반드시 필요한 존재이기에 아예메넴이 식민주의의 차별과 분리에 의해 공동체로서의 존립을 위협받을 때도 그 어떤 계급이나 세대보다 이를 가장 예민하게 느끼고 여기에 직접행동으로 저항할 수 있는 것이다. 가령 공산당 지도자인 필라이 동지는 아들이 델리의 외국대사관저에서 일하게 되자 얼른 아들 이름을 레닌(Lenin)에서 레빈(Levin)으로 바꾸어버림으로써 자신의 사회주의 신념이 실제 약자들과는 아무 상관이 없는 관념적인 허위의식임을 드러내지만 벨루사는 불구자인 형과 아버지뿐 아니라 쌍둥이와 아무, 나아가 미네컬 강까지 보듬고 사랑하며 이들을 거대권력으로부터 지켜내고자 저항도 불사하는 그야말로 작은 것들의 신인 것이다.

벨루사는 결국 소피 몰을 유괴한 납치범이자 아무를 겁탈한 강간범으로 몰려 아예메넴 강 너머에 있던 역사의 집에서 피살되고 마는

데, 로이는 거대한 지배권력이 가장 약자인 그를 죽일 수밖에 없는 진짜 역사적 이유를 이렇게 제시한다.

> 쌍둥이들은 너무 어려서 저들이 역사의 똘마니들이라는 것을 알 수 없었다. 책을 똑바로 만들라고 하고 그 법을 어긴 자에게는 벌금을 거둬가려고 파견된 똘마니들. 역설적이게도 사적인 의도는 조금도 없는 어떤 원시적인 감정에 휘둘려서. 이제 막 생겨나기 시작해 아직은 스스로도 인정할 수 없는 감정인 자연에 대한 문명의 두려움, 여성에 대한 남성의 두려움, 약자에 대한 강자의 두려움에서 비롯된 모욕감에 휘둘려서. (292)

로이가 볼 때 경찰이 벨루사를 학살한 이유는 무엇보다도 서구와 남성, 그리고 강자들이 이제야 인식하기 시작한 작은 것들에 대한 '두려움' 때문이다. 다시 말해 개발의 이름으로 자연을 약탈하고, 가부장의 권위로 여성을 억압하며, 권력의 힘으로 약자를 착취해온 지금까지의 위계질서의 역사가 약자들의 공동체적 유대감과 수평적 연대에 의해 언제고 뒤집힐 지도 모른다는 두려움에서 비롯된 것이다. 마치 온순하던 미네컬 강이 갑작스러운 폭우로 무서운 위력을 발휘하여 소피 몰로 상징되는 '영국'까지 집어삼키듯이 모든 약자들의 친구인 벨루사도 쌍둥이들이 낙살라이트 가두시위에서 봤다는 사실이 암시하듯 언제든지 지배계급에게는 무서운 적으로 돌변할 수도 있는 것이다. 왜냐하면 벨루사는 어떤 식민주의 이데올로기에 의해서도 '사물화'될 수 없는 그야말로 인간으로서의 정수가 살아있는 건강하고 자립적인 존재이기 때문이다. 그의 생명력은 본능적으로 미네컬 강과 함께하는 자연적인 것이기에 마치 대자연이 모든 피조물에게 그렇듯이 계급과 젠더를 뛰어넘어 다른 모든 약자들과 친구가 되고 그들의 상처를 치유해줄 수 있는 것이다. 강둑에서 사랑을 나누는 아무와 벨루사에 대한 묘사는 두 사람 역시 식민주의의 고통을 넘어서서 사랑을 나눈 에스사와 라헬과 마찬가지로 계급이나 젠더와 같은 모든 사회적 차별과 경계를 뛰어넘어 자연 속에서 완전한 평등과 합일을 이룩하였음을 잘 보여준다. 두 사람 사이를 흐르는 강물에 의해 마침내 서로의 몸에 닿을 내리게 됨으로써 이 한 쌍의 연인도 쌍둥이들처럼 서로를 구분할 수 없는 “우리”가 된 것이다.[5]

> 그녀는 범람한 강처럼 넓고도 깊었다. 그는 그 강물을 헤엄쳐 그녀에게로 갔다. 그녀는 그가 점점 더 깊은 곳으로 헤엄쳐 들어오는 것을 느낄 수 있었다. 정신없이, 그리고 미친 듯이. 조금만 더 깊이, 조금만 더 깊이 들어가게 해달라고 하면서. 그녀의 몸에 닿아야만 멈출 듯이. 그의 몸이 닿아야만. 안 된다고 하자, 그는 그녀의 가장 깊은 곳에 이르러 전율 속에 탄식하고 흐느끼며 그만 강물 속에 빠져버렸다. (318)

마치 범람한 강이 그동안 제국주의가 문명이라는 이름으로 만들어 놓은 모든 구별과 우열을 무너뜨리고 흘러가듯이 두 사람의 결합은 가촉민과 불가촉민과의 경계뿐 아니라 남성과 여성, 인간과 자연, 그

5 탈식민주의 시인인 생고르(Léopold Senghor)는 “네그리튀드”(negritude)를 흑인의 진정한 해방과 연대의식의 회복을 위한 20세기의 휴머니즘 운동으로 제시하였다. 그는 네그리튀드를 “흑인세계의 문화적 가치의 총합,” 다시 말해 이것은 흑인에 관한 인종주의도, 자기부정이나 긍정도 아닌 “아프리카인으로서의 특성,” 혹은 “흑인적 특성”을 의미하며 한 존재가 다른 존재에 뿌리를 내림으로써 자신의 정체성을 찾는 자기-확약이라고 하였다(27). 네그리튀드가 자신과 타자, 그리고 이 세계와의 전일적 관계 맺기라는 점에서 장소, 정체성, 계급과 신념을 넘어 반세계화 운동에서의 전 세계 약자들의 연대와 해방을 추구하는 로이의 탈식민주의적 생태주의 사상과도 일맥상통하는 점이 있다고 생각된다. 생고르의 글 「네그리튀드: 20세기의 휴머니즘」 참조.

리고 삶과 죽음의 경계마저도 허물어뜨려버린다. 2주간의 짧은 사랑으로 "우리"가 된 두 사람은 갈 데도 없고, 가진 것도 없고, 미래도 없기에 자신들과 같은 처지인 "작은 것들에 본능적인 애착"을 보인다(320). 이들은 두 사람의 엉덩이에 난 개미물린 자국, 잎에서 미끄러져버리는 재바르지 못한 애벌레, 뒤집힌 자기 몸을 바로 세우지 못하는 풍뎅이, 헤엄치는 벨루사만 따라다니며 깨무는 작은 물고기 한 쌍, 양손을 맞들고 경건히 기도하는 사마귀를 보고 서로 하나가 되어 웃는다. 이들이 작은 것들과의 연대 속에서 이룩한 이와 같은 완전한 공감과 평등과 일체감이야말로 바로 식민주의나 자본주의의 종속적 억압과 대척되는 진정한 탈식민적 해방감이라고 하겠다. 로이 자신도 이 소설은 자기들의 이익을 유지하고자 작은 것들의 자유와 존엄성을 인정하지 않는 데 협력하는 과거의 인도와 오늘날의 인도, 그리고 서구의 위계체제와 기관들 같은 거대한 것들 속에 내재된 폭력을 다루고 있다고 밝힌 바 있다(Bhatt 164). 작은 곤충들, 나무와 짐승들, 강과 어린아이들, 천민들과 같은 약자들의 생명력에 대한 경외심을 회복하는 것이야말로 식민주의 시대 이후의 새로운 변종 식민주의에도 맞설 수 있는 생태적 상상력이자 지속가능한 공동체를 만들 수 있는 감수성이라고 하겠다.

III. 결 론

『부서진 공화국』, 탈식민주의를 위한 약자들의 저항

식민주의는 거짓과 위선에 토대를 두고 있기에 도덕적으로 허약할 수밖에 없다. 또한 원주민과 자연에 대한 식민화 과정은 강압적인 약탈과 착취라는 비인간화의 과정이기에 세자르의 주장처럼 식민화로 인해 "과거에 있던 기존의 불공평에는 현대판 학대가 접목되고, 기존의 불평등에는 끔찍한 인종주의가 접목" 됨으로써 궁극적으로 과거보다 더 폭력적인 야만의 시대가 올 수밖에 없다(8). 문제는 투르먼 대통령의 새로운 개발시대 선언에서 알 수 있듯이 서구의 식민주의 기획이 제국주의의 종말 이후에도 끝나지 않았다는 것이다. 세자르에 따르면 2차 세계대전 이후 등장한 새로운 식민주의는 '미국화'를 의미하며 그것은 과잉과 낭비, 상업주의의 전지구적 지배를 뜻한다.

> 유럽의 부르주아들이 그 밖에 무엇을 더 할 게 있겠는가? (토착) 문명을 훼손하고, 국가를 파괴하고, 민족을 무너뜨리고, '다양성의 뿌리'를 제거해버렸는데. 제방도 방어벽도 더는 없다. 현대판 야만인의 차례가 다가오고 있기에. 미국의 시간이라는. 폭력, 과잉, 낭비, 상업주의, 허세, 패거리주의, 우둔함, 상스러움, 무질서라는 … 미국의 지배, 거기서는 그 누구도 회복되지 못할, 내 말은 회복되더라도 상처가 남게 되는 그런 지배의 시간이 다가오고 있다. 저들은 공장과 산업을 들먹이지만 당신의 눈에는 우리 숲 한가운데다 덤불 속 깊숙이에 히스테릭하리만치 새까만 재를 뿌려버리는 하인이나 생산하기 위해 지어진 저 거대한 공장들이 보이지 않는가? 저 엄청난 기계화, 다시 말해 인간정신이 가까스로 지켜온 친근하고 훼손되지 않고 순수한 모든 것들을 우리처럼 모조리 약탈하고 겁탈해버리는 대규모로 진행되는 저 인간의 기계화가 보이지 않는가? 물론 저런 기계는 처음 보았을 것이다. 사람들을 모조리 박살내고, 갈아버리고 타락시켜버리는 저런 기계는. (23)

세자르가 간파한 새로운 식민주의는 다름 아닌 자연과 인간을 동시에 약탈하는 대규모의 산업화와 인간정신의 기계화이다. 과잉생산과 과잉소비를 위한 대량생산 체제의 미국식 산업화는 결국 인간과 자연을 보다 더 대규모로 억압하는 또 다른 이름의 식민주의라는 것이다. 로이가 『부서진 공화국』에서 진정한 민주주의는 개발주의와 양립될 수 없다고 하는 것도 이런 이유에서이다. 식민지에서 해방되어 세계 최대의 민주주의 국가가 된 인도에 세계 최대의 마오이스트 세력이 등장한 이유도 바로 초국적 자본주의를 위해 인도정부가 약자와 자연을 희생시키려 하기 때문인 것이다. 개발을 위해서라면 기꺼이 공동체와 공공재를 희생시킨다는 점에서는 중국이나 베트남이나 인도나 별반 차이가 없다는 것이다. 소비수준이 진보의 척도가 되는 한 산업화는 불가피하고 이런 산업화를 가동하려면 지속적인 자원공급이 필요하기 때문이다. 이런 상황에서는 과거의 식민주의가 설령 시들해진다 해도 그 자리를 채울 새로운 식민주의가 나올 수밖에 없다. 주인공만 달라질 뿐 그 내용은 언제나 같다. 다시 말해 로이는 과거에는 유럽제국들이었다면 지금은 미국, 인도, 중국이며 미래엔 또 다른 나라가 될 것이라고 한다(『부서진 공화국』 212).

그렇다면 희망은 어디에 있는가? 로이는 인도의 가장 하층계급인 1억명의 토착 원주민들인 아디바시에게서 찾는다. 이들은 보크사이트 채굴에 맞서 무장저항운동을 벌일 뿐 아니라 소위 서구식의 산업기술이 아닌 자연 속에서 자립적이고 지속가능한 생계를 영위할 수 있는 전통적인 기술과 지혜를 간직하고 있기 때문이다. 마오이스트로 정부군과 대치중인 이들이야말로 자신의 숲과 강과 산과 땅을 지키려는 작은 것들의 신인 것이다. 로이는 취재를 위한 이들과의 긴 동행 끝에 책의 말미에서 거대한 것들에게 이렇게 묻는다. "물이 강을 따라 흘러가도록 나무가 숲 속에 살도록 그냥 내버려두면 안 될까요? 보크사이트를 산 속에 그냥 두면 안 될까요? 만약 그렇게 해줄 수 없다면 저들은 이 전쟁의 희생양인 원주민들에게 더 이상 도덕적 설교는 하지 말아야지요."라고(214).

참고문헌

Bhatt, Indira., & Indira Nityanandam. Eds. *Explorations Arundhati Roy's The God of Small Things.* New Delhi: Creative Books, 1999.

Césaire, Aimé. "Discourse on Colonialism." http://www.rlwclarke.net/Theory/SourcesPrimary/CesaireDiscourseonColonialism.pdf

Mies, Maria., & Vandana Shiva. Eds. *Ecofeminism.* New York: Zed Books, 1993.

Mukherjee, Upamanyu Pablo. *Postcolonial Environments: Nature, Culture and the Contemporary Indian Novel in English.* Hampshire: Palgrave, 2010.

Roy, Arundhati. *Broken Republic: Three Essays.* London: Penguin, 2011.

________. *The God of Small Things.* New York: Random House, 2008.

Sachs, Wolfgang. Ed. *The Development Dictionary: A Guide to Knowledge as Power.* New York: Zed Books, 1991.

Sarangi, Jaydeep. Ed. *Presentations of Postcolonialism in English: New Orientations.* Delhi: Authorspress, 2007.

Senghor, Léopold. "Negritude: A Humanism of the Twentieth Century." Patrick Williams & Laura Chrisman. Eds. *Colonial Discourse and Post-colonial Theory: A Reader.* London: Harvester, 1993. 27-35.

출처: 「『작은 것들의 신』에 나타난 식민지배의 연속성과 로이의 탈식민주의적 상상력.」『영미문학연구』 제22호 (2012), 5-33쪽 참조.

III. 이산자와 이민자의 존재방식과 정체성

III

이정화 _ 조선대교수
박종성 _ 충남대교수
홍덕선 _ 성균관대교수

1950년대 런던의 흑인 도시 산책자

– 샘 셀본의 『외로운 런던인들』

이정화(조선대 교수)

I. 대서양을 가로지르는 삶과 언어

제국주의와 이산(diaspora)의 역사는 초국가적 주체가 20세기 후반 혹은 21세기의 새로운 현상이 아니라는 점을 여실히 증명한다. 샘 셀본(Sam Selvon, 1923-1994)의 개인사와 작가적 이력은 국가적 경계를 가로지르며 형성되었고 그의 작품 세계에는 식민지의 현실 역사와 이주의 집단적 체험이 투영되어 있다. 셀본은 영국의 식민지였던 서인도 제도의 트리니다드(Trinidad)에서 인도계 아버지와 스코틀랜드계 어머니 사이에서 태어났다. 때문에 그는 영국, 인도, 그리고 이미 다문화적인 서인도 제도의 복수적 문화적 전통 속에서 성장했다.

서인도 제도 특유의 혼성적 문화는 셀본의 작품에 결정적이고 지속적인 영향을 끼쳤으나, 그의 본격적인 작품 활동은 영국에서 시작되었다. 오랜 식민지 역사로 인해 당시 서인도 제도에는 작품을 출판할 문화적 기반과 시설이 극히 취약했다. 그래서 나이폴(V.S. Naipaul)과 래밍(George Lamming) 같은 동시대 서인도 제도 작가들이 고향을 떠나 영국으로 향했던 1950년 셀본도 런던행을 택했다. 셀본은 트리니다드에서 『빔』(*BIM*)이라는 카리브해의 문학잡지에 단편을 발표하기도 했지만, 첫 장편소설 『더 빛나는 태양』(*A Brighter Sun,* 1952)을 필두로 『외로운 런던인들』(*The Lonely Londoners,* 1956)을 비롯한 그의 대표작들을 영국에서 집필하고 출간했다. 그는 한 인터뷰에서 "런던에 와서야 내 삶은 목적을 찾았다"(Fabre 76)고 말한 바 있는데, 영국에서 셀본은 당시 많은 서인도 제도 출신 작가들이 그랬던 것처럼 영국 국영방송 BBC의 후원아래 작품 활동으로 생계를 유지할 수 있었기 때문이다. 셀본은 1978년 캐나다로 이주해 몇 편의 작품을 더 발표했지만 캐나다 평단과 독서 대중의 환영을 받지는 못했던 것으로 보인다. 그는 1994년 트리니다드 방문 중 사망함으로써 대서양을 가로지르는 삶과 문학적 이력을 고향에서 마감했다.

독자들이 가장 즉각적으로 알아차리게 되는 셀본 작품의 특징은 그의 독특한 영어 사용이다. 『외로운 런던인들』을 비롯한 셀본의 많은 작품은 표준 영어도 서인도 제도 영어도 아닌 "크레올화된 영어"(creolised English)로 쓰여 있다(Grmelová 71). 셀본 자신은 이 영어를 "유럽 독자들이 이해할 수 있으면서도 트리니다드 말의 맛과 본질을 간직한 변형된 사투리"로 정의한다(Fabre 66). 이러한 영어의 크레올화는 피식민지인에 의한 지배 문화의 창조적 변용으로 평가되며 비평적 주목을 받아왔다. 한편, 셀본의 영어가 지닌 특유의 리듬은 일부 평자들이 그의 문학 세계를 서인도 제도의 농촌문화와 연결해 이해한 한 이유가 되기도 했다. 이러한 접근은 래밍이 『망명의 즐거움』(*The Pleasures of Exile*, 1960)에서 셀본을 본질적으로 서인도 제도의 대지에 뿌리내리고 농민의 언어를 말하는 작가로 평가(45)한 데 크게 기인하는 것이다. 그러나 래밍의 평가는 트리니다드의 한 마을을 배경으로 한 셀본의 처녀작, 『더 빛나는 태양』을 주로 염두에 둔 것으로 여겨지며, 래밍의 평가로 인해 모더니스트로서의 셀본의 면모나 그가 영국 도시문학에 끼친 영향이 간과되어서는 안 될 것이다.

"모세 삼부작"(Moses trilogy) 혹은 "런던 삼부작"으로 통칭되기도 하는 『외로운 런던인들』, 『모세 출세하다』(*Moses Ascending,* 1975), 그리고 『모세 이주하다』(*Moses Migrating,* 1983)는 셀본의 대표작이라 할 만하다. "모세 삼부작" 중 가장 먼저 출간된 『외로운 런던인들』은 1950년대 서인도 제도 이민자들의 런던 정착기를 다루고 있다. 제목에서 알 수 있듯, 『모세 출세하다』와 『모세 이주하다』는 『외로운 런던인들』과 마찬가지로 모세를 주인공으로 하고 있으며 각기 독립적으로 읽힐 수 있으나 내용상 『외로운 런던인들』의 연작으로도 읽힌다. 셀본의 "모세 삼부작"은 이민자들이 어떻게 런던의 풍경뿐 아니라 영국 도시소설의 풍경을 새롭게 만들어가고 있었는지 보여준다는 점에서 의의가 있다.

II. 흑인 도시 산책자의 런던 다시쓰기

1. 윈드러쉬 세대

1948년 6월 22일 엠파이어 윈드러쉬(Empire Windrush) 호가 490여 명의 승객을 태우고 런던 근교의 틸버리 항(Tilbury Dock)에 입항했다. 이는 제 2차 세계대전 후 서인도 제도로부터의 대규모 이주의 서막을 알린 영국 이민사의 상징적인 사건으로 기록된다. 대다수 남성으로 이루어진 1940년대 후반 및 1950년대 서인도 제도 이민자들은 2차 대전 동안 '모국'을 위해 피 흘렸던 영국 식민지인 신분으로 공식적

제재 없이 영국에 입국했다. "윈드러쉬 세대"(Windrush Generation)로 불리게 된 이들의 이주는 사실 영국정부에 의해 독려된 것이었다. 영국은 전쟁으로 인한 노동력 손실을 벌충하고 전후 국가재건에 필요한 노동력을 충당할 필요가 있었다. 한편, 영국 군인으로 2차 대전에 참전했던 서인도 제도인들은 서인도 제도의 고향에 돌아온 후 식민지의 취약한 경제적 기반을 확인해야 했다. 마침 윈드러쉬 호가 자메이카의 수도 킹스턴(Kingston)에 정박해 값싼 운임의 '모국'행을 약속하는 광고를 자메이카 신문에 게재하자, 이들을 비롯한 수 백 명의 서인도 제도인들은 일자리와 더 나은 임금을 위해 영국으로 향했다. 이후 1962년 식민지인의 이주를 제한한 이민법(Commonwealth Immigrants Act)이 통과되기 까지 십 여 년 간 영국 내 서인도 제도인들의 수는 급격히 증가했다. 이 시기에 영국으로 온 서인도 제도 이민자들은 낙관과 자신감에 가득 차 있었는데, 이들의 낙관주의는 종종 런던에 대한 식민지적 환상과 결합되어 있었다.[1] 이러한 점은 트리니다드 출신의 유명한 칼립소(calypso) 가수인 로드 키치너(Lord Kitchener)가 윈드러쉬 호에서 창작해 영국 땅에 발을 내딛으며 영국 기자들의 카메라를 향해 불렀던 <런던은 나를 위한 곳>("London is the Place for Me," 1948)이라는 노래에서 특징적으로 드러난다. "런던은 나를 위한 곳 / 런던, 이 아름다운 도시 / 프랑스, 미국 / 인도, 아시아, 호주로 가 보라지 / 그래도 런던으로 돌아와야 하지"(London is the place for me / London, this lovely city / You can go to France or America / India, Asia, or Australia / But you must come back to London City).

키치너의 노래에서 감지할 수 있는 윈드러쉬 세대의 낙관주의와 런

1 윈드러쉬 세대에 관한 유용한 기록으로, 윈드러쉬 호의 틸버리 입항 50주년을 기념해 1998년 출간된 Mike Phillips와 Trevor Phillips의 저서를 참고할 것.

던에 대한 환상은 셀본의 『외로운 런던인들』(*The Lonely Londoners,* 1956)의 전반적인 정서를 대변하는 것이기도 하다. 셀본의 "모세 삼부작" 중 첫 번째 소설인 『외로운 런던인들』은 1950년대 서인도 제도 출신 이주 노동자들의 런던 생활을 희비극적으로 묘사한다. 갓 영국에 도착한 키치너의 경쾌한 곡조와 낙천적인 가사는 『외로운 런던인들』에서 일자리와 잘 곳을 찾아 고군분투해야 하는 비극적 상황에 대한 희극적 대응으로 변주된다. 흥미로운 것은 『외로운 런던인들』의 흑인 남성 이민자들은 일상적인 인종차별에도 불구하고 런던을 자유와 낭만의 공간으로 인식한다는 점이다. 이들은 서인도 제도에서 듣던 "런던 거리는 금으로 깔려있다"(24)는 말이 허황된 풍문에 지나지 않는다는 것을 알면서도 여전히 런던이 모험과 기회로 넘쳐난다고 생각한다. 그래서 『외로운 런던인들』의 등장인물들은 추위와 굶주림 속에서도 활력과 유머를 잃지 않고 나름의 방식으로 런던이 지닌 매력을 만끽한다. 런던은 셀본의 흑인 남성 인물들을 차별하지만 또한 강렬하게 유혹한다. 그래서 이들은 한 여름 태양 아래 공원과 거리를 누비며 짧게나마 욕망을 분출할 기회를 얻기 위해 춥고 배고픈 겨울을 기꺼이 견뎌낸다.

그런데 식민지 흑인 남성이 배타적인 런던에서 발견하는 매력, 혹은 자신을 차별하는 공간에서 느끼는 낭만의 정체는 무엇인가? 이는 『외로운 런던인들』의 말미에 주인공 모세(Moses)가 갖는 의문이기도 하다. 십 여 년 전 런던으로 건너와 이주민들의 정착을 도우며 이들의 비공식적 "사회복지사"(25) 역할을 해 온 모세는 다음과 같이 묻는다.

> 세상 어떤 도시건 거기에 뭐가 있길래 그렇게나 좋아 어디로도 떠나지 않으려고 하는 건가? … 항상 불평하고, 사람들을 욕하고,

정부를 욕하고, 이런 저런 것에 대해 온갖 얘기를 하면서도 어째서 결국 모두 기회가 되면 햇살 가득한 그들의 푸른 섬으로 돌아가겠다고 분명히 말하지 않는 것인가?[2] (137-38)

『외로운 런던인들』에서 모세는 이 질문에 대한 답을 찾지 못하지만 그렇다고 서인도 제도로 돌아가지도 않는다. 이 소설에서 런던에 대한 이민자들의 태도는 희망에서 실망으로 단선적으로 나아가지 않는다. 대신, 셀본은 런던이라는 대도시를 환상과 환멸이 공존하는 공간으로 재현한다. 이와 같은 "대도시에 대한 유토피아적 관점과 디스토피아적 관점 사이의 변증법적 긴장"이야말로 『외로운 런던인들』의 런던 묘사의 핵심적 특징이라 할 수 있다(Msiska 5).

이 글은 런던에 대한 윈드러쉬 세대의 양가적 반응을 이해하기 위해 흑인 남성 도시 산책자의 공간적 실천에 주목하고자 한다. 보들레르(Charles Baudelaire)와 벤야민(Walter Benjamin)의 도시 산책자(*flâneur*)는 익명의 군중 속에서 초연한 거리를 가지고 여유롭게 도시를 소요하며 만화경 같이 펼쳐지는 도시의 광경을 관찰하는 데서 기쁨을 찾는 자이다. 이와 같은 전통적인 의미에서의 도시 산책자는 백인 남성으로 가정된다. 이러한 가정에는 도시를 합리성이나 문명, 현대성이 구현된 결과로 보는 한편 흑인성이나 여성성과는 근본적으로 이질적인 공간으로 생각하는 통상적인 관념이 작동한다(Msiska 9). 이 글에서는 이러한 통념을 거슬러, 셀본이 창조한 흑인 남성 도시 산책자가 어떻게 윈드러쉬 세대의 욕망과 불안을 드러내면서 전통적인 도시 산책자 개념을 확장시키는지 살펴본다.

2. 런던인 되기— 항해와 산책

『외로운 런던인들』은 런던 생활의 "고참"(33)인 모세가 트리니다드에서 막 도착한 갤러해드(Galahad)를 마중하기 위해 워털루(Waterloo) 역으로 향하는 장면으로 시작된다. 서술자는 모세가 워털루 역에서 갤러해드를 기다리는 동안, "수백 명 씩 이 나라로 몰려 들어오는" 흑인 인구에 대한 영국인들의 불안과 그 불안을 증폭시키는 영국 언론을 묘사한다(24). 갤러해드는 런던 거리 어디에서나 서인도 제도 이민자들을 마주칠 수 있고, 흑인 세입자를 참아주는 집주인을 찾기가 더 힘들어졌으며, 모세와 같은 초기 이민자들마저도 늘어나는 흑인 인구에 대해 염려하기 시작하는 시점에 런던에 도착한다. 낙천적이고 원기 왕성한 갤러해드는 이미 런던의 추위와 배타성과 새 이민자들의 과장된 희망에 지친 모세와는 대비되는 방식으로 런던을 체험한다. 『외로운 런던인들』은 갤러해드의 도착에서 시작해 그가 새로운 공간에 적응하면서 런던인이 되어가는 과정을 좇아가는 한편, 복수의 흑인 이민자들의 도시 모험담과(이름의 성서적 인유에서 알 수 있듯이) 런던 흑인 공동체의 구심적 역할을 하는 모세의 회의적 시선을 에피소드식으로 느슨하게 엮어 보여준다.

갤러해드는 여름 양복 주머니에 칫솔 하나만 찔러 넣고 가방 하나 없이 대서양을 횡단할 정도로 새로운 공간에 대한 자신감으로 충만한 인물이다. 그가 본명인 헨리 올리버(Henry Oliver)가 아니라 아서(Arthur) 이야기에서 성배를 찾아다니는 중세기사 갤러해드에게서 빌린 별명으로 불린다는 사실은, 그를 특징짓는 것이 탐험 정신임을 말해주며 또한 런던에 대한 그의 태도가 지닌 낭만성과 순수성을 암시한다. 다만, 『외로운 런던인들』에서 갤러해드가 탐험하는 것은 중세의 도시들이 아니라 현대의 메트로폴리스이고, 그가 찾아 헤매는 것은 성배가 아닌 런던의 매력이다. 그래서 갤러해드는 모세의 충고와 도움도 마다하고 “스스로 알아가고 싶다”(41)고 호기를 부리며 홀로 런던 거리로 나선다.

그러나 그가 런던에서 처음으로 찾아가는 곳이 노동성(Ministry of Labour)의 고용알선 부서라는 점은 갤러해드의 낭만적 도시 탐험을 단번에 현실적이고 현대적인 차원으로 옮겨놓는다. 그는 트리니다드에서 전기기술자였지만 영국사회가 흑인 남성에게 원하는 것은 기술이 아니라 단순 육체노동이다. 『외로운 런던인들』에서 캡틴(Captain)으로 불리는 나이지리아 출신 흑인 이민자의 일화는 백인 중심의 영국 사회에서 흑인 남성이 쉽게 근육으로 치환됨을 보여준다. 캡틴은 고용알선소에서 철도역의 단순 사무직을 소개받고 찾아가지만 정작 그에게 주어지는 것은 역 뒤편에서 철로 케이블을 옮기는 일이다. 서술자가 캡틴의 일화에 논평을 더할 때, 이는 단순히 철도역에 대한 묘사를 넘어 대도시 런던의 우울한 이면에 대한 우회적인 고발로 확장된다. “런던에 사는 사람들은 역 뒤편이 얼마나 황량하고 실망스러운지 모른다. 그 곳은 또 다른 세상 같다”(The people who living in London don’t really know how behind them railway station does be so desolate and discouraging. It like another world, 52). 전후 영국은 값싼 노동력을 수혈할 필요가 있었고 식민지인의 입국을 제한할 설득력 있는 명분을 찾기도 어려웠지만, 흑인들은 이류시민으로 강등되어 런던의 뒤편으로 밀려났던 것이다.

소설 속 흑인들의 주된 거주 지역은 베이스워터(Bayswater), 마블 아치(Marble Arch), 하이드 파크(Hyde Park), 그리고 노팅힐 게이트(Notting Hill Gate)로 둘러싸인 런던의 이민자 밀집 지역이다. 『외로운 런던인들』에서 "워터"(Water)로 약칭되는 이 베이스워터 지역은 흑인 남성 인물들의 런던 생활의 중심이 되는 장소로, 지리적으로나 문화적으로 런던의 나머지 부분과 구분되어 있다. 런던을 "외롭고 비참한 도시"(130)로 묘사하는 모세는 갤러해드에게 다음과 같이 말한다. "런던에서는 누구도 너를 정말로 받아들이지 않아. 그래, 그들은 너를 참아주지. 그렇다고 네가 그들의 집에 들어가서 먹고 앉아 얘기를 나눌 수 있는 건 아니야"(Nobody in London does really accept you. They tolerate you, yes, but you can't go in their house and eat or sit down and talk, 130). 종종 모세와 구분하기 힘들 만큼 겹쳐지는 익명의 서술자 또한 런던이 "작은 세계들"로 나누어져 있어 "당신은 당신이 속한 세계에 머물러 있고 신문에서 읽지 않으면 다른 세계에서 무슨 일이 일어나고 있는지 모른다"(It [London] divide up in little worlds, and you stay in the world you belong to and you don't know anything about what happening in the other ones except what you read in the papers, 74)고 말함으로써 런던이 계급과 인종에 따라 엄격히 구획된 사회임을 지적한다.

존 볼(John Clement Ball)은 공교롭게도 워털루 역과 베이스워터가 공통적으로 물의 의미를 내포하며, 물이 "지리적으로나 역사적으로 영국과 식민지를 연결"하는 데 결정적인 역할을 했음을 상기시킨다(133). 이 소설에 등장하는 장소들은 지명의 상징성보다는 역사적, 문화적 사실성을 바탕으로 했다고 보는 것이 타당할 것이다. 그렇다 하더라도, 이 두 지명에서 연상되는 물의 이미지가 이 장소들이 『외로운 런던인들』에서 갖는 상징성을 한층 배가시켜 주는 것은 사실이다. 『외로운 런던인들』의 첫 부분이 보여주는 것처럼, 워털루 역은 갤러해드를 비롯한 서인도 제도 이주민들에게 "출발과 도착의 장소"(25)로, 이들이 런던에 사는 동안 고향 소식을 접하기 위해 들르는 곳이기도 하다. 베이스워터라는 지명이 상기시키는 물의 이미지는 서인도 제도의 섬과 영국이라는 두 섬을 문화적으로 연결해주는 이주민 공동체의 성격과 맞닿아 있다. 하지만 물의 이미지는 또한 베이스워터에 거주하는 서인도 제도 이주민들이 온전한 의미에서 런던의 일부가 아니라 여전히 부유하는 상태에 있다는 사실과 관련해서도 의미심장하다. 이들은 대서양을 횡단해 런던에 도착했지만 여전히 도시 안에서 표류하고 있다는 의미에서 이들의 항해는 아직 끝나지 않았다고 할 수 있다.

셀본은 흑인 이민자들이 공장에서 일하거나 혹은 흑인 남성에게 걸맞다고 여겨지는 육체노동을 전전하면서 근근이 생계를 이어가고 있다는 것을 알려주고 이들의 눈을 통해 백인들이 모르는 "또 다른 세상"을 보여준다. 그러나 『외로운 런던인들』은 실제로 이들이 일하는 모습을 구체적으로 묘사하지는 않는다. 이러한 누락은 런던의 빈민계층을 이루는 "노동자 계급과 흑인들의 일종의 공유된 감정"(a kind of communal feeling with the Working Class and the spades, 75)에 관한 언급에도 불구하고 셀본의 흑인 남성들이 노동자 계급과의 연대에는 별다른 관심을 나타내지 않는다는 점과 연장선상에 있는 것으로 보인다. 서술자는 흑인과 노동자 계급이 경제적 궁핍이라는 공통의 문제에 직면하고 있음을 인식하고 있다. 하지만 이러한 인식은 거리에서 노래를 부르며 구걸하는 남자와 얼굴도 내밀지 않고 무심하게 창밖으로 동전을 던지는 부유층에 관한 이야기로 이어지며, 결국 도시인 전반의 무관심과 고립에 관한 상념으로 귀결된다.

때문에, 일자리를 찾아 런던으로 온 셀본의 흑인 이민자들은 역설적이게도 노동자가 아니라 관찰자로 나타난다. 이들은 런던에 있지만 이들에게 허락된 런던은 뿌리내릴 수 없는 "워터"이고, 이들이 가장 생기를 띠는 것은 거리와 공원을 배회하며 호기심어린 시선으로 대도시의 풍경을 관찰할 때이다. 실제로, 『외로운 런던인들』의 대부분은 흑인 남성들이 런던의 유명한 장소들을 탐험하거나 서로의 도시 탐험기를 공유하는 장면에 할애된다. 런던의 거리는 갤러해드 같은 서인도 제도 이민자들에게 새로운 현대적 체험의 공간이 된다. 톨로이(Tolroy)는 자메이카의 수도 킹스턴에서와 달리 런던에서는 "사람이 쉽게 행방불명될 수 있고, 여긴 수백만의 사람이 살고 있어서 친구가 몇 년 간 런던에 살아도 보지 못할 수도 있다"(A man could get lost here easy, it have millions of people living here, and your friend could be living in London for years and you never see him, 72)고 말한다. 이들 서인도 제도 사람들에게 런던으로의 이주는 급격한 공간의 확장을 뜻한다. 공간의 확장은 길거리에서 익명의 인간들과의 일회적 만남의 기회를 만들어낼 뿐 아니라, 관찰하고 해석하고 재구성할 새로운 구경거리(spectacle)를 제공한다.

『외로운 런던인들』에는 흑인 남성 이주자들이 거리와 공원을 배회하는 장면이 빈번하게 등장한다. 빠른 속도로 지하 선로를 내달리는 런던 지하철이나 뒤집어질 것만 같은 이층버스, 그리고 자신만의 생각에 몰두한 채 분주하게 걸어가는 익명의 사람들로 넘치는 거리는 이들을 순식간에 압도한다. 동시에 런던 거리를 소요하는 행위는 흑인 남성들에게 현대적 삶의 일부가 되었다는 흥분을 선사한다. 갤러해드는 말로만 듣던 런던의 유명한 장소를 몸소 체험한다는 사실만으로도 "크고 중요한"(84) 사람이 된 것처럼 느낀다. 그에게는 유명한 장소의 이름마저도 "굉장한 로맨스를 의미하는 것처럼"(84) 낭만적 마력을 지니는 것이다. 말끔하게 양복을 차려입고 거리를 활보할 때 갤러해드는 승리감에 도취되어 "주머니에 돈을 갖고 세상 근심

없이 왕처럼 걷는 것, 이것이 런던이지, 아무렴, 이것이 삶이야”(This is London, that is life oh lord, to walk like a king with money in your pocket, not a worry in the world, 87)라고 생각한다. 런던 거리는 갤러해드가 백인 중심의 영국사회의 최하층부에 위치해 있다는 불안감과 열패감을 일시적이나마 승리감으로 대체할 수 있는 공간이 된다.

갤러해드는 “군중 가운데 집을 짓는” 자이자 “열정적인 관찰자” (Baudelaire 9)라는 점에서 도시 산책자라 할 만하다. 백인 남성 도시 산책자에게 그러한 것처럼, “집을 떠나 있으되 어디에서나 집에 있는 것처럼 편히 느끼는 것,” 그리고 “세상을 보고 세상의 중심에 있는 것”(Baudelaire 9)은 갤러해드에게 무한한 즐거움을 준다. 그러나 백인 남성 도시 산책자의 여가(leisure)가 잉여의 표식이라면, 갤러해드의 그것은 처절한 분투의 산물이며 결핍을 보상하려는 노력이다. “갤러해드는 런던에 온 이래 옷에 대해서만은 실수하는 법이 없었다”(One thing with Galahad since he hit London, no foolishness about clothes, 86)는 서술에서 알 수 있듯이, 도시 산책자로서의 갤러해드는 옷을 사는 데 돈을 아끼지 않으며 공들여 차려입고 치장하는 “대공사”(big operation, 86) 후에야 거리로 나서는 댄디(dandy)이다. 하지만, 야간근무를 마치고 일터에서 돌아오는 노동자 갤러해드는 기름때에 찌든 낡은 옷을 입고 구멍 난 구두를 신은 채 길거리에서 마주친 친구의 부름에 답할 기력도 없이 지나친다(86-87). 이 두 모습은 너무나 판이해서 퇴근하는 갤러해드를 지하철역에서 마주친다면 공원에서 런던의 낭만을 만끽하던 갤러해드와 동일인임을 알아채지 못할 정도이다(86). 말하자면, 갤러해드는 일종의 파트타임 도시 산책자인 셈이며, 백인 남성 도시 산책자에게 심미적 대상인 군중과 거리는 갤러해드에게 욕망과 선망의 대상이 된다.

관찰의 주체로서의 도시 산책자는 그 자체로 도시 풍경의 일부로서 쉽게 응시의 대상으로 탈바꿈한다. 벤야민이 포우(Edgar Allan Poe)의 탐정소설 『군중 속의 남자』(*The Man of the Crowd*, 1840)에서 발견한 것과 같은, "늘 군중 가운데 있는" "미지의 남자"(Benjamin 48)로서의 탐정/도시 산책자의 비가시성은 갤러해드에게 가능하지 않다. 물론 그가 런던 거리의 군중에게 시선의 대상이 되는 것은 공들여 차려입은 말쑥한 옷차림 때문이 아니라 그의 검은 피부 때문이다. 그는 백인 남성 도시 산책자처럼 군중 속에 숨을 수 없다. 검은 피부는 그를 백인 군중들 속에서 두드러지는 가시적 존재로 만들기 때문이다. 가령, 피카딜리(Piccadilly) 전철역에서 마치 왕이라도 된 양 의기양양하게 서 있는 갤러해드를 가리키며 백인 소년이 "엄마, 저 흑인 봐요!"(87)라고 외치는 순간, 그는 여름밤 런던 거리풍경을 만끽하던 관찰자에서 런던의 진풍경으로 탈바꿈한다(Ball 137). 백인 소년의 시선은 순진하면서도 노골적이다. 그의 발화는 공손한 행인들이 차마 말할 수 없는 것을 드러낸다. 그것은 백인 행인들의 눈에, 런던의 풍경을 관조하며 음미하는 흑인 댄디는 그 자체로 20세기 중반 런던의 스펙타클이라는 점이다.

갤러해드는 관찰자이면서 구경거리이고, 도시 안에 있으면서 밖에 위치한 존재이다. 사실 이러한 양가성은 보들레르나 벤야민의 (백인 남성) 도시 산책자 개념에 이미 내포되어 있다. 그러나 역사적으로 흑인이 백인의 시선에 의해 가시적이면서 동시에 비가시적 존재로 구성되어 왔다는 사실은 백인 중심의 도시 공간에서 흑인 도시 산책자가 차지하는 양가적인 위치에 복잡성을 더한다. 백인 중심 사회에서 흑인은 백인의 시선 아래 놓인 관찰과 서술의 대상이었다는 점에서 가시적이지만, 다른 한편으로 의미 있는 사회 구성원으로서의 지위를 박탈당하고 배제되어 왔다는 의미에서 비가시적인 존재로 구성되어 왔다고 할 수 있다.

앞서 언급한 백인 소년의 발화는 이와 같은 흑인에 대한 백인의 역설적인 시각과 중첩되면서 갤러해드에게 오랜 흑인 차별의 역사를 상기시키고 급기야 자기 분열적 반응을 불러온다.

> 피부색, 너도 알다시피 다 너 때문이야. 흰 색이 안 된다면 왜 푸르거나 붉거나 초록일 순 없는 거야? 이 세상 많은 고통이 바로 너 때문이란 건 너도 알거야. 내가 아니라 너라고! 난 사람들이 화낼 만한 일을 하지 않았어, 너야! 널 봐, 넌 너무 검고 천진난만한데, 이번에도 네가 온 세상에 고통을 가져오고 있잖아!

마치 별개의 개체인 양 자신의 피부색에게 말을 거는 갤러해드는 백인들이 싫어하는 것은 흑인이 아니라 검은색일 뿐이라는 자신만의 "검은색에 관한 이론"(89)을 펼친다. 갤러해드의 반응은 파농(Frantz Fanon)이 『검은 피부, 하얀 가면』(*Black Skin, White Masks*)에서 분석한 바 있는 흑인의 분열증적 심리, 즉 정체성과 검은 피부의 분리를 보여주는 일례라 할 만하다(Looker 69). 순수하고 낭만적인 갤러해드는 자신을 향한 백인들의 경계의 눈초리를 납득할 수 없다. 때문에, 그는 상상적으로 검은 피부를 자신의 존재로부터 분리시킴으로써 도시 산책자의 관찰자적 위치를 유지하고자 하는 것이다.

3. 도시 로맨스: 흑인 도시 산책자와 백인 여성

『외로운 런던인들』에서 흑인 남성 이주민들은 대도시를 활보하며 음미한다. 물론 20세기 중반 영국인들에게는 수를 더해가며 런던 거리를 배회하는 흑인 남성들이 런던의 진풍경을 이룬다는 점에서, 흑인 남성들은 관찰자이며 동시에 관찰의 대상이기도 하다. 그럼에도 불구하고, 대도시를 활보할 수 있다는 사실은 그 자체로『외로운 런던인들』의 흑인 남성들에게 런던의 매력을 정복했다는 "얼마간의 승리감"을 선사한다(McLeod 36-37). 백인의 시선의 대상이자 이야기의 소재로 존재했던 식민지인들에게 역으로 런던을 탐험하고 서로의 탐험기를 공유하며 런던에 관한 자신들의 텍스트를 만드는 것은 일시적이나마 전복의 해방감과 자신감을 준다.

그래서 셀본의 흑인 남성들은 사회적 고립과 경제적 궁핍, 그리고 인종적 편견에도 불구하고 그들이 런던에 대해 애초에 가졌던 기대와 희망을 완전히 포기하지 않는다. 오히려, 이들은 런던을 낭만과 여가와 일탈의 장소로 인식한다. 예컨대, "방랑하는 나이지리아인"(51)으로 소개되는 캡틴은 "런던에서 가장 나태하고 게으른 녀석"(53)이다. 그는 "모든 논리와 이성과 관습을 거부하고, 일하지 않고 살아가며, 최상급 담배를 피우고, 여자 없이 지내는 법이 없는"(61) 인물이다. 그는 다수의 백인 여자 친구들과 동료 이민자들에 기생해 살아가며 또 이런 삶의 방식을 즐긴다. 대도시를 좋아해서 빅 시티(Big City)라는 별명으로 불리는 다른 인물은 다음과 같이 공언한다. "난 어딜 떠돌든 간에, 영국으로 돌아 올 거야. 9, 10년을 여기서 살았고 여길 좋아하게 됐단 말이지"(wherever I roam, I will land back in the old Brit'n. Nine-ten years I live here, and I got to like the place, 97). 십년가량 런던에 산 이후에도 빅 시티는 키치너가 "런던은 나를 위한 곳"에서 표현한 것과 같은 런던 생활에 대한 낙관적 기대를 유지하고 있음을 알 수 있다. 빅 시티는 고향 트리니다드 같은 "작은 곳"이 줄 수 없는 "큰 삶"을 런던이 줄 수 있다고 믿는다(94). 그래서 셀본의 이민자들은 자신들을 환영하지 않는 이 도시를 여전히 즐길만한 곳으로 받아들인다. 런던의 혹독한 겨울과 낭만의 여름이 순환하듯, 소속감을 허락하지 않는 배타적인 런던과 현대적 체험을 가능케 하는 런던은 소설 전체에 걸쳐 교차하며 공존한다.

문제적인 것은 『외로운 런던인들』에서 흑인 남성들의 도시 탐험이 그들을 "새로운 남자처럼 느끼게"(84) 만드는 남성적 정복의 형태로 나타난다는 점이다. 『외로운 런던인들』에서 도시를 관찰하고 산책하는 흑인 이민자들의 시선은 남성의 시선으로, 이들에게 런던의 매력은 백인 여성의 성적 매력과 밀접히 결합되어 있다. 이들의 런던 탐험은 성적 탐험과 나란히 진행되며 하룻밤을 같이 보낼 백인 여성을 찾아 성적으로 정복하려는 행위로 구체화된다. 런던 중심가에서 백인 여성과 데이트하는 것이 "트리니다드에서 꿈꾸곤 했던 것"(90)이었다는 갤러해드의 말에서 알 수 있듯이, 백인 여성과의 데이트는 셀본의 흑인 남성들을 런던으로 유혹하는 주요한 요인이다. 셀본의 서인도 제도 이주민들에게 (다시 보들레르의 표현을 빌어) "세상을 보고 세상의 중심에 있는 것"은, 자신들의 땅을 지배하고 있는 영국의 수도를 활보하는 역전의 쾌감뿐 아니라 백인 여성을 쟁취의 대상으로 취하는 정복자의 승리감을 느끼게 한다. 셀본의 흑인 남성들은 백인 여성들과의 일회적 만남의 무대가 되는 하이드 파크를 "행복한 사냥터"(107)로 생각하고, 백인 여성들을 성적으로 정복함으로써 런던을 정복했다고 느낀다. 백인 여성과의 데이트는 "식민지적 자기경멸에 감염된 남성에게 상당한 승리"(Barratt 251)를 의미하기 때문에, 백인 여성과 함께 런던 거리를 걷는 것은 『외로운 런던인들』의 흑인 남성들에게 이중의 즐거움을 선사한다.

보들레르와 벤야민의 도시 산책자 개념이 여성 도시 산책자

(*flâneuse*)의 존재를 배제한 채 여성을 응시의 대상으로만 파악한다는 지적은 이미 다수의 페미니스트 비평가들에 의해 이루어졌다 (Msiska 9). 보들레르와 벤야민에게 도시 산책자는 늘 '남성' 도시 산책자(*flâneur*)이고 여유롭게 도시를 소요하며 감상하는 이는 (포우의 단편소설 제목처럼) "군중 속의 '남자'"(필자 강조)인 것이다. 볼은 갤러해드가 이와 같은 전통적인 도시 산책자와 구별되는 지점 중 하나로 갤러해드와 함께 걷는 백인 여성의 존재에 주목한다(138). 그러나 함께 걷는 백인 여성의 존재가 흑인 도시 산책자의 남성적 시선에 알리바이를 제공해주는 것은 아니다. 『외로운 런던인들』의 흑인 남성들은 자신들의 도시 모험담을 교환하면서 백인 여성을 반복적으로 "사물"(a thing)로 지칭하는가 하면, "피부"(a piece of skin, 84)나 "흰 성기"(white pussy, 90) 등의 비하적인 표현을 사용함으로써 백인 여성을 신체의 일부로 환원한다. 이렇게 사물이나 신체 일부로 환원된 백인 여성은 더 이상 흑인 남성이 접근하기 힘든 존재가 아니라 다루기 쉽고 대체가능한 대상이 된다. 『외로운 런던인들』에서 흑인 남성과 백인 여성의 관계가 대부분의 유사한 관계 묘사에서 장애물로 등장하는 인종 간 관계(miscegenation)에 대한 편견으로부터 비교적 자유로운 것은 바로 이 때문이다.

『외로운 런던인들』에 나타난 남성 이민자들의 성차별적 태도는 흑인 남성에게 가해진 인종차별에 대한 자기 방어적 반응으로 이해될 수 있다(Nasta 57). 오랜 인종차별과 식민지 역사 속에서 흑인 남성들은 늘 지배와 통치의 대상으로 간주되었다. 이는 지배와 통치의 주체를 남성으로 그리고 그 대상을 여성으로 규정해온 성 담론과 결합하면서 흑인 남성에게 일종의 상징적 거세로 받아들여졌다. 이런 맥락에서 보면, 『외로운 런던인들』의 흑인 남성들이 런던 거리와 공원에서 백인 여성들을 “사냥”하는 행위는 공격적 남성성의 과시를 통해 손상된 남성성을 보상하려는 시도로 읽힐 수 있다. 셀본의 흑인 이민자 묘사가 서인도 제도의 칼립소 전통에 크게 빚지고 있다는 사실은 이러한 해석에 설득력을 보탠다. 칼립소는 노예제와 식민지 역사 속에서 발전한 트리니다드 음악으로, 경쟁관계에 있는 노예 집단들의 의례적 싸움에 그 기원을 둔다. 이후 칼립소는 일상적인 소식이나 소문을 퍼트리고 사회문제를 토론하는 방편이자 음악적 양식으로 발전했다. 칼립소 가수들은 가사의 내용과 전달에 있어 허풍과 과장된 남성성의 과시에 의존하는 경향이 있었는데, 이는 인종차별로 인한 상징적인 남성성의 약화를 심리적으로 보상하기 위한 것이었다(Dawson 31-32). 셀본의 흑인 남성 이민자들의 여성비하와 남성성의 과시를 칼립소 전통의 연장으로 볼 때, 런던 거리에서 이루어지는 이들의 백인 여성 “사냥”은 학습된 인종적 열등감의 성적 표현이 된다.

다른 한편으로, 셀본의 흑인 남성들은 백인 여성을 성적으로 문란한 정부(mistress)이자 탐험하고 정복할 대상으로 인식함으로써 식민주의 성 담론 모델을 뒤집어 답습한다. 식민주의 담론은 식민지를 수동적이고 문란한, 백인 남성의 탐험과 정복을 기다리는 여성적 공간으로 재현해왔다. 이국적이고 낯선 식민지에서 백인 남성은 유색 여성과 여성적 공간으로서의 대지를 취함으로써 인종적 권위를 확인하고 남성성을 강화한다. 백인 남성은 이국적 공간과 유색 여성을 탐험하고 이를 통해 소년에서 남자로 성장한다. 흥미롭게도, 『외로운 런던인들』에서 흑인 남성들은 줄곧 “소년들”(the boys)로 지칭된다. 이 “소년들”은 런던을 백인 여성과의 로맨스의 무대이자 로맨스의 대상 자체로 생각하면서, 백인 남성들이 식민지에서 남성으로 거듭난 것과 유사한 방식으로 남성적, 인종적 권위를 회복하고자 하는 것이다. 『외로운 런던인들』에 나타난 흑인 남성들의 공간적 실천은 이들에게 나름의 자신감과 승리감을 주지만, 앞서 언급한 식민주의 성 담론이 그러하듯 여성의 몸을 지배와 정복의 전쟁터로 만든다는 점에서 문제적이다.

게다가, 이들이 정복하는 백인 여성들은 대부분 계급적으로 영국 사회의 말단부에 위치해 사회의 주변부를 떠도는 인물들이다. 의식의 흐름 기법으로 십여 쪽에 달하는 한 문장으로 묘사된 한 여름의 하이드 파크 장면에서 독자들은 자메이카 출신 이민자와 영국 상류층 부인의 만남에 관한 일화를 듣게 된다. 하지만, 이 일화에서 흑인 남성은 다른 백인 여성과의 관계에서처럼 주도권을 갖지 못하며 오히려 백인 여성의 성적 판타지의 대상으로 전락하고 만다.

> 이 도시에서 무슨 일이 일어나는지 얘기해도 사람들은 안 믿겠지만 거칠수록 여자들은 널 더 좋아할테니 그들에게 영국 억양을 쓰거나 고상을 떨거나 옥스포드에서 의학 공부를 한다고 말하거나 공손하고 교양 있게 굴려고 해서는 안 되는 것이 그들은 그런 걸 원하는 게 아니라 네가 영화나 이야기에 나오는 것 같기를 원할 뿐인데 그들은 밀림에서 원시적으로 사는 흑인들에 대해 듣고.

상류층 백인 여성이 흑인 남성에게서 보고자 하는 것은 여전히 "밀림에서 원시적으로 사는 흑인들"이라는 상투화된 이미지이고, 이들에게 흑인 남성은 성적 흥분을 위해 필요한 원시주의의 표상일 뿐이다. 도시 산책자가 응시의 주체와 대상의 경계에 모호하게 위치해 있는 것처럼, 백인 여성을 "사냥"함으로써 남성성을 과시하려는 흑인 이민자들은 거꾸로 상류층 백인 여성의 사냥감이 되곤 한다. 질주하듯 숨가쁘게 내달리는 의식의 흐름은 흑인 남성 도시 산책자가 관찰하고 관찰당하며, 백인 여성들을 유혹하고 또 그들에게 유혹당하면서 한 여름 런던의 일부로 녹아드는 모습을 어지럽고도 생생하게 전달한다.

4. 흑인 도시 소설의 탄생

모세는 런던 탐험에 한껏 고양되어 도시의 지명을 읊어대는 갤러해드의 모습에서 자신의 과거를 본다는 말을 한 적이 있다(85). 갤러해드는 모세의 과거이고, 모세는 갤러해드의 미래이다. 모세는 소설의 결말 부분에 이르러서도 흑인 이주민들의 런던 생활이 어떤 방향이나 목적도 없이 반복될 뿐이라는 느낌을 떨치지 못한다. 하지만 그는 곧 이어 프랑스에서는 택시 운전사나 청소부, 공장 노동자들이 베스트셀러를 쓰고 단번에 "새로운 문학적 거장"으로 등장하기도 한다는 이야기를 떠올리고 템즈강을 응시하며 자신도 그런 책을 쓰는 모습을 상상한다(142). 소설 전반에 걸쳐 모세는 갤러해드를 비롯한 다양한 등장인물들의 일화를 듣고 전해주며 이들을 연결해주는 인물이다. 대부분이 미혼인 이주민 남성들은 일요일 아침마다 모세의 방에 모여 마치 "고해를 하듯이"(138) 모세에게 일주일간 있었던 크고 작은 일화들을 풀어놓는다. 그리고 모세는 이들이 성가시다고 불평하면서도 이들에게서 위안을 얻는다. 피터 캘리니(Peter J. Kalliney)가 주장하는 것처럼, 다른 흑인 이민자들이나 영국인들로부터 시종일관 초연한 거리를 유지하고 모든 일에 심드렁한 표정을 지으면서도 또한 그들을 유심히 듣고 관찰하는 모세는 모더니즘 작가의 모습을 연상시킨다(109). 모세는 끝내 런던생활에 대한 회의에 마침표를 찍을 어떤 뚜렷한 해결책도 발견하지 못하지만, 소설이 끝날 때쯤 독자들은 『외로운 런던인들』이 결국 모세가 쓴 (혹은 쓸 법한) 책일지도 모른다는 생각을 하게 된다(Kalliney 111).

모세가 갤러해드의 미래이고 템즈강을 내려다보는 모세의 시선에 런던 거리의 군중을 응시하던 갤러해드의 시선을 겹쳐본다면, 모세의 책은 아마도 20세기 중반 흑인 도시 산책자의 눈에 비친 런던에 관한 영국 흑인 도시소설이 될 것이다. 의기양양함과 승리감에도 불구하고 런던 거리에서 백인 군중들로 둘러싸인 흑인 도시 산책자는 "외로운 런던인"이다. 갤러해드의 의기양양함은 표면적인 것이고 그의 승리감은 일시적이다. 백인 여성들과의 데이트는 식민지 흑인 남성에게 끼친 제국주의의 폐해, 즉 공격적 남성성과 원시주의의 덫을 흑인 남성이 극복해야할 과제로 고스란히 드러낸다. 하지만 당장은, 추위와 굶주림에도 불구하고 자신들이 런던인임을 당당히 주장하며 거리를 활보하는 것, 서로의 실수와 한계를 해학과 익살로 놀리며 웃어넘기는 것, 그리고 직접 자신들의 도시 이야기를 쓰는 것이 흑인 남성이 암울한 현실을 살아내기 위해 할 수 있는 일이라고 셀본은 말하는 듯하다.

『외로운 런던인들』은 런던 인구의 인종적 구성이 급속도로 변화해가던 20세기 중반의 흔치 않은 흑인 도시소설이다. 또한 『외로운 런던인들』은 하니프 쿠레이시(Hanif Kureishi)의 『교외의 부처』(*The Buddha of Suburbia*, 1990), 제이디 스미스(Zadie Smith)의 『하얀 이빨』(*White Teeth,* 2000), 안드레아 레비(Andrea Levy)의 『작은 섬』(*Small Island*, 2004)과 같은 서인도 제도 출신 이민자 2세대 작가들에 의한 영국 도시소설의 문학적 선조로서의 의미를 지닌다. 이들 이민자 2세대 작가들이 복수적 문화에 의해 형성된 혼성적 주체의 시선으로 런던이라는 공간을 재조명하고 또 이를 통해 영국 도시소설의 지형을 의미심장하게 변화시키고 있다면, 『외로운 런던인들』은 이러한 혼성적 주체의 역사를 보여준다고 할 수 있다. 윈드러쉬 호를 타고 영국에 도착한 부모를 둔 런던인 레비가 『작은 섬』에서 윈드러쉬 세대로 거슬러 올라간 것은 우연이 아니다. 윈드러쉬 세대의 런던 정착기는 다양한 인종과 문화의 각축장으로서의 런던의 가까운 과거를 보여주기 때문이다.

윈드러쉬 세대에게 런던은 림보와 같은 공간이다. 모세는 돈만 있다면 서인도 제도의 낙원(Paradise)이라는 마을에 가서 살겠다고 말한다. 그는 이 마을에는 한 때 예수(Jesus)라는 이름의 포르투갈 사람이 운영하는 선술집이 있었고, 그래서 "예수가 낙원에 선술집을 갖고 있다"는 것이 리플리(Ripley)의 "믿거나 말거나"(Believe It Or Not)에 방송된 적 있다고 덧붙인다(130). 모세가 장담하는 바대로, 이 낙원에서의 삶은 추위와 배고픔과 인종차별이 없는 편안한 것일지 모른다. 하지만, 말 그대로 "믿거나 말거나" 그렇다는 것이다. 셀본의 흑인 남성들은 이 있을 법하지 않은 낙원에 위로받고, 아직 경험하지 않은 다문화적인 런던을 꿈꾸며 오늘을 살아가는 "외로운 런던인들"이다.

참고문헌

Ball, John Clement. *Imagining London: Postcolonial Fiction and the Transnational Metropolis*. Toronto, Buffalo, and London: U of Toronto P, 2004.

Barratt, Harold. "From Colony to Colony: Selvon's Expatriate West Indians." *Critical Perspectives on Sam Selvon*. Ed. Susheila Nasta. Washington: Three Continents P, 1988: 250-59.

Baudelaire, Charles. "The Painter of Modern Life." 1863. *The Painter of Modern Life and Other Essays*. Trans. and Ed. Jonathan Mayne. London: Phaidon, 1995: 1-41.

Benjamin, Walter. *Charles Baudelaire: A Lyric Poet in the Era of High Capitalism*. Trans. Harry Zohn. London and New York: Verso, 1983.

Dawson, Ashley. "'In the Big City the Sex Life Gone Wild': Migration, Gender, and Identity in Sam Selvon's *The Lonely Londoners*." *Mongrel Nation: Diasporic Culture and the Making of Postcolonial Britain*. Ann Arbor: U of Michigan P, 2007: 27-48.

Fabre, Michel. "Samuel Selvon: Interviews and Conversations." *Critical Perspectives on Sam Selvon*. Ed. Susheila Nasta. Washington: Three Continents P, 1988: 64-76.

Grmelová, Anna. "From Loneliness to Encounter: London in the Windrush Generation Novels of Sam Selvon and Andrea Levy." *Litteraria Pragensia* 20.40 (2010): 70-84.

Kalliney, Peter J. *Cities of Affluence and Anger: A Literary Geography of Modern Englishness*. Charlottesville and London: U of Virginia P, 2006.

Lamming, George. *The Pleasures of Exile*. 1960. Ann Arbor: U of Michigan P, 1992.

Looker, Mark. *Atlantic Passages: History, Community, and Language in the Fiction of Sam Selvon*. New York: Peter Lang, 1996.

McLeod, John. *Postcolonial London: Rewriting the Metropolis*. London and New York: Routledge, 2004.

Msiska, Mpalive-Hangson. "Sam Selvon's *The Lonely Londoners* and the Structure of Black Metropolitan Life." *African and Black Diaspora: An International Journal* 2.1 (2009): 5-27.

Nasta, Susheila. "Setting Up Home in a City of Words: Sam Selvon's London Novels." *Other Britain, Other British: Contemporary Multicultural Fiction*. Ed. A. Robert Lee. London: Pluto P, 1995: 48-68.

Phillips, Mike, and Trevor Phillips. *Windrush: The Irresistible Rise of Multi-racial Britain*. London: Harper Collins, 1998.
Selvon, Sam. *The Lonely Londoners*. 1956. New York: Longman, 2006.

출처: 『현대영미소설』 제18권 3호 (2011), 153-172쪽에 실린 글을 수정 보완한 것임.

탈식민주의 시대에 이산의 보편성:
— 나이폴의 『자유국가에서』

박종성(충남대 교수)

1. 문제제기

나이폴(V.S. Naipaul, 1932—)의 이방인으로서 삶의 양식과 제 3세계에 대한 부정적 시각은 비평가들 사이에 많은 이견을 야기해왔다. 뿌리와 전통과 공동체를 상실하고 떠도는 이방인으로서의 운명은 종종 그의 단점으로 부각되어 왔다. 하지만 이런 유목민적 삶 덕분에 그는 주변의 변화하는 현실을 새로운 시각에서 볼 수 있을 뿐만 아니라 이것을 담아낼 수 있는 새로운 문학양식을 추구하게 되었다. 이런 시각에서 본다면 그의 삶과 작품에 스며있는 망명과 '이산'(diaspora)의 경험은 좋은 문학작품을 생산해 낼 수 있는 자극제가 될 수도 있다. 망명 작가는 이미 예술창조의 자양분을 상실한 불구화된 작가라는 통념은 도전을 받게 된다.

또한, 나이폴은 조국을 저버린 변절자로, 서구문화와 문학전통을 해바라기하는 친서구작가로, 그리고 식민지교육을 받은 영혼이 탈색된 엘리트로 폄하되어 왔다. 그러나 이견의 소지가 없는 것은 아니지만 그는 유럽과 제 3세계로부터 비판적 거리를 유지하면서 독자적인 목소리를 내는 작가이다. 그럼에도 불구하고 그의 신선한 이방인의 시각과 두 겹의 거리두기의 전략은 반식민적 저항과 민족공동체 형성의 필요성을 주장하는 비평가들(예를 들면, 사이드)에 의해서 평가가 절하되어왔다. 따라서 나이폴의 위상을 정확하게 파악하는 것은 필요하면서도 중요하다.

'중심'(유럽)과 '주변'(제 3세계 혹은 탈식민국가들)에 위치하는 나이폴은 백인과 유색인, 주인과 하인, 유럽인과 아프리카인 사이의 변화하는 힘의 역학관계를 포착하고, 양쪽의 문제점과 모순점을 지적할 수 있는 이점을 지닌다. 그는 편협한 지방색을 탈피하는 동시에 서구인들의 허위의식을 비판한다. 나이폴은 '되받아 치기'(fighting back)보다는 '거리두기'(distancing)의 전략을 선호한다. 바로 이 점이 그를 정치화된 시각을 지니는 작가들과 구별지어주는 요소이다. 『문화와 제국주의』(*Culture and Imperialism*)에서 사이드(Edward Said)는 나이폴을 정의실현보다는 진리규명에, '저항'(resistance)보다는 '반항'(rebellion)을 우선시하는 실망스런 작가로 규정했다. 하지만 이런 부정적인 평가에서 나이폴을 옹호하는 것 또한 가능하다. 나이폴은 탈식민주의 시대에 '중심'과 '주변'에 대해 엄정한 비판정신을 지니고 독립적인 목소리를 지닌 작가로 여겨진다.

2. 나이폴의 이산경험

나이폴 삶과 문학의 키워드 중 하나는 '이산'이다. 이산은 자발적 선택 혹은 강압에 의해서 자국 밖의 낯선 곳에 위치하게 되는 경험을 말한다. 노예제도, 징용, 전쟁, 강제이주, 이민, 귀화 등의 다양한 형태에 의해서 뿌리를 뽑고 떠도는 사람들의 불완전하고 일시적인 삶의 양식을 이산이라 지칭할 수 있겠다. 나이폴은 1932년 서인도제도의 남쪽에 위치한 영국의 식민지인 트리니다드(Trinidad)에서 출생했다. 그는 노예제도 폐지 후 영국의 노예 대체 정책에 따라 계약노동자로 이곳으로 오게 된 인도계 이주민의 이민 3세이다. 그는 18세가 되던 1950년 트리니다드 정부 장학생으로 종주국인 영국으로 유학을 온 후 영국인 여성과 결혼했고 자신이 '제 2의 고향'이라고 여기는 영국에 정착했다.

영국화된 나이폴은 자신의 선배작가인 콘래드처럼 영국사회 내에서 이방인임을 예민하게 의식한다. 때문에 그는 영국사회로부터 일정한 비판적 거리를 유지한다. 그의 이산의 경험은 개인적인 것이며 동시에 역사적인 것이다. 뿌리와 전통과 공동체를 상실한 그는 정체성의 위기를 겪는다. 실제로 그는 어느 특정 인종, 민족, 국가에 속할 수 없어 정체성의 혼란을 경험한다. 나이폴은 이렇게 말한 적이 있다. "미국인들은 내가 너무 영국적이라는 이유로 나를 원하지 않는다. 이곳 영국인들은 내가 너무 외국적이라는 이유로 나를 원하지 않는다" (Hamner 5). 한 평자는 "나이폴 자신은 박탈감을 느낀다. 트리니다드, 잉글랜드, 인도 모두 그가 필요로 하는 것, 즉 뿌리를 내림으로써 얻게 되는 자양분을 공급 해주지 못한다"라고 주장한다(Goodheart 57). 또 다른 평자는 나이폴을 "나침반도 후원자도 없는 항해자"로 본다 (Theroux 450). 롭 닉슨은 "나이폴이 20세기 작가들 중에서 가장 광범위하게 뿌리 뽑히고, 가장 철저하게 국가적 제휴관계를 박탈당한 작가"로 규정한다(17).

나이폴은 논픽션 『대서양 중간항로』(*The Middle Passage*, 1962)에서 노예제도와 이것이 폐지된 후 대안으로 생긴 계약노동제에 의해서 생겨난 이산의 문제를 본격적으로 다룬다. 노예제도로 인해 실려 온 아프리카인들과 노예제도 폐지 이후 영국의 노예 대체정책에 따라 이주해온 가난한 인도인들이 서인도제도 인근 주변 국가들에 산재하게 되었다. 낯선 곳에 놓인 이들은 캠프생활에 가까운 일시적이면서 불완전한 삶을 살았다. 'The Middle Passage'라는 제목은 대서양 항해의 출발지와 종착지 사이의 어느 중간에 남겨진 사람들의 불완전하고 방치된 삶을 잘 집약한다. 한 가지 흥미로운 점은, 나이폴의 비판적 시각이 이산을 야기한 제국주의 세력들의 잔학성뿐만 아니라, 이산으로 인해 고립 속에서 시대착오적인 삶을 살아가는 이산자들에게도 향하고 있다는 점이다. 나이폴이 "식민주의와 탈식민주의 잔해를 추스르고 있다"는 사이드의 주장은 유효하다(16). 그리고 나이폴이『대서양 중간항로』에서처럼 논픽션을 시도하는 이유는, 탈식민사회의 발전과 진보에 걸림돌이 무엇인지를 규명하고자 하는 절박성과 진지함 때문이다. 이렇듯 그는 탈식민사회의 문제점들을 진단하는 문화비평가의 면모도 지닌다.

3. 이산의 보편성

『자유국가에서』(*In a Free State*, 1971)에서 나이폴은 이산이 이민자들과 백인귀화자들에게 해당되는 보편적인 경험임을 말한다. 이산의 보편성이란 주제를 담은 커다란 화폭을 제시하기 위해서 새로운 형식도 시도한다. 이 작품은 외관상 4개의 단편과 1개의 중편으로 이루어진 이야기 모음집의 형식을 취한다. 때문에 하나의 단일한 작품으로 보는 것에 대해서는 이견이 있을 수 있다. 프롤로그「파이리어스의 떠돌이」("The Tramp at Piraeus")와 에필로그「룩소의 서커스단」("The Circus at Luxor")은 작가의 여행일지 중에서 발췌된 글들로서 사실과 허구가 결합된 다른 3편의 이야기들을 에워싼다. 인위적인 통일성을 부여하기 보다는 각각의 단편들이 각기 전개되는 방식을 취한다. 그가 이러한 새로운 형식을 시도하는 까닭은 새로운 세계관을 담아내려는 필요성 때문이다.

『자유국가에서』의 주제인 '자유의 희생자들'(casualties of freedom)은 자유로움이 상실감으로 이어지는 자유의 역설적 의미를 지닌다. 작품 속 이산자들은 낯선 곳에서 자유롭지만 전혀 보호받지 못하는 소외된 인간들이다. 나이폴 평론가인 브루스 킹은 "이산의 자유로움은 해방감이면서 또한 위험의 근원이다"라고 주장한다(214). 나이폴은 폴란드 출신의 망명 작가인 조셉 콘래드의 영향을 받았다. 한 평자는 "콘래드는 낯선 나라에서 뿌리를 찾는 외국인과 새로운 거처 공간을 찾고 있는 망명자가 처한 궁지를 아주 잘 이해했다"(Gurko 46)고 적절하게 지적한다. 예를 들면, 커츠(Kurtz)는 금의환향을 하지 못하고 아프리카의 정글이라는 낯선 소외적 환경 속에서 비극적으로 죽는다. 나이폴 자신은 콘래드에게 여러 면에서 빚지고 있다고 생각한다. "나에게 콘래드의 가치는 그가 오늘날 내가 인식하는 세상을 60, 70년 전에 성찰한 작가라는 점이다. 나는 이 점을 금세기의 어느 작가에게서도 느낄 수가 없다"(Hamner 60). 이들 두 망명 작가는 이산자들의 운명에 주목했을 뿐만 아니라 영국사회를 안과 밖에서 바라보았다.

4. 백인과 유색인 사이의 변화하는 관계

『자유국가에서』에서 나이폴은 탈식민시대의 새로운 국제질서, 즉 백인과 유색인, 주인과 하인, 지배자와 피지배자 사이의 전통적인 힘의 역학관계가 변화하고 전복되는 현실을 포착한다. 말하자면, 백인

식민주의자들은 이제 과거의 권위와 특권을 누릴 수 없는 위치에 놓이게 된다. 「파이리어스의 부랑아」에서 늙은 영국인 부랑아는 파이리어스에서 알렉산드리아로 향하는 그리스 증기선에서 다른 승객들로부터 고립을 당한 채 보호를 받지 못한다. 그는 자신을 '세계시민'(a citizen of the world)으로 간주하지만, 사실은 소외된 인간이다. 그는 바이런의 시집을 들고 다니면서 "이전 세대들의 낭만적 방랑아"와 같은 시대착오적 몸가짐을 지니다가 다른 승객들의 감정을 자극한다. 그는 늙고, 젠체하며, 구시대의 잔재를 지닌 영국 제국주의의 상징체에 가깝다. 탈식민지시대의 새로운 질서 하에서는 이런 낭만적 여행객이 희생자로 전락한다. 이 '자유로운' 부랑아는 이제 좁은 선실이나 화장실의 구석에 숨어야 한다. 화자는 이 부랑아가 처한 궁지를 다음처럼 포착한다. "그는 진정으로 친구가 필요하지 않았다. 그는 단지 친구의 보호 그늘 속에 자신을 감추고 싶었을 뿐이다. 이 부랑아는 자신의 그런 태도가 이상하다는 것을 알고 있었다"(오승아 『자유국가에서』 10).[1] "세계시민은 어느 곳에도 속하지 못하는 시민"이다(Ellmann 143)라는 말이 그에게 들어맞는다. 그리고 "'모든 곳'은 너무나도 허무적으로 들리는 '어느 곳도 아닌'에 대한 단지 대체적인 말이다"(Klima 27)라는 견해도 유효하다.

영국인 부랑아가 처한 궁지를 부각시킴으로써 나이폴은 새롭게 변화하는 현실의 한 단면을 포착한다. 학자인 척하는 늙은 영국인 부랑아의 모습과 태도는 다른 승객들의 적대감의 표적이 된다.

---

1 V.S. Naipaul, *In a Free State.* Harmondsworth: Penguin Books, Ltd., 1973.이후 텍스트에서 인용은 괄호 속에 쪽수만 표시하기로 함. 오승아 옮김 『자유국가에서』(서울: 문학세계사, 1996)를 부분 참조하였음.

> 그건 마치 호랑이 사냥과도 같았다. 미끼가 던져지고 사냥꾼과 구경꾼들은 안전한 곳에서부터 지켜보고 있었다. 미끼는 부랑아 자신의 등배낭이었다. 그들은 그것을 선실문 밖의 갑판 위에 내놓고 몰래 숨어서 지켜보고 있었다. 가구제조업자[카이로에서 가구 재가공업을 하는 레바논 출신의 사업가]는 화가 치밀어서 말도 하기 싫다는 듯 굴었다. 그러나 한스[중립국인 오스트리아 출신으로 여기서는 주심]는 웃으면서 누가 물을 때마다 게임 법칙을 설명해 주었다. (15)

대부분의 승객들은 이 장면을 하나의 여흥거리로 여긴다. 중립적 화자인 작가는 이 장면을 냉정한 시선으로 바라보되 개입하지 않는다. 영국인 부랑아가 '사냥감'으로 제시된 것이 시사하는 바가 크다. 권력게임의 전통적인 패러다임인 백인 우월주의가 더 이상 작용하지 못한다. 데니스 왈더는 나이폴의 패러디 전략에 주목하면서 "과거 제국주의 시대에 영국인이 인도에서 코끼리 등을 올라타고 호랑이를 사냥하던 모습을 상기시키는 방식으로 지금은 고통을 당하는 모습으로 제시된다"라는 흥미로운 논평을 가한다(88). 하지만 영국인 부랑아가 보복하기로 작정하면서 파워게임은 좀 더 복잡한 양상으로 발전된다. "선실에 불을 지르겠다"는 그의 협박은 나름 위력을 지닌다. 자신을 괴롭히던 자들이 겁을 먹고 접근하지 않기 때문이다. 프롤로그에서 작가는 약탈자와 피약탈자를 바라보는 고정관념이 깨지는 탈식민주의 시대의 현실을 포착하여 제시한다.

5. 주인과 하인과의 변화하는 관계

「무리를 떠나 나 하나로」("One out of Many")는 산토쉬(Santosh)가 인도에서 하인 신분에서 미국에서 자유 시민으로, 즉 종속상태에서

평등한 관계로 변모하는 과정을 보여준다. 나이폴은 산토쉬를 '자유의 희생자'로 제시한다. 산토쉬는 서두에서 자신이 '성취'의 대가를 지불해야 했다는 점을 다음처럼 고백한다.

> 지금 나는 미국 시민이며 자유민주주의 수도인 워싱톤에서 살고 있다. 이곳과 인도에 있는 많은 사람들은 내가 참 잘했다고 느낄 것이다. 그러나. (21)

나이폴은 인도 하인과 외교관인 그의 주인과의 변화하는 관계를, 즉 종속적 관계에서 수평적 관계로 변모되어 가는 과정을 보여준다. 작가는 산토쉬가 겪는 이러한 일종의 탈식민화 과정이 결코 순탄하지 않다는 점을 보여준다. 나이폴은 "식민지인이 된다는 것은 일종의 보호받고 있다는 것을 아는 것이고, 고정된 세계 속에 사는 것을 의미한다"고 언급한 바 있다(Hamner 59). 인도 봄베이 출신의 하인이 외교관인 주인의 새 부임지인 워싱톤으로 오게 되는 것은 외형적으로 '성취'처럼 보이지만, 내면적으로 패배에 가깝다. 민주주의 산실인 워싱톤에서 홀로서야 하는 그는 체류를 합법화시키기 위해 자신이 무시하고 혐오하는 검둥이 여인에게 결혼을 제안하기에 이른다. 산토쉬는 두 개의 호칭, 즉 주인을 부를 때 사용하는 '나리님'(sahib)이라는 경칭과 부인을 부를 때 사용하는 '검둥이 여인'(hubshi)이라는 경멸적 호칭 사이에 놓인 큰 간극을 인식하고 자신의 입장을 성찰한다. 산토쉬는 자유국가에서 자유인이 아니라, '익명의 섬'인 대도시에서 '감옥소'와 같은 아파트 속에 갇힌 죄수라는 점을 고통스럽게 인식한다.

> 봄베이 거리의 생활방식을 애타게 갈망하던 나는 카펫이 깔린 아파트의 복도에다 이부자리를 펼쳤다. 복도는 길어 보였다. 문들의

> 연속 행렬이었다. 환하게 밝혀진 천장은 서로 다른 크기의 별들로 장식되어 있었다. 회색, 청색, 그리고 금빛이었다. 이런 모조의 하늘 아래 누워있는 나 자신이 죄인처럼 느껴졌다. (27)

산토쉬는 미국에 살고 있는 인도인들과도 일체감을 느끼지 못하며 '흑인 동포'(soul brother)라는 구호도 자신과는 아무런 관련이 없다고 생각한다. 그는 낯선 곳에서 소외된 개체로 남는다. 결말부에서 산토쉬는 자신의 정체성에 눈을 뜬다. 그가 거울 속 자신의 모습을 바라본다는 점은 매우 상징적이다.

> 나도 한때는 전체 흐름의 일부였기 때문에 나 자신을 독립된 인간으로 생각해 본적이 없다. 그런데 거울을 들여다보고 자유로운 인간이 되기로 마음먹었다. 나의 자유가 가르쳐준 것은 내가 얼굴과 몸뚱어리를 지녔다는 사실이고 나는 죽기 전까지 이 몸뚱이를 먹여야하고, 입혀야만 한다. 그러다 보면 인생은 끝나게 될 것이다. (58)

린다 앤더슨이 적절하게 주장하듯, "그[산토쉬]는 주관적 의식체인 '나'(I)와 사회 속 객체로서의 인간인 'me' 사이에 거리를 인식해간다" (513). 나이폴은 산토쉬의 삶을 통해 대도시 속에서 고립되고 방치된 이방인의 초상화를 제시한다.

6. 친구와 적에 대한 변화하는 관계

「누구를 죽여야 하나」("Tell Me Who to Kill")에서도 나이폴은 제 3 세계의 시골 마을에서 런던으로 온 교육받지 못한 한 이민자가 자기파멸로 이르게 되는 과정을 보여준다. 주인공인 다요의 형(Dayo's brother)의 꿈이 무참히 깨어진다. 동생의 공부를 뒷바라지하기 위해 런던에 온 주인공은 낮에는 담배공장에서 밤에는 식당에서 현대판 노예처럼 일을 한다. 모은 돈으로 동생의 학업을 뒷바라지하고 로티와 카레를 전문으로 하는 조그만 가게를 차린다. 그러나 동생은 공부를 포기하고 영국여자와 결혼하여 형의 기대를 저버린다. 영국사회의 까다로운 법규제와 영국인 불량배들의 행패로 인해 가계를 차리는 데 투자한 돈을 모두 날린다. 그래서 제목이 '누구를 죽여야 하나'이다.

주인공의 기대와 꿈을 배반한 적은, 동생(내면의 적)과 백인불량배들(외부의 적)이다. 그런데도 동생과 백인불량배들을 향한 그의 태도는 애증은 교차된 것이다. 제목 '누구를 죽여야 하나'는 적을 규명함에 있어서 그의 혼미한 의식을 잘 반영한다. 우발적 사고로 동생이 대학 친구를 칼로 죽이게 되자, 주인공은 동생의 장래를 위해서 대신 수감되는 희생과 파멸의 길을 택한다. 그런데도 동생은 형의 기대를 저버리고 백인 여자와 결혼해서 새로운 인생을 시작한다. 주인공이 동생이 아닌 백인 친구인 프랑크(Frank)로부터 위안을 얻는다는 점은 형제애를 패러디한 것으로 보인다. 동시에 그는 백인들이 진정한 친구가 될 수 있는가에 대해서도 회의적이다. 자신의 가게를 망친 백인들에 대한 증오심 때문에, 그는 결혼식장에 모인 동생 아내의 백인하객들을 다정하게 맞이해야 하는지 혼란스러워 한다. 그한테는 동생의 결혼식이 장례식에 가깝다. 그리고 그와 프랑크와의 관계도 좀 복잡하다. 그는 백인인 프랑크를 경계를 하는 동시에 외롭기 때문에 그를 필요로 한다. 이들의 공생관계는 언제든지 깨어질 수 있다. 다요의 형과 프랑크는 둘 다 사회로부터 소외된 그래서 개별화된 이름을 부여받지 못한 미미한 존재들이다. 주인공을 동생의 결혼식장까지 동행하는 프랑크의 정체는 남자 간호사 혹은 감옥소의 간수 혹은 동성연애자로 추측해볼 수 있다. 적과 친구를 구별하려고 애를 쓰는 주인공의 혼미한 의식을 살펴보자.

> 나는 그들을 사랑한다. 그들은 내 돈을 뺏고 내 인생을 망쳤다. 우리 두 형제를 갈라놓았다. 하지만 그들을 죽일 수는 없다. 도대체 나의 적은 누구인가? 누가 적인지만 알면 그를 죽일 수 있을 텐데. 여기 이 사람들은 나를 혼란시킨다. 누가 나를 해쳤는가? 누가 내 인생을 망쳤는가? 누구에게 복수해야 할 것인가? 나는 4년을 일해서 한 재산을 모았었다. 나는 밤낮없이 당나귀처럼 일만 했다. 내 동생은 교육을 받아야 할 애였다. 훌륭한 사람이 되어야 할 애였다. 그런데 끝은 이렇게 돼 버렸다. 이 좁은 방에서, 이 사람들과 함께 식사를 하는 것이다. 도대체 나는 누구를 죽여야 할까? (102)

비유적으로 말해서 주인공은 적들과 동침해야 하는 곤란한 위치에 놓인다. 동생이 영국여자와 결혼을 통해 성공적인 사회적 동화를 모색하는 반면에, 주인공은 갈 곳이 없고 미래가 없다. 주인공은 고향에서는 잊혀진 존재이며 대도시에서는 수인이 된다. 실패로 끝난 주인공의 런던 행은 자유의 역설적 의미를 잘 입증한다.

7. 백인과 아프리카인 간의 변화하는 관계

「자유국가에서」("In a Free State")는 이 작품집에서 핵심을 이루는 중편으로 『거인의 도시』(*A Bend in the River*, 1979)처럼 아프리카의 한 탈식민국가를 배경으로 삼는다. 이 작품은 콘래드의 『암흑의 핵심』(*Heart of Darkness*)을 상기시키되 그와는 다른 탈식민시대의 현실모습, 즉 백인 귀화자들이 자유국가에서 신변의 안전을 위협받고 특권과 권위를 주장할 수 없는 점에 주목한다. 제목 「자유 국가에서」는 자유로운 곳은 없다는 의미에 가깝다. 식민통치가 끝나고 독립을 쟁취한 한 아프리카 국가는 왕과 대통령 사이의 권력다툼으로 인하여 내란상태로 빠져든다. 정치적 혼미 속에서 왕의 중앙정부 산하 부서 소속의 행정관인 영국인 보비(Bobby)는 지역발전 세미나에 참석한 후 왕의 영토인 남부의 백인 공관으로 차를 타고 되돌아간다. 린다(Linda)라는 백인여성과 차를 타고 가던 중 그들은 아프리카인들과 대통령 소속의 군인들로부터 목숨을 위협받고, 권위를 손상당하는 일련의 굴욕을 당한다. 이들이 보호받지 못하고 있다는 점은 표현주의 기법으로도 제시된다. 그들의 모든 움직임은 왕의 은거지를 찾아서 날아다니는 헬리콥터에 의해서 감시당한다. 먹구름은 그들에게 불길한 일이 일어날 것을 암시하는 복선 구실을 한다. 남아프리카 줄루족(Zulu) 출신의 매춘부 청년은 보비의 얼굴에 침을 뱉음으로써 보비의 동성연애 욕구를 무산시킨다. 백인 개척자인 대령이 경영하는 호텔에 투숙했을 때, 보비는 카롤루스(Carolus)라는 아프리카 소년을 유혹해서 변태성욕을 충족시키려다 실패한다. 검문소에서 타락한 병사들이 담배와 시계를 내놓으라는 요구를 거부하다가 보비는 구타를 당한다. "나는 너를 상부에 보고하겠다"는 그의 위협은 공허한 메아리가 된다. 보비의 전도된 위상은 탈식민시대 변화하는 현실의 한 단면을 단적으로 보여준다.

이 작품에서도 나이폴의 비판의 칼날은 아프리카인들(내부의 적)과 아프리카의 현실에 무책임한 백인 귀화자들(외부의 적)을 향한다. 그는 보비의 허위의식과 아프리카 내부의 문제점을 들춰낸다. 우선 그는 보비를 도덕적 우월성을 상실한 변태성욕자로요 위선자로 제시한다. 보비가 아프리카 원주민의 티셔츠를 입고, 줄루족 소년에게 "만일 내가 다시 태어난다면 난 너와 같은 피부색으로 태어나고 싶다"(109)라고 아첨하고, 아프리카 소년들에게 팁을 주는 일련의 행위는 위장 전술이다. 그는 본질적으로 인종차별주의자요 백인 우월주의자이다. 한 평자는 보비의 동성애 욕구를 "'검은' 아프리카를 향한 과도한 영국의 진보주의적 부권주의의 증후군"으로 본다(Mustafa 127). 보비가 백인 우월주의자라는 점은 그가 린다를 질타하는 장면에 잘 드러난다.

> 우리는 우리의 마음을 녹슬게 해서는 안 돼. 우리는 야만인들의 틈에 살고 있기 때문에 우리의 문화 활동들이 필요해. 우리는 이 더러운 야만인들의 틈에서 살고 있기 때문에 우리는 우리 자신들에게 우리들이 이런 사랑스런 면들을 갖고 있다는 점을 상기시켜야만 해. (219)

보비는 백인의 '교화적' 임무로 무장된 사람인듯 보이지만 위선자요 사이비이다. 영국에서 신경쇠약을 앓았을 정도로 그는 유약한 존재다. 린다는 살인(공)장을 방불케 하는 아프리카에서 보비가 표방하는 허울뿐인 진보주의를 질타한다.

> 매주 살해당한 사람들의 명단이 발표되고 있어요, 그들 중에는 이름조차도 밝혀지지 않은 사람들도 있어요. 당신은 아예 이 나라에서 벌어지고 있는 일에 전혀 관여하지 말든가 아니면 당신 손안에 채찍을 들고 그들 사이에 들어가거나 해야 돼요. 중간자의 위치에 있는 것은 우스울 뿐이에요. (218)

보비는 린다를 "그저 썩어 가는 성욕의 덩어리" 혹은 "남자 사냥꾼"이라고 경멸한다. 그렇다고 그가 도덕적인 인간은 아니다. 그의 관심사는 변태 성욕을 만족시키는 데 있다. 보비와 린다 둘 다 도덕적으로 우월한 인간이 아니다. 나이폴은 보비와 린다를 "썩은 백인 식민주의자들"로 규정한다. 이들의 허위의식은 역겨움을 자아낸다. 이들은 아프리카를 일종의 (성)욕망의 배설구, 새로운 기회의 땅, 그리고 이국적인 관광지 정도로 여긴다. 이런 낭만적인 시각은 그들이 아프리카의 현실에 진지한 관심이 없다는 점을 여실히 보여준다. "보비가 새로 독립한 아프리카 국가에 살기로 한 이유는 적어도 부분적으로는 성적인 자유로움을 추구하려는 투쟁과 결부되어 있다"(Walder 102)는 주장은 유효하다. 사이드는 나이폴이 "그가 획득한 영국인의 정체성을 통해서" 제국주의 이야기를 쓰는 작가라고 종종 비판을 하지만 (22), 보비와 린다를 향한 나이폴의 도적적 분노와 경멸심에 비추어 볼 때 나이폴이 인종차별적, 제국주의적 작가라는 통념은 잘못된 것일 수 있다.

나이폴이 탈식민사회의 미래를 어둡게 그려내고 있는 이유는 무책임한 백인 귀화자들뿐만 아니라 타락한 아프리카인들에 대한 냉소적 환멸에도 기인한다. 위로는 대통령으로부터 아래로는 부패하고 폭력적인 군인들이 포함된다. 실제로, 대통령은 번지르한 치장과 거짓말을 이용해서 독재자라는 자신의 실체를 감추고, 자신을 아프리카의 구세주로 신격화하여 국민들을 기만한다. 독재자 'Big Man'(거인)은 유럽식 머리 스타일을 하고, 권력 유지를 위해 외국 용병들에 의존하며, 자신의 초상화와 어록을 선전용으로 이용함으로써 우상화 작업을 진행한다. 아프리카판 커츠(Kurtz)라고 할 수 있는 이 독재자는 자이레의 모부투(Mobutu) 대통령을 실제 모델로 삼고 있다. 한 평자는 아프리카가 "제 3세계가 아닌 제 4세계로, 부분적으로 실제이고, 부분적으로 비실제인 제 4세계"로 퇴행한다고 주장한다(Weiss 167). 나이폴은 이런 묵시록적인 비전은 냉철한 현실진단에서 생겨난 것이다.

8. 유럽인들과 '탈'식민지인들에 대한 비판

에필로그 「룩소의 중국 서커스단」("The Circus at Luxor")은 탈식민 사회인 이집트의 현실상황을 역사적인 맥락에서 진단한 작품이다. 작가는 이태리의 밀란에서 이집트의 룩소로 여행 중 순회공연 중인 '공산 중국'(Red China) 출신의 서커스 단원들이 이집트인들에게 새로운 제국으로 부상하는 중국의 공산주의 이념을 전파하는 것을 목격한다. 프롤로그와 에필로그가 이집트를 공간적인 배경을 삼고 있다는 점은, 이 작품집이 처음과 끝이 맞물린 순환적인 구조를 갖고 있음을 보여준다. 프롤로그에서 작가는 이집트에서 전쟁이 끝난 후 초라한 증기선을 타고 알렉산드리아로 다시 돌아가는 이집트계 그리스인들을, 그리고 에필로그에서는 과거에는 로마제국에 의해서 그리고 현재는 공산 중국에 의해서 굴욕을 당하는 이집트(인들)의 현실모습을 포착한다. 흥미롭게도, 이 작품집에 수록된 개별적 작품들은 작가가 전세계를 일주한 후 원상태로 돌아오는 순서로 배열되어 있다. 고대 문명의 발상지인 그리스에서 출발한 작가의 여정은 이집트를 거쳐 산토쉬의 경우가 보여주듯 인도에서 워싱톤으로, 다요의 형의 경우가 보여주듯 서인도제도에서 런던으로, 보비와 린다의 경우가 보여주듯 영국에서 아프리카로, 에필로그에서 보여주듯 이태리에서 이집트로 귀환하는 공간적 움직임을 따른다. 이런 순환적 구조를 사용하는 이유는, 다양한 인종과 국적의 사람들과 사회를 관찰하면서 '이산의 보편성'이란 주제를 보여주기 위한 것으로 보인다. 동시에 여행을 통해서 탈식민시대의 변화하는 현실을 포착하기 위한 것으로도 보인다.

그렇다면 이집트를 배경으로 삼는 이유는 무엇일까? 지정학적으로 이집트는 동양과 서양이 만나는 중요한 곳이다. 그리스 출신의 이민자들, 중국 출신의 서커스단원들, 유럽인 여행객들이 탈식민국가인 이집트로 몰려든다. 그런데 작가는 이집트인들이 패배의식에 젖에 있고 현실상황을 제대로 직시하지 못하고 있다고 진단한다. 유럽인들 또한 이집트의 현실상황에 대해서 무관심하고 무책임하다. 룩소 여행 중 한 휴게소에서 식사를 하던 작가는 주인이 사막의 거지 소년들을 잔인하게 다루는 장면에 개입해서 분노를 터뜨린다.

> 휴게소는 어린아이들이 함부로 다가설 수 있는 곳이 아니었다. 행여 관광객이 내미는 샌드위치나 사과에 유혹 당해 가까이 올라오면, 낙타의 채찍을 든 남자가 겁주는 고함을 지르며 저 멀리로 그들을 내쫓곤 했다. ㅡ[…] 그런 소동은 관광객들의 휴식에 아무런 방해도 안 됐다. 나와 합석했던 독일 청년들은 전혀 관심도 두지 않았다. 휴게소 내부 유리 뒤쪽에 앉았던 영국 학생들도 카터 대통령과 카나본 경을 두고 경쟁적으로 떠들어댈 뿐이었다. 그러나 테라스에 앉아 있던 중년의 이탈리아인들은 게임의 법칙을 이해한 듯 재미있어 했다. 그들은 사과를 멀리 던져 아이들이 지 끝까지 달려가게 했다. 그들은 시험 삼아 샌드위치 조각을 모래 위에 던져 보기도 했다. 아이들을 휴게소로 유도하려는 것이다. 그렇게 사방에서 이탈리아인들의 장난이 시작되었다. […] 채찍을 든 남자와 모래를 뒤지는 아이들만 미친 듯이 야단이다. 이탈리아인들은 그저 태연했다. 연분홍 스웨터를 입은 남자는 샌드위치 꾸러미를 하나 더 풀고 있었다. 하얀 정장을 한 중년 남자도 자리에서 일어나 카메라를 맞췄다. 사람들은 더욱 많은 음식들을 던졌다. 낙타 채찍은 쉴 줄 모르고 아이들을 때렸다. […] 나와 합석한 독일인들은 그래도 아무런 관심을 보이지 않았다. 안쪽으로 앉은 학생들도 여전히 자기네끼리 떠들어대고 있었다. 그러나 내 손은 가늘게 떨리고 있었다. 나는 먹던 샌드위치를 철제 테이블 위에 내려놓았다. 그건 내가 마침내 내린 마지막 결정이었던 것이다. […] 나는 채찍을 빼앗아 모래밭 위에 내동댕이쳤다. 사나이는 얼떨떨한 표정으로 가

> 만히 보고만 있었다. 나는 입을 열었다. "이 사실을 카이로에 보고 하겠소." (243)

여기서 작가의 분노는 내국인과 외국인 양쪽을 향한다. 대부분의 외국 관광객들은 이런 장면에 대해서 무관심하거나 혹은 두 명의 이탈리아인들처럼 이런 장면을 오락게임 정도로 여긴다. 프롤로그에서 작가는 영국인 방랑객을 못살게 구는 오락게임을 제시했었는데, 에필로그에서도 인간이 사냥감으로 취급되는 장면을 반복한다. 차이가 있다면, 프롤로그에서 작가가 사건에 개입하지 않으며 사냥감이 영국인 방랑자인 반면에, 에필로그에서는 사건에 개입해서 도덕적 분노를 표출하고 사냥감이 사막의 거지 소년들이라는 점이다. 거지 소년들을 채찍으로 매질하여 쫓아버리는 휴게소 주인은 조이스의 표현을 빌리자면 "자기 새끼를 잡아먹은 암돼지"같다. 돈벌이 때문에 외국인 관광객들의 비위를 맞추고 자국민인 거지 소년들을 학대한다. 유럽인 여행객들의 방관자 유희적 태도도 그를 분노케 한다. 이런 불의의 장면을 보고 마침내 작가가 개입하여 분노를 표출한다. 위 장면에 대한 비평가들의 해석은 양분되어 있다. 린다 앤더슨은 작가의 개입을 "반항의 상징적 몸짓으로서보다는 자신의 소외감의 확인"으로 보는 반면에(517), 폴 써록은 이것을 "소설 전체에서 찾아볼 수 있는 유일한 긍정적 행동, 즉 채찍을 휘두르고 못살게 구는 행위에 제동을 가하는 참기 어려운 분노의 순간"으로 본다(124). 작가의 개입은 의미심장한 변화이다.

나이폴은 대부분의 탈식민국가의 국민들이 반항정신을 결여하고 있다고 본다. 예를 들면, 이탈리아인들의 유희대상으로 전락한 거지 소년들, 중국인 서커스 단원들로부터 지도자의 메달을 받는 웨이터

들, 시나이 반도에서 지친 상태로 돌아오는 사병들과 농군들은 모두 패배의식에 젖어있다. 에필로그의 끝 부분은 이집트 사회에 만연한 패배의식을 잘 부각시킨다. "저공비행하는 헬리콥터에서 찍어 뉴스에 싣는 사진들에는 패배한 병사들의 모습이 찍히게 될 것이다. 모래 위로 긴 그림자를 드리우며 집을 향해 걸어가는 그들의 모습이 사진으로 전해지게 될 것이다"(246). 작가는 이집트가 수동성 때문에 먼 과거에는 로마제국으로부터 지금은 새로운 제국으로 부상하는 중국에 이르기까지 외부 세력들한테서 수모를 당해왔다고 진단한다. 거지 소년들을 농락하는 두 명의 이탈리아인들이 로마제국의 후손들이라는 점도 주목할 만하다. 그는 이스라엘과의 6일 전쟁에서 패배한 이집트에게 미래는 있는가라고 묻는 것 같다. 폴 써록은 나이폴이 중시하는 반항정신을 "활력이 가득한 태도, 작가가 지니는 최고의 충동"이라고 정의한다(115). 다만 우려되는 점은 나이폴의 냉소주의가 따스한 인간애를 질식시킬 수 있다는 점이다.

9. 맺는말

나이폴은 빈번한 여행을 통해서 다양한 (탈식민)사회들의 문제점을 진단하고 비판한다. 한 평자는 나이폴에게 여행이 지니는 의미에 대해서 이렇게 평한다. "우리가 느끼기에 나이폴에게 여행은 그의 생의 자연스런 조건이다. 왜냐하면, 여행은 여행국의 일부가 되지 않으면서도, 항상 그곳에 사는 방법이기 때문이다"(Goodheart 198). 하지만 그의 여행편력은 그가 낭만적 도피가 혹은 방관적 여행객임을 의미하지는 않는다. 본질적으로 아웃사이더의 입장에서 진지하게 문화비평적 기능을 수행하기 때문이다. 나이폴의 탈식민사회에 대한 진단은 그가 "절망의 섬"이라고 묘사한 트리니다드에서 출발해서, "노예의 섬"인 서인도제도로 넓혀가고(예를 들면, 『대서양 중간항로』 *The Middle Passage*, 1962), "전 세계에서 가장 큰 규모의 슬럼"이라고 묘사한 인도로(예를 들면, 『어둠의 장소』 *An Area of Darkness*, 1964)로, 폐허 상태에 놓인 이집트로(예를 들면, 여기서 다루고 있는 『자유국가에서』 *In a Free State*, 1971), 그리고 "제 4세계"로 전락한 아프리카의 국가로(예를 들면, 『거인의 도시』 *A Bend in the River*, 1979)로 점차 확대된다. 남과는 다르게 글을 쓰려는 나이폴의 각오는 본래부터 존재했다. 그 자신의 말을 빌리자면, "내가 글쓰기의 대상인 사회를 갖고 있지 않다는 사실을 알게 되기까지는 아주 오랜 시간이 걸렸다. 나는 다르게 써야만 했다. 나는 세상을 새롭게 보아야만 했다"(Hamner 42). 결국 그는 이산이 식민지배의 역사적 산물이며 보편적 경험임을 증언한다.

나이폴의 새로운 표현양식도 주목을 요한다. 그가 작품집에 수록된 이야기들을 무리한 방식으로 통합하지 않고 느슨한 형태로 배열하고 사실적 관찰에 바탕을 둔 글들을 끌어들이는 것은, 가식적인 화자가 의미를 굴절시키는 것을 차단하기 위한 장치로 보인다. 그가 산토쉬와 다요의 형의 진솔한 체험담을 내적 독백형식을 통해서 전달하는 것도 화자의 개입을 최소화하려는 의도를 반영한 것이다. 『자유국가에서』를 이야기의 모음집 형태로 만든 이유는 장편소설이 좀처럼 성취하기 어려운 다양성, 즉 다양한 국적과 배경의 인물들, 공간들, 국가들을 보여주는데 효과적이라고 판단했기 때문이다. 나이폴은 서구의 시각과 문학전통을 무비판적으로 답습하지는 않는다. 오히려 그는 독자적인 목소리를 내고 이를 담아낼 실험적인 양식을 모색한다. 이런 접근시각에서 본다면, 나이폴은 변절자 혹은 친유럽작가는 아니라고 할 수 있다. 본질적으로 아웃사이더인 그는 탈식민주의 시대에 이산(자)의 증인으로 떠오른다.

참고문헌

오승아,『자유국가에서』. 서울: 문학세계사, 1996.

Anderson, Linda R. "Ideas of Identity and Freedom in V.S. Naipaul and Joseph Conrad," *English Studies* 59:6 (Oct.1978): 510-17.

Ellmann, Richard. "Henry James among the Aesthetes," *a long the riverrun.* Harmondsworth: Penguin Books, Ltd., 1989, 132-49.

Goodheart, Eugene. "Naipaul and the Voices of Negation," *Salmagundi* 54 (Fall 1981): 44-58.

________. "V.S. Naipaul: virtuso of the negative," *Pieces of Resistance.* Cambridge: Cambridge University Press, 1987, 181-200.

Gurko, Leo. *Joseph Conrad: Giant in Exile.* London: Frederick Muller, Ltd., 1965.

Hamner, Robert D. ed., *Critical Perspectives on V.S. Naipaul.* London: Heinemann, 1979.

King, Bruce. "V.S. Naipaul," Bruce King, ed., *West Indian Literature* 2nd edition. London: Macmillan, 1995, first edition 1979, 214-21.

Klima, Ivan. "Why I Could Not be an Exile," Review *Guardian* (Thursday March 12, 1992), 27.

Mustafa, Fawzia. *V.S. Naipaul.* Cambridge: Cambridge University Press, 1995.

Naipaul, V.S. *In a Free State.* Harmondsworth: Penguin Books, Ltd., 1973.

Nixon, Rob. *London Calling: V.S. Naipaul, Postcolonial Mandarin.* Oxford: Oxford University Press, 1992.

Said, Edward. "Expectations of Inferiority," *New Statesman* (16 October, 1981): 21-22.

________. "Intellectual Exile: expatriates and marginals," The Reith

Lectures. *The Independent* (Thursday 8 July 1993): 16.

Theroux, Paul. "V.S. Naipaul," *Modern Fiction Studies* 30:3 (Autumn 1984): 445-54.

Walder, Dennis. "V.S. Naipaul and the Postcolonial Order: Reading *In a Free State*," Jonathan White, ed., *Recasting the World: Writing after Colonialism.* Baltimore and London: The Johns Hopkins University, 1993, 82-119.

Weiss, Timothy F. *On the Margins: The Art of Exile in V.S. Naipaul.* Amherst: The University of Massachusetts Press, 1992.

출처: 『현대영미소설』 제5권 1호 (1998), 103-123쪽에 실린 글을 수정한 것임.

영국 이민자 문학의 탈인종적 변신
─ 하니프 쿠레이시의 『도시 교외의 부처』

홍덕선(성균관대 교수)

I

영국의 소수민족 또는 유색 이민자는 미국의 경우와 비교할 때 상대적으로 짧은 역사를 갖고 있다. 일찌감치 다인종 국가의 형태를 취해온 미국의 경우와는 달리 영국의 유색인종 이민사는 제국이 몰락한 시기로부터 시작되었다. 1948년 서인도 제도로부터 이민자를 공식적으로 받아들이면서, 이후 아프리카, 인도 등 과거 영국 제국의 식민지 국가로부터 이민자들은 꾸준히 증가하였다. 여러 차례 이민법을 개정하며 이민자 수를 제한하고 통제하였지만, 신문 보도에 따르면 2001년 영국의 인구 통계 조사표에 나타난 유색 인종의 수는 전체 영국인구의 11.8%를 차지한다고 한다(*The Independent*, 2006년 10월 6일). 비록 영국의 유색인종 이민자 수는 큰 숫자는 아니지만, 이들이 영국사회와 문화에 몰고 온 변화는 단순히 타문화의 유입만이 아니라 영국사회 자체에 "새로운 사회적 갈등과 도전, 그리고 위계질서"의 변화 등 "새로운 역사" 즉, "국제화"의 새 물결을 가져왔다는 점에서 유색 이민자의 유입은 큰 사회적 변화를 의미한다(King 1).

영국사회는 전후 국가의 위상 변화로 국가 정체성의 "공백" 또는

"문화적 폐쇄 공포증"(Ilona 113)이라고 할 심각한 정체성의 위기를 경험했지만, 과거 제국이 누렸던 내면화된 우월의식은 손쉽게 지워지지는 않았다. 비록 이런 우월의식이 시대에 뒤떨어진 수사로 전락되었다는 비판을 받았으면서도 입헌 군주제, 계급의식, 문화전통에 대한 고집스런 집착 등이 끈질기게 이어져 내려오고 있다는 것은 영국 사회의 보수성 내지는 독특성을 말해준다. 그만큼 영국은 문화적/사회적 동질성에 대한 자부심과 자의식이 그 어느 사회보다도 크게 작용하고 있다. 영국의 이민차별정책은 그들의 문화적 동질성에 위험 신호가 올 때마다 일으킨 반작용의 역사이기도 한다.

그러나 문화적 동질성과 다문화 사회를 지향하는 국제화는 서로 간에 역설의 관계이다. 흥미로운 것은 국제화의 시발점을 이루는 80년대의 대처 보수당 정권이 과거 영국 제국의 영광에 대한 국민의 향수를 자극하며 유색인종 이민자를 차별하는 모순을 동반하였다는 점이다. 「영국 내부의 새로운 제국」("The New Empire within Britain")이라는 글에서 살만 루시디(Salman Rushdie)는 시대착오적인 대처 수상의 정책을 맹렬하게 비판하였다. 루시디의 비판에 따르면, 대처 수상의 연설은 백인 이외의 타 인종을 배제하고 경멸하는 노골적인 인종차별의 발언이었으며, 이러한 시대착오적인 제국주의 정신이 제국의 종언 이후에도 여전히 영국문화와 일상생활의 구석구석에 스며있어 "모든 계층을 망라한 영국 백인들의 자기 이미지"(131)를 형성하게끔 만들고 있다는 것이다.

80년대 영국 이민자 문학은 영국의 이런 역설에서 출발한다. 그것은 이제 다인종사회 또는 다문화시대로 접어드는 시점에서도 영국 백인들은 여전히 자기 이미지에 떠도는 제국주의 우월의식의 망령에서 벗어나지 못한다는 이율배반적 역설이다. 80년대는 이미 이민 2세대

작가들이 활동을 시작하는 시기이다. 이들 이민 2세대 작가들은 영국에서 태어나 서구식으로 교육받고 성장하였기 때문에 그들은 이민 1세대와는 달리 영국 중심부로부터 글을 쓴다는 차이점을 갖는다. 이민 1세대의 디아스포라 작가들이 두 개의 이질적 문화의 가교를 놓는 "문화 번역자"로서의 역할이 요구되었다면, 이민 2세대의 작가들은 그들에게 이미 각인된 인종적 차이를 바탕으로 중심부 권력의 헤게모니에 대한 새로운 도전과 저항의 글쓰기를 모색해야 하는 역할이 주어진다. 그것은 영국 중심부가 구축한 "자기 이미지"의 모순에 의해 여전히 왜곡되는 유색인종 이민자의 타자성을 해명하는 일이며 다문화 시대에서 그들의 정체성을 규명하는 작업이다.

영국 이민 2세대 문학을 대표하는 하니프 쿠레이시(Hanif Kureishi)는 1979년 극작가로 등단한 이래 영화 대본 및 단편소설 등으로 80년대를 거쳐 오며 작가로서의 명성을 굳게 다져왔다. 특히 1990년 그의 첫 소설『도시 교외의 부처』(*The Buddha of Suburbia*)로 대단한 관심을 모으면서 본격적으로 소설 장르로 전향하여 현재까지 활발한 작품 활동을 하고 있다. 파키스탄 출신의 영국 이민자 아버지와 영국인 어머니에서 태어난 쿠레이쉬가 어린 시절 겪었던 인종차별의 경험은 그의 작품세계를 이루는 중심 내용이 된다. 그의 최근 작품세계는 인종 문제와는 다른 다양한 주제를 다루기도 하지만, 90년대 중반까지 그의 관심은 유색인종 이민자의 정체성 탐색에 집중되어 왔다. 그가 70년대 말 작품 활동을 처음 시작했을 당시 영국사회는 "제국이란 개념이 심리적으로 흩어져가는 그 뭔가의 끝 무렵이었으며 또한 폭력, 오염된 인종차별을 함의한 그 뭔가 다른 것이 막 시작되는 위기의 시기"(*Plays One* xvi)였다고 쿠레이시는 회고한다. 이처럼 쿠레이시는 영국인의 정체성이 새롭게 변화해야 할 시대적 필연성을 감지하고 있었다.

쿠레이시의 자서전적 에세이 『무지개 기호』(The Rainbow Sign)도 앞서 인용한 루시디의 비판과 마찬가지로 정체성의 재고찰을 요구하는 시대성을 그대로 투영한 글이다. 이 에세이의 제1부에서 쿠레이시는 60년대 어린 시절 영국 학교에서 겪었던 인종차별과 자신의 인종적 정체성을 부정하려던 과정을, 제2부에서는 작가가 되어 파키스탄으로 처음 방문하여 느꼈던 매력과 거부감 등을 기술하고, 제3부에서는 다시금 영국으로 돌아오며 내부를 향해 "영국인이 된다는 게 무얼 뜻하는지"(*Dreaming* 54)를 되묻는다.

> 영국인이 된다는 게 이제 과거와는 다르다는 걸 배워야만 하는 자는 영국인, 바로 영국 백인이다. 새로운 사항들이 관여되고 있어, 이제 이것은 더욱 복잡한 일이 되고 있다. 그래서 영국을 바라보는 새로운 방식과 영국이 직면한 여러 선택사항이 있어야만 한다. 이 모든 시간 후에 영국인이 되는 새로운 방식이 있어야만 한다. (*Dreaming* 55)

쿠레이시의 비판은 영국적인 관용이 사라져간 백인사회에 과녁을 향하면서, 필연적으로 이미 다인종/다문화 사회로 접어든 현 시대에 백인들은 "영국인이 되는 새로운 방식"(55)을 배워야만 한다고 비판한다. 그의 비판은 영국 백인들을 향하고 있지만, 한편으로는 유색인종 이민 2세대들도 새롭게 수립해야 갈 그들의 정체성 탐색의 필요성을 말해주기도 한다. 주체와 타자란 동전의 양면과 같아서, 어느 한 쪽의 변화는 다른 한 쪽의 변화를 수반해야 하기 때문이다. 그런 면에서 정체성 구성에 관해 쿠레이시가 제시하는 인종/종족의 범주를 넘어서는 "탈인종적 관점"(postethnic perspective)(Stein 121)을 구체적으로 살펴볼 필요가 있다.

II

> 내 이름은 카림 아미르이고, 영국에서 태어나 자랐으니 거의 영국인이라 하겠다. 내가 좀 우스꽝스런 영국인이라는 생각이 내게도 종종 든다. 뭐랄까, 말하자면 두 가지 오랜 역사적 배경에서 등장한 신종 영국인이라고나 할까. 하지만 상관없다. 그리 자랑스러운 건 아니지만, 어쨌든 나는 영국인이고, 사우스 런던의 교외에 살며 어딘가를 싸돌아다닌다. 내가 안정되지 못하고 쉽게 지루해 하는 이유는 아마도 두 대륙의 기질과 혈통이, 여기와 저편 지역이, 그리고 소속감과 이질감이 특이하게 뒤섞여 있기 때문이다. (*The Buddha* 3)

쿠레이시의 소설 『도시 교외의 부처』는 위와 같이 유색인종 이민자의 정체성에 대한 물음에서 시작된다. 자신을 소개하는 일인칭 화자이며 주인공인 카림(Karim Amir)은 처음부터 자신의 정체성 규정에 의문부호를 던진다. 영국에서 태어났고 그곳에서 자라왔기에 그는 자신이 영국인임을 명백히 하면서도 "거의"라는 수식어를 붙임으로써 영국인 정체성에 모호함을 첨가한다. 더군다나 자신이 영국인이라는 게 그리 자랑스럽지도 않다는 부가 설명은 분명 소속감의 결여를 뜻한다. 카림이 느끼는 이런 국가 정체성의 모호함은 소위 정통 영국인 백인과는 달리 파키스탄계 이민자 아버지와 영국 백인 어머니를 둔 인종상의 차이에서 시작된다. 영국인이면서도 몸에 굳게 새겨진 별다른 피부색으로 인해 카림은 자신의 정체성을 적합한 용어로 정의 내리기가 어려워 "신종 영국인"이라고 명명한다. 혼혈아라는 신종 영국인이 느끼는 정체성의 불안전성은 모든 것에 쉽게 싫증을 내고, 부지런히 어딘가를 싸돌아다닌다는 데에서 암시된다. 영국과 파키스탄의 기질과 혈통을 지닌 이민 2세대 혼혈아로서 카림은 “여기” 영국과 “저편” 동양의 파키스탄 어디에도 소속감을 갖지 못하는 중간자의 존재이다.

일반적으로 이민자는 자신이 떠나온 모국과 자신이 이제 적응을 해야 할 새 국가와의 사이에서 갈등을 겪는 “중간자”의 이중의식을 갖게 마련이다. 이러한 이중의식은 스펙트럼과 같아서 각 사람마다 자신의 사회적 위치에 따라 달라질 수 있으며, 특히 이민 1세대와 2세대 사이에는 성장한 경험 세계의 차이에 의해 더욱 편차가 난다. 그런 면에서 카림이 느끼는 이중의식의 정확한 중간자 위치를 결정하기 위해서는 위의 글에서, 그리고 이 작품의 진행에서 보다 더 섬세한 검토를 필요로 한다. 그러나 당장 위의 인용구를 살펴보면 카림은 정체성 불안과 회의에도 불구하고 세 번이나 자신이 영국인임을 부정하지 않는다. 그만큼 그는 소속감의 결여와 거리감에도 불구하고 근본적으로 영국사회와 뗄 수 없는 관계망을 인정하고 있다.

디아스포라의 이민자 문학과 탈식민주의 문학과의 차이는 주된 관심사에서 찾을 수 있다. 대체로 탈식민주의 문학은 서구 중심부 권력에 대한 제3세계 주변부의 민족주의적 저항을 관심의 주된 초점으로 삼는 반면, 이민을 통해 이미 서구 중심부로 옮겨온 이민자 문학은 자신들을 여전히 타자로 배제하는 중심부의 가치체계에 대한 재해석 내지는 해체에 관심의 방향을 모은다. 둘 다 서구 중심 권력에 대한 도전과 해체를 의도하지만 도전하는 주변부 주체의 성격에 따라 양자 간의 차이가 생긴다. 즉, 탈식민주의 문학은 주변부 주체의 민족주의적 정체성을 세워나가려는 노력에 집중하는 반면, 이민자 문학은 이민자들이 디아스포라의 상황에서 체험하는 “고향 상실”

(homelessness)의 의식을 강조하며 주체의 고정된 정체성을 근원적으로 부정한다. 디아스포라의 이민자들은 나이폴(V.S. Naipaul)의 소설에서 종종 보듯이 어딘가에 영원히 소속될 수 없는 실존적 이방인의 자세를 취하는가 하면, 때로는 "혼종성"이란 이름으로 양자의 문화를 접합시킨 "제3의 공간"을 창조하기도 한다. 이민 2세대들은 이미 "고향"을 부여받았지만, 여전히 타자로 배제됨으로써 그 정체성의 모호함과 불완전성은 여전히 존재하게 된다. 이 불완전한 위치에서 카림이 자신의 이민자 정체성을 구성해가는 방식은 무엇인지가 이 소설의 중심 관심사이다.

『도시 교외의 부처』는 성장소설의 전형을 따라 1970년대 중반의 영국사회를 배경으로 "신종 영국인"이 겪는 정체성의 탐색과 회의를 그려나간다. 이 소설은 청소년기에 접어든 17살의 카림이 본격적으로 사회에 발을 내디디면서 그 자신이 직접 목격하며 체험하는 인종, 성, 계급, 정치, 문화의 충돌 현장을 피카레스크 방식에 따라 사실적으로 재현해 간다. 이 소설에서 다양하게 전개되는 카림의 세상 사회 입문(initiation) 과정은 지리적으로 런던 외곽 남부의 교외에서 대도시 런던 내부로, 그리고 런던에서 뉴욕으로 뻗어간다. 또한 카림이 활동하는 대도시 런던과 그 외곽지대에는 60년대의 청소년 반문화를 이어받은 70년대 중반의 펑크 록 시대를 거쳐 대처의 보수당 정권이 선거에서 승리하는 70년대 말까지의 문화 풍경이 펼쳐진다.

주인공의 정체성 탐색이 전개되는 지역적, 시대적 문화풍경은 중요한 의미를 던져준다. 아시아 이민자 카림의 정체성 구성이 단순하지 않은 것처럼 70년대 중반의 런던은 여러 문화의 카니발적인 혼합체이다. 기성세대의 문화 권력에 도전하여 60년대를 휩쓸었던 젊은 층 대중문화와 히피문화 식의 반문화는 70년대 런던의 문화풍경을 더욱 다양한 문화의 복합체로 이끌었다. 록 음악, 기이한 복장, 머리 스타일, 마약, 성의 분방함, 동성애, 다인종의 혼합 등에서 나타나는 시대의 추세는 기존의 완고한 질서를 뒤엎는 젊은 문화의 전복적 에너지로, 젊은 카림과 그의 친구들의 정체성이 기존 방식에 따라 일정하게 규정되기가 불가능하다는 것을 암시해 주는 상징적 기표들이다. 예를 들어, 카림과 그의 친구들이 보여주는 양성애 성향이나 난삽한 성적 행동은 기존의 성적 정체성 틀을 크게 벗어나 있다는 징표로 작용한다. 한 가지 예를 더 들면, 카림이 거주하는 교외지대의 풍경은 문화의 새로운 변화를 드러내는 표상이 된다.

> 이곳 집들은 모조리 개조를 했다. 어떤 집은 새로 현관을 만들고, 또 다른 집은 이중창을 설치하고, 조지아 시대식의 창문에 놋쇠 손잡이가 달린 문을 달기도 했다. 부엌을 늘리고, 다락방을 개조했으며, 벽을 헐고, 차고를 만들기도 했다. 이것은 자기 계발이라거나 문화생활, 혹은 살림의 지혜가 아니라 순수 목공일을 하며 더 크고 좋은 최신식 집으로 꾸미려는 영국인들의 열정이었다. 수고를 아끼지 않고 안락함과 사회적 신분을 과시하려는—구체적으로 자신이 얼마나 돈을 많이 버는지를 드러내려는—열정이기도 했다. 그것은 남에게 드러내 보이려는 게임이었다. (74-75)

카림의 가족이 머무는 브롬리(Bromley)의 주택지대를 묘사한 런던 남부 외곽의 교외(suburb) 풍경은 새로운 시대의 변화를 대변한다. 이 소설의 제목에 붙어 있는 도시 외곽 지대(suburbia)란 문화 비평가들의 지적처럼 대도시 중심지와 시골 전원지역과의 "중간"(in-betweenness) 공간이다(Brook 216). 이곳은 도시 생활의 공적 영역과 시골 전원 지역의 사적 영역이 함께 공존하는 공간이다. 이미 20세기 초에 형성되기 시작한 교외지대는 전후 60년대/70년대 "풍요로운 시대"를 맞아 중산층이 몰려들면서 독특한 문화풍경을 창출하였다. 위에 인용된 브롬리 교외 지역의 모습처럼 이곳은 다양한 장식을 통해 사적 생활의 영역을 드러내주는 공간이 되었다. 이곳의 주민들은 서로 간에 "동질성이 아니라 차이"(Brook 210)를 보여주려는 열망을 갖으며, 그 차이는 남에게 드러내는 과시로 표현된다. 이들의 주택은 사생활의 공간이 아니라 사생활과 전시의 경계선을 모호하게 만든다. 이곳의 정체성은 내부 핵심체의 구성물이 아니라 공공연히 외부로 드러내는 외면으로 구성된다. 깊이가 아니라 표면을 중시하는 탈모더니즘 문화의 양상으로, 이런 현상은 대도시 중심부의 코스모폴리탄 문화에서는 더욱 심화될 수밖에 없다. 이 소설의 이와 같은 코스모폴리탄 문화 배경은 주인공의 정체성이 기존 방식과는 다른 양상으로 구성될 수밖에 없다는 것을 암시한다.

쿠레이시가 그려내려는 이민자 정체성도 이런 문화적 풍경 변화의 한 면을 반영할 수밖에 없다. 인종과 피부색이란 기표에 따라 이민자의 정체성이 부여되던 기존의 방식은 새로운 도전을 받는다. 다인종이 몰려든 런던 중심가에는 인종의 구별이란 큰 의미를 부여할만한 기표가 되지 못한다. 교외 지역은 영국의 전통이 남아있는 시골 전원처럼 인종차별의 편협성이 여전히 존속하는 곳이지만, 한편으로는 대도시의 특성이 점점 밀려드는 공간이어서 "신종 영국인"의 출현처럼 피부색의 기표는 그 절대성을 점차 상실하게 된다.

배경 지역에 따라 크게 둘로 나누어진 이 성장소설의 제1부는 중산층들이 몰려 사는 "교외"를 배경으로 주인공 카림이 파키스탄 이민자의 공동체를 내부자의 시선으로 면밀히 관찰한다. 그리고 카림의 눈으로 재현되는 이들 이민자들이 자신들의 정체성을 구성해가는 방식은 영국 백인들이 생각하는 아시아인의 전형성과는 너무나도 거리가 있다.

우선 카림의 아버지 하룬(Haroon)의 경우, 그는 파키스탄 출신의 아내와 별거를 선언하고 영국 백인 에바(Eva)와 새 살림을 차리는 것과 동시에 백인 사회에서 자신을 동양 "불교"의 현자로 갑작스런 변신을 꾀한다. 봄베이에서 상류층으로 살던 하룬은 영국 신사로 만들려는 부모의 희망을 안고 50년대 유학을 왔지만, 전후 영국의 생소한 현실에서 그의 꿈은 물거품이 되고 평범한 말단 공무원으로 전락하였다. 인도에서 곱게 자랐던 그는 영국의 현실 생활에 전혀 무능력한 인물이었고, 회사에서 더 이상 진급될 전망도 없이 영국사회에서 자신의 존재가 드러나지 못하는 초라한 신세가 되었다. 노동자 계층의 백인 여성 마가렛과의 결혼생활도 무미건조한 실패작이었다. 현실생활에서의 좌절감은 그를 동양의 신비철학에 몰두시키게 만들었고, 에바의 적극적인 도움을 받아 신비스런 동양에 호기심을 보이는 영국인들에게 자신을 하나의 이국적인 상품으로 전환시키는데 성공하였다.

그러나 두 사람이 내걸은 동양문화의 정통성이란 그 진실성이 처음부터 결여되어 있다. 하룬의 불교 지식과 요가 기술은 영어로 번역된 책을 통해 간접적으로 얻은 아마추어 식의 피상적인 지식일 뿐이어서, 모여든 사람들 앞에서 의도적으로 "인도식 억양을 강조"(21)하는 하룬이나 "일본풍의 옷"을 걸친 에바의 겉모습은 오히려 동양의 정통성을 희화시켜 버린다. 아버지를 누구보다도 잘 아는 카림이어서 이런 아버지의 변모를 "사기꾼"(22)으로 부르는가 하면, 카림의 친구 자밀러는 "완전한 가짜"(72)로 간주한다. 에바의 집에서 저녁 요가 강습이 끝난 후 야외 정원에서 카림의 아버지와 예바가 함께 벌이는 정사의 장면은 이 두 사람이 얼마만큼 희화적 인물인지를 잘 보여준다.

> 온통 [그녀의] 머리카락과 몸에 가려 내 쪽에서는 제대로 보이지 않았지만, 분명 그건 아버지였다. 이웃 사람들을 거의 아랑곳하지 않고, 베켄햄 정원이 떠나가도록, "오, 그래, 오 하나님, 오, 하나님." 하면서 외쳐대는 목소리를 들으니 그건 아버지임이 틀림없었다. 교외의 밤하늘을 가르며 불교도를 가장한 배교자 회교도의 입에서 울부짖듯이 토해내는 기독교식의 신음소리를 들으며, "나도 저렇게 해서 이 세상에 태어났을까?"하고 나는 생각했다. (15-16)

아버지의 정사 장면을 몰래 훔쳐보는 카림 자신의 기술처럼, 성적 절정에 오른 하룬이 "하나님"을 불러대며 내지르는 소리는 분명 "기독교식"(Christian curses)이지만, 그는 자신이 회교도임을 부정하지 않고 있으면서도, 또한 현재 불교의 부처임을 자처하고 나선 몸이다. 그야말로 그는 세 가지 종교와 문화의 결합체이며 혼합물이다. 방금 전까지 요가와 선으로 근엄하게 마음을 닦은 두 사람이 손님들을 방안에 남겨두고 몰래 빠져나와 성적 희열의 소리를 내지르며 조용한 밤하늘을 어지럽히고 있으니, 한 비평가의 지적처럼 "라블레식"(Ray 231)의 웃음을 자아내게 만든다. 서로 어울릴 수 없는 부조화의 요소들이 연합되고 성적 선정성이 발산될 때 생겨나는 라블레식의 해학이다.

쿠레이시는 희극성을 살리는데 능란한 작가이다. 인도 고유의 희극적 서사전통을 이어받은 살만 루시디와는 달리 쿠레이시는 이블린 워(Evelyn Waugh)나 킹슬리 에이미스(Kingsley Amis)와 같은 영국 희극소설의 전통을 이어받았다는 지적을 많이 받는다(Holmes 645). 위의 장면에서처럼 아버지의 불륜을 엿보는 카림은 윤리적인 배신감과 분노를 표출하는 대신 오히려 웃음을 자아내게 만든다. 1인칭 화법으로 전개되는 카림의 서술은 이처럼 그로테스크한 장면을 연출시킴으로써 전통적인 "예의범절의 사회적 규범을 전복"(Holmes 645)시킨다. 사실상 하룬의 때늦은 성적 분출이 그의 삶을 변화시키는 에너지로서 작용하듯이, 하룬은 자신의 문화적 정체성도 변신을 시도하는 것이다. 물론 그가 동양의 부처로 변신한 것은 진실성을 갖지 못한 일종의 위장 전술이며 이미지만의 차용일 뿐이다. 그렇지만 그 위장 전술과 이미지 차용이 바로 하룬의 정체성을 구성하는 요소가 된다. 이때 그가 지닌 인종상의 차이는 위장 전술을 사용하는데 유효한 요소로 작용하지만, 그의 정체성을 구성하는 데에는 그 인종성이 아니라 인종성의 이미지라는 시뮬라크라(simulacra)가 더 크게 작동한다.

하룬은 작품의 말미에서 한 잡지 기자에게 자신이 인도임을 내세운다. "난 내 생애 대부분을 서양에서 보냈어요. 또 이곳에서 삶을 마감하겠지만, 그 어느 모로 보나 난 여전히 인도 사람이요. 앞으로도 난 인도인에서 한 치도 변하지 않을 거요"(263). 그러나 하룬의 인도 정체성 주장을 그대로 받아들이기는 어렵다. 어렸을 적부터 아버지와 자신을 동일시하기를 원하던 카림은 누구보다 아버지를 잘 파악하고 있어 "이 모든 동양식의 허세 뒤에는 아버지의 외로움과 자신의 정신세계를 고양시키려는 욕망이 자리잡고 있었다."(28)고 분석한다. 영국사회에서 인정받지 못하는 외로움과 소외의 반작용으로 하룬은 동양의 신비적인 종교에 그의 관심을 돌린 것뿐이다. 더군다나 그가 몰두한 동양의 신비사상이란 영어 번역판을 통해 얻은 간접적인 지식이란 점에서 그의 변신이 얼마나 피상적인지를 말해준다. 따라서 하룬은 처음 영국인에 동화되고 싶어 그들을 모방하는 전형적인 식민지 주체로 출발하였지만, 영국생활에서 이것이 실패하자 이제는 정반대로 인도인의 정통성을 흉내 내는 모방자이며 모조품이 되었다. 여기에는 인도 문화에 대한 소속감이나 연대성의 차원이 아니라 성공하고 싶은 욕망의 차원에서 그 이미지만을 빌려와 자신의 정체성을 "발명"한 것이다. 그리고 다행히도 이 작전은 동양의 신비에 열광하는 영국인 중산층에게 잘 먹혀 들어가 큰 성공을 거두었고, 나중에는 진짜 동양의 현자처럼 인생의 조언도 해주는 역할까지 그는 행사하게 된다. 그의 변신은 기회주의적이었지만 자신의 과거를 최고도로 활용한 두 문화의 결합에서 얻어진 성과라는 점에서, 그의 현재 정체성을 인종—혈통과 인종적 문화—에 의거한 근원주의 정체성 개념으로 규정짓기가 불가능하다.

하룬 이외에 또 하나의 우스꽝스런 이민자의 생활상은 자밀러(Jamila)와 창게즈(Changez)의 결혼관계이다. 카림의 여자 친구이자 사촌인 자밀러는 카림보다는 훨씬 지적인 인물이다. 그녀는 어린 시절 보들레르, 콜레트, 라디게를 탐독하며 시몬느 보봐르 같은 사람이 되기를 원하는 등 프랑스 문화에 심취하면서 남달리 조숙했지만, 한편으로는 파키스탄 이민자로서 자신의 인종적 차이성에 대한 자의식도 강하였다. 카림은 인종차별에 부딪치면 이를 회피하려고 들지만, 자밀러는 이를 정면으로 맞받아 대적할 만큼 남성보다 더욱 호전적이며 적극적인 정치적 성향을 갖고 있다. 이런 자밀러에게 그녀의 아버지가 얼굴도 모르는 인도 본토박이 창게즈와 중매결혼을 맺어주려 하자 그녀는 당연히 강하게 반발한다. 그렇지만 간디 식의 단식투쟁을 벌이며 시대착오적인 고집을 굽히지 않는 아버지의 생명을 구하기 위해 자밀러는 어쩔 수 없이 결혼을 받아들이지만, 그녀는 자신의 결혼을 아버지의 "반역에 대한 반역"으로 "창조적인 신종제품"(82)을 만들겠다고 선언한다. 즉, 아버지가 주장하는 중매결혼이 동양식의 전형성이란 진부한 사고에서 생겨난 반역의 산물이라면, 이에 대한 또 하나의 반역으로 신종품의 결혼관계를 만드는 일이었다. 그리고 그녀의 결혼 신종품은 성의 자유를 주장하는 보봐르 식의 서구문화와 중매결혼 식의 동양문화가 결합에서 생겨난 제3의 혼종물이다. 비록 자밀러는 소설의 다른 어떤 인물보다도 자아의식이 뚜렷한 인물이지만, 그녀의 정체성을 본질주의 개념에 의거하여 어느 한 가지로 설명하기에는 역시 어려움을 안겨준다.

인도의 상류계급 출신인 창게즈는 중매결혼 덕으로 영국에 건너와 자밀러의 남편이 되었지만, 철저한 페미니스트이며 당당한 양성애자인 자밀러의 남편 구실을 하기에는 무력한 남자이다. 두 사람은 결혼식을 올렸지만 자밀러는 정식 부부관계를 거부하고, 야한 잡지에 성적으로 자극받아 안달이 난 창게즈는 아내 대신 신코(Shinko)라는 일본 창녀에게서 성적 욕구를 달래야만 하는 처지가 된다. 여기에 카림과 자밀러가 함께 자고 있는 장면이 창게즈에게 발각되면서 난리가 나지만, 자밀러가 신코와 친구관계를 맺고 공식적으로 창게즈의 성적 욕구를 충족시켜주는 대리인으로 인정하면서 오히려 부부 간에 평화가 정착된다. 결과적으로 이들의 가정은 어처구니없이 우스꽝스런 삼각관계로 구성된, 그렇지만 평화로운 협정이 맺어진 부부관계를 이룬다.

두 사람의 부부관계는 사건이 진전될수록 더욱 우스꽝스러워진다. 아버지 안와가 돌아가시자 자밀러는 지금까지의 기묘한 부부관계도 무력화시킨 채 여러 사람들이 함께 모여 사는 공동체에 들어가고, 나중에는 그곳에서 사귄 백인 사이먼(Simon)과 부부생활을 새로이 시작한다. 홀로 남기를 거부한 창게즈는 자밀러를 뒤따라 공동체에 들어가지만, 자밀러의 남편으로서가 아니라 공동체의 뒤치다꺼리를 해주는 요리사와 청소부의 역할을 맡을 뿐이다. 더군다나 자밀러와 사이먼 간에 아기가 태어나자 창게즈는 그 애를 열심히 돌보는 보모의 역할을 담당한다. 심지어 자밀러는 사이먼이 여행을 떠난 사이 공동체의 한 젊은 여자 조아나와 레즈비언의 사랑을 나누지만, 자밀러와 한 번만이라도 자고 싶어 늘 안달하는 창게즈에게는 눈 한번 제대로 주는 법이 없다.

전통적인 부부관계와 가정이 존재하지 않는 창게즈와 자밀러 사이에서 두 사람의 역할도 시시각각 변한다. 처음 영국에 나타난 창게즈는 전통적인 인도계 무슬림으로 가부장제 남성의 모습이었다. 그렇지만 자밀러의 남편으로서, 그리고 안와의 사위로서 집안의 일을 도맡아 책임지는 가장의 역할은 자밀러에 의해서 박탈당하였으며 또한 창게즈 자신에 의해 스스로 무너진 것이기도 하다. 그것은 아내의 성적 양성성을 인정하기 어려웠던 창게즈가 자밀러에게 부부관계를 줄기차게 요구하지만 결코 허락되는 법 없이 매번 거절당하는 상황과 일맥상통한다. 이제 그는 그저 이름뿐인 얼뜨기 남편의 역을 맡고 있는 셈이다. 공동체 역시 자밀러는 자신의 진보적인 정치 이념에 따라 선택한 곳이지만, 창게즈는 오직 자밀러의 남편이라는 명목으로 따라 들어온 장소에 불과하다. 그리고 그곳에서의 그의 역할은 남편으로서가 아니라 또다시 환경에 맞게끔 청소부 또는 보모로 변모해야만 했다. 하룬의 변신이 능동적이었다면, 창게즈의 변신은 "자기 재현을 끊임없이 박탈당하는"(Ray 231) 수동적 과정으로, 그의 정체성은 마치 빈 공백과도 같다. 카림이 연극에서 연기할 대상으로 창게즈를 선택했던 이유도 이처럼 빈 공백으로 비워가는 그의 역할 변신을 연출하고 싶었던 게 아닌가 싶다.

이민자 카림의 내부자 시선을 통해 드러나는 아시아 이민자 사회의 양상은 외부자 백인 영국인들이 생각하는 이국적 문화의 전형성과는 너무도 거리가 있다. 이들 동양 이민자들을 근원주의 정체성 개념으로 바라보는 백인들의 타자성 인식과는 달리 이민자들은 실제로 피부색에서만 타자일 뿐이고 성, 계층, 문화 등의 다양한 층위에서 접근해 들어가면 쉽게 그 정체성을 확정짓기가 불가능하다. 더구나 그들에게 피부색의 차이란 그저 표피적인 표식일 뿐 정체성을 확정짓는 기표가 되지 못한다. 이들의 정체성은 그때마다 변모하는 불확정한 이미지로 구성되며, 변신은 끊임없는 새로운 역할 연기를 요구한다. 한 비평가는 이를 "대체 연기"라 부른다(Ray 233). 이민자의 정체성이란 확정되지 못하고 부단히 떠도는 부표이며 끊임없이 자신의 위치를 바꾸는 변신의 과정이다.

III

『도시 교외의 부처』의 주인공 카림이 정체성을 구성해 가는 방식도 하룬, 자밀러, 창게즈처럼 대체 연기의 구도를 따른다. 카림의 본격적인 성인 수업은 런던에서 연극배우의 길로 나서면서 시작되는데, 그를 지도하는 연출가 파이크는 배우의 연기에 대해 다음과 같이 설명한다. "연기란 정말 기이한 작업이야. 배우는 관객들에게 내가 아닌 다른 사람이라는 걸 확신시켜야 하는 거다. … 자기 자신이 아닌 극중 인물을 사실적으로 보여주기 위해 배우는 자신의 진실한 자아로부터 훔쳐와야만 한다"(219). 연기의 "역설"이라고 파이크가 명명한 이 연기 방식은 나 아닌 자의 역을 통해 나를 외면화시키고 객관화시키는 작업이다. 그렇게 자신을 객관화시키기 위해서는 자신의 자아를 충실하게 반영하는 일이 수반되어야 하지만, 자신의 자아를 철저하게 분리시킬 때 그 역을 충분히 소화하게 되는 것이다.

이와 같은 역할 연기는 단순히 연극에서만 해당되는 게 아니라 사회생활에서 개인의 정체성을 구성해가는 데에도 적용된다. 사회에서 각 개인은 자신에게 부여된 역할을 연기할 때 자신의 실제 정체성에서 출발하지만, 한편으로 자신의 정체성을 벗어나서 새로운 인물의 개성을 창조해야 한다. 마찬가지로 백인 사회는 이민자에게 일정한 타자의 정체성을 요구하지만, 그 타자성의 역할은 실제 이민자의 정체성과는 일치하지 않는 이미지의 기표로 구성된다.

백인사회의 중심부로 진입하려는 카림에게 그의 피부색은 백인들에게 분명 "차이"를 불러일으키는 요소가 된다. 따라서 신참내기로서 무대에 막 등단하는 카림에게 요구되는 역할은 역시 전형적인 인도인/파키스탄인의 역이다. 그가 담당해야 할 첫 번째 역은 섀드웰의 무대에서는 야만스런 인도 원주민의 이미지이며, 두 번째 파이크의 극단 무대에서는 제국주의의 종결 이후 영국으로 건너온 "후기 식민주의 이민자의 새로운 이미지"(Ray 233)이다. 그가 무대에 설 수 있었던 이유는, 섀드웰의 말마따나, "[배우] 경험이 있어서 뽑힌 게 아니라 [인도] 본바닥 출신이 확실하여"(147) 뽑힌 것이다.

섀드웰의 극단에 픽업되어 카림에게 주어진 첫 역은 키플링의 『정글북』에 나오는 모글리이다. 인도인 본바닥 출신임을 분명히 하기 위해 카림은 인도 원주민 식의 팬티만을 걸치고, 원주민 피부색으로 꾸미기 위해 "똥색 크림"으로 머리끝에서 발끝까지 발라야했으며, 영국식 영어가 아닌 "정통" 인도식 억양을 흉내 내도록 요구받는다. 물론 카림의 어머니는 영국인이며, 그는 영국에서 태어나 영국을 벗어나 본 적도 없고, 다른 백인 영국인처럼 영어를 사용하며 백인들의 옷차림새로 차려 입고 자랐다. 그는 혼혈아여서 "크림"이란 별명이 생길만큼 본바닥 인도인의 검은 피부색보다는 한결 옅은 피부색을 지니고 있지만, 그가 런던 무대에서 요구받는 인종 정체성은 백인 영국인에게는 낯선 이방인이며 타자의 상징인 "정통" 인도인이다. 결국 그의 정체성은 본인의 생각이야 어떻든 영국사회에서 이방인 타자로 부여된 것이다.

섀드웰의 요구대로 정통 인도인의 전형성을 흉내 낸 카림의 첫 공연에 대한 가족과 친지들의 반응은 각양각색이다. 어머니는 아들의 성공에 기뻐 "자긍심에 울음"을 터뜨리고, 이모 진(Jean)은 멋진 배우들을 보는 것에 신나서 칭찬을 해준다. 아버지 하룬은 "인도에 대해 뭐 좀 안다고 백인들에게 똑똑한 척하는 멍청이 키플링"(157)을 욕하면서 인도를 제대로 그려내지 못했다고 비난한다. 또한 공연 내내 킬킬거리며 즐거워했던 창게즈의 반응도 단순하다. "재미있는 공연이었어. 다음에 또 초대해 줘"(157).

그러나 이들과는 달리 진보적 정치색이 농후한 자밀러는 영국인의 인종적, 문화적 편견에 영합하는 카림의 정치적 순진성을 신랄하게 비꼬며 비판한다.

> 그 연극은 완전히 네오파시스트의 연극이야 … 정말 구역질나는군. 억양도 그렇고 얼굴에 똥을 뒤집어쓰다니. 너는 바로 편견에 영합한 거야 … 그리고 인도인들에 대한 진부한 표현들. 그 억양들. 맙소사, 넌 어떻게 그런 걸 할 수 있었어? 창피했을 거 같은데, 안 그래? (157)

자밀러가 자신보다 훨씬 지적으로 앞섰다는 걸 카림도 작품 초반부터 인정하고 있던 바처럼, 자밀러의 비판은 이 연극에 담긴 인종의 정치성을 누구보다도 날카롭게 파악하고 있다. 이 연극에서 보여주듯이 문화적 차이를 통해 인종차별을 절대화시키는 인종 근원주의자의 담론에 자밀러는 종속되기를 거부한다. 따라서 모글리의 연기에 대해 자밀러의 반응은 냉소적이다.

이처럼 이민자 가족과 친지들의 반응은 다양하다. 각자의 입장에 따라 이 공연을 창게즈처럼 단순한 오락거리로 여기는가 하면, 자밀러는 정치적 측면으로 접근한다. 어머니는 아들의 첫 성공을 축하하는데 정신이 쏠려있고, 아버지는 인도인의 문화가 제대로 그려지지 못했다고 불만이다. 여러 형태의 목소리가 서로 충돌하며 얽혀 들어가 어느 한 가지 입장만의 절대성을 상쇄시킨다. 그러나 이 역을 어쩔 수없이 맡아 하면서도 죄의식을 갖고 있던 카림 자신은 이 역을 충실히 맡아 해내며 인기를 모을 뿐 아니라, 나중에는 이 역에 새로움을 덧붙인다. “나는 무대에 서면 마음이 안정되었고, 내가 하는 연기를 즐기기 시작했다. 나는 때때로 갑자기 목청을 높여 억양을 런던 사투리로 바꿔서 관객을 웃기기도 했다”(158).

친구 자밀러의 양심을 지르는 비난에도 불구하고 카림은 사실상 크게 자신의 혈통과 인종적 유산에 정서적 유대성이나 문화적 연대감을 느끼지 못한다. 배우로서 카림의 변형은 인종차별에 대항하는 의도적인 시도는 아니었지만, 이런 변형이 오히려 관객들을 재미있게 만든다는 걸 카림은 감각적으로 파악하였다. 이에 따라 그에게 주어진 인도 원주민의 역에 어울리지 않게 “런던 사투리”를 섞는 바람에 야만스런 원주민은 동시에 런던의 영국인으로 뒤바뀌게 되었다. “정통” 인도인의 역할을 기대했던 섀드웰의 목표와는 달리 카림의 연기는 실제로 섀드웰의 기대를 전복시키는 희화적인 결과를 낳았다. 섀드웰이 의도했던 인종의 전형성과 정통성은 카림의 희화적인 패로디를 통해 무너졌다. 카림의 연기는 자밀러가 염려했던 인종적 “편견에 영합”이 아니라 오히려 인종적 순수성과 문화적 정통성을 무력화시키는 결과를 가져온 것이다. 그 결과야 어떻든 카림은 자신에게 주어진 역을 재치 있게 변형시킴으로써 그에게 부여된 정체성이 인위적인 것일 뿐 궁극에는 유동적임을 시사한다.

모글리 역으로 연극계에 데뷔를 한 카림은 이제 더 유명한 전문 연극단에 픽업된다. 매튜 파이크가 이끄는 이 전위적인 실험극단은 좌파적 성향을 내세우며 "계급" 문제를 중점적으로 다루어나간다고 표명하지만, 실제로는 계급에 관한 상투적인 은어로만 차 있을 뿐 속물적인 부르주아의 가면을 그대로 유지하고 있는 극단이다. 이 극단에서 카림의 역은 또 다시 인도 이민자여서, 인종이란 기표는 여전히 중요하게 작용한다. 그러나 섀드웰이 단순히 피부색 차이에 의한 문화적/인종적 전형성을 요구하는 것과는 달리 파이크는 사실성을 강조한다. 그런 사실성을 높일 수 있는 방법으로 각 연기자는 "사회에서 너의 위치가 고정되어온 방식에 집중"(169)하여 연기할 인물 대상을 선정하도록 요구한다. 카림의 경우는 그의 유색인종 배경을 십분 활용하여 가까운 집안 가족이나 친지 중에 적합한 인물을 골라 그 인물을 사실적으로 재현해내도록 요구된다. 이미 섀드웰의 극단에서 인도인의 역을 자기 나름대로 새로 각색한 경험이 있는지라 카림은 떠나온 인도의 문화전통을 고수하는 안와를 자신이 그려낼 대상으로 정하고, 첫 연습 모임에서 안와가 딸의 중매결혼을 성사시키기 위해 벌였던 단식투쟁 장면을 연기한다.

그러나 카림의 인물 선택은 당장 카림과 마찬가지로 유색인종인 동료 연기자 트레이시(Tracey)로부터 공격을 받는다.

> "내 생각에 그건 흑인(black)들의 모습을 그대로 투영한 것이에요."
> "인도 사람인데요–"
> "흑인이나 아시아인이나 다를 게 없어요–"
> "그저 한 늙은 인도인일 뿐인데요–"

> "비이성적이고, 터무니없고, 히스테리에 사로잡힌 인물처럼 그렸어요. 게다가 광신적이고."
>
> "광신적이라고요?" 나는 감독에게 호소의 눈길을 보냈으나, 심판관 파이크는 신중하게 듣고만 있었다. "그것은 광신적인 단식투쟁이 아니에요. 그건 다분히 고의적인 협박이었어요."
>
> …
>
> "당신은 왜 그처럼 반동적이죠?" 그녀가 물었다.
>
> "그 말은 마치 검열이라도 하겠다는 말 같군요."
>
> "이제는 우리도 우리의 문화를 보호해야 해요, 카림. 그렇지 않아요?"
>
> "아뇨. 진실이 더 높은 가치예요."
>
> "아하! 진실이라. 누가 진실을 정의 내리는가요? 무슨 진실을? 당신이 지금 옹호하는 것은 백인들의 진실이에요. 우리가 논의하고 있는 건 백인들의 진실이에요." (180-81)

카리브 출신 트레이시의 비난에 따르면, 카림은 "흑색인종"의 문화를 보호하려는 게 아니라 우스꽝스런 아시아인의 모습을 그려냄으로써 소위 백인들의 오리엔탈리즘 시각을 그대로 따르고 있다는 것이다. 또 다시 유색인종 공동체의 재현에 담긴 정체성을 제기한 것이다. 그렇지만 카림이 안와를 선택했던 이유는 트레이시의 생각처럼 안와를 "유색인종" 전체의 전형성을 대변하는 인물로 생각했던 것이 아니라 단지 "그저 한 늙은 인도인"의 특이한 심리적 양상을 보여주려고 했던 의도였다. 카림에게 중요했던 것은 한 개별자의 독특한 행위를 표현하는 것이지만, 트레이시에게는 그 개별자의 개별성은 무시되고, 개인을 통해 전달되는 유색인종 전체의 이미지가 중요한 사항이다. 안와를 "광신자"로 해석하는 트레이시의 논평은, 백인 관객들의 시선에 그의 특이성이 무슬림 광신자로 왜곡되어 보인다는 경고이다.

그녀의 비판은 같은 유색인종으로서 유색인종의 문화를 보호해주려는 것이 아니라 그들의 특이한 문화를 백인들에게 팔아넘기려 한다는 비난이다. 그러나 카림의 견해는 백인들의 왜곡된 시선이 존재할지라도 한 인물의 진실을 그대로 재현해야 한다는 입장이어서 이를 차단하는 일을 일종의 검열이라고 항변하지만, 트레이스는 백인 사회에서는 백인들이 만든 진실만이 존재할 뿐이라고 주장한다.

카림과 트레이스의 입장은 각자 나름대로 유색인종 이민자들의 정체성 재현에 담긴 근본 문제를 제기한다. 카림은 무대에서의 연기와 그의 인종적 정체성을 구분하여 안와의 역을 개인주의적 차원에서 접근하고 있어, "인종에서 자유로운 무색 공간"(Schoene 117)을 말하는 위험성을 내포한다. 그런가 하면 트레이시는 자밀러와 마찬가지로 백인관객에게 주는 효과를 고려하여 같은 이민자 그룹 간에 존재하는 "사실상의 무수한 내적 차이들"(Schoene 117)을 부정하는 결과를 낳게 되고, 마침내는 인종적/문화적 차이를 부정하는 면에서 다문화주의자들의 담론을 내재화시키고 있다. 이런 양자 간의 입장 대립을 쿠레이시는 어떻게 해결하려고 하는지가 카림의 다음 행동에서 더욱 명백히 밝혀진다.

안와의 사건은 파이크가 트레이스의 편을 들어줌으로써 종결되고, 카림은 다른 대안으로 창게즈를 선택한다. 앞에서 살펴보았듯이, 창게즈는 안와와는 달리 유동적인 정체성을 지닌 혼종성의 인물이다. 이 연극에서 카림은 카릭이라는 가공의 인물로 창게즈를 사실적으로 흉내 내며 연습하는데, 그 연습기간에 카림은 자신의 정체성 의식에 큰 영향을 주는 두 가지 경험을 겪는다. 첫째는 안와의 장례식을 계기로 인도인과의 정체성 유대감을 얻게 되는 경험이며, 둘째는 동료 연기자 백인 여성 엘리너와 사랑 실패를 통해 백인 사회와의 큰 장벽을 깨닫는 체험이다.

첫 번째 경험에만 초점을 맞추면, 안와의 죽음은 카림에게 큰 변화를 가져오는 계기가 된다. 안와의 관을 묘지에 묻는 순간에도 이슬람식으로 장례를 치르려고 부산을 떠는 이민자들의 모습을 보며 카림은 이들이 자신과 별개의 인물들이 아니었음을 깨닫는다.

> 그런데 지금, 나는 이 이상한 모습의 사람들을 보면서 이들도 나와 같은 인도인인데, 그동안 이런 사실을 부인하거나 회피하려 했다는 생각이 들었다. 나의 반쪽이 떨어져 나간 것처럼, 또는 내가 자기들과 닮기를 바라는 백인들과 공모해 온 것처럼 불완전함과 부끄러움을 동시에 느꼈다. 이렇게 살았던 것은 어느 정도 아버지 탓이기도 했다. 안와와는 달리 아버지는 평생 동안 인도로 돌아갈 의사가 있다고 밝힌 적이 없었다. 아버지는 항상 이 점에 있어 정직했고, 모든 면에서 영국을 더 선호했다. … 자신의 과거에 대해 자랑스럽게 생각하지 않았으나 그렇다고 부끄럽게 생각하지도 않았다. 과거는 과거일 뿐, 일부 자유주의자들과 아시아의 급진주의자들이 그러는 것처럼 맹목적으로 떠받들지는 않았다. 그래서 나에게 여분으로 주어진 인도인으로서의 과거 특성을 더 알고 싶다면, 그 특성을 창조하는 수밖에 없었다. (212-13)

자신에게 늘 부여되어온 인도인 정체성은 단순히 백인들에 의해 부여된 허구의 타자성이 아니라 그것이 자신의 일부였다는 인식은 카림의 성숙된 인식 변화를 의미한다. 마찬가지로 자신의 인도인 정체성은 이미 주어진 것이 아니라 새로운 창조가 가능하다는 인식이다. 그것은 이미 주어진 인도인 정체성이 과거의 정체성이었다면, 현재의 정체성은 그 나름대로 새롭게 창조해야 한다는 필연성을 피력하는 말이다.

엘리너와의 사랑 실패에서 카림이 깨달은 인식도 이와 크게 다를 바 없다. 그는 늘 영국인 백인 사회에 받아들여지도록 늘 추구해오거나 인종차별에 대항해 왔지만 그 시도가 언제나 실패함에 따라 패배의식과 원한으로 끝을 맺었다는 것을 확인한다. "우리는 영국의 일부분이었지만 그 외부에 자랑스럽게 서 있었다. 그렇지만 진정으로 자유롭기 위해서는 우리 자신이 모든 원망과 한탄에서 또한 자유로워져야 한다"(227).

패배의식에서 벗어나 자신의 인종적 차이를 결합하여 새롭게 정체성을 찾아야 한다는 카림의 새 인식은 자신이 맡고 있는 인도 이민자역을 다시 새롭게 접근하도록 만든다. 그의 말마따나 이제는 자신이 보너스로 물려받은 인도인 정체성의 새로운 의미를 새롭게 해석하는 일이며, 이것은 자신의 정체성을 새롭게 창조해나가는 작업이 된다. 그리고 실제로 카림은 타릭이라는 인물을 형상화 하면서 점차 그에게 "더 확고한 자아의식"을 심어준다는 걸 깨닫는다.

> 창게즈/타릭을 창조하는 것만큼 신나는 일도 없었다. 맥주 한 잔과 공책을 책상에 올려놓고, 어린 시절 이래 처음으로 내 마음을 사로잡는 일에 집중하자, 여러 생각들이 흘러들었다. 마치 마술사의 손수건처럼 아이디어가 꼬리에 꼬리를 물고 이어졌다. 내 마음속에 이미 숨어있었다는 것조차 알지 못했던 새로운 생각, 관계성, 그리고 독창적인 아이디어가 솟아났다. 내 생각에 새롭게 색깔을 입혀보고 음영을 줘감에 따라 나는 더욱 원기가 솟아났고 생기가 일었다. 규칙적으로 일도 하고 일기도 썼다. 창조는 덧붙임의 과정이어서 서두른다고 되는 게 아니라, 인내와 그리고 무엇보다 사랑이 필요하다는 사실을 알게 되었다. 내 자신이 더욱 견고해짐을 느꼈다. 내 마음은 무수한 인상과 감정이 명멸하며 흘러가는 영화 같은 게 아니었다. 이것은 해볼 만한 가치가 있고 의미가 있는 일이

> 었다. 내 인생에 새로움을 덧붙이는 작업이었다. 이것이야말로 창조적인 삶이란 어떤 건지 파이크가 내게 가르쳐준 바로 그거였다. (217)

카림의 작업은 처음에 어릿광대 같은 창게즈를 사실 그대로 묘사하는데 초점이 있었지만, 이제는 그의 이면에 담긴 창게즈 인물의 독특성을 그려내려는 성숙한 노력으로 발전하였다. 뿐만 아니라 카림은 창게즈의 인물에서 자신의 인도인 정체성의 한 면모를 덧붙이는 창조적인 작업을 수행한다. 이러한 노력이 성공하였음은 첫 공연에서 창게즈가 보여준 반응에서 확인된다. "내 평을 들어보라고. 기본적으로는 자서전적인 내용을 지켜가면서 억지로 인물을 창조하려고 일부러 애쓰지 않은 점을 칭찬하고 싶군. 나란 사람이 아무나 객관화시킬 수 있는 그런 평범한 인물이 아니라는 것을 자넨 명확하게 알고 있더군. 정말 존경할 만해. 좋았어"(231). 이 논평은 타릭이란 인물에서 창게즈는 자신의 모습을 그다지 발견하지 못할 만큼 카림의 작업이 성공적이었음을 암시한다. 그만큼 카림은 카릭이란 인물에게서 새로움을 덧붙인 인도 이민자의 모습을 창조해낸 것이다.

III

이 소설의 제목처럼 "도시 교외의 부처"라는 새로운 이미지를 만든 아버지 하룬을 이어받아, 이제 카림은 그 스스로가 "도시 교외의 부처"를 창조하였다. 아버지의 변신이 피상적인 이미지만의 변신이라면, 이와 달리 카림의 변신은 인도인 정체성에 대한 성숙된 숙고의 결과물이다. 창게즈의 변신이 주체성을 상실한 변모의 과정이라면, 카림의 변화는 인도인의 과거 정체성을 발판으로 새롭게 창조해가는 창의적 변신이다.

카림이 뉴욕에서 만난 찰리(Charlie)는 가장 능란한 변신의 대변자이지만, 그의 변신은 이미지만을 차용하는 표피적인 것이다. 찰리는 포스트모던 사회에서 사회적으로 성공할 수 있었지만, 그것은 "돈과 성공"(256)에 몰입된 상업주의의 극단으로 치닫는 나르시즘의 행동이다. 실체 없는 이미지만의 변신은 공허함만이 그 내면을 차지한다. 카림이 뉴욕에서 만난 찰리는 "영국성을 팔아 엄청난 돈을 벌고 있는"(247) 성공을 거두었지만, 한편으로는 그 성공의 결과 "방종과 탐닉"(248)의 늪으로 빠져들고 있었다. "우리 자신에 대해 알 수 있는 한계까지 우리 스스로를 밀어붙이는 방식"(252)을 채택한 찰리는에게 카림이 경고하는 바처럼, 찰리는 "너와 일상의 삶 사이의 연결 끈을 절단"(248)하는 비인간성의 세계로 빠진 실패의 경우가 되고 만다. 찰리를 찾아갔던 카림이 뉴욕에서 되돌아선 이유도 일상성의 끈을 놓아버리고 성적 일탈에 탐닉하는 찰리의 본질을 카림이 마침내 파악하였기 때문이다.

혼종성은 단순히 주어진 정체성을 결합하는 과정이 아니라 새롭게 창조하는 과정이다. 또한 혼종성은 정체된 개념이 아니라 끊임없이 사회변화에 따라 유동하는 변신의 모습이다. 그것은 "끊임없는 위치 재설정, 외부세계와의 부단한 부딪침과 상호작용, 변형을 통한 재협상"(Ilona 98)의 과정이다. 인종의 차이 역시 의미를 확정 짓는 절대적 기표가 아니라 끊임없이 부동하는 부표(浮標)이어서, 쿠레이시는 『도시 교외의 부처』에서 부표로서의 유색 이민자 정체성을 끝없이 탐색하였다. 쿠레이시가 제시하는 이민자의 새로운 정체성이란 인종/종족/피부색의 범주로 구분되는 형태를 벗어난다. 인종의 구획을 넘어서서 세계시민의 일부분으로 이민자의 정체성을 접근하는 점에서 오히려 쿠레이시의 입장은 탈인종적이라고 할 수 있겠다. 국제화로 나아가는 80년대의 문화적 전환기에서 그의 도전은 영국 유색인종 이민자의 정체성 탐색에 분명히 새로운 가능성을 열어준다.

참고문헌

Brook, Susan. "Hegemony? Suburban space in *The Buddha of Suburbia.*" *British Fiction of the 1990s*. Ed. Nick Bentley. Routledge, 2005. 209-25.

Kureish, Hanif. *The Buddha of Suburbia.* London: Faber and Faber, 1990.

______. *Plays One*. London: Faber and Faber, 1992.

______. *Dreaming and Scheming: Reflections on Writing and Politics*. London: Faber and Faber, 2002.

Holmes, Frederick M. "Comedy, the Carnivalesque, and the Depiction of English Society in Hanif Kureishi's *The Buddha of Suburbia* and Kingsley Amis's *Jucky Jim.*" *English Studies in Canada* 28.4 (Dec. 2002): 645-66.

Ilona, Anthony. "Hanif Kureishi's *The Buddha of Suburbia.*" *Contemporary British Fiction.* Ed. Richard J. Lane, Rod Mengham and Philip Tew. Polity, 2003. 87-105.

King, Bruce. *The Internationalization of English Literature.* Oxford UP, 2004.

Ray, Sangeeta. "The Nation in Performance: Bhabha, Mukherjee and Kureishi." *Hybridity and Postcolonialism: Twentieth-Century Indian Literature.* Ed. Monika Fludernik. Germany, Stauffenburg, 1998. 219-38.

Rushdie, Salman. *Imaginary Homelands: Essays and Criticism 1981-1991.* Granta Books, 1991.

Schoene, Berthold. "Herald of hybridity: The emancipation of difference in Hanif Kureishi's *The Buddha of Suburbia.*" *International Journal of Cultural Studies* 1.1(April 1998): 109-28.

Stein, Mark. "Posed Ethnicity and the Postethnic: Hanif Kureishi's Novels." *English Literatures in International Contexts*. Ed. Heinz Antor and Klaus Stierstorfer. Heidelberg: Carl Winter Universitatsverlag, 2000, 119-39.

Thomas, Susie. *Hanif Kureishi.* Palgrave, 2005.

출처: 『현대영미소설』 제14권 3호 (2007), 207-227쪽.

IV. 카리브해 여성들의 반제국적 목소리

IV

이경민 _ 충남대 박사과정
이경란 _ 이화여대 HK연구교수

크레올 여성의 정체성과 존재양식
—진 리스의 『드넓은 사가소 바다』

이경민(충남대 박사과정)

I. 작가 및 작품세계

『드넓은 사가소 바다』(*Wide Sargasso Sea*, 1966)의 작가 진 리스(Jean Rhys, 1890-1979)는 도미니카 태생의 백인 크레올(Creole) 여성으로 본명은 엘라 그웬돌렌 리스 윌리엄(Ella Gwendolen Rees William)이다. 그녀의 모친은 영국 혈통의 크레올로서 몰락한 노예 소유주였는데 웨일즈인 선상의사를 만나 결혼을 하게 되었다. 진 리스는 16세에 영국으로 떠날 때까지 도미니카에서 성장했으며 영국으로 이주한 후 1차 세계대전을 겪었다. 그 후 네덜란드 시인과 결혼하여 10년 쯤 유럽대륙을 떠돌았는데 주로 파리와 비엔나에서 생활을 했다.

리스의 성장 배경과 결혼 생활은 그녀의 작품 세계에 많은 영향을 끼쳤다. 그녀의 작품들을 출간된 순서대로 간단히 살펴보는 것이 필요할 것 같다. 첫 소설 『왼편 강둑』(*The Left Bank*, 1927)은 결혼 이후 유럽을 떠돌면서 느낀 예술가로서의 면모들 담고 있다. 곧 이어 출간된 『사중주』(*Quartet*, 1928)에는 첫 번째 여주인공이 등장한다. 처음 네 권에 등장하는 여주인공들은 이름과 배경이 각기 다르지만, 동일인에 가까우며 리스의 인생의 각기 다른 시기를 대표한다고 할 수 있다. 『맥켄지씨를 떠난 뒤』(*After Leaving Mr Mackenzie*, 1930)는 제 3자의 입장에서 서술되고 있다는 점에서 그녀의 다른 소설들과는 좀 다르다. 세 번째 소설인 『어둠 속의 항해』(*Voyage in the Dark*, 1934)는 그녀의 어린 시절에 관한 기억을 많이 담고 있다. 『한밤이여, 안녕』(*Good Morning, Midnight*, 1939)에서는 인상적인 여주인공 사샤(Sasha)란 인물을 창조했다. 이후 돌연 자취를 감추면서 그녀의 5권의 책들도 점점 절판되기 시작했다. 리스는 『제인 에어』(*Jane Eyre*, 1847)에 등장하는 로체스터의 미친 부인에 한동안 사로잡히게 되었고 자메이카와 도미니카를 배경으로 『드넓은 사가소 바다』를 출간하기에 이른다.

II. 『드넓은 사가소 바다』 분석

1. 크레올 여성의 주체로서 재탄생

『드넓은 사가소 바다』의 배경이자 진 리스가 어린 시절을 보냈던 도미니카는 유럽인들과 원주민들의 언어와 문화가 혼재된 공간이었다. 프랑스인들이 먼저 이곳에 이주한 상태에서 영국인들이 노예를 데리고 이주해왔다. 이들 백인 크레올은 본국(유럽)을 그리워하고 그곳에 속해있다고 생각하지만 사실은 그곳에 대해 아는 바가 거의 없다. 진 리스가 살던 마을에는 노예해방령 여파로 백인과 흑인 사이에 불신이 존재했다. 백인과 흑인을 분리하는 문화 속에서 수 세대를 살아온 리스 집안은 어느 쪽에도 완전히 속할 수 없는, 불안한 입장에 놓이게 되었다. 몰락한 노예 소유주였던 어머니는 흑인들의 반감을 사기에 충분했다. 그렇다고 영국 본토 사람들과 동일한 사고방식과 가치관을 지닐 수도 없었다. 백인 크레올 여성의 비극은 이런 정체성의 혼란과 불안과 고립에서 시작되었다.

두 사이에 낀 소수인종 크레올이라는 특수한 입장은 진 리스의 작품에 많은 영향을 끼쳤다. 진 리스가 『제인 에어』에서 '광녀'로 등장하는 버사(Bertha)에게 관심을 갖게 된 것 역시 이런 자신의 고립감에서 비롯된 것으로 보인다. 리스는 버사를 '울부짖는 짐승'으로 묘사한 것이 부당하다고 느꼈기에 『제인 에어』를 버사의 입장에서 다시 쓰게 되었으며, 결국 버사를 앙투아네트(Antoinette, 작품 『제인 에어』에 등장하는 버사 메이슨의 본명)라는 주체로 탄생시킨다.

기존의 비평적 시각은 제인의 성공을 위해 버사의 희생과 억압을 당연하게 여기는 것이 대부분이었다. 그 일례로 산드라 길버트와 수잔 구바는 『다락방의 미친 여자: 여성 작가와 19세기의 문학적 상상력』(*Madwoman in the Attic: The Woman Writer and the Nineteenth-Century Literary Imagination*, 1979)에서 버사를 제인의 억압에서 비롯된 어두운 '분신'(dark double)으로서 기능한다고 보았다(Gilbert and Gubar 360).

하지만 페미니즘의 관심 범위가 여성의 인권문제에서 인종과 계급을 아우르는 범위까지 확대되면서 『제인 에어』에 대한 비평도 버사의 인권과 정체성을 건드리는 단계로 나아갔다. 다시 말해 버사를 제인의 분신이 아닌, 주체로 보려는 시도가 있어왔다. 『드넓은 사가소 바다』도 서구 페미니즘의 비평의 틀을 넘어서려는 이러한 시도를 적극 반영한다. 리스의 작품 속 버사는 제국주의와 가부장제의 희생자로 제시된다. 스피박(Spivak)은 리스의 이런 시도에 대해 긍정적인 시각을 지닌다. 스피박은 「세 여성의 텍스트와 제국주의 비평」("Three Women's Texts and a Critique of Imperialism")에서 "길버트와 구바가 『제인 에어』를 제인의 발전에 치중하는 것은 기존의 남성 주인공을 단순히 여성으로 대체한 것에 지나지 않는다"(Spivak 249)고 비판의 날을 세웠다. 스피박은 리스가 "제국주의 비판가로서 버사가 사실은 정신이 온전하다는 점을 밝혀냈고 그녀에게 인간다움을 부여했다"(Spivak 249)며 긍정적인 평가를 내렸다.

『드넓은 사가소 바다』의 구성은 서술 화자에 따라 세 부분으로 나뉜다. 1장은 주인공 앙투아네트의 시점에서 어린 시절에 겪었던 흑인 폭동으로 인한 쿨리부리 농장 저택의 화재와 가족의 죽음이 서술된다. 2장은 익명 남성의 관점에서 서술되는데 이 화자는 여러 정황상 『제인 에어』에 등장하는 로체스터와 동일 인물이다. 이 백인 남성은 낯선 식민지의 야생의 자연에 압도당하고, 앙투아네트와 크리스토핀에게 위협받으며 불안해한다. 3장은 다시 앙투아네트의 시점에서 서술된다. 로체스터의 영국 저택인 손필드에서 감금된 버사가 방화를 일으키고 떨어져 죽는 내용이 서사의 중심을 이룬다. 『제인 에어』에서는 제인의 시각에서 '울부짖는 동물' 버사를 바라본 반면에, 『드넓은 사가소 바다』에서는 버사가 주체가 되어 말을 하며 부조리한 세계에 분노한다.

2. 크레올 여성의 불안, 고립, 소외

크레올 출신인 진 리스가 크레올 여성 앙투아네트라는 인물을 창조하는 것은 자연스럽다. 쇼왈터는 리스가 "버사의 크레올적 배경의 인종적인 측면을 강조한다"(Showalter 124)라고 본다. 샬롯 브론테가

『제인 에어』에서 크레올을 부정적으로 묘사했기에, 진 리스는 『드넓은 사가소 바다』에서 이를 시정하고자 했다. 먼저 크레올의 정의와 특징을 간략히 살펴보는 것이 필요할 것 같다. 크레올은 언어적 · 문화적 혼종상태를 지칭하는 말로서 단순한 인종적 혼혈 이상의 의미를 지닌다. 일반적으로 크레올은 인종적으로는 혼혈이거나 유럽인의 혈통을 지니되 제 3세계에서 태어난 사람을 지칭한다. 애쉬크로프트(Bill Ashcroft)도 이렇게 정의한다. "크레올이라는 용어는 원래 유럽혈통을 지니고 열대 식민지에서 자란 백인을 지칭하는 용어이며, 영국에서 일반적으로 백인이든 흑인이든 서인도제도에서 태어난 사람을 의미한다"(Ashcroft 57). 크레올이 "서인도에서 태어난 유럽 혈통을 지칭한다"(Todd 8) 할 때, 앙투아네트와 아네트는 크레올이다. 그런데 혈통과 출생지 이외에도, 언어도 크레올을 특징짓는 요소다. 앙투아네트와 그녀의 엄마 아네트가 사용하는 언어는 정통 영어가 아니라 비문법적인 구문도 많고 프랑스어도 뒤섞인 크레올어다.

크레올은 백인과 흑인 양쪽으로부터 배척을 당하여 고립된 상황에 놓이게 된다. 이들의 애매모호한 위치는 제국의 확장과 식민지 개척의 과정과 밀접하게 연결되어 있다. 백인(지배자)과 흑인(피지배)의 중간 지점에 위치하기 때문에(바바의 표현에 따르면 '사이에 낀') 크레올은 백인과 흑인의 양쪽 집단에게 속할 수도 있지만, 그 때문에 양쪽 집단으로부터 배척을 당할 수도 있기 때문에 정체성의 혼란과 불안 및 차별을 겪게 된다.

그런데 흑인들이 백인 크레올을 노골적으로 무시하고 이들의 신변과 안전을 위협하면서 크레올은 궁지에 처하게 된다. 농장소유주였던 아네트는 노예 해방 이후에도 집에 흑인 하녀들을 두고 있었다. 이런 환경에서 자란 앙투아네트가 흑인들을 열등한 존재로 여기는 것은 당연하다. 크레올을 더욱 궁지에 처하게 만든 것은 유럽 백인들이 자신들을 차별하는 현실이었다. 크레올이 처음 정착했을 때는 백인 혈통이었지만 시간이 흐르면서 원주민들의 혈통과 문화와 뒤섞이게 되었다. 앙투아네트의 경우를 살펴보면 그녀는 마르티니크 출신의 유모인 크리스토핀(Christophine)의 손에 길러지며 원주민의 음식과 주술과 생활습관 등에 익숙해져있다. 영국인 로체스터는 원주민들의 삶과 문화에 젖어있는 앙투아네트를 타자로 취급한다. 이런 점에서 앙투아네트는 "이미 식민지배자와 피식민지인으로서 백인 크레올의 역사적 위치에 의해 분열되어 있음을 느끼고 있다"(Mardorossian 86)는 지적은 적절하다. 앙투아네트는 백인사회를 상징하는 영국 소녀와 흑인사회를 상징하는 티아(Tia)와 크리스토핀 사이에서 낀 상태에서 양쪽을 모두 받아들이려 하지만, 그들과 같아질 수 없음을 깨닫고 소외감을 느낀다.

소속감이 결여된 앙투아네트와 그녀의 가족에 더욱 어려움을 안겨준 것은 노예해방이다. 리스는『제인 에어』를 다시 쓰면서 원작과는 다른 노예해방 이후의 시대를 시간적 배경으로 삼는다. 그렇다고 이것이 백인의 흑인노예에 대한 통제력 상실을 의미하지는 않는다. 노예해방은 백인과 흑인 모두에게 불안감을 안겨주었다. 노예 소유주들은 흑인 노예에 대한 권리와 법적 통제권을 상실하면서 더욱 불안해졌다. 이제 지역의 프롤레타리아로 전락한 흑인들은 백인들에 관해 적개심을 더욱 품게 되었다. 흑인들을 크레올을 "하얀 바퀴벌레"(white cockroach)로 놀린다. 노예해방 이후 쿨리부리 저택에는 단지 몇 명의 노예만 남게 되었고 경제적으로 몰락한 앙투아네트 가족은, 특히 말을 타고 지나가는 아네트의 모습은 흑인들에게 조롱거리가 된다. 자신의 말이 독살 당하자 아네트는 "우리는 버려졌다고"(10)[1]

말하며 절망한다.

앙투아네트와 그녀의 흑인 친구 티아 사이에는 큰 간극이 존재한다. 앙투아네트는 티아를 무시하는 동시에 부러워하는 양가적 태도를 지닌다. 앙투아네트가 티아와의 내기에서 졌을 때, 그녀는 자신의 돈을 가져가는 티아를 "교활한 검둥이"(you cheating negro)(14)라고 무시하는 발언을 한다. 앙투아네트 흑인을 "교활한 검둥이"로 규정지음으로써 흑인에 대한 통치를 정당화하고 자신의 입지를 견고히 할 수 있다.

동시에 앙투아네트는 확고한 소속감을 지닌 티아를 부러워한다. 앙투아네트는 신선한 생선조차 사먹을 수 없을 정도로 가난한 자신들보다는 흑인들이, 즉 흑인 검둥이가 백인 검둥이(크레올)보다는 더 낫다고 생각한다. 한편 "진짜 백인들"(real white people)은 서인도제도에서 경제적인 이익을 계속 도모하는 사람들이다. 앙투아네트의 가족은 "진짜 백인들"과 어울리지 못하며 앙투아네트는 소속감의 부재로 고통을 겪는다.

앙투아네트와 티아는 사이에 진정한 소통은 불가능하다. 폭동이 일어난 날 밤을 묘사한 장면은 이 점을 잘 드러낸다.

> 우리는 똑같은 음식을 먹었고 나란히 누워 잤으며 같은 물에서 헤엄치지 않았던가? 티아를 향해 뛰면서 나는 생각했다. '티아와 함께 살아야지. 그리고 나는 티아처럼 될 거야. 쿨리브리를 떠나지

---

1 Jean Rhys, *Wide Sargasso Sea. New York: Norton & Company, Inc., 1999.* 이후 텍스트에서 인용은 괄호 속에 쪽수만 표기하기로 함. 단 긴 단락을 인용할 경우에는 번역본의 쪽수를 괄호 속에 병기하기로 함. 사용한 번역본은 다음과 같음. 진 리스 지음. 윤정길 옮김. 『광막한 사르가소 바다』. 서울: 펭귄클래식 코리아, 2008.

> 않을래. 결코 떠나지 않을래. 결코.' 티아에게 가까이 갔을 때 나는 티아가 울퉁불퉁한 돌을 하나 들고 있는 것을 보았다. 그렇지만 티아가 그것을 내게 던지는 것은 보지 못했다. 돌을 맞았다고 생각하지도 않았다. 단지 뭔가 축축한 것이 내 얼굴을 타고 흘러내린다고 생각했다. 나와 눈이 마주치자 티아의 얼굴이 갑자기 일그러지더니 울음을 터뜨렸다. 우리는 마주 서서 바라보고 있었다. 내 얼굴에서는 피가, 그리고 티아의 얼굴에서는 눈물이 흐르는 채로. 티아의 얼굴을 바라보며 나는 내 얼굴을 보는 것 같다고 느꼈다. 마치 거울 속의 나를 내가 보듯이. (Rhys 27; 윤정길 76-7)

폭동이 일어난 날, 티아는 옆에 있던 앙투아네트에게 돌을 던져 그녀의 얼굴에 피가 흐르게 만든다. 티아와 앙투아네트 상호간의 응시는 마치 거울을 보는 것처럼 묘사되었지만, 서로간의 간극만 확인하게 된다. 이 장면은 서로 다른 세계에 속한 두 사람이 서로 다른 존재일 수밖에 없다는 점을 잘 예증한다.

앙투아네트와 그녀의 유모인 크리스토핀과의 관계에도 긴장감이 존재한다. 크리스토핀은 앙투아네트를 보살펴주고 충고도 해준다. 한편으로는 크리스토핀에게 의존하고 어려운 일이 있을 때마다 조언을 구하면서도, 다른 한편으로는 크리스토핀의 말을 듣지 않는다. 크리스토핀은 아는 것이 없다며 앙투아네트를 무시한다. 곤경에 처한 앙투아네트는 낯선 곳에 버려진 난파선과도 같은 존재다.

3. 제국의 남성과의 결혼이 남긴 것

앙투아네트는 '진짜 백인'인 영국인 로체스터와의 결혼을 통해 점차 백인 세계와 연결고리를 마련하고자 한다. 그녀의 막연한 동경심은 강박증으로 발전한다. 그녀가 로체스터를 왕이나 황제로 부르면서 그에게 애정과 존경심과 표시하는 것은 영국인이 되고자 하는 그녀의 열망을 반영한 것이다. 그녀가 제국(주의자)에 속한다는 것은 일종의 안도감을 갖게 되는 것이다.

먼저 로체스터의 정체를 규명할 필요가 있다. 그는 왜 영국을 떠나 서인도제도에서 크레올 여성과 결혼을 하게 되는 것일까? 차남인 로체스터는 장자상속법의 희생자인 동시에 가부장제과 제국주의 사고방식을 구현하는 인물이다. 차남인 이유로 그는 아버지의 재산을 물려받을 수 없었다. 장자상속법은 집안의 위신을 고려하여 장남에서 재산을 몰아주기 위해 고안된 것이다. 로체스터는 앙투아네트와의 결혼을 통해 3만 파운드의 지참금을 받을 수 있다는 이유로 그녀와 결혼을 한다. 또한 앙투아네트와의 결혼을 통해 농장을 헐값에 사들일 수 있었다. 로체스터의 정략적 결혼은 식민지에서 경제적인 이익을 취하는 제국주의자의 모습을 잘 보여준다.

하지만 로체스터는 결혼에 만족하지 못한다. 앙투아네트의 지참금 3만 파운드에 자신의 영혼을 팔았다고 생각하는 그는 남성으로서의 권위와 품격을 잃었다고 생각한다. 더구나 크레올 여성과 결혼을 함으로써 백인종의 순수성이나 우월성을 잃은 것에 대해 수치스럽게 생각한다. 이것은 로체스터가 아버지와 형에게 '치욕'(disgrace)을 안겨주지 않겠다고 다짐하는 데서도 잘 알 수 있다. 자신의 과오와 집안의 치욕을 감추기 위해 그는 앙투아네트를 영국으로 데려와 다락방에 감금한다. 리스는 로체스터를 불명예스런 혹은 타락한 백인 제국주의자로 제시한다.

로체스터가 두려워하는 것은 크레올 여성뿐만 아니라 자메이카의 야생의 자연이다. 자신에게 적대적인 자연을 묘사한 로체스터의 진술의 일부를 살펴보자.

> 이곳은 야생적일 뿐 아니라 위협적이다. 저 언덕들이 죄어와 나를 가두려는 듯하다. […] 모든 것이 너무 지나치다. 나는 지친 상태로 그녀의 뒤를 따라가며 생각했다. 세상이 온통 푸르고 온통 보라색이며 온통 초록색 천지이다. 꽃들은 너무 빨갛고 산들은 너무 높으며 언덕은 너무나 가까이 있다. 그리고 여인은 이방인이다. 그녀의 변명하는 말투도 귀찮다. 나는 그녀를 사지 않았다. 그녀가 나를 산거다. (Rhys 41; 윤정길 105)

로체스터는 비문명화된 야생의 공간을 두려워한다. 이 공간은 그가 이해할 수도 재현할 수도 없는 공간이다. 앙투아네트에 대한 두려움과 야생의 공간에 대한 두려움이 그를 불안하게 만든다. 이처럼 백인 제국주의자의 정체성은 불안정하다. 그렇다면 그는 왜 앙투아네트를 두려워할까? 첫 여행지에서부터 현지 사정에 밝은 앙투아네트가 로체스터를 안내하고 모든 상황을 주도한다. 이런 점에서 앙투아네트는 빅토리아조의 순종적 여성상은 아니다. 이런 여성한테 자신의 영혼을 이미 저당 잡혔다고 생각하는 로체스터는 그녀를 더욱 경계하고 억압한다. 리스는 남성 지배자와 여성 피지배자의 전통적 패러다임을 전복시킨다.

로체스터는 앙투아네트의 성적인 자유로움도 두려워한다. 앙투아네트는 성적으로 솔직하며 성적인 유희를 과감히 표현한다. 로체스터는 남성다움을 상실할 상황에 직면한다. 때문에 "로체스터는 아멜리(Amelie)라는 흑인 소녀와의 성관계를 통해 힘의 지배관계와 경제적 지배위치, 그리고 성적인 우월감을 다시 되찾고자"(Dalton 442) 한다는 주장은 설득력이 있다. 로체스터는 아멜리와의 성관계를 통해 앙투아네트와의 관계에서 상실한 지배자로서의 위치와 권위를 되찾고자 한다. 이런 로체스터의 모습은 지배자의 내적 불안감을 잘 보여준다.

로체스터가 앙투아네트를 억압하는 이유는 이런 불안감을 해소하기 위한 것으로 보인다. 로체스터에게 있어서 '순수한' 영국적인 가치는 매우 중요하다. 자메이카에서 자란 앙투와네트는 그가 원하는 영국적인 아내상은 아니다. 그래서 그는 "아내와 정서적인 거리감을 유지함으로써 자신에게 부여된 '순수한 영국성'을 유지하고자 한다" (Halloran 103). 그는 앙투아네트와 크리스토핀과의 관계도 점검하고, 앙투아네트에게 성적인 유희도 허락하지 않는다. 그러던 중 "광기가 지나치면 아마도 남편까지 해치려 할지도 모른다"(58)는 다니엘의 경고성 편지를 읽게 된다. 로체스터는 첫 번째 조치로 앙투아네트의 이름을 바꾼다. 그는 엄마 아네트의 이름을 딴 앙투아네트란 이름을 싫어한다. 아네트의 광기가 앙투아네트에게 이어질 것이라는 두려움 때문이다. 그래서 그는 일방적으로 앙투아네트의 이름을 버사로 바꾼다. 이것은 앙투아네트의 개별적 정체성을 부정하는 것이며 아내에 대한 통제의지를 드러낸 것이다.

앙투아네트가 개명에 강하게 반발하는 것은 당연하다. 그녀는 로체스터가 자신을 다른 사람으로 만들려 하며, 그것은 원주민들의 주술인 '오베어(obeah)' 같은 것이라고 말한다. 또한 "그녀는 자신의 이름이 앙투아네트로 불리지 않을 때 그녀의 향기와 예쁜 옷들, 그리고 그녀의 거울들과 함께 앙투아네트가 창문 밖으로 떠내려가는 것이 보인다"(107)고 말한다. 앙투아네트는 정체성의 상실을 두려워한다. 로체스터는 앙투아네트를 버사로 개명함으로써 앙투아네트한테서 아네트의 흔적을 지우고 앙투아네트를 통제하고 소유할 수 있다고 생각한다. 이렇게 함으로써 그는 야생의 자연에 위축되었던 불안감을 얼마간 해소할 수 있다고 믿는다.

그러나 로체스터의 개명은 지배권력의 회복으로 이어지지 못한다.

로체스터의 이름 바꿔부르기는 크리스토핀에게도 행해진다. 그는 크리스토핀에게도 위협을 느끼고 있었다. 두 번째 장에서 그는 피나(Pheena)라는 이름으로 크리스토핀을 부르는 앙투와네트의 모습을 묘사한다. 이는 단순히 크리스토핀이라는 이름을 줄여서 부르는 것으로 보일 수도 있으나 앙투아네트가 사용하는 프랑스어와 크레올어 방식이 아닌 영어식으로 줄여 부르는 방식을 택한 것으로 보아 서술자인 로체스터의 의도가 반영된 것으로 볼 수 있다. "크리스토핀의 이름을 줄여서 부르면서 그는 앙투아네트에게 했듯이 크리스토핀을 주변화하려고 시도한다"(Russell 97)는 지적은 적절하다. 그러나 크리스토핀은 로체스터의 계략을 이미 알고 있었으며, 작품에서 자취를 감춘 이후에도 "크리스토핀은 로체스터가 절대 벗어날 수 없는 이름 없고 형체 없는 목소리로 남아서"(Russell 99) 로체스터를 괴롭힌다. 이렇듯 개명을 통해 지배권력을 회복하고자 하는 로체스터의 시도는 결국 실패로 돌아가게 된다.

리스는 일방적 이름짓기 방식을 거부하고 앙투와네트에게 본연의 이름을 되찾아 줌으로써 크레올 여성을 주체로 재탄생시킨다. 이러한 이름짓기 방식에 대해 존 맥클라우드는 다음과 같이 말한다.

> 앙투아네트라는 이름은 그녀의 가족 상황이 달라질 때마다 계속 변한다(어떤 평자들은 그녀를 버사 앙투아네트 코스웨이 메이슨 로체스터라고 한다!). 소용돌이 모양의 그런 긴 이름은 앙투아네트의 정체가 항상 남성과의 관계에서 만들어지며 남성에 의해 규정되는 정도를 나타낸다. 앙투아네트는 그녀의 정체성을 규정지으려는 다른 사람의 통제에서 어느 정도 자유롭게 되며 자신 스스로를 통제할 수 있는가? 또한 왜 남편은 로체스터로 불리지 않는가? (존 맥클라우드 194-5)

맥클라우드는 앙투아네트의 정체성 구성이 타자의 요구로부터 얼마나 자유로울 수 있으며 로체스터가 익명의 남성화자로 제시되는지를 따져 묻는다. 앙투아네트의 이름이 양아버지와 남편의 성에 따라 길게 지어지는 것에서 보듯이 그녀의 정체성은 제국과 남성이라는 지배권력에 의해 규정된다. 진 리스는 앙투아네트의 정체성이 백인 남성에 의해 규정되는 것을 경계하고 거부한다. 또한 리스는 자신의 작품의 독립성을 확보하고자 남성인물의 이름을 로체스터로 규정짓지 않고 익명의 남성화자로만 제시하고 있다. 이러한 장치들을 통하여 그녀는 이름과 인물들의 정체성을 고찰하는 동시에 자신의 작품이 『제인 에어』에 의존하지 않고 독립적인 작품으로 존재하도록 만든다.

4. 앙투아네트의 침묵, 저항, 비상

로체스터의 억압에 맞서 앙투아네트는 침묵으로 대응한다. 그녀는 로체스터가 자신을 버사로 부르는 것에도 대답을 하지 않는다. 이런 그녀의 침묵은 로고스 중심주의, 남성중심주의, 제국주의에 맞선 저항의 표출이다. 앙투아네트는 침묵이라는 또 다른 언어형태로 로체스터의 일방주의에 맞선다. 한 평자가 적절하게 지적하듯이 앙트와네트의 침묵은 "그녀의 나약함의 상징이 아닌 식민주의 유산에 대한 저항반응이며, 발화와 권력을 연관시키는 서구적 의식에 대한 도전이다" (Mardorossian 1081)이다. 또 다른 평자는 "침묵은 언어와 소리들로 가득 찬 세상에 존재할 뿐만 아니라 어떤 침묵이라도 소리에 의해 구멍난 시간의 연속이라는 속성을 지니기 마련이다. 결국 침묵도 발화의 형태이며 대화의 요소로 존재한다"(Hardwick 187). 침묵이 전복의 힘을 지닌다는 것은 대단한 역설이다. 로체스터는 앙트와네트의 의사소통

방식을 이해하지 못하고 이를 거부하다가 다리와 저택을 잃게 된다.

앙투아네트 침묵과 더불어 그녀의 마지막 꿈이 지니는 상징적 의미를 밝혀내는 것도 필요하다. 영국으로 이주하기 전에 그녀가 꿨던 꿈은 막연한 불안감의 표출이었지만 이주 후에는 분노의 표출로 발전한다. 꿈 속 화재 장면의 경우 배경공간은 마치 "제단 없는 교회처럼 슬프고 춥고 텅 빈 공간"(111)으로 『제인 에어』 속 영국의 다락방을 연상시킨다. 촛불이 떨어지면서 발생한 화재는 하늘을 붉게 만들고 그녀의 모든 것을 삼켜버린다. 이 장면은 극단적인 분노의 표출을 상징한다. 앙투아네트의 분열된 자아는 합리적 주체와 정면으로 대립한다는 점에서 전복성을 지닌다. "해체되고 파괴되고 분열된 정체성과 해체된 몸의 환상은 일원화된 자아라는 전통적인 범주와 대립한다"(잭슨 234)라는 지적은 적절하다.

꿈속에서 앙투아네트는 로체스터가 있는 현실세계[영국]가 아닌, 자신을 향해 손짓하는 티아와 크리스토핀이 있는 환상의 세계[본국]를 선택한다. "날개처럼 펼쳐진 그녀의 머리가 앙투아네트를 지탱시켜주었다"(112)라는 대목은 그녀가 단순히 투신하는 게 아니라 비상하고 있다는 걸 의미한다. 마치 그녀가 티아와 크리스토핀이 있는 쿨리브리 저택에 갈 수 있는 자유를 얻은 것 같다. 꿈에서 깨어난 그녀는 자신이 할 일을 깨닫고 발걸음을 옮기는데, 이것이 방화와 자살로 이어진다.

앙투아네트의 자살을 육체적 죽음, 광기의 표출, 현실에서의 패배로 볼 수도 있겠지만, 로체스터의 제국주의적 가부장적 사고에 맞선 고립된 크레올 여성의 극단적인 분노의 표출이자 저항의 몸짓으로도 볼 수도 있다. 그녀에게 자살은 탈출구, 은신처, 일종의 합리적 선택으로 여겨졌다. "무엇보다도 중요한 것은, 자살의 세계가 그 나름대로 반박할 수 없는 논리를 가진 하나의 폐쇄된 세계라는 것이다"(알바레즈 158). 헬렌 티핀(Helen Tiffin)은 "그녀[앙투아네트]의 자살은 그녀의 목숨을 희생하는 것이지만 로체스터의 통제로부터 탈출을 의미한다"(Tiffin 61)라고 지적한다. 존 수(John Su)는 리스가 앙투아네트를 "꿈에서 깨어나서 처음으로 그녀가 잃어버린 것, 즉 우정이나 가정처럼 앙투아네트가 경험해보지 못한 것들의 위대함을 깨닫는 여성의 이미지"(Su 170)로 만든다고 본다. 정리하면 그녀의 방화와 자살은 제국주의와 가부장제로부터 탈출일 뿐만 아니라 자신의 정체성과 욕망에 대한 각성이란 의미를 지닌다. 크레올 여성이 더 이상 수동적인 대상이 아니라 저항의 주체로 변모되는 과정을 볼 수 있다.

III. 맺는 말

진 리스는 『제인 에어』 다시 쓰기를 통해 크레올 여성에게 목소리와 실체를 부여할 뿐만 아니라 로체스터의 비중과 영향력을 대폭 줄이는 방식을 택한다. 로체스터의 서술은 앙투아네트의 서술 사이에 끼어있으며, 그마저도 간간이 등장하는 앙투아네트와 크리스토핀의 서술 및 다니엘 코스웨이의 서술로 인해 방해를 받는다. 로체스터라는 이름조차 언급하는 대신에 익명의 남성화자를 등장시켜 로체스터의 권위와 힘과 중요성을 축소시킨다. 또한 로체스터는 무력한 백인 남성 제국주의자로 제시된다. 그는 자메이카 섬에서 앙투아네트의 도움을 받으며 야생의 자연 환경에 적응하지 못한 채 열병을 앓는다. 이렇게 리스는 백인 제국주의 서사를 전복시키고 그 빈자리를 크레올 여성의 목소리로 채운다.

존 맥클라우드는 리스의 다층적 서술구조와 『제인 에어』 다시 쓰기의 중요성에 대해 언급하면서 "많은 시끄러운 목소리 중에서 하나의 권위적인 목소리를 발견하는 것과 의미를 고정시켜 애매모호함을 해결하려는 노력에 신중해야 한다"(McLeod 204/맥클라우드 195)고 일침을 가한다. 작품의 결말에 이르러 독자는『제인 에어』에서 로체스터와 제인의 서술에만 의존해 버사를 판단했던 것이 부당한 것이었음을 인식하게 된다. 리스는 타자[크레올 여성]에 대한 편견과 몰이해가 초래하는 비극을 형상화하여 독자의 각성을 촉구한다.

참고문헌

로즈메리 잭슨.『환상성–전복의 문학』. 서강여성문학연구회 옮김. 서울: 문학동네, 2001.

알프레드 알바레즈.『자살의 연구』. 최승자 옮김. 서울: 청하, 1982.

존 맥클라우드 지음.『탈식민주의 길잡이』. 박종성 외 편역. 서울: 한울, 2003.

진 리스 지음. 『광막한 사르가소 바다』. 윤정길 옮김. 서울: 펭귄클래식 코리아, 2008.

Ashcroft, Bill and Griffiths, Gareth and Tiffin, Helen. *Key Concepts in Post-Colonial Studies*. London: Roudledge, 1999.

Bhabha, Homi K. *The Location of Culture*. London: Routledge, 2000.

Dalton, Elizabeth. "Sex and Race in *Wide Sargasso Sea*," *Partisan Riview* (2000 Summer), 2000: 431-42.

Gilbert, Sandra M, Gubar, Susan. *The Madwoman in the Attic: The Woman Writer and the Nineteenth-Century Literary Imagination*. New Haven: Yale University, 1984.

Halloran, Vivian Nun. "Race, Creole, and National Identities in Rhys's *Wide Sargasso Sea* and Philips's *Cambridge*," *Small Axe* Vol. 21, October, 2006: 87-104.

Hardwick, Elizabeth. *A Susan Sontag Reader*. London: Penguin Books

Ltd., 1983.

Mardorossian, Carine. "Double (De)colonization and the Feminist Criticism of *Wide Sargasso Sea*," *College Literature*. (Spring, 1999): 79-95.

_____. "Shutting up the Subaltern Silences, Sterotypes, and Double-Entendre in Jean Rhys's *Wide Sargasso Sea,*" *Callaloo*, Vol.22, 1999: 1071-90.

McLeod, John. *Beginning Postcolonialism*. New York: Manchester University Press, 2000.

Rhys, Jean. Wide Sargasso Sea. New York: Norton & Company, Inc., 1999.

Russell, Keith A. "'Now every word she said was echoed, echoed loudly in my head': Christophine's Language and Refractive Space in Jean Rhys's *Wide Sargasso Sea*," *Journal of Narrative Theory*, Volume 37, Number 1, Winter, 2007: 87-103.

Showalter, Elaine. *A Literature of Their Own*. London: Virago Press Ltd., 1995.

Spivak, Gayatri. "Three Women's Texts and a Critique of Imperialism," *Critical Inquiry* 12:1, 1985: 243-61.

Su, John. "Once I would Have Gone Back. But Not Any Longer: Nostalgia and Narrative Ethics in *Wide Sargasso Se*a," *Critique* (Winter, 2003): 157-74.

Tiffin, Helen. "Travelling Texts: Intertextuality and Resistance in V.S. Naipaul's *Guerrillas* and Jean Rhys's *Wide Sargasso Sea*," *Journal of West Indian Literature,* Vol. 6, 1., 1993: 58-66.

Todd, Loreto. *Jean Rhys's Wide Sargasso Sea*. London: York Press, 1995.

자메이카 킨케이드의 『작은 곳』과 『애니 잔』

-카리브 포스트/식민 공간에 대한 탈식민적 재해석

이경란(이화여대 HK연구교수)

I. 서 론

폴리 마셜(Paule Marshall), 자메이카 킨케이드(Jamaica Kincaid), 미셸 클리프(Michelle Cliff) 같은 카리브해 출신 미국여성작가들의 글쓰기와 그들이 다룬 이산과 젠더와 인종 등의 문제가 주목을 받기 시작한 것은 1980년대 이후 포스트식민 이론과 비평이 대두되고 중심이 아닌 주변, 백인이 아닌 유색인, 남성이 아닌 여성에 대한 관심이 증가하면서다. 『갈색 소녀, 갈색 벽돌집』(*Brown Girl, Brown Stones*), 『선택된 장소, 시간너머 사람들』(*The Chosen Place, The Timeless People*), 『에이벵』(*Abeng*), 『천국으로 통하는 전화는 없다』(*No Telephone to Heaven*), 『애니 잔』(*Annie John*), 『루시』(*Lucy*) 같은 카리브계 여성작가들의 텍스트는 미국에서 창작되고 미국에서 출판되었지만, 대부분 카리브해 지역의 핵심적 경험들, 즉 식민주의와 이산, 인종과 젠더의 문제를 다루고 있다.

남북 아메리카를 이어주는 섬들로 구성된 카리브해 연안 국가들은 그 기원 자체가 이산과 이주의 역사이며 그 이산과 이주를 야기한 것은 서구의 제국주의와 식민주의다. 1492년 콜럼버스가 서인도제도를

'발견'한 이래 선주민들을 멸절시키며 이 지역을 점령한 유럽 백인 식민주의자들은 유럽 시장에 수출할 사탕수수 같은 단일 열대작물을 대농장(Plantation) 체제로 재배하기 위해 아프리카 흑인 노예들을 강제 이주시킨다. 19세기 초 노예무역이 금지되었을 때(주요 노예 수송국이었던 영국은 1807년 노예무역을 폐지한다) 카리브해 지역에는 남북아메리카 전체에 이송된 약 천만 명의 아프리카 노예의 47%에 해당하는 엄청난 수의 아프리카 노예들이 존재하고 있었고, 1833년 이 지역의 노예제를 폐지한 영국이 인도와 중국 등에서 계약 노동자들을 유입시키면서 카리브해 지역은 소수의 백인과 다수의 흑인과 다양한 아시아 민족들로 구성된 다인종, 다문화, 다언어 공동체가 만들어진다 (Knight and Palmer 6-9). 유럽의 식민지 상태를 벗어나 독립한 현재에도 대부분의 카리브해 도서국가들은 수출품 위주의 단일작물 대농장과 외국자본과 외국인 관광객에 전적으로 의존하는 관광산업 중심의 신식민적 경제 구조를 유지한다. 유럽 식민지로서의 오랜 역사가 남긴 이러한 경제적 동인들이 섬들 사이의 계절 이주노동과 유럽 '모국'과 미국의 메트로폴리스(metropolis)로의 이주를 활발하게 진행시키고 있다.

현재 영어권 카리브해 지역주민들이 가장 많이 이주하는 국가는 미국이다. 영어권 카리브해 이주자들이 '모국'인 영국에서 미국으로 이주국을 전환하게 된 계기는 거리의 가까움과 미국의 적극적인 경제적 개입과 더불어 영국과 미국의 이민법 개정에 기인하는 바가 크다. 영국이 60년대에 이르러 2차 대전 직후 국내의 노동력 부족을 해결하기 위해 장려했던 이민들의 유입을 엄격하게 막기 시작한 것과 대조적으로 미국은 같은 시기에 이민법 개정을 통해 제3세계 이민자들에게 미국 이민의 기회를 확대하였기 때문이다. 고향이 제공해주지 않는 경제적 기회를 찾아 많은 카리브인들은 미국으로 건너갔고, 70년대 이후에는 특히 미국 백인 여성들의 직업적 기회가 확대되면서 생겨난 가사노동 시장의 수요를 채우기 위해 많은 유색 여성들이 가족과 더불어 혹은 가족을 뒤에 두고 미국으로 건너가게 된다.

뉴욕으로 이주한 카리브계 이민 여성작가 중 대표적인 작가가 자메이카 킨케이드다. 흑인 여성인 그녀도 다른 많은 카리브계 흑인여성들처럼 가족의 경제적 안정을 위한 노동 이민의 형태로 미국으로 건너간다. 그녀의 자서전적인 작품 『루시』는 미국 메트로폴리스에 이주한 카리브계 유색 여성이 경험하는 독특한 소외와 단절의 경험을 잘 그려내고 있다. 여주인공 루시(Lucy)는 미국인들이 자신의 고향을 마치 미국의 일부인 것처럼 "그 섬들"(the islands)로 부르고, 자신을 열대의 이국적인 꽃처럼 신비한 낭만적인 존재로 대상화시키면서 동시에 자신이 노예의 후손임을 지속적으로 상기시키고 있음을 발견한다. 영국식 영어를 구사하고 영국식 문화교육을 받았으며, 흑인들의 국가에서 성장한 자긍심도 가진 카리브계 이민자들에게 미국이 제공하는 것은 단순하고 엄격한 흑백의 위계뿐이다. 루시는 미국의 제1세계 백인남성 중심의 주류 이데올로기에 동화하기보다는 자신의 주체적인 관점을 드러내면서 자신을 응시의 대상이 아닌 응시의 주체로 위치시킨다. 하지만 루시의 모든 노력에도 불구하고, 작품 내내 제1세계 주류 백인들의 의식적인 혹은 무의식적인 특권 의식이 카리브계 흑인 이주여성을 열등하고 이국적인 존재로 타자화하고 미국 사회 내에서 복합적인 소수자 입지에 놓이게 한다는 사실에는 변함이 없다.

카리브 흑인 여성들의 주변성과 소수성은 미국에서만 나타나는 현상은 아니다. 카리브 고향에서도 흑인 여성들은 서구 백인 식민주의자들이 구축한 인종, 젠더, 계층의 엄격한 경계선이 작동하는 식민적 위계 구조 안에서 가장 주변적인 존재로 존재해왔다. 카리브 흑인 여성들의 주변성은 카리브해 섬들이 독립국가가 된 이후에도 변함없이 유지된다. 그 극단적 형태가 흑인 여성작가들의 취약한 위상과 흑인 남성작가들의 텍스트에 나타나는 흑인 여성들의 부재다. 카리브 서사와 카리브 작가들의 작가성 문제를 젠더 관점에서 연구한 벨린다 에드먼드슨(Belinda Edmondson)의 날카로운 지적처럼, 제1세대 카리브 남성작가들인 조지 래밍(George Lamming), C.L.R. 제임스(C.L.R. James), V.S. 나이폴(V.S. Naipaul) 등의 저항, 혁명, 국가 서사에는 흑인 여성이 거의 등장하지 않는다. 흑과 백의 남성 주인공들이 자신들의 남성다움과 자율성을 다투는 경쟁터로 백인 여성의 몸이 등장할 뿐이다. 남성작가들의 이러한 서사적 특징은 카리브 흑인 남성들이 카리브 지역의 해방과 독립을 흑인 남성의 남성다움을 회복시키기 위한 흑백 남성들 간의 싸움으로 인식하고 있었음을 보여준다(Edmondson 98-122).

흑인 여성이 과거 노예제의 수치스러운 상징으로, 새로운 흑인 작가가 새로운 흑인 혁명적 감수성을 말할 수 있기 전에 파괴해야할 수치스러운 과거로 간주되는 곳에서 흑인 여성의 존재와 목소리가 침묵될 수 밖에 없었다는 사실은 이해하기 어렵지 않다. 킨케이드 역시 한 인터뷰에서 자신이 책읽기를 그렇게 좋아했음에도 고향에서는 결코 작가로서의 자신을 상상해 본 적이 없었다고 말한다(Cudjoe 398). 이는 영국 작가들만을 '작가'로 인식하게 한 영국 식민지 교육의 결과이면서 동시에 흑인 남성들의 경험과 목소리만을 독립 국가의 국가성을 대변하는 것으로 간주하는 카리브해 지역에서 흑인 여성들이 놓여 있던 주변적/소수자적 위치의 결과다. 킨케이드의 성장소설인 『애니 잔』과 『루시』는 흑인 남자아이에게는 영국 유학을 통한 전문직 등 삶의 모든 가능성을 꿈꾸게 하고, 흑인 남성에게는 사생아를 수십 명씩

낳는 성적 자유로움을 허용하면서도, 흑인 여자아이에게는 '매춘녀'(slut)가 되지 않는 교육만을 제공하는 (포스트)식민지 카리브 사회에 대한 흑인 여성 저자의 분노와 절망이 적나라하게 담겨 있다.

결과적으로 킨케이드(그리고 그녀의 허구적 인물들인 애니 잔과 루시)가 시도하는 식민지에서 제국의 중심으로의 이주는 외적으로는 노동 이민의 형태이지만, 내적으로는 망명의 속성을 가진다. 떠난 고향에서도 이주한 미국에서도 완전한 귀속감을 가질 수 없는 킨케이드의 이중적 망명 상태는 그녀가 미국에서 오랫동안 거주한 후에도 여전히 지속되는 존재 조건이다. 16세에 미국에 건너와 20여년이 지난 1990년에 그녀는 자신이 "글을 지속적으로 쓰면서 제1세계의 인정을 받는 것에 관심이 점점 더 적어진다. 그리고 내가 떠나 온 세계의 인정은 결코 받아본 적이 없다. 그래서 나는 지금 내가 어디에 있는지 모른다. 나는 스스로를 다시 망명시켜왔다"(Perry 499)고 고백한다. 이러한 상황은 에드먼드슨이 나이폴, 래밍, 제임스 같은 남성작가를 설명하기 위해 개진한 '망명 작가'의 정의를 여성 이민작가 킨케이드에게도 무리 없이 적용할 수 있게 한다. 나이폴처럼 킨케이드도 고향에서 진정한 서인도 주체로 간주되지 않은 망명 상태를 경험하였으며, 고향을 떠나 메트로폴리스에 거주하는 망명을 통해 고향을 그리고 고향과 자신의 관계를 객관적으로 볼 수 있는 물리적 거리를 확보하였고, 고향 밖에서도 다양한 방식으로 고향 땅의 의미에 지속적으로 사로잡혀있기 때문이다(Edmondson 140-41 참조). 아프리카계 미국문학, 페미니즘 문학, 혹은 소수민족문학의 범주에 넣어질 수 있는『루시』,『애니 잔』,『작은 곳』(*A Small Place*),『나의 오빠』(*My Brother*),『나의 정원』(*My Garden*) 같은 킨케이드 작품들은 각각의 범주들이 제기하는 특정한 문제들을 다루면서도 제1세계 중심과 제3세계 주변의 불평등한 권력 관계에 지속적으로 주목하고 있다는 점에서 포스트식민 문학이기도 하다.

킨케이드는 제1세계 메트로폴리스에 살지만 지속적으로 제3세계 포스트식민적 고향에 대한 글을 쓰고 있다. 제1세계 문화적 제도 안에 자리를 잡고 있지만 지속적으로 세계의 '중심'과 '주변' 사이의 불평등한 권력 관계와 제1세계의 제국주의적 이데올로기와 실천을 비판하고 있다. 그녀는 고향으로 돌아가 사는 것은 원하지 않지만 고향의 국적은 여전히 포기하지 않고 있다. 킨케이드의 복합적인 정체성과 입지는 미국에서 활동하는 대부분의 탈식민주의 연구자들의 이중적 입지와 닮아있다. 80년대부터 발전한 미국 탈식민주의 연구는 인종적/민족적 소수자들에 대한 연구가 미진하다는 사실에 대한 반성과 1960년대 중반의 새로운 이민법이 제3세계 이민자들의 수를 두드러지게 증가시킨 결과다(Sharpe 12). "탈식민주의적-이산적-소수민족적 결합은 미국이 자신의 많은 민족적 과거들을, 토착미국인들에 대한 대학살을, 그리고 노예제를 중심에 둔 자유에 대한 인식을 기억하게하는 방법"(xxvi)이라고 지적한 라드하크리슈넌(R. Radhakrishnan)의 통찰처럼, 미국 내 소수민족들이 어디에서 왔는지 어떤 이유로 왔는지 끈질기게 탐문하는 킨케이드의 텍스트들은 미국 내 '제3세계'인 소수민족들의 존재가 미국이 국내외에서 행한 제국주의적 활동의 불가피한 결과임을 지속적으로 환기시킨다. 본 글은 카리브해 관광산업에 대한 킨케이드의 비판적 에세이 『작은 곳』(1988)과 카리브해 흑인 여성의 성장소설인 『애니 쟌』(1985)을 중심으로 킨케이드의 글쓰기가 어떻게 영어권 카리브해 지역에서 백인들의 제국주의적 활동이 암흑, 불가시성, 타자로 규정하면서 주변화시킨 것들의 권리를 회복하고 재탈환하는지 살펴보고자 한다.

II. 『작은 곳』
– 카리브 관광산업과 식민역사의 탈식민적 재해석

『작은 곳』은 전형적인 친절한 관광 안내 책자처럼 “만약 당신이 안티구아(Antigua)에 관광객으로 가면 이런 것을 볼 것이다”(3)라는 문구로 서사를 시작한다. 이름 없는 화자는 카리브해 도서 국가의 하나인 안티구아에 처음 도착하는 미국 관광객의 눈에 자신의 시각을 맞추어, 공항과 호텔로 가는 택시에서 그리고 휴양지와 해변에서 보고 겪게 될 것들을 친절하고 자세하게 설명해준다. 하지만 그 과정에서 화자는 단순히 관광객이 보게 될 현지의 이국적인 풍물들을 제시하기보다는 그런 이국적인 풍물들을 보면서 관광객이 했음직한 생각들을 제시하고 그에 대한 화자 자신의 생각과 해석을 덧붙인다. 날카로우면서도 매혹적인 스타일을 통해 제공되는 관광산업과 관광객에 대한 화자의 해석은 관광객이 가지고 있음직한 가정들을 간접적으로 비판할 뿐아니라 때로는 매우 분노에 찬 어조로 그 가정들을 비난하고 조롱하여 궁극적으로는 이 텍스트를 ‘반관광서사’로 만든다.

이 에세이가 담고 있는 백인 관광객과 무능하고 부패한 안티구나 흑인정부 둘 다에 대한 작가의 분노는 숨길 수 없이 직접적이고 강력하다. 원래 이 글이 실리기로 되어있던 『더 뉴요커』(*The New Yorker*)지의 새 편집장 로버트 가트리엡(Robert Gottlieb)은 이 글이 너무 분노에 차 있다고 출판을 거절하였고(Bouson 93), 안티구아 흑인 정부도 그녀의 입국을 비공식적으로 오랫동안 금지하였다. 미국 대학에서 이 텍스트를 가르치는 강의자들은 백인 학생들이 즉각적인 적대감을 표현하는 경우가 많기 때문에 이 텍스트를 효과적으로 읽히기 위해 탈식민주의에 관한 지식을 미리 공부시키거나 학생들이 탈식민적, 다

문화적 작가들의 이데올로기적 입장에 감정이입을 할 수 있는 제휴의 지점을 찾아내도록 고무하는 방법 등 다양한 읽기 전략가 필요하다고 제안한다(Young 91). 하지만 론다 프레드릭(Rhonda D. Frederick)은 역으로 이러한 일반적인 탈식민주의 텍스트 읽기 전략보다는 백인 학생들이 이 텍스트를 처음 읽으면서 느끼는 분노와 당황의 감정 자체에 주목하는 것이 효과적이었다고 보고하기도 한다. 학생들이 자신들의 감정적 반응 그 자체를 토론하고 분석하게 함으로써 자신들을 포함한 제1세계 백인들이 무의식적으로 혹은 의식적으로 가지고 있는 인종적, 계급적, 국가적 편견들을 반성적으로 볼 수 있게 할 수 있었다는 것이다(1-5).

백인 독자들이 이 텍스트에 즉각적인 감정적 반응을 보이는 것은 백인 관광객에 대한 작가의 공격이 신랄하고 직접적이기 때문이기도 하지만, 분노를 전달하는 방법이 특별하기 때문이다. 텍스트의 첫 시작에서 화자는 독자를 제1세계 백인 관광객으로 가정하고 친근하게 "당신"(you)이라고 부른다. 마치 친구에게 말하듯 사적인 어조다. 관광객에 대한 친밀한 호칭은 화자도 관광객들처럼 제1세계 거주자라는 점에서 설득력을 가진다. 하지만 화자는 곧 자신의 친밀한 어조와 호칭을 관광객 "당신"을 직접 공격하는 효과적인 무기로 전환한다. 화자는 관광객 혹은 관광객이 될 가능성이 많은 백인 독자의 전형적인 생각들을 환기시키고 그것을 비틀어 되돌려주면서 조롱하고 비판한다. 그 과정에서 독자는 화자의 말걸기와 그 말걸기를 통한 화자의 비판에 자신이 피할 수 없이 연루되어있다고 느끼고, 백인 관광객과 카리브해 관광산업에 대한 화자의 조롱과 공격을 독자 개인에 대한 공격으로 받아들인다. 이렇게 관광객 개인의 경험을 따라가는 화자의 서술 전략은 카리브해 지역에서 관광산업이 어떻게 실천되는지 뿐만 아니라, 그 관광산업에 관광객 개개인이 어떻게 연루되며, 자본주의, 신식민주의, 경제적 불평등이 어떤 방식으로 개인들의 삶에 내밀하게 힘을 발휘하는지를 효과적으로 드러낸다. 관광객 개인에게 사적인 어조로 말을 거는 화자의 방식은 초국가적 관광산업의 식민적 착취 구조를 실천하는 책임이 초국가적 자본이나 제도만이 아니라 그 구조를 개인적으로 작동시키는 개개인들에게도 똑같이 있다는 사실을 독자들이 피할 수 없이 대면하도록 만들고 있다.

화자는 백인 관광객을 "추한, 공허한, 어리석은"(17) 같은 강한 부정적인 형용사로 일괄 정의하는 듯하지만, 실제로는 고향에 머무르는 백인과 해외로 여행하는 백인을 구별한다. 백인 자체에 대한 공격이 아니라 백인들이 관광객이 되는 과정, 백인들이 안티구아인들을 착취하고 이익을 얻는 구조에 참여하게 되는 과정 자체에 관심을 주목시켜서(Frederick 7), 백인 독자들에게 자신들이 알게 모르게 연루되어있는 신식민지적 관광산업의 구조와 제국주의적 실천들을 자각하도록 요구한다. 이러한 화자의 시도는 백인 독자들이 텍스트에서 그려지는 추한 관광객이 될 수도 있지만 동시에 추한 관광객에 대한 저자의 비판과 경멸을 공유하고 반성할 수 있는 의식있는 개인이 될 수도 있다는 믿음을 보여준다. "당신은 왜 나 같은 사람들이 과거를 극복하지 못하는지, 용서하지 못하고 잊지 못하는지 이해하려고 노력해본 적이 있는가?"(26)라는 화자의 수사적 질문은 한편으로는 그러한 노력을 하지 않았던 백인 독자들에 대한 비난이면서 동시에 당신들은 그러한 노력을 할 수 있는 잠재력이 있는 개인들이니 시도해보라는 촉구로도 해석될 수 있다.

독자에 대한 이러한 이중의 가능성과 이중의 관점이 킨케이드의 '제1세계 독자에게 말걸기'의 중요한 핵심이다. 즉 독자/관광객 개개인에게 직접 말을 걸어 독자 개개인의 의식을 변화시키고자하는 킨케이드의 서술 전략 밑에는 스스로의 행동을 반성할 수 있는 잠재능력을 가진 개별 독자들이 존재한다는 믿음이 놓여있다. 이런 개인의 능력과 책임에 대한 킨케이드의 믿음은 가야트리 스피박(Gayatri Spivak)이 『포스트콜로니얼 이성 비판』(“*A Critique of Postcolonial Reason*”)에서 하위주체들과의 내밀한 만남, 개인과 개인의 만남이 가능하게 하는 책임과 의무에 바탕을 둔 윤리성의 확립을 촉구하면서 보여준 개인에 대한 믿음과 유사하다. “법, 생산관계, 교육체제, 그리고 의료체제를 바꾸는 집단적인 노력이 필요하다. 하지만 마음을 변화시키는 일-대-일의 책임있는 접촉이 없이는 아무것도 유지되지 않는다”(Spivak 34)는 스피박의 주장처럼 독자 개개인에게 직접적으로 말을 걸어 개개인의 의식을 공략하는 킨케이드의 서술 방법은 기존체제를 변화시키고자하는 중요한 정치적 행위다.

킨케이드가 제1세계 관광객의 의식 중에서 중요하게 문제 삼는 것은 카리브해 지역을 현실에서 단절된 파라다이스로 보고자하는 욕망이다. 파라다이스로서의 카리브해라는 관광담론은 카리브해 지역 정부들과 제1세계 자본이 협력하여 만들어 낸 관광책자와 광고를 통해 전 세계로 퍼져나간 담론이다. 이 파라다이스 담론은 너무나 강력해서 대항서사들은 서양 관광객들에게 거의 영향을 미치지 못한다. 서사의 시작에서 외국 관광객들은 이 지역의 “뜨겁고 깨끗한 공기”(5) 안으로 들어오자마자 즉각적으로 자신들이 “정화되었다, 축복받았다, 특별하다”(5)고 느낀다. 지루하고 고단한 일상에서 해방되었다고 느낀다. 카리브해 관광담론이 관광객들에게 약속한 것은 바로 이러한 해방감이다. 킨케이드의 관광산업에 대한 비판을 인류학, 특히 민속지학의 새로운 연구방향 모색이라는 맥락에서 다루었던 나딘 돌비

(Nadine Dolby)의 통찰처럼, 관광객들에게 일상과 현실에서의 단절이라는 환상을 약속하는 카리브해 관광산업은 연구대상을 건널 수 없는 차이를 지닌 타자로 구성해 온 고전적 서양 민속지학의 단절의 역학을 똑같이 담고 있다(58). 백인 관광객은 '우리'와 '그들,' 고향의 현실과 관광지 파라다이스 사이에 선명한 경계선을 긋는 단절의 역학 속에 기꺼이 몸을 던진다.

하지만 화자는 이러한 백인 관광객에게 카리브해 관광지도 그들이 떠나 온 고향처럼 이곳 사람들에게는 일상적인 삶의 터전이며 그래서 파라다이스로서의 카리브해 관광담론은 비현실적인 신화에 불과하다는 것을 끈질기게 상기시킨다. 쨍쨍한 햇빛은 섬사람들을 지속적인 가뭄 속에 살아가게 하는 고통스러운 요인이며, 이국적인 풍경의 일부인 허름한 학교, 병원, 도서관 등은 이 지역의 지독한 가난과 부패의 산물이다. 도서관은 지진에 의해 부서진 후 10여년이 넘도록 여전히 "수리 예정" 푯말을 달고 있으며, 하나 밖에 없는 병원의 의사들은 너무나 무능해서 돈이 있는 사람은 누구나 아프면 바로 비행기를 타고 뉴욕으로 건너간다. 관광객들이 호텔로 가기 위해 타는 리무진은 비싼 고급 차들이지만 그 차를 채우는 것은 소음과 매연을 뿜어내는 저급 휘발유이며 운전사들이 사는 집은 형편없다. 자동차 산업을 독점한 부패한 정부 요인들이 자동차 매매 융자는 쉽게 해주면서 주택 융자는 어렵게 하고 있기 때문이다. 화자는 현지인들의 삶을 고통스럽게 하는 현실들이 관광객들의 현실일 수도 있다고 상기시킨다. 관광 안내책자들은 깊고 푸른 낭만적 바다를 약속한다. 하지만 킨케이드는 "방금 당신이 [호텔 화장실에서] 물로 내려 보낸 화장실의 내용물이 당신이 바다를 걸을 때 당신의 발목을 휘감을 수도 있다"(14)고 경고한다. 하수시설을 불가능하게 만드는 빈곤한 지역경제가 관광객이 꿈꾸는 낭만적인 바다를 오염시키고 있기 때문이다.

파라다이스 담론을 해체하는 만큼이나 공을 들여 화자가 독자에게 상기시키는 사실은 백인 관광객에게 자유와 행복의 환상을 제공해주는 관광산업이 현지인들이 겪는 인종적, 경제적, 정치적 착취와 풀 수 없이 얽혀 있다는 점이다. 백인 관광객들은 공항에서부터 현지 흑인들과 다른 특권적인 대접을 받는다. 그들은 "관광객, 북미인 혹은 유럽인, 즉 백인이기 때문에, 친척들이 매우 필요로 하는 값싼 옷들과 음식을 담은 종이 상자들을 가지고 유럽이나 북미에서 돌아오는 안티구아 흑인이 아니기 때문에, 세관을 빠르게 통과 한다"(4). 관광객이 현지 음식이라고 믿으며 즐기는 호텔 음식은 "안티구아 같은 곳에서… 더럽게 싸게 재배되어 마이애미에 갔다가 [가공된 후] 다시 되돌아 온 것"(14), 그래서 현지인들은 감히 살 수 없는 비싼 '현지' 음식이다. 관광산업은 현지인들의 노동력을 착취하며 성행하는 제1세계 중심의 글로벌 경제 구조로 작동되고 있는 것이다. 이렇게 제1세계와 제3세계 사이의 불평등한 권력 구조 안에 자신들이 들어있다는 것을 의식해본 적이 없는 독자들, 자신의 낭만적인 카리브해 여행이 의미하는 바를 아직 모르는 관광객에게 직접 말을 걸어 그 여행이 가지는 식민주의적 의미를 일깨워 주는 화자의 방식은 관광산업의 파라다이스 담론을 효과적으로 해체한다.

킨케이드는 또한 제1세계 독자들에게 그들이 관광객으로 제3세계에 올 때 지니고 오는 인종적, 문화적 우월의식에 대해 반성하도록 요구한다. 사실 카리브해 관광산업은 많은 면에서 제1세계 관광객들이 자신을 현지인과 비교해서 느끼는 인종적, 문화적, 경제적 우월감에 의존해서 번성하고 있다. 백인 관광객들은 '그들'과 '우리'의 다름을 '우리'의 문화적 우월함과 '그들'의 문화적 열등으로 해석하고 현지인들을 휴양지의 태양과 모래와 바다의 일부로, 즉 "위험없고, 상호작용이 가능한 전경"(Mac-Donald-Smythe 148)으로 타자화 시키면서 자신들의 일상의 터전에서는 결코 얻지 못하는 만족감을 얻는다. 그러므로 백인 관광객의 인종적, 문화적 우월감 깨뜨리기는 초국가적 관광산업을 작동시키는 불평등한 권력 관계를 드러내는 효과적인 방법이다.

화자는 백인 독자/관광객의 우월 의식을 깨뜨리기 위해 전형적인 것이라고 가정되어있는 응시의 대상과 주체를 전환시킨다. 자신들이 특권적인 응시의 주체임을 믿어 의심치 않는 백인 관광객들에게 그들이 이곳에서는 현지인들의 응시의 대상에 불과하다는 사실을 상기시킨다. 동시에 화자는 영국 식민주의자들이 흑인들을 경멸하고 조롱한 바로 그 용어와 방식으로 흑인 현지인들이 백인 관광객을 조롱하고 있다고 말해줌으로써 백인 관광객을 견고한 중심의 위치에서 위태로운 상대적 위치로 가차없이 끌어 내린다.

> 당신이 방금 서있던 그 곳에 사는 사람들이 당신을 참을 수 없어한다는 사실이 결코 당신에게 떠오르지 않을 것이다. 닫힌 문 뒤에서 그들이 당신의 이상함을 비웃는다는 사실이(당신은 그들처럼 생기지 않았다). 당신의 몸은 그들에게 유쾌한 모습이 아니다. 당신은 예의가 없다(그들은 손으로 밥을 먹는 습관이 있는데 당신이 그들처럼 먹으려하면 바보처럼 보이고, 당신이 늘 하듯이 먹으면 바보처럼 보인다). 그들은 당신이 말하는 방식을 좋아하지 않는다(당신의 억양은 이상하다). 그들은 웃느라 어쩔 줄을 모르면서 당신이 일상적인 행위를 할 때의 모습을 상상하며 모방한다. 그들은 당신을 좋아하지 않는다. 그들이 나를 좋아하지 않는다! 그 생각은 실제로 결코 당신에게 떠오르지 않는다. (17)

흑인들이 백인들과 다르게 생기고, 다른 방식으로 밥을 먹고 다른 방식으로 말하기 때문에 열등한 종족이라고 오랫동안 영국 식민주의자들에게 경멸을 받았던 바로 그 역사, 차이를 열등함으로 만들었던 그 역사를 뒤집어, 백인 관광객이 똑같은 이유로 흑인 안티구아인들의 비웃음의 대상이 되고 있다고 말해준다. 관광객과 토착민이 응시의 주체와 객체로 서로 자리를 바꿀 수 있는 존재들로 재해석해 줌으로써 킨케이드는 백인 관광객이 스스로에게 부여했던 권위와 특권을 효과적으로 마모시킨다. 제국주의적 경제 구조 안에서 백인/제1세계인으로서의 특권을 누리고 있으면서도 그것을 의식하지 못했던 혹은 의도적으로 그것을 보려 하지 않았던 백인/관광객들에게 자신들의 특권적 입지를 반성적으로 보도록 촉구한다.

킨케이드는 또한 백인 관광객 역시 어느 특정한 지역의 현지인임을 지적함으로써 관광객과 현지인의 이분법에 근거한 관광객의 우월의식을 와해시킨다. 백인 관광객도 고향에서는 일상의 지루함으로 고통받는 '원주민'이다. "모든 곳의 원주민은 잠재적인 관광객이며, 모든 관광객은 어떤 곳의 원주민"(8)이다. 차이가 있다면 이곳의 경제적 요인이 이곳 현지인들을 "그들이 살고 있는 곳에서 적절하게 살 수도" 없게 하고 "너무 가난해서 어디로 갈 수도 없게"(15) 만들고 있다는 사실 뿐이다. 킨케이드는 또한 현대의 백인 관광객처럼 과거의 영국 식민주의자들도 모험과 진보를 추구하는 영웅이 아니라 "영국의 삶이 싫어서"(24) 고향 영국을 떠난 사람들에 불과하다고 유럽 식민지 개척자들의 의미를 재해석한다. 스스로 문화적으로 우월하다고 자랑하면서도 낯선 손님으로 온 이 곳 주인 현지인들의 삶을 무시하고 경멸하는 "예의없는 태도"(27)를 보였던 과거 영국 식민주의자들은 현재 관광객들처럼 문명과 야만, 기독교와 이방인, 인간과 동물, 손님과 주인 사이의 올바른 관계에 대한 영국문명의 기준을 그대로 들이대면 "인간적 기준 저 아래"(29) 있다.

텍스트 중간 중간에 킨케이드가 배치한 노예들의 삶을 묘사하는 19세기 판화 그림들 속에는 평화로운 농촌 흑인들의 삶이 그려져 있을 뿐, 서인도제도 노예/원주민들의 고통이나 그들을 착취하는 유럽인들 혹은 식민지 기업인들을 상기시키는 어떤 요소도 없으며, 토착인들의 저항의 역사도 전혀 나타나있지 않다(Mac-Donald-Smythe 148). 만족스러운 토착 현지인들을 담고 있는 20세기 관광 엽서들처럼 역사적인 맥락이 빠져있는 그림들이다. 역사적 맥락이 빠져있는 그 그림에 역사적 맥락을 채워주는 것, 과거의 식민지배자처럼 행동하는 백인 관광객들과 여전히 피식민인처럼 행동하는 흑인 현지인들에게 역사적 의식을 회복시켜주는 것, 킨케이드가 이 에세이 전체를 통해 하고 있는 작업은 바로 그것이다.

그 목적을 위해 킨케이드는 지속적으로 과거 식민주의 역사와 현재 신식민주의적 관광산업의 유비성을 찾아낸다. 백인 관광객이 낭만적으로 발을 담그는 그 바다는 관광객 자신의 오물이 떠다니는 바다, 즉 안티구아의 현재의 가난을 상징하는 바다이다. 그 바다는 동시에 백인들이 노예선에서 던진 수많은 흑인 노예들을 집어 삼킨 바다, 즉 백인 관광객의 조상들이 범죄를 저지른 바로 그 장소다. 자신의 조상들이 범죄를 저지른 바로 그 현장에 되돌아와 있으면서도 도덕적으로 둔감한 백인 관광객을 조롱하기 위해 킨케이드는 백인 관광객이 스스로를 정당화하는 수사학을 불러내어 관광객 자신에게 되돌려주는 방식, 즉 브룩스 부손(J. Brooks Bouson)이 "수치를 되돌려주는 방식"(96)이라고 부른 대화 방식을 사용한다. "당신이 그들에게 빚진 것은 아무것도 없다. 사실 당신은 그들에게 큰 호의를 베풀고 있는 것이다.

백 가지 사례도 더 들 수 있다”(10). 관광객들은 카리브해 관광산업이 다른 산업이나 산물이 거의 없는 그 지역에 도움이 되는 산업이라고 생각한다. 과거의 백인 식민주의자들은 눈부시게 이루어낸 서양의 부와 경제적 진보가 서양인 자신들의 창조성과 재능 때문이라고 확신한다. 이들 모두 과거 유럽 제국들의 부유함과 물질적 진보가 안티구아 같은 지역에서의 잔혹한 흑인 노동력 착취에 의존한 것이며 그런 식민주의적 착취 구조가 현재의 초국가적 관광산업 속에서도 여전히 작동하고 있다는 사실을 자신들의 의식에서 지우고 싶어 한다. 하지만 킨케이드는 백인 독자들에게 과거 식민주의자 영국인들이 저지른 범죄와 약탈이, 그리고 그 연장인 현재의 관광 산업의 억압과 착취가 결코 어떤 식으로도 보상될 수 없는 끔찍한 범죄라고 분명하게 말해준다. “수많은 사람들을 고국도, 모국도, 신도, 성스러운 흙더미도 없는 고아”(31)로 만들고, 피해자인 흑인들이 “범죄를 저지른 범죄자들의 언어”(31)로 말해야 하는 모순된 상황을 만든 범죄다. 범죄자들이 자신들의 행위를 정당화하기 위해 사용하던 언어, 범죄자들의 가치판단이 들어있는 언어, 그리하여 그들 자신이 저지른 “그 행위의 공포, 그 행위의 부당함, [흑인 노예들의] 고통과 수치”(31-32)를 표현할 수단이 절대 될 수 없는 바로 그 언어로 그들과 소통할 수밖에 없는 상황으로 카리브해 흑인들을 내몰았던 식민주의 유산은, 식민주의자의 언어인 영어를 사용해서 창작을 해야하는 작가 킨케이드에게는 가장 뼈아픈 유산이다. 아프리카 작가 응구기 와 씨옹오(Ngugi wa Thiongó)는 아프리카인들의 의식을 식민지화시키는 영어와 완전한 결별을 고할 때 되돌아갈 수 있는 토착어인 기쿠유어와 키스와힐릴리어를 가지고 있었지만(응구기 17), 아프리카 고향에서 강제로 뿌리 뽑혀 언어와 문화를 완전히 박탈당한 노예들의 후손인 킨케이드에게는 식민지배자의 언어인 영어만이 유일하게 그녀가 소유하고 있는 언어다.

유럽-미국의 관점에서 구축되어 온 식민주의 역사에 대안적 탈식민적 역사를 제시하고, 백인 관광객과 흑인 현지인의 우월/열등 관계가 인위적이며 유동적임을 보여줌으로써 안티구아 흑인들과 제1세계 백인들 모두가 탈식민적 역사의식을 가지도록 변화시키는 것, 그것이 킨케이드가 이 텍스트를 통해 달성하고자하는 목적의 하나다. 개개인들의 의식의 변화는 안티구아를 관광담론의 틀에서 벗어나게 하는 중요한 첫 걸음이다. 탈식민적 시각으로 역사를 보게 되면 영국 해군의 유명한 역사적 영웅들은 "영국의 해양범죄자들"(24)에 불과해진다. 원주민과 접촉하면서 도덕적으로 오염될까 걱정했던 백인들 자신이 도덕적 오염의 근원지였음이 밝혀진다. 흑인 정부의 타락도 식민주의적 훈육과 무관하지 않다. 안티구아를 문명과 진보를 옹호하는 유럽인들이 발견하고 개척한 곳이 아니라 "유럽의 쓰레기들이 정착한 곳, 아프리카의 고귀한 인간을 노예로 만들어 … 덜 외롭고 덜 공허하기 위해, 유럽의 병에서 벗어나기 위해 … 자신의 부와 권력에 대한 욕망을 충족시킨 곳"(80)으로 파악하는 것, 그것이 킨케이드가 카리브 관광사업과 관광담론을 탈식민적으로 재해석하면서 요청하는 탈식민적 역사의식의 출발점이다.

III. 『애니 잔』
―카리브 흑인여성의 포스트식민 성장서사

『작은 곳』이 카리브해 도서국가의 관광산업과 관광담론을 해체하고 재해석하는 과정을 통해 제1세계 국가들의 제국주의적 실천과 제3

세계 흑인정부의 식민지성 둘 다를 젠더중립적 목소리로 비판하고 있다면, 『애니 쟌』은 경제적, 문화적, 인종적 식민성이 유지되는 바로 그 "작은 곳"에서 흑인여자아이로 성장한다는 것이 어떤 것인지 치열하게 들여다봄으로써 흔히 인종적, 민족주의적 담론을 부각시키는 포스트식민 연구에 젠더적 시각을 교차시키는 흥미로운 텍스트다. 킨케이드의 텍스트는 기존의 카리브 문학에 배제되어있는 흑인 여성을 주인공으로 삼고 있을 뿐 아니라 흑인여성들을 카리브해 지역의 견고한 주민들로 그려낸다는 점에서 중요하다. 그녀의 텍스트에서 흑인여성들은 다양한 인간적 개성과 문화적 맥락을 살아가는 현실적인 인물로, 때로는 카리브 문화와 공동체를 구성하고 재생하는 중요한 문화적 행위자들로, 때로는 백인문화를 재생산하는 식민주의 공모자로 창조되고 있다.

『애니 쟌』은 식민지와 제국, 개인과 공동체, 인종과 젠더의 역학이 복잡하게 얽혀있는 포스트식민 서사임에도 불구하고 출판 당시부터 미국 중고등학교에서 널리 읽히는 소설 중 하나가 될 정도로 보편적인 호소력을 가지고 있다. 이러한 호소력은 여주인공이 어머니와 맺는 갈등의 속성과 애증 관계가 가부장 문화를 공유하는 사회의 모녀들이 겪는 공통된 경험을 다루고 있기 때문이다. 이 소설은 주인공 애니 쟌(Annie John)이 10살 되던 해부터 간호사가 되기 위해 영국으로 떠나는 17세까지 어머니와의 애착과 갈등, 친구들과 학교생활의 경험, 성의 문제 등 주인공의 성장에 영향을 준 중요한 사건들을 연대기적으로 전개하면서 주인공이 정체성을 모색하고 사회화되는 과정을 다룬다는 점에서 성장서사의 특징적 플롯 전개를 따라간다. 하지만 작가는 성장서사 주인공의 전통적 시작인 탄생이 아닌 죽음으로 이 소설을 시작함으로써 성장서사 형식을 비튼다.

이 소설의 시간적 배경인 1950년대 말은 안티구아가 아직 영국의 식민지인 시기이며, 영국 런던에서 카리브계 이민자들의 인종 반란이 최초로 일어난 시기다.[1] 소설을 시작하는 화자는 안티구아의 식민지적 상황이나 제국의 수도에서 벌어진 카리브 이민자들에 의한 폭력적 사건들을 모르는 어린 화자다. 하지만 어린 화자 애니의 목소리로 전달되는 작품의 첫 부분은 죽음과 장례식에 대한 이야기들로 가득하다. 비극적인 어조로 전달되지는 않지만 이곳의 죽음들은 빈곤과 깊이 관련되어있다. 집 앞 묘지에서 화자가 자주 목격하는 장례식은 아이들의 장례식이다. 애니 어머니가 시신을 수습한 여자아이는 “진흙 이외에는 어떤 음식도 먹으려하지 않았다”(5)고 언급됨으로써 흙에서 미네랄을 보충하고자하는 영양실조에 걸린 가난한 아이들의 존재를 시사한다. 하지만 애니가 죽음에 몰두하는 방식은 작가가 안티구아의 경제적 빈곤 그 자체보다 식민지 사회에 만연한 죽음같은 마비상태를 더 문제 삼고 있음을 보여준다. 애니는 장례식들을 목격하면서 죽음에 관심을 갖게 되고, 살아있다는 것과 죽었다는 것의 차이를 알고 싶어하다가, 자신이 알고 있던 곱추 소녀의 시신을 보며 죽음을 고장난 환등기의 멈춰있는 그림처럼 움직임이 없는 상태, 마비된 상태로 이해한다. 어린 애니가 목격하는 많은 죽음들은 애니의 평화로운 삶 표면 아래 존재하는 식민지 사회의 문제적 현실을 나타내며 그러한 문제적 현실이 사춘기 소녀 애니가 겪는 많은 혼란의 직접적인 원인이다.

1 영국 런던의 노팅힐(Notting Hill) 지역은 카리브계 흑인 이민자들이 많이 거주하는 지역이다. 2차 대전 이후 영국은 부족한 노동력을 보충하기 위해 아프리카계 카리브인들의 이주를 고무했으며, 이들에 대한 차별이 1958년 8월 최초의 인종 폭동으로 나타난다.

애니는 자신이 사춘기에 겪는 혼란에 분명한 이름을 붙이지 못한다. 하지만 그 혼란의 많은 부분은 "식민 대상으로 취급되는 것에 대한 분노와 혐오와 불안"(Ferguson 133)에 기인한다. 안티구아 아이들이 스스로를 옳고 긍정적인 존재로 간주하지 못하게 하는 식민주의 이데올로기의 작동은 주로 학교 교육을 통해 효과적으로 실천된다. 아이의 눈으로 묘사되는 이 작품에 인종이나 피부색에 대한 언급이 거의 없을 정도로 안티구아에는 백인의 수가 적다. 학교 교사들과 영국에서 이사 온 금발의 루스(Ruth) 정도만 예외적으로 백인이다. 그럼에도 불구하고 안티구아 흑인 아이들이 받는 교육은 백인종과 영국/유럽 문화를 세계의 중심에 놓고 있는 영국식 교육이며, "영국적인 것은 무엇이든지 신성하고 좋은 것으로 보이게 하는"(Cudjoe 398) 그런 교육이다. 영국인의 시각에서 서술된 서인도제도 역사를 읽고, 오래전에 죽은 빅토리아 여왕의 생일을 거창하게 기념하고, 서인도제도를 정복하고 원주민을 학살한 콜럼버스를 역사적 영웅으로 배우며, 『제인 에어』나 『실낙원』같은 영국 문학을 유일하게 의미있는 문화적 산물로 영국적인 것만을 아름답고 문명화된 좋은 것으로 강조하는 영국식 교육은 자연스럽게 흑인노예 후손인 흑인아이들의 존재를 열등하고 야만적이고 개선되어야하는 것으로 축소시키고 지워버린다. "수입된 문화에 잠겨 '영국인보다 더 영국적'이 되려는 시도 속에서 자신의 기원을 부정"(Ashcroft, Griffiths, and Tiffin 3)하게 되는 아이들은 그들이 결코 될 수 없는 백인/영국인을 유일한 이상적 인간형으로 제시받음으로써 심각한 정체성 혼란에 빠진다.

거의 무비판적으로 식민주의자의 역사 판본을 받아들이는 다른 학생들과 달리 애니는 자신이 받는 교육과 안티구아 삶 사이의 모순된 간극을 인식하고 역사를 버텨 읽는다. 영국에서 전학 온 루스를 보며 애니는 그 아이가 '아프리카 선교사'인 아버지와 '노예주인'이었던 자신의 선조들의 참혹한 짓을 노예의 후손인 주변 학생들을 통해 매일매일 상기받으며 수치스러워할 것이라고 믿어 의심치 않는다. 수치스러움을 흑인/노예에게, 우월함을 백인/주인에게 부여하는 식민주의적 개념을 뒤집는 애니의 역사의식이다. 애니는 또한 사슬에 묶여 영국으로 끌려가는 콜럼버스의 사진을 역사책에서 발견하고는 그 사진이 카리브인을 착취하고 그들의 삶을 와해시킨 식민주의자 콜럼버스의 혐오스러운 진실을 나타낸 그림이라고 생각하고 "흥, 그 위대한 사람이 일어나 걷지도 못 하네"(78)라는 조롱조의 낙서로 콜럼버스의 사진을 훼손시킨다. 콜럼버스의 사진에 경멸적인 낙서를 한 애니를 처벌하는 교사는, 교회마당의 뒤 쪽에 있는 "1833년 노예제도가 폐지되기 훨씬 전 그 곳에 묻힌 사람들의 묘석들"(80) 위에 친구들과 앉아 "나쁜 노래를 부르고 금지된 말을 하고 서로에게 몸의 일부를 보여주면서 놀던"(80) 애니를 처벌한 바로 그 영국인 교사다. 킨케이드는 동일한 권위자에게서 처벌받는 애니의 두 행위를 통해 콜럼버스와 노예들의 죽음을 연결시키고, 노예선조들의 무덤 위에서 "금지된" 장난을 하던 애니와 "금지된" 반항을 시도하다 죽은 이름없는 조상들을 연결시킨다. 서인도제도에서 무덤은 죽은 사람을 기리는 장소이면서 동시에 저항의 장소다. 오베아(Obeah) 주술에 사용되는 흙을 채취하는 곳도, 반란 노예들이 조상들의 도움을 구하며 전쟁 서약을 하던 곳도 노예들의 무덤가다(Soto-Crespo 356). 킨케이드는 애니가 몰래 놀던 곳을 수없이 죽어간 노예들의 무덤으로 설정함으로써, 콜럼버스의 사진을 훼손하는 사춘기 소녀 애니의 사적인 저항을 반란 노예들의 역사적 저항에 연결시키고, 제국이 처방한 역사 해석과 식민적 정체성에 대한 저항으로 자리매긴다.

영국 중심의 역사가 편향된 시각을 분명하게 드러냄으로써 비교적 저항하기 쉬운 대상이었다면, 식민지인을 문명화시키는 도구였던 영국 문학은 카리브인들에 문화적 정체성의 풍부한 자원을 제공하면서 바로 그 과정을 통해 카리브인들을 통제하는 더욱 복잡한 과정을 수행한다. 역설적이지만 애니에게 정체성과 역할 모델을 제공한 원천도 영국 문학이다. 『제인 에어』는 애니에게 고독하고 고통 받지만 두려움 없이 권위에 도전하는 독립적인 주체, 자율적인 삶을 위해 미지의 곳으로 떠나는 여성에 대한 모델을 제공해준다. 『실낙원』의 사탄은 애니가 느끼는 어머니/신에 대한 사랑과 그 사랑의 상실, 그에 따른 배신감과 반항, 반항 뒤의 외로움과 고독 등을 표현할 수 있는 매개가 되어준다. 백인의 문학을 자신을 강화시키는 긍정적인 자원으로 전용하는 애니의 방식은 제국의 자원을 "자기 자신의 방식대로 읽어내어 자신을 위해 이용하고자하는"(Simmons 78) 탈/식민작가들의 새로운 움직임을 시사한다. 하지만 동시에 제인 에어를 동경하는 애니의 시야에 카리브 여성 버사(Bertha)가 배제되어있다는 사실은 제국의 문학과 자원의 도움을 받아 정체성을 구축하는 과정이 포스트식민 주체인 애니에게 독특한 긴장과 모순을 야기할 것임을 예시한다.

애니의 성장서사를 뛰어난 포스트/식민 흑인여성 성장서사로 만드는 가장 강력한 추진력은 어머니와 애니 사이에서 벌어지는 치열한 애증의 갈등이다. 애니와 어머니 사이의 갈등은 인종과 계급과 지역적 차이를 넘어서는 보편적 호소력을 가지지만, 킨케이드는 보편적일 수 있는 모녀의 갈등이 어떻게 식민주의와 젠더와 인종에 의해 특정한 양식으로 발현되는지 세심하게 다루어 냄으로써 애니의 성장서사를 포스트/식민주체 성장서사로 만든다. 애니와 어머니의 충돌은 킨케이드가 『작은 곳』에서 공적이고 젠더중립적 용어로 다루어낸 카리브 지역의 식민주의와 노예화 역사의 사회적, 경제적, 문화적 모순이 가정이라는 사적인 공간에서 어떤 방식으로 나타나는지 세심하게 보여준다는 점에서 의미를 가진다. 어머니와 딸이라는 내밀한 관계 속에 은밀하게 작동하는 사회적 힘들은 바로 그 은밀함 때문에 더 강력하고, 그 은밀함 때문에 성장하는 아이들에게 더 혼란을 가중시킨다.

애니와 어머니 관계를 추동하는 중심축은 어린 애니가 어머니와 맺고 있던 시초의 완벽함에 대한 애니의 기억이다. 약초물에서 같이 목욕하던 어머니와 딸, 애니를 등에 태우고 바다를 헤엄치던 어머니, 딸과 똑같은 옷을 만들어 입던 어머니, 그런 어머니와 딸의 관계는 마치 언어라는 문화적 체제를 넘어서서 자연과 하나인 듯, 자연 속에서 서로서로가 하나인 듯, 신화적 언어로 묘사된다. 어린 애니의 모든 물건을 트렁크 속에 보관해두고 늘 그것을 꺼내보며 이야기를 해주던 어머니, 작은 심부름에도 온 몸에 뽀뽀를 해주던 어머니, 그 어머니는 애니의 세계를 사랑과 조화로움으로 가득한 세계로 만들어 주었고, 언제나 아름답고 당당한 여왕 같은 어머니는 그 세계의 자랑스러운 중심이었다.

이런 어머니와의 완벽한 세계가 깨지는 경험 바로 그것이 애니가 사춘기에 겪는 충격적 경험이다. 애니가 사춘기에 이르자 어머니는 애니를 영국문화가 인준하는 "어린 귀부인"(27)으로 만들기 위해 사회적 훈련을 시작한다. "세상의 훌륭한 사람들에게 인사하는 예의범절"(28)과 피아노를 배우도록 영국인의 집으로 보내 자신과 다른 방식으로 살기를 기대한다. 하지만 둘만의 완벽한 세계에서 자신을 밀어내는 어머니, 카리브 흑인 어머니와 다른 영국 백인 중산층의 가치를 구현하는 귀부인이 되기를 요구하는 어머니에게 애니가 느끼는 감정은 배반감이다. 딸을 영국적 가치로 훈육하는 흑인 어머니의 목소리는 어머니 자신의 세계를 부인하는 목소리이면서 동시에 식민지 흑인 여자아이인 애니의 존재를 부인하고 경멸하는 백인 식민주의자의 목소리 바로 그것이기 때문이다.[2] 이런 어머니의 훈육은 "식민지 사회가 노예들의 후손이 성숙한 인간이 될 수 있다는 것을 인정하지 않으려 한다는 것을 반영한다"(Simmons 77)고도 말할 수 있지만, 더 문제는 딸의 성숙을 특정한 방향으로 즉 영국 중산층 가정의 가치를 따르도록 통제하는 행위라는 점이며, 그런 훈육이 "안티구아 사회에서 사회적 지위를 상승시키고자하는 욕망"(Mistron 160)과 깊이 관련되어있다는 사실이다. 흑인/노예여자에게 흔히 연상적으로 부과되는 비위생성, 성적 문란, 교양 없음 같은 부정적 가치에서 벗어나기 위해 극단적으로 백인 중산층 귀부인 가치를 딸에게 교육시키는 친영국적인 어머니는, 그래서 딸을 지극히 사랑하는 어머니이면서 동시에 콜럼버스를 존경하도록 가르치는 영국식 학교 교육의 공모자다.

애니가 사춘기에 어머니에게서 느끼는 배반감은 어머니가 자신과 어머니 사이에 식민주의자의 가치를 침입시키고 있다는 사실에 더하여, 이성애와 가부장의 존재를 허용하고 있다는 사실에서 더 강화된다. 서인도제도에서 어머니와 아이들은 서양의 가족관계와 다른 특별한 관계를 형성한다. 노예제 시절에 일부일처는 실현될 수도 인정받지도 못하는 가족형태였고, 노예제 폐지 후에도 남자들은 자신의 집을 소유하고 아내를 부양할 경제력을 확보하여 결혼을 할 수 있는 아주 늦은 나이가 될 때까지 결혼을 하지 않았다. 남자들은 흔히 결혼

2 킨케이드는 한 인터뷰에서 자신이 어머니에게서 받은 교육을 다음과 같이 설명한다. "… my whole upbringing was something I was not; it was English. It was sort of a middle-calss English upbringing—I mean, I had the best table manners you ever saw"(Cudjoe 400).

전 많은 여성들과 관계를 맺었고, 그 결과 태어난 아이들은 관습적으로 어머니와 살았다. 어머니와 아이들만의 가정이 많았고 그런 가정은 어머니들의 책임이었지만, 사회의 전반적인 권력은 남성에게 부여되어 있으며 여성은 남성만큼 성적 자유도 사회적 특권도 누리지 못하는 사회, 그것이 서인도제도의 사회다(Murdoch 328). 그러므로 자신의 세계의 중심이었던 어머니가 낮에 아버지와 성관계를 나누는 장면을 목격하는 사건은 어린 애니에게 어머니와 자신 사이에 끼어든 낯선 존재를 부정적으로 인식하는 사건이면서 동시에 어머니에게 행사되는 사회적 힘들을 충격적으로 인식하는 사건이기도 하다. 이 장면에서 애니는 아버지의 등을 쓰다듬는 어머니의 손을 "마치 오래 전에 죽어 탄식 속에 버려져있던 것처럼 하얗고 뼈만 앙상하다"(31)고 묘사한다. 어머니 세계의 다양성과 모순에 대한 애니의 이해는 어머니의 손을 통해 효과적으로 표현된다. 전에는 사랑과 능력과 생명력을 나타내던 어머니의 손이 이제는 아버지의 몸을 통해 쾌락을 얻는 손으로, 배반과 상실과 소외의 기호로 전환되어 있다(MacDonald-Smythe 44). 이러한 손의 변화를 애니는 권위있고 힘있던 어머니의 상징적 죽음으로 받아들이고, 어머니와 자신 둘 다에 대한 배반으로 인식한다. 어머니와 자신의 완벽한 세계를 깨뜨린 어머니 손의 '하얀색'을 강조하고 그것을 '죽음'과 연결시키는 애니의 상상력을 통해, 백인종과 죽음이, 백인종과 그들이 죽인 수많은 흑인노예들의 죽음이 연결되고, 어머니의 사적 배반이 더 큰 역사적 맥락에서의 배반으로 확장된다(Murdoch 333). 백인의 가치와 가부장적 가치를 추구하는 어머니의 '죽음'은 백인의 가치를 추구하는 탈/식민지 흑인들이 겪게 되는 죽음과 같은 상태를 나타내며, 어머니의 '하얀 손'은 어머니의 유럽적 가치가 결국은 자신의 검은 딸을 죽음과 같은 마비 상태로 몰아갈 것임을 예시한다.

어머니에 대한 반항심과 상실감을 친구들을 통해 표현하고 보상받고자하는 애니의 시도는 사춘기 아이들의 전형적인 양상이다. 어머니의 정사 장면을 목격한 바로 다음 날 애니는 어머니와 주고 받아야할 그 지극한 사랑을 처음 만난 학교 친구 그웬(Gwen)에게 전이시킨다. “우리는 함께 걸으며 서로에게 가장 사적이고 비밀스러운 것들을 나누었다. 엿들은 부모의 말을, 지난 밤 우리의 꿈을, 우리가 정말로 두려워하는 것들을. 그중에서도 특히 서로에 대한 우리의 사랑을”(48). 그웬과의 관계가 사랑과 친밀함에 대한 애니의 욕구를 충족시켜주는 관계라면, 더럽고 가난하며 나쁜 남자아이들과 어울리는 하얀 피부의 혼혈여자아이, 어머니가 싫어하는 모든 것을 상징하는 “레드걸”(Red Girl)과의 비밀스런 관계는 모녀간의 사랑을 엄격한 영국식 훈육으로 대체한 어머니에 대한 분노와 반항을 표현하는 행위다. “그녀의 옷은 더러웠다 …. 붉은 머리는 … 엉켜있었고 … 믿을 수 없는 굉장한 냄새가 났다. 마치 평생 목욕을 한 번도 안한 것처럼”(57). 어머니의 거짓말에는 똑같은 거짓말로, 어머니의 배반에는 똑같은 배반으로 맞대응을 하고, 자신을 강화시키기 위해 비밀, 거짓말, 도둑질 등 부정적인 방법에 의존하는 애니의 사춘기 모습은 온전하게 통합된 개인 정체성과 사회와의 조화로운 통합을 추구하는 전통적인 성장서사 주인공의 목표를 실현하는 것이 식민지 여성주체에게 얼마나 어려운 것인지 보여준다.

이 시점까지의 애니에게는 흑인성이나 여성성에 대한 부정적인 의식은 아직 나타나지 않는다. 백인성과 백인문화에 대한 애니의 저항은 흑백의 문제보다는 지배 문화에 대한 피식민자의 저항이라는 인종중립적, 젠더중립적 양상을 띠고 있다. 그러나 ‘저항하는 식민지인’이라는 애니의 긍정적인 정체성조차 젠더와 인종의 부정적이고 열등한 대립항들이 중첩된 '식민지 흑인여성'이라는 정체성 앞에서는 그 힘을 잃는다. 어느 날 거리를 걷던 애니는 우연히 가게에 걸린 거울에 비친 자신의 모습을 보고 충격을 받는다. "내 피부는 내가 전에 알아채지 못했던 방식으로 검은 색이다. 마치 내가 창문 옆을 지날 때 누군가 많은 검댕이을 뿌려 그것이 모두 내게 떨어진 듯했다 … 나는 늙고 비참해 보였다"(94). 그녀의 자아에 가게 거울에서 본 검은 '타자'는 낯설다(Lima 450). 거울에 비친 자신의 검은색이 불결한 검은 오염처럼 느껴지고 악한 행위로 천국에서 쫓겨난 고독하고 비참한 사탄이 서있던 검은 바위에 연결된다. 애니가 거울에 비친 자신의 모습을 보고 자신의 사회적 정체성을 발견하는 그 거울이 사적 가정이 아닌 공적 거리의 거울, 즉 거리의 거울이라는 점은 의미심장하다. 공적 거울에 비친 자신의 모습에 대한 식민지인의 부정적인 인식은 남의 문화의 눈으로 자신들을 보도록 배우는 식민지인들의 왜곡된 세계관의 결과이기 때문에, 거울과의 대면은 식민지인에게 일관된 자아 인식이 아닌 자아 분열의 계기로 작동한다.

그런데 '검은' 애니가 받은 인종적 충격에 치명적인 타격을 가한 것은 '검은 여성' 몸에 대한 흑인 남자아이들의 악의에 찬 놀림과 경멸이다. "네 명의 남자아이들이 건너편 거리에 서서 나를 바라보며 과장된 목소리로, 마치 빅토리아 시대에 살고 있는 신사 어른들처럼 인사를 했다. '안녕 마담 오늘 오후 안녕하신가요?' … 그들의 말은 입에서 나오자마자 웃음이 되었고, 비록 이런 일이 한 번도 내게 일어난 일이 없었지만 나는 즉각적으로 그것이 악의에 찬 것임을 알 수 있었다"(94). 애니는 자신을 '검은 여성의 몸'을 성적 대상으로 바라보고 경멸을 보내는 남자아이들의 시선에 어린 시절의 친분이라는 개인성을 통해 대항해 보려 하지만 실패한다. 어린 시절 놀이친구였던 미누(Minue)는 그녀를 보호하기는커녕 다른 남자아이들과 더불어 그녀를 비웃을 뿐이다.

그런데 애니가 검은/여성 몸을 가진 자신이 사회적으로 얼마나 취약한지 깨닫고 비참해하는 바로 그 순간, 그녀의 어머니는 그녀를 있는 그대로의 외롭고 비참한 아이로 이해하기보다는 남자아이들과 똑같은 눈으로 성적으로 문란한 '검은 여성의 몸'을 가진 애니로만 판단하고 "그렇게 오랫동안 젊은 남자들에게 말하는 올바른 방법을 교육시켰음에도 불구하고"(102) 거리에서 "매춘녀"처럼 행동했다고 애니를 격하게 비난한다.

> (파투아로) "매춘녀"라는 단어가 반복되고 반복되었다. 갑자기 나는 우물에 빠진 것 같았다. 그 우물은 물 대신 "매춘녀"라는 단어로 가득 차 있었다. 그것은 내 눈으로, 코로, 입으로 넘쳐 들어왔다. 나를 구하기 위해 나는 그녀에게 돌아 섰다. 그리고 말했다. "글쎄, 그 아비에 그 아들이고, 그 어미에 그 딸이겠지." (102)

어머니가 애니의 몸과 성에 그토록 민감한 이유는 물론 가난한 흑인 여성들이 안티구아에서 처하는 취약한 현실 때문이지만, 동시에 어머니가 검은 여성의 몸에 대한 백인들의 편견어린 시선을 내면화한 식민지인이기 때문이기도하다. 그래서 '내가 매춘녀라면 그건 어머니를 닮아서'라고 되받아 치는 애니의 절박한 공격은 백인들이 만들어낸 흑인성과 여성성의 부정적인 결합을 딸에게 투사하는 식민주의적 가치관에 대항하는 저항이며 그것은 곧 자신을 구하기 위한 저항이다.

하지만 거울 일화가 드러내듯, 애니 안에도 이미 학교나 어머니라는 외적 존재로 대변되던 식민주의적 가치관이 존재하고 있었고, 그러한 가치들이 그녀 자신을 타자화하고 있었기 때문에 어머니에 대한 공격은 곧 흑인성을 부정적으로 보는 자신 안의 식민화된 자아에 대한 공격이기도 하다. 이 사건 이후 오랫동안 병석에 누워있는 애니의 모습은 이제 그녀가 싸워야하는 적이 어머니가 아닌 자기 자신임을 보여준다. 죽음과 같은 마비상태에서 애니가 빠져나올 수 있도록 힘을 준 사람은 애니를 무조건적 사랑으로 이해해주고, 백인문화와 다른 가치를 실천하는 원주민 출신 외할머니 마 체스(Ma Chess)다. 하지만 애니를 마비에서 회복시킨 가장 큰 원동력은 자신을 구성해 온 주변의 모든 부정적인 영향력을 지우고자 하는 애니 자신의 의지다. 자기 자신에게서 자신 자신을 떼어내는 일은 정말로 어려운 일이다. 애니가 오랫동안 마비 상태에 빠져 앓아 누워있는 것도 그 어려움 때문이며, 주변 영향력을 지우려는 그녀의 시도가 거의 무의식적인 상태에서 상징적인 행위로 나타나는 것도 그 어려움 때문이다. 오랫동안 누워 있던 애니는 어느 날 갑자기 침대 옆 테이블에 놓여있던 사진들을 물로 깨끗이 씻어야겠다는 충동을 느낀다.

> 하얀 학교 교복을 입고 있는 내 사진이 있었다. 메리 아줌마가 무슈 빽게와 결혼 할 때 신부 들러리였던 내 사진이 있었다. 하얀 크리켓 유니폼을 입고 한 손에는 배트를 다른 한 손으로는 어머니의 허리를 단단히 감싸고 있는 아버지의 사진이 있었다. 하얀 드레스를 입은 내 사진이 있었는데 내가 교회에 받아들여진 직후 처음으로 견진성사를 받은 때였다. (118)

식민지에서의 영국 문화의 흔적들 그리고 전통적인 가부장적 젠더 역할을 기록하고 있는 이 사진들은 식민지적 억압과 성적 억압이 서인도제도 사회 안에서 서로 긴밀히 융합되어 있음을 보여준다

(Karafilis 73). 어머니의 허리를 단단히 감싸고 있는 아버지의 다른 손은 영국의 스포츠 크리켓 배트를 쥐고 있으며, 애니가 신부 들러리로 참여한 결혼식은 여성의 전통적 역할을 확정하는 의식이면서 서인도제도 여성이 결합하는 의식이다. 이러한 재현들은 성적 억압과 식민적 억압이 분리된 범주가 아니라 서로 상응하는 체제임을 보여준다. 그러므로 사진들을 물로 지워내는 애니의 행동은 영국적 문화와 가부장적 문화 안에서 여성이 담당하는 역할과 성에 대한 애니의 염려에서 나온 것이다. 애니는 거의 무의식 상태에서 어머니와 아버지 결혼 사진에서 그들의 허리 아래 부분을 지우고, 결혼식 사진에서 자신만을 남긴 모든 사람들을 지운다. 친척들과 익숙했던 사람, 장소, 물건에서 자신을 분리시킨다. 견진성사 사진에서 어머니의 반대를 무릅쓰고 사 신었던 자기 신발만을 남기고 모든 자기 모습을 지워버림으로써 새로운 출발에 대한 욕망을 표현한다. 결국 애니는 자신이 어머니와 고향을 떠나겠다고, 떠날 수밖에 없다고 결심함으로써 마비 상태에서 벗어난다.

영국으로 떠나는 애니의 마지막 선택은 그녀가 식민지 대신 유럽을 받아들이는 새 출발을 '선택'했다고 해석될 수도 있다. 하지만 텍스트 끝의 애니는 여전히 분열된 상태로 남아있다. 그녀는 영국의 영향력에서 완전히 벗어나지도 못하고 서인도제도 사회의 영향력을 다 지우지도 못한 상태다. 그녀가 가려는 곳은 혐오하는 영국의 수도 런던이며, 그녀가 들고 가는 새 여행 가방은 그녀가 버리고자하는 고향의 아버지가 사랑으로 만들어 준 가방이다. 고향과 부모를 버리는 바로 그 순간 그녀는 자신이 어머니와 아버지의 사랑으로 만들어진 존재임을 깨닫는다. 상처와 배신감을 주었던 어머니가 여전히 자신을 가장 사랑하고 있음을 절실히 깨닫는다. 작품의 끝에서 우리가 보는 애니는 무엇이 된, 무엇을 이룬 애니가 아니라, “옆으로 기울여 천천히 내용물을 비워내는 배”(148)와 같은 애니다. 내용물을 비워내고 있는 이 배가 앞으로 얼마큼 더 비워질 것인지, 어떤 방식으로 다시 채워질 것인지 독자는 알지 못한다. 그녀 자신도 자신의 복합적인 느낌을 제대로 설명하지 못하는 상태에서 그녀의 성장 소설은 끝이 난다. “내가 왜 이런 식을 느꼈는지 숙고하고 말로 표현하라고 여러 해가 주어진다 해도, 나는 글자 A조차 시작하지 못할 것이다”(134).

많은 전통적 성장소설이 사회 질서 안으로 되돌아오는 주인공, 자기 자신과 사회 안에서의 자기 자리에 대한 통찰을 획득하는 주인공을 그리는 것에 반해, 애니의 성장서사는 주인공이 자신이 진정 누구인지, 사회 안에서 자신이 어느 자리에 적절한지, 자신에게 제공된 여러 역할 중 어느 것이 의미 있는 것인지 알지 못하는 상태에서 끝이 난다. 개인의 일관된 정체성이나 지속적인 발전을 보여주지 못하고 ‘성장하기’가 ‘식민지 고향에서 떠나기’라는 부정적인 결정으로만 표현된다. 가부장적 식민지 사회에서 흑인 여성의 삶이 얼마나 고통스럽고 어려운 일일 수 있는지, 얼마나 숨 막히는 일일 수 있는지를 작가 킨케이드는 한 인터뷰에서 밝히고 있다. “내가 고향을 떠났을 때, 나는 다른 안티구아 사람을 절대 알고 싶지 않았다. 나는 단지 다른 무엇인가가 되고 싶었다. 중요한 사람이 되기를 바라지 않았다. 단지 나를 언제나 숨 막히게 하는 그것이 없기만을 바랬다”(Garis 44). 부정하고, 비워내고, 분명하게 인식하지 못하면서 끝나는 애니 서사의 결말은 식민지인들의 성장이 식민주의자가 강요한 종속적인 지위에서 벗어나기 위한 외적인 정치적, 경제적 투쟁과 더불어 그들 자신이 스스로 내면화한 억압자의 이데올로기를 벗어버리는 부정적인 정신적 작업에 종종 압도되곤 한다는 사실을 드러낸다.

VI. 결 론

성장소설 장르를 형성해 온 여러 관례들에 도전하며 식민지 주체의 성장을 새로운 형식으로 담아낸 『애니 잔』은 독자들로 하여금 유럽이 생산한 성장서사와 식민지 흑인여성의 성장서사의 차이에 관심을 가지게 하고, 그 과정에서 개인의 성장을 왜곡시키는 포스트/식민지의 사회적 현실을 부각시킨다. 식민지 흑인 여자아이의 성장을 다룬 『애니 잔』과 제1세계 백인들의 관광담론을 과거 백인들의 식민주의적 의식들과 연결시키며 카리브해 지역 사회의 식민주의적, 제국주의적 구조를 드러내는 『작은 곳』을 나란히 읽는 시도는 공적 공간에서 작동하는 사회적 힘들과 그 힘들이 사적 공간과 사적 의식을 구조화하고 영향을 미치는 구체적 과정 둘 다를 동시에 파악할 수 있게 한다.

킨케이드가 제시하는 카리브해 지역의 포스트/식민적 삶에 대한 재현의 정당성과 객관성은 그녀가 메트로폴리스에서 거주하면서 식민지 고향에서의 경험을 다룸으로써 내부자/외부자의 이중적 입지를 확보하고 있다는 사실과, 제3세계 사람들을 위해 글을 쓰고 있으면서도 세계의 불평등한 식민주의적 권력 구조에 참여하고 있는 제1세계 독자/개인들과 그에 공모하는 제3세계의 소위 탈-식민 국가의 정부와 시민 양 쪽 모두에 신랄한 비판을 가하고 있다는 사실에서 담보된다. 그녀는 가해자 백인/제1세계에 저항하는 피해자 흑인/제3세계를 민족주의적 혹은 인종적 관점에서 무조건 옹호하지 않는다. 그녀는 과거와 현재의 식민주의적 경제, 정치, 문화 체제의 가해자와 피해자, 흑인과 백인, 제1세계인과 제3세계인인 모두에게 그들의 의식과 행위의 정확한 의미를 알게 해주는 폭 넓은 역사의식을 가질 것을 요구한다. 이러한 역사의식 촉구는 모든 (또 다른) 위계적 이항대립, 모든 (또 다른) 종류의 인종주의에 대한 거부와 연결되어있다. 킨케이드는 제1세계의 식민주의를 치열하게 비판하지만, 동시에 똑같은 강도로 독립국가 흑인들이 자신들을 부정적인 백인 이미지와 반대되는 "고귀하고 고양된 사람들, 노예들"(80-81)의 후손으로 규정하는 안이한 흑백이분법을 허용하지 않는다. 흑인 민족주의에 대한 무조건적인 찬양은 자칫 흑인들로 하여금 흑인 정부를 무조건 옹호하고 그들의 타락과 착취까지도 참아내도록 강요하기 때문이다. 흑인 민족주의와 백인 식민주의 둘 다 흔히 흑인여성의 삶을 마치 존재하지 않는 것처럼 불가시화하고 배제하기 때문이며, 더 나아가 흑인이면서 백인의 식민주의적 가치에 동조하고 백인 중심 문화를 재생산했던 애니의 어머니 같은 흑인들의 존재를 망각하게 하기 때문이다.

『작은 곳』의 맨 마지막에서 킨케이드는 백인과 흑인 모두에게 주인도 노예도 아닌 "단지 인간"(81)이기를 요구한다. 『애니 쟌』의 젠더적 맥락에서 그 인종적 주장은 남성과 여성 모두 "단지 인간"이기를 요구하는 젠더적 주장으로도 재해석될 수 있다. 제국주의적 권력망을 해체하는 방법으로 권력망 안의 가해자와 피해자가 단지 같은 인간들에 불과하다고 말하는 것은 안이한 대처로 보일 수 있다. 하지만, 식민주의자와 피식민 주체, 남성과 여성, 흑인과 백인 둘 다를 "단지 인간"이라는 준거 틀에서 다시 수용하는 작가의 방식은 "이항대립들을 넘어서는 가능성을 시사함으로써 분명한 특권들이 없는 새로운 공간을 시사"(Mac-Donald-Smythe 155)한다는 점에서 인간을 우월과 열등으로 서열화시키고 분리시키는 세력들에 대항할 수 있는 적극적이고 실천적인 시각이 될 수 있다. 모든 부정적인 것을 비워낸 배의 이미지로 마무리되는 『애니 쟌』의 마지막 결말처럼 빈 공간, 이항대립들을 넘어서는 새로운 공간과 그런 공간에 대한 꿈은 분명한 정치적 지향점과 정치적 행동만큼이나 새로운 삶과 새로운 사회를 위해 불가결한 출발점이다.

참고문헌

응구기 와 씨옹오. 『탈식민주의와 아프리카 문학』. 이석호 옮김. 서울: 인간사랑. 1999.

Ashcroft, Bill, Gareth Griffiths, and Helen Tiffin. *The Empire Writes Back: Theory and Practice in Post-colonial Literature*. London: Routledge, 1989.

Bouson, J. Brooks. *Jamaica Kincaid: Writing Memory, Writing Back to the Mother.* Albany: State University of New York Press, 2005.

Cudjoe, Selwyn R. "Jamaica Kincaid and the Modernist Project: An Interview." *Callaloo* 39 (1989): 396-411.

Dolby, Nadine. "*A Small Place*: Jamaica Kincaid and a Methodology of Connection." *Qualitative Inquiry* 9.1 (2003): 57-73.

Edmondson, Belinda. *Making Men: Gender, Literary Authority, and Women's Writing in Caribbean Narrative*. Durham: Duke University Press, 1999.

Ferguson, Moira. "A Small Place: Glossing Annie John's Rebellion." *Colonialism and Gender Relations from Mary Wollstonecraft to Jamaica Kincaid: East Caribbean Connections*. New York: Columbia University Press, 1993. 116-39.

Frederick, Rhonda D. "What If You're an 'Incredibly Unattractive, Fat, Pastrylike-Fleshed Man'?: Teaching Jamaica Kincaid's *A Small Place*." *College Literature* 30.3 (2003): 1-18.

Garis, Leslie. "Through West Indian Eyes." *The New York Times Magazine* 7 (1990): 42-91.

Gauch, Suzanne. "*A Small Place*: Some Perspectives on the Ordinary." *Callaloo* 25.3 (2002): 910-19.

Karafilis, Maria. "Crossing the Borders of Genre: Revisions of the *Bildungsroman* in Sandra Cisneros's *The House on Mango Street* and Jamaica Kincaid's *Annie John*." *The Journal of the Midwest Modern Language Association* 31.2 (1998): 63-78.

Kincaid, Jamaica. *Annie John*. New York: Farrar Straus Giroux, 1985.

______. *A Small Place*. New York: Farrar Straus Girous, 1990.

Knight, Franklin W., and Colin A. Palmer. "The Caribbean: A Regional Overview." *The Modern Caribbean*. Ed. Franklin W. Knight and Colin A. Palmer. Chapel Hill: The University of North Carolina Press, 1989. 1-20.

Lima, Maria Helena. "Decolonizing Genre: Jamaica Kincaid and the *Bildungsroman*." *Genre* 26.4 (1995): 431-59.

MacDonald-Smythe, Antonia. *Making Homes in the West/Indies: Constructions of Subjectivity in the Writings of Michelle Cliff and Jamaica Kincaid*. New York: Garland Publishing Inc., 2001.

Mistron, Deborah. *Understanding Jamaica Kincaid's* Annie John. Westport, Connecticut: Greenwood Press, 1999.

Murdoch, H. Adlai. "Severing The (M)Other Connection: The Representation of Cultural Identity in Jamaica Kincaid's *Annie John*." *Callaloo* 13.2 (1990): 325-40.

Perry, Donna. "An Interview with Jamaica Kincaid." *Reading Black, Reading Feminist: A Critical Anthology*. Ed. Henry Louis Gates Jr. New York: Meridian, 1990. 492-510.

Radhakrishnan, R. *Diasporic Mediations: Between Home and Location*. Minneapolis: University of Minnesota Press, 1996.

Sharpe, Jenny. "Postcolonial Studies in the House of US Multiculturalism." *A Companion to Postcolonial Studies*. Ed. Henry Schwarz & Sangeeta Ray. Malden, Massachusetts: Blackwell Publishers, 2005. 112-25.

Simmons, Diane. "Jamaica Kincaid and the Canon: In Dialogue with

Paradise Lost and *Jane Eyre*." *MELLUS* 23.2 (1998): 65-85.

Soto-Crespo, Ramon E. "Death and the Diaspora Writer: Hybridity and Mourning in the Work of Jamaica Kincaid." *Contemporary Literature* 43.2 (2000): 342-76.

Spivak, Chakravorty Gayatri. *A Critique of Postcolonial Reason.* Cambridge, Mass.: Harvard University Press, 1999.

Young, Liz. "An Angry Voice from Paradise: Jamaica Kincaid's *A Small Place* as a Teaching Resource." *Journals Oxford Ltd*. (1995): 91-96.

출처: 「자메이카 킨케이드의 『애니 쟌』: 탈/식민지 흑인여성으로 성장하기」(『영미문화』 제6권 2호, 2006)와 「카리브계 이민작가 자메이카 킨케이드의 탈식민적 (재)해석의 정치학: 주변부 시선으로 제1세계 독자에게 말걸기」 (『영미문화』 제8권 2호, 2008) 두 논문을 묶어서 수정 보완한 글임.

V. 지배담론의 균열과 틈새 읽기

V.

이귀우 _ 서울여대교수
이석구 _ 연세대교수
육성희 _ 숙명여대 교수
김영주 _ 서강대교수

지배담론을 전복하는 트라우마 서사
—마거릿 애트우드의 『눈먼 암살자』

이귀우(서울여대 교수)

I. 작가 및 작품세계

2011년 현재 칠순이 넘은 마거릿 애트우드(Margaret Atwood)는 1961년 처음 시집을 낸 것을 시작으로 지금까지 거의 50년간 시, 소설, 비평 등을 써오고 있는 장수 작가이다. 그러면서도 계속 여러 장르를 넘나들며 새로운 작품을 발표하고 있고, 2009년부터 트위터를 사용하여 독자들과 밀접하게 소통하고 있는 젊은 정신의 작가이며, 인권운동과 환경운동에 적극적으로 활동하는 사회 운동가이기도 하다. 다작의 그녀는 12권의 소설과 여러 권의 시집, 9권의 단편소설집, 9권의 문학 및 문화 비평집, 그 외에 수많은 에세이와 리뷰와 평론, 그리고 6권의 동화집이 있다.

캐나다 출신의 애트우드가 35개 이상의 언어로 번역되었으며 지난 몇 년간 계속 노벨 문학상 후보자로 거론되는 세계적인 작가로서 인정을 받게 된 이유는 무엇일까? 그녀는 캐나다인인데다가 여성 작가라는 핸디캡을 갖고 있다. 하지만 바로 그러한 주변적 위치에 있기 때문에 국적이나 성별에 대한 고정관념의 허구성을 분명하게 인식하고 드러낼 수 있는 저항적 시각을 갖게 된 것이 애트우드가 높이 평가받는 이유 중 하나이다.

애트우드는 1939년 11월 18일 캐나다 오타와에서 태어났다. 부친이 곤충 학자였기 때문에 북부 온타리오와 북부 퀘벡의 숲에서 여름을 보내는 특이한 어린 시절을 보냈다. 매년 몇 달간 가족 이외 다른 사람들과의 교류 없이 지내고 정규교육을 받는 대신 자연 속에서 지내면서, 그리고 혼자 책을 많이 읽으면서 대안교육을 받은 셈이다. 이때 읽은 다양한 종류의 책(그림형제 동화, 그리고 여러 문화의 신화와 전설, 만화와 추리소설 등)들이 그녀의 작품세계에 많은 영향을 주었다.

애트우드는 11세가 넘어서야 도시에서 살면서 학교에서 정규수업을 받기시작 했는데, 16세에 전문 작가가 되기로 결심한다. 당시에는 캐나다 문학이라고 불릴만한 작품들도 없었으며 여성이 작가가 된다는 것은 불가능해 보이는 시절이었다. 그러나 토론토 대학의 빅토리아 칼리지 영문과에 재학하면서 노스롭 프라이(Northrop Frye)에게 배우고, 대학 문학잡지에 시와 평론을 발표하면서, 연극회의 포스터와 프로그램을 제작하며 시각적 재능을 발휘한다. 애트우드의 수채화나 사진 같은 시각 예술 작품은 그녀의 언어 예술 작품과 깊은 연관이 있으며 몇 개는 그녀의 작품에 책표지로 사용되기도 했다.

대학 졸업 후 1961년 애트우드는 미국 래드클리프 대학 석사 과정에 장학생으로 유학을 간다. 어린 시절 숲에서 살다 도시로 갔을 때 문화 충격을 느꼈던 것처럼, 미국에 가서 애트우드는 강한 문화 충격을 경험한다. 그녀가 만난 미국인들에게 캐나다는 존재감이 없는 나라였기 때문이다. 이런 상황에서 미국의 지배 문화에 대항하여 식민지적 위치에 있는 캐나다 문화를 정의하려고 하였기 때문에 애트우드의 민족주의가 발현되었고, 이것이 1970년대 초반에 출간된 소설『떠오름』(*Surfacing*)과 캐나다 문학 이론서『생존: 캐나다 문학의 주제별

지침서』(*Survival: A Thematic Guide to Canadian Literature*)에 강한 영향을 주게 된다. 대학원 시절 빅토리아시대 문학을 연구했고, 그 후 하버드 대학에서 빅토리아 시대 문학과 고딕 소설을 연구하며 고딕문학, 초자연적 공상문학에 대한 깊은 관심을 가진다. 하버드 대학 박사논문을 마치지 못하고 캐나다로 돌아와 대학 강의를 하며 유럽 여행도 하던 중, 1967년 결혼하고 2년 뒤 첫 소설 『식용여인』(*The Edible Woman*)을 출간한다.

60년대 후반 페미니즘이 대두되고 캐나다의 문화 민족주의가 강해지던 시기와 맞물려 애트우드는 식민지 작가에다 페미니스트 시인으로만 간주되고 있었으나 1972년 두 번째 장편 소설 『떠오름』과 캐나다 문학의 정체성 형성에 막대한 영향을 미친 『생존』이 같은 해 출간되자 국내외적으로 명성을 얻기 시작한다. 세 번째 장편소설 『신탁 여인』(*Lady Oracle*)으로 소설가로의 입지를 확고하게 굳혔으며 『남자 앞의 삶』(*Life Before Man*,1979년)은 영국과 미국에서 큰 호평을 받게 된다. 1973년 미국인 첫 남편과 이혼한 애트우드는 캐나다 소설가 그레임 깁슨(Graeme Gibson)과 온타리오에 살다가 1980년 토론토로 함께 이주하는데, 그동안 애트우드는 캐나다의 문화적 주체성을 세우기 위한 정치적 활동을 하게 된다. 하버드 대학 재학 시절 영미문학과 독립된 캐나다 문학 전통이 없으며 캐나다 문학에 대한 비평이 전무하다는 것을 깨달았기 때문이다. 그녀는 캐나다 작가 협회를 창단하고, 캐나다 작가의 작품을 출간하기 위하여 설립된 아난시(Anansi) 출판사 이사회의 일원으로 참여하면서 이 출판사에서 『생존』을 출간함으로써 많은 논란을 불러일으키면서 "캐나다 문학"을 말 그대로 살아남게 하는 정치적 영향력을 발휘한 것이다. 그녀의 말에 의하면 정치적 쟁점은 글쓰기와 분리된 것이 아니다. 작가는 글을 쓰면서 주변

환경을 다루게 되는데, 그 주변 환경이 점점 더 커져서 개인 주변으로부터 국가와 국제 관계로 까지 넓어지기 때문이다.

애트우드의 작품 중에서 가장 널리 알려진 작품은『시녀 이야기』("Handmaid's Tale")이다. 미래의 디스토피아에 대한 이 작품은 영화와 오페라로도 각색이 되어 국제적으로 널리 알려져 있다. 이 작품과 더불어 국내에서 많이 논의되었던 작품은『떠오름』으로서 캐나다 민족주의와 페미니즘이 강하게 부각된 애트우드의 초기 작품이다. 본문에서는 한 여성 인물의 개인적 회고록과 함께 캐나다의 20세기 역사가 담긴 이야기를 통하여 캐나다 페미니스트의 시선으로 지배담론을 전복하고 있는『눈먼 암살자』(*The Blind Assassin*)를 살펴보고자 한다.

II. 증언의 화자와 청자:
『눈먼 암살자』의 아이리스와 사브리나

애트우드의 10번째 소설이며 2000년도 부커(Booker)상 수상작인『눈먼 암살자』는 포스트모던적 역사소설이다. 이 작품은 린다 허천(Linda Hutcheon)이 "역사 서술적 메타픽션"(historiographic metafiction)이라고 명명한 장르에 속하는 작품으로서 역사와 허구의 경계 허물기를 통하여 과거의 재구성이라는 행위 자체를 문제시하는 작품이다.

『눈먼 암살자』는 두 자매의 과거 재구성에 초점이 맞추어져있다. 작품 시작에서 82세의 아이리스(Iris)는 과거를 뒤돌아보며 회고록을 쓰기 시작하여 거의 일 년에 걸쳐 원고를 완성하고 사망하는 것으로 작품이 끝난다. 따라서 이 작품의 현재시점은 고령의 아이리스가 회고록을 써나가는 전 과정을 따라가고 있다. 이 회고록에는 그녀의 조부가 체이스(Chase) 가문의 가업을 일으킨 1870년대부터, 회고록을 마치는 1999년까지의 캐나다 역사가 담겨있기 때문에 많은 역사적 세부사실들이 들어있다. 그러나 아이리스의 회고록의 중심은 여동생 로라(Laura)와의 관계이다. 아이리스와 로라는 1920년대와 30년대, 캐나다의 경제공황 시대에 토론토의 억압적 중산계급 사회의 부유한 사업가 가문에서 청소년기를 보내며 자라난다. 어머니가 돌아가시고 나자 두 자매는 보모 리니(Reenie)에 의해 양육된다. 몇 년 후 아버지의 단추공장 야유회에서 만난 노동운동가 알렉스(Alex)에게 두 자매가 모두 애정을 느끼게 된다. 그러나 아버지의 공장이 경영위기에 봉착하면서 이 회사를 살리기 위한 정략결혼으로 18세의 아이리스는 35세의 사업가이며 정치적 야망을 가진 리처드 그리핀(Richard Griffin)과 결혼한다.[1] 결혼 직후 리처드의 배신으로 공장이 파산하게 되자 아버지는 절망 속에 과음으로 사망하고, 리처드에게 경제적으로 의존하게 된 두 자매는 그에게 정신적으로나 신체적으로 학대를 받으며 살아가게 된다. 회고록을 쓰는 아이리스에게 가장 큰 정신적 상처는 자신의 '무지함'(blindness) 때문에 동생 로라가 자동차를 몰고 토론토 다리에서 추락하여 사망한 사건이다. 로라는 자신의 희생으로 알렉스를 구했다고 굳게 믿고 있었다. 그러나 아이리스가 이 사실을 모른 채 알렉스는 이미 전사했으며 그와 자신이 오랜 동안 연인사이였다는 것을 발

---

1 아이리스가 이 정략결혼을 수락한 이유는 아버지의 권유이기 때문이기도 하지만 상류층에 속하고 싶은 야망이 있기 때문이기도 하다. 아이리스의 할머니 아델리아(Adelia)가 기울어져가는 명문가 친정을 살리기 위해 "돈과 결혼"했던 것과 유사하다(59).

설했고, 그 배신감과 충격에 로라가 자살했던 것이다. 그 후 리처드는 로라의 이름으로 사후 출판된 연애소설 「눈먼 암살자」[2]가 불러일으킨 추문 때문에 정치적으로 몰락하여 자살했고, 시누이 위니프레드(Winifred)에게 빼앗겼던 딸 에이미도 젊은 나이에 자살로 보이는 죽음을 당했으며, 역시 위니프레드 아래서 자란 에이미(Aimee)의 딸 사브리나(Sabrina)도 아이리스에게 연락이 끊은 지 오래되었다. 현재 아이리스는 고향에 돌아와 리니의 딸 마이라(Myra)와 그녀의 남편 월터(Walter)의 보살핌 속에서 심장병 치료를 받으며 회고록을 쓰고 있다. 그리고 이 회고록의 말미에서 밝혀지는 중요한 비밀은 에이미의 아버지가 리처드가 아니라 알렉스라는 사실이다.

이렇게 고통스러운 과거에 대하여 이야기하는 아이리스는 신빙성 없는 화자(unreliable narrator)이므로 독자들은 주의를 집중하여야 한다. 아이리스가 믿을만한 화자가 못되는 것은 그녀가 고의로 거짓말을 하기 때문이 아니다. 과거에 자신과 주변 상황에 대하여 스스로가 이해하지 못하는 눈 먼 상태에 있었기 때문에, 그에 대한 서술도 명확하지 않다. 아이리스가 이해하지 못하는 가장 중요한 사건은 로라의 자살이다. 데모 선동자로 지목되어 도피 중인 알렉스의 행방을 고발하겠다는 리처드의 협박에 못 이겨 리처드의 성적 요구를 들어줄 수밖에 없었던 사실에 대하여 아이리스는 로라가 사후에 남긴 노트북을 보고서야 알게 된다. 그 이전까지 이상하게 보이는 로라의 행동들을 아이리스가 이해하지 못하는 상태에 있었기 때문에 그 당시에 대한 서술도 애매할 수밖에 없다. 그리고 아이리스가 진상을 알게 되는 순간이 작품 후반부에 배치되어있기 때문에 독자들도 아이리스와 같

2 아이리스의 회고록 『눈먼 암살자』와 구별하기 위하여 로라의 이름으로 출판된 연애소설은 「눈먼 암살자」로 표기한다.

이 알지 못하는 상태로 작품 후반부까지 읽어나가게 되는 것이다. 이러한 측면에서 보면 아이리스의 회고록은 로라의 자살 원인이 밝혀지는 탐정소설로 볼 수 있다.

더욱이 아이리스의 회고록은 매우 복잡한 겹겹의 이야기 구조를 가지고 있고, 사실과 허구가 섞여있기 때문에 독자들은 진실을 파악하기 힘들다. 이 작품에 교차되어 연결되어있는 두 개의 이야기 틀, 즉 주인공 아이리스의 회고록, 그리고 로라의 이름으로 출판된 연애 소설(「눈먼 암살자」)과 이 연애소설 속에서 이름 없는 "남자"(he)가 "여자"(she)에게 들려주는 공상과학 이야기는 모두 '눈먼 암살자'라는 제목이나 소재를 갖고 있다. 「눈먼 암살자」는 로라의 이름으로 출판되었었기 때문에 로라를 문화 아이콘으로 우상화하는 마니아 팬들이 그러하듯이, 우리도 이 소설에서 비밀스런 사랑을 나누는 남자와 여자가 알렉스와 로라일 것이라는 선입관을 갖고 읽어가게 되고, 후반부에 와서야 겨우 이 연애소설의 실제 저자가 아이리스라는 것을 짐작하게 되며, 거의 작품의 끝(512 페이지)에 와서야 이를 확인하게 된다. 이러한 두 개의 이야기 외에도 여러 가지 종류의 공적 문서(신문이나 잡지의 기사, 편지)들이 곳곳에 삽입 되어있어서, 이러한 파편들의 관련성을 파악하는 것은 독자들의 몫이다.

이와 같이 방대한 역사적 내용과 신빙성 없는 화자의 사용, 복잡한 격자 구조의 형식 때문에 출판 직후 이 작품은 제대로 이해 받지 못하고 "너무 길고 잘못 쓰여 졌다"는 신랄한 비평을 받기도 했다(Mallon 7). 반면에 성공적인 "고딕적 공포 이야기"이며(Clark), 여성의 희생에 관한 뛰어난 페미니즘 작품이며(Showalter 53), 철저한 역사 고증으로 뒷받침된 훌륭한 역사소설이라는 찬사를 받기도 하였고(Hite 3), 2003년부터는 이 작품의 문학성에 대한 본격적 논문들이 출판되면서 이 작품의 서사법이나 격자 구조의 효과에 대한 긍정적 연구 논문들이 다수 발표되었다.

이 글에서는 비평가들의 주목을 아직까지 거의 받지 못한 아이리스의 외손녀 사브리나의 역할에 주목함으로써, 아이리스가 회고록에서 재구성해내는 증언이 어떻게 외손녀에게 전달되고 있는지를 살펴보고자 한다. 이 작품의 결말에 대하여 일부 평자들은 전달이 이루어지지 않는다고 보았다. 예를 들어 코랄 앤 하월스는 아이리스의 신문 부고 기사 이후에 배치된 마지막 장 "입구(The Threshold)"에서 아이리스가 사망 이후 기괴하게도 손녀에게 무덤에서 말하는 것처럼 되어 있다고 의아해 한다. 다시 말해, 이미 사망한 것으로 되어있는 아이리스가 이 마지막 장에서 회고록 원고를 여행용 트렁크(steamer trunk)에 넣고 훗날 사브리나가 돌아와 트렁크를 열고 원고를 꺼내 읽어보는 장면을 소망해보면서, 사브리나와 상상의 대화를 하고 있는 것으로 끝나는 것이 이상하다는 것이다(116). 벌저(Laura Fernanda Bulger)는 만약 사브리나가 이 글을 읽는다면 충격적인 출생 비밀이 담긴 이 글이 손녀를 죽음으로 몰아가지 않을까 우려하며, 그렇지 않다하더라도 사브리나가 할머니를 긍정적으로 받아들일 가능성은 매우 희박하다고 추측한다(11).

이에 반하여 아이리스의 증언이 사브리나에게 긍정적으로 전달되었다고 추측하는 비평가들도 있다. 잉거솔(Earl Ingersoll)은 아이리스의 시체가 정원 의자에서 발견되었다는 신문 기사를 근거로 아이리스의 원고를 발견한 사람이 마이라인지 또는 사브리나인지, 또 이 원고가 어떻게 출판되게 되었는지 궁금해 하면서, 만약 사브리나가 정말 돌아와서 이 원고를 출판하도록 주선하였다면 독자들에게 만족스러운 완결감을 줄 것이라고 추측한다. 왜냐하면 선조들에 관해 폭로되는 추문에도 불구하고 이 회고록을 할머니를 기념하기 위하여 출판한다는 것은 사브리나가 마침내 외할머니를 이해하고 사랑하게 된다는 것을 암시하기 때문이다(555). 바우썬(J. Brooks Bouson)은 아이리스가 회고록에서 사브리나의 조부가 리처드가 아니라 알렉스임을 밝히는 것은 외손녀를 억압적 가족사에서 벗어나 자신을 재창조하게 하려는 시도이며, 사브리나가 원고를 파기하지 않고 출판하여 그 책을 우리가 읽고 있다는 것은 사브리나의 미래와 더 나아가 그녀가 대표하는 미래의 여성세대에게 희망적 메시지를 던져주는 것이라고 보았다(268). 애트우드는 이 작품의 결말을 열어 놓음으로써 독자들에게 상상의 여지를 주고 있다. 이 글에서는 잉거솔이나 바우썬같이 단순히 추측하는 것에서 더 나아가 이 회고록을 출판한 사람이 사브리나라는 것을 뒷받침하는 여러 가지 실마리들을 살펴보고, 왜 아이리스에게 과거의 트라우마에 대한 자신의 증언을 들어줄 청자가 필요했는지를 카루스(Cathy Caruth) 와 롭(Dori Laub)의 트라우마 내러티브 이론을 빌려 살펴보고자 한다.

1. 전복적 서사의 편집자 사브리나

작가 애트우드는 독자가 읽고 있는 회고록 『눈먼 암살자』가 사브리나가 개입하여 출판된 책이라는 것을 독자들이 추측할 수 있도록 몇몇 곳에 실마리를 주고 있다. 첫째, 아이리스는 자신이 사브리나를 독자로 상정하고 글을 쓰고 있음을 확실하게 한다. 82세의 그녀가 맨 처음 회고록을 쓰기 시작한 이유는 죽음이 눈앞에 다가왔기 때문이다. 현기증 때문에 병원에 간 그녀는 자신의 심장에 문제가 생겼으며 여생이 얼마 남지 않았다는 것을 알고 난 다음날 새로운 볼펜을 준비하여 원고를 쓰기 시작한다(42). 그녀는 자신이 심장과 경주를 하고 있으며 "심장보다 먼저 결말에 도달해야하겠다"는 초조한 마음이 들자 서두르려고 노력하기도 한다(222). 하지만 처음 회고록을 쓰기 시작 했을 때 그녀는 누구를 위해 쓰는지 모르겠다고 말했으며(43), 작품의 맨 가운데 장 "여행용 트렁크"(The steamer trunk)에서 오랜만에 트렁크를 열고 가장 비밀스런 과거의 기록을 꺼내기 전 까지만 해도 그녀는 독자를 전제하지 않아야 진실을 쓸 수 있다고 생각했다.

> 진실을 기록할 수 있는 유일한 방법은 당신이 기록하는 내용을 아무도 읽지 않을 것이라고 전제해야 한다. 어떤 사람도, 심지어 당신 자신도 나중에 읽지 않을 것이라고. 그렇지 않으면 당신은 변명하기 시작하게 된다. 글 쓰는 것을 오른손 검지에서 잉크 글씨가 길게 흘러나오고, 왼손이 그것을 지워가는 것으로 보아야 한다. (283)

하지만, 그녀가 이런 말을 하는 이유는 트렁크 안에 오십년 이상 감추어 놓았던 비밀을 끌어내기가 어렵기 때문이다. 그러나 이제는 자신이 써 놓은 것을 지우지 못하고 계속 "페이지 위에 검은 줄을 풀어내는"(283) 이유는 누군가를 염두에 두고 있기 때문이라는 것을 깨달으면서, 트렁크의 모든 내용이 사브리나에게 가야한다는 생각을 한다. "이것들은 당연히 그녀의 것이다. 그녀의 상속 재산이라고도 말할 수 있다. 그녀는 결국 내 손녀이기 때문에"(288). 그리고 원고를 다 쓰고 난 후에는 이 생각이 더욱 더 분명해져서 사브리나를 향해 직접 말을 건넨다.

> 내가 로라의 인생, 나의 인생에 대하여 쓰기 시작했을 때, 내가 왜 이것을 쓰고 있는지, 또는 내가 다 끝내고나면 누가 읽을 것을

> 기대하는지 전혀 몰랐다. 그러나 이제는 확실하다. 사랑하는 사브리나, 난 너를 위해 쓰고 있었어. 왜냐하면 바로 네가, 오로지 너만이 지금 이게 필요한 사람이기 때문이야. (513)

둘째, 아이리스는 사브리나만이 트렁크를 열고 원고를 꺼내 볼 수 있도록 법적인 장치를 마련해 놓는다. 그렇게 하지 않는다면 자신의 원고가 훼손되어 사브리나에게 전달되지 않을 수도 있다고 생각하기 때문이다. 예전에 자신이 로라의 이름으로 연애소설「눈먼 암살자」를 출판했을 때, 그런 "추잡한" 원고를 불태워 버리지 않고 출판해야 했느냐는 항의 편지들을 받은 적이 있었으며(40), 후손이 없는 아이리스의 사망 후 "위임 대리인"(the trusted family retainer 57) 역할을 하게 될 마이라도 아이리스의 혼외정사와 사생아 출산, 또 마이라가 아이리스의 이복자매(아버지와 리니의 딸)일 가능성 등등, 파문을 일으킬 비밀이 담긴 원고를 없애 버리는 것이 아이리스에 대한 충성이라고 생각할 것이라는 것을 아이리스는 잘 알고 있다(286). 또한 비밀 중에서도 가장 감추고 싶은 비밀은 로라가 자살하기 전에 남긴 노트북에 기록되어 있는 리처드에 의한 로라의 성폭행 기록이다. 아이리스는 차마 입에 올리기 어려운 이 이야기를 시작하기 전에 복수의 여신들(Furies)이 아니라 "늑대들"을 불러내며 "사리를 바로잡을 때까지" 자신의 도우미이자 친구가 되어달라고 호소할 정도로 힘들어한다(497). 아이리스는 만약 마이라가 이 원고를 발견한다면 체이스 가문의 명예를 지켜주기 위하여 이 원고를 불태워 버릴 가능성이 있다고 생각한다. 따라서 아이리스는 월터의 도움을 받아 노구를 이끌고 힘겹게 토론토의 변호사 사무실에 가서 유언장을 작성하고 모든 조치를 마련해 놓는 것이다(293). 마지막 장에서 아이리스는 "변호사가 트렁크 열쇠와 명령서를 갖고 있다"고 말한다(520). 이것은 설혹 마이라가 원고를 발견했다 하더라도 마음대로 없애지 못했을 것이라고 생각할 수 있는 근거가 된다.

셋째, 아이리스의 원고를 사브리나가 출판했다는 것을 알리는 또 하나의 실마리는 마지막 15장에 들어있는 글의 배열 순서이다. 앞에서 언급하였듯이 하월스가 의아해한 것은 아이리스의 회고록 끝 부분이 아이리스의 사망을 알리는 부고기사 다음에 배치되어 있다는 점이다. 물론 회고록 부분이 부고기사가 앞에 배치되었다 하더라도 이 기사를 넣은 사람은 아이리스가 아닐 것이다. 어찌되었든 부고 기사를 넣을 수 있는 사람은 원고에 접근 할 수 있는 법적인 권한을 갖고 있는 사브리나 밖에 없다.

위에서 논의한 세 가지 실마리를 근거로 작품 속의 차원에서 사브리나가 이 책을 출판한 것으로 추정할 수 있다. 그런데 여기에서 더 나아가 사브리나가 책 전체를 편집하여 출판했다고 볼 수 있는 근거도 있다. 아이리스는 회고록 마지막 페이지에서, 심장병 진단을 받고 난 후 시작하여 거의 일 년 간 써서 쌓아온 원고 더미를 모두 묶어서 트렁크에 들어있는 다른 것들 "맨 위"에 놓겠다고 다음과 같이 말한다.

> 내 팔꿈치 옆에는 몇 달에 걸쳐 힘들게 모아온 종이 더미가 있다. 다 끝내면, 마지막 페이지를 다 쓰고 나면, 이 의자에서 몸을 일으켜 부엌으로 움직여 가서, 여기 저기 뒤져서 고무 밴드나 끈이나 낡은 리본을 찾아낼 것이다. 종이를 묶은 다음, 내 여행용 트렁크 뚜껑을 열고 다른 것들 맨 위에 그 종이 묶음을 살며시 얹어 놓을 것이다. 그 묶음은 네가 여행에서 돌아올 때까지 거기 있을 거야, 네가 언제라도 돌아온다면 말이지. 변호사가 트렁크 열쇠와 명령서를 갖고 있어. (520)

위 인용문을 보면 아이리스는 일 년 동안 기록해온 원고 묶음을 트렁크 안의 다른 것들과 섞지 않았다. 그렇다면 트렁크 안에 들어 있던 다른 것들은 무엇인가? 아이리스가 비밀스럽게 간직해오던 것들이 들어있는데, 그것은 로라의 노트북, 부엌 노끈으로 묶여있는 「눈먼 암살자」 타자 원고, 아이리스가 출판사에 보낸 편지, 교정 원고, 항의 편지들, 1947년에 출판된 「눈먼 암살자」 초판본 5권이다(285). 이를 종합하여 보면 아이리스의 회고록 원고는 「눈먼 암살자」의 발췌문과 섞여 있지 않았으며, 따라서 우리가 보는 현재의 상태로 교차 편집한 사람은 사브리나라고 판단할 근거가 충분하다.

사브리나의 개입을 추정해 볼 수 있는 또 하나의 근거는 짝수 장에 들어있는 신문이나 잡지의 기사들이다. 바로 위에 있는 인용문에 근거한다면 이 기사들은 트렁크 안에 들어있던 것이 아니다. 우리는 「눈먼 암살자」의 서문에서 이 기사들이 아이리스가 지니고 있던 『바위정원용 사철나무들』(*Perennials for the Rock Garden*)이라는 책 속 봉투 안에 들어있었음을 알게 된다(4). 서문의 제목이 된 이 책은 위니프레드가 아이리스에게 바위정원을 가꿔보라고 강권하였으나 실제 정원 작업에는 별로 흥미를 느끼지 못하고 관련 서적을 보는 것에 그친 적이 있었는데, 그 때 읽었던 책이다. 이 봉투 안에는 세 사람이 단추공장 야유회 때 찍은 사진에서 로라의 모습만 잘라낸 아이리스와 알렉스의 사진도 들어있기 때문에, 로라가 죽은 후 리처드의 집을 나올 때에도 가지고 나올 정도로 아이리스에게 매우 귀중한 책이다(501). 사브리나가 트렁크에서 회고록 원고와 「눈먼 암살자」타자 원고를 발견했다면, 『바위정원용 사철나무들』안에 사진과 신문 기사들이 들어있다는 사실을 알아냈을 것이고, 아이리스 유품 중에서 그 책을 찾아내어 열어 보았으리라고 추정하는 것은 어렵지 않다.

그렇다면 사브리나가 이 세 가지 자료들을 뒤 섞어 현재와 같은 복잡한 구조로 편집한 이유는 무엇일까? 가장 큰 이유는 아이리스의 이야기가 지배담론의 역사처럼 직선적으로 서술되어질 수 없는 소외된 여성의 이야기이기 때문이다. 할머니 아이리스의 사적인 회고록과 이 회고록에도 담을 수 없었던 노동자 알렉스와의 비밀스러운 관계를 픽션화한 「눈먼 암살자」, 그리고 신문기사로 대표되는 공적 자료를 내용상으로나 시간상으로 적절하게 연결하여 편집함으로써 사브리나는 이야기들 사이의 틈새를 보여주고, 또한 이러한 틈새를 통하여 아이리스의 이야기가 효과적으로 전달된다고 생각했을 것이다.

2. 트라우마 서사의 이상적인 청자 사브리나

위와 같이 사브리나가 아이리스의 회고록 원고, 신문이나 잡지의 기사, 그리고 「눈먼 암살자」 발췌문을 꼼꼼하게 배치하여 편집했다는 것은 할머니 아이리스의 인생을 잘 이해했고, 할머니의 메시지가 손녀에게 전달되었음을 입증하는 것으로 해석할 수 있다. 아이리스는 바로 이러한 청자, 즉 자신의 증언을 들어 줄 사람으로 사브리나를 원했던 것인데, 왜 고통스런 이야기를 증언하는 것이 필요하며, 또한 그런 증언을 들어주는 청자는 어떤 사람이 적합한지 생각해볼 수 있다.

아이리스는 「눈먼 암살자」에 나오는 혀 잘린 소녀처럼 남성중심주의 사회에서 목소리를 내지 못하는 타자화된 존재이다. 그녀는 아버지와 리처드 사이에서 거래되는 경제적 상품이다. 로라의 날카로운 지적과 같이 아이리스는 "좋은 옷"을 입고 낭만적인 생활을 유지하기 위해 스스로 눈을 감고 "몽유병 환자"(237)처럼 그 거래에 편승하는 약자이다. 리처드의 성적 대상으로 전락한 그녀는 그가 과격한 성행위로 자신의 몸에 남기는 멍 자국들을 보며 자신이 암호가 그려진 모래사장이나 쌓인 눈과 같은 수동적 존재라고 느낀다(371). 아이리스는 목소리를 내지 못할 뿐 만 아니라 아버지, 로라, 남편, 딸의 자살 등등 충격적인 사건들을 제대로 보지 못하고 이해하지 못하는 눈먼 상태에 처해있었다.[3] 그리고 이들의 자살에 자신이 일부 원인을 제공하였기 때문에 자신이 "눈먼 암살자"와 같은 역할을 하였음을 이제야 깨닫는다. 다시 말하면 여성이 타자화된 사회에서 가부장적인 남성중심주의에 편승했던 자신의 행동이 어떤 결과를 가져왔는지를 깨닫는 것이다.

아이리스가 이러한 자신의 심리적 상처와 페미니스트적인 각성에 대하여 기록하고 싶어 하는 이유는 관련된 사람들 중에 자신이 유일한 생존자이며, 자신 외에 "증인"이 없기 때문이다. 그녀는 "마치 라디오가 꺼져 가듯이 우리 목소리가 안 들리게 되는 것을 견딜 수가 없다고"(95)고 말한다. 다시 말하면 아이리스는 「눈먼 암살자」에서 희생제물로 바쳐지는 소녀처럼 "혀도 없고 필기도구도 없는"(116) 타자의 위치를 벗어나 자신의 이야기를 기록함으로써 주체성을 찾고자 하는 것이다.

구체적으로 아이리스가 회고록을 쓰고 싶어 하는 이유를 살펴보자. 먼저 아이리스는 진실을 은폐하는 공식적 담론을 전복하기 위하여 글을 쓴다. 이것은 아이리스가 로라의 이름으로 「눈먼 암살자」를

---

3 예를 들어 로라가 리처드의 압력에 굴복하여 임신한 상태였을 때 학교생활이나 행동에 큰 변화가 있었지만 아이리스는 자신의 문제(알렉스에 의한 임신) 해결에 몰두하였기 때문에, 리처드의 근친상간 관계나 로라의 변화를 전혀 감지하지 못했다(425).

출판했었을 때도 해당된다. 리처드의 언론 플레이로 로라의 자살 이유와 그의 비인간적인 만행이 묻히게 되었을 때, 침묵을 지키기로 한 서약 때문에 말도 못하고 아이리스는 불면과 악몽에 시달리게 된다(508). 그래서 "몇 년이 지나면 로라는 마치 존재하지도 않았던 것처럼" 될 것이 억울하고, "죽은 자가 무시되는 것" 을 막기 위하여 로라의 이름으로 「눈먼 암살자」를 출판했다. 그리고 지금은 체이스 가문과 그리핀 가문의 유일한 증인인 자신이 사망하면 위니프레드가 날조한 공식 역사가 사브리나에게 그대로 전해질 것이고, 사브리나는 자신의 조부가 알렉스인지도 모르게 될 것이기 때문에 회고록을 쓰는 것 이다.

회고록을 시작한 또 다른 이유는 자신을 이해하기 위한 행동이다. 리니가 말하듯이 기념비를 세우는 것은 죽은 자를 위해서가 아니라 산자를 위해서이다(150). 아이리스가 입은 정신적 상처는 모르는 상태에서 갑자기 일어났기 때문에 인식 속에 통합되지 못하고 계속적으로 그녀를 사로잡아 따라 다니는 고통스러운 기억들이다. 캐시 카루스는 프로이드 이론에 근거하여 트라우마의 특성으로 충격 당시에는 상처 받은 것을 모르고 지나는데 "잠복 기간"이 지나면 정신적 상처의 병적인 증상들이 나타남을 강조하면서, 이것은 사건 당시에 그 경험이 충분이 인식되고 이해되지 못했기 때문이라고 설명한다(*Trauma* 7-8). 아이리스가 50년이 지난 후에야 자신의 정신적 상처를 말 할 수 있는 것도 당시에는 이해하지 못하는 상태에서 순식간에 일어난 일들을 이제 이해해보려고 시도 할 수 있기 때문이다. 카루스에 의하면 트라우마에 대한 이야기는 이와 같이 충분히 이해하지 못한 과거에 대한 이야기이기 때문에 "지식과 무지"(the complex relation between knowing and not knowing)가 섞여있는 복잡한 내러티브가 된다(*Unclaimed Experience* 3). 아이리스는 현재의 자신과 과거의 자신을 구별하기 위하여 결혼식 사진의 자신을 "그녀"라고 부르며 다음과 같이 그 차이를 생각해본다.

> 난 "그녀"라고 말한다. 왜냐하면 내가 존재했었음을, 그 단어의 진정한 의미에서 존재했었음을 기억할 수 없기 때문이다. 나와 사진 속의 그 소녀는 더 이상 같은 사람이 아니다. 난 그녀의 결과물, 그녀가 한때 멋모르고 살았던 삶의 열매이다. 만약 그녀가 존재했었다고 말 할 수 있다면 그녀는 내가 기억하는 것으로만 이루어져 있다. 난 더 나은 시야를 갖고 있어서, 대부분의 경우 그녀를 잘 볼 수 있다. 그러나 그녀는 [주위를] 쳐다 볼 만큼 지각이 있다하더라도 절대로 나를 볼 수는 없다. (239)

앞에서 말한 바와 같이 아이리스가 신빙성 없는 화자인 것은 당시 모르는 상태에서 일어난 일을 말하고 있기 때문이다. 이 작품의 메타픽션적 언급들은 다른 메타픽션에 나오는 언어의 한계성에 대한 반성적 고찰과는 다르다. 과거의 정신적 상처들이 말로 표현할 수 있을 만큼 이해가 되어있지 않기 때문에 고민하는 것이다. 아이리스는 자신이 쓴 것을 되돌아보며 잘못 되었다고 느낀다. 기록한 것이 틀린 게 아니라 "빠뜨린 것" 때문이다(395). 카루스의 지적과 같이 트라우마에 대한 이야기는 그 특성상 "기억의 '생략'과 회상의 '정확함'" (strange connection between the *elision* of memory and the *precision* of recall)이 교묘하게 섞여 있다(*Trauma* 153). 따라서 아이리스가 회고록의 한계를 계속 언급하는 것은 진실을 전달 할 수 없음을 말하려는 것은 아니다. 자신이 예전에 알지 못하고 행한 일들을, 그리고 아직 확실하게 이해되지 못한 과거를 이해하려고 애쓰고 있음을 나타내는 것이다.

회고록을 쓰는 아이리스에게 사브리나가 중요한 이유는 손녀이기 때문이기도 하지만, 자신의 이야기를 공감하며 열심히 들어 줄 수 있는 이상적 청자라고 생각하기 때문이다. 유대인 대학살 증언을 공적인 문서로 기록하기 위하여 많은 피해자들을 인터뷰해 본 도리 롭은 증언에서 청자의 역할과 중요성을 다음과 같이 강조한다.

> 누군가 귀 기울여주고 들어주는 이야기가 등장하는 것은 그 사건에 대한 인식, "알아가기"가 태어나는 과정이요 장소이다. 따라서 청자는 새로운 지식 창조의 동반자이다. 트라우마의 증언은 청자를 포함한다. 따라서 청자는 말하자면 그 사건이 처음으로 기록되는 백지 공간이다. (Laub 57)

앞에서 논한 바와 같이 트라우마를 증언한다는 것은 화자가 이미 완전히 이해하고 있는 사건에 대해 얘기 하는 것이 아니라 아직까지 인식 속으로 통합되지 못했던 충격적 사건을 조심스럽게 알아가는 과정이기 때문에, 롭에 따르면 청자의 협조적 태도가 중요하다. 화자가 어느 경우에 말하기가 고통스러워 침묵할 때, 이를 이해하고 그 침묵도 존경하는 태도로 들을 줄 알고, 기다릴 줄 알아야한다는 것이다(58).

아이리스에게 사브리나는 어떤 존재인가? 그녀는 위니프레드의 방해로 사브리나를 자주 만나지 못했기 때문에 직접 만나 본 것은 한번 뿐이고, 두 번 먼발치에서 본 적이 있을 뿐이다. 그러나 사브리나는 개성이 뚜렷하고 저항적인 성격으로 아이리스에게 강한 인상을 남겼고, 자신의 더블이라고 할 수 있는 로라를 닮았다고 생각한다. 아이리스가 단 한번 4살쯤 되는 사브리나 만났을 때는 에이미가 자살하기 직전이다. 아이리스가 찾아갔을 때, 에이미의 보살핌을 받지 못해 누추한 차림을 하고 있던 사브리나는 아이리스에게 25전 동전을 달라고 하는 수완 좋은(resourceful) 아이이며, 처음 보는 아이리스가 할머니라고 밝히자 빤히 노려보는 당당함을 보인다(434). 백화점에서 위니프레드에게 끌려가면서도 어린 사브리나는 "자기 입장을 확실히 하고, 선언을 함"과 동시에 "최후까지 버티는"(436) 태도를 보인다. 그리고 아이리스는 13세에 처음 가출한 적이 있는 사춘기 시절의 사브리나에게서 저항적 태도와 완강한 고집, 그리고 "사로잡힌 공주의 분노"(294)를 감지한다. 아이리스는 현재 인도에서 봉사활동을 하고 있는 사브리나를 메두사(Medusa)의 모습으로 상상해보면서 그녀가 로라와 똑 같은 "절대주의적 경향, 타협을 거부하는 성격, 추한 인간의 결점에 대한 경멸"(288)을 공유하고 있다고 생각한다.

아이리스는 사브리나가 자신이 물려준 트렁크를 거부하면 어떻게 할까 걱정한다(288). 아이리스가 에이미의 죽음에 책임이 있다고 위니프레드가 세뇌했을 터이니, 사브리나가 할머니에 대하여 좋은 감정을 갖고 있지 않을 것이고, 더욱이 회고록 내용이 충격적인 것이기 때문에 원고를 읽은 후 없애버릴 수도 있기 때문이다. 롭에 의하면 트라우마에 대한 증언을 듣는 사람들도 어려움을 겪는다고 한다. "트라우마에 대해 듣는 것은 위험이 따른다. 트라우마, 그리고 이것이 청자에게 주는 충격은 숨을 곳을 그대로 남겨두지 않는다. 생존자를 알아가게 되면서 청자는 자신을 알아가게 된다. 그리고 이것은 간단한 과제가 아니다"(72). 롭이 인터뷰한 홀로코스트 이야기 청자들은 일상생활에서 외면하던 인간성에 대한 질문, 그리고 인간의 실존적 문제들을 피할 수 없이 대면하게 되기 때문에 분노와 공포를 느끼게 된 것이지만, 사브리나의 경우에는 보편적인 인간의 문제가 아니라 자신의 혈통 문제이기 때문에 그 충격이 더 클 수 있다.『눈먼 암살자』 텍스트 자체에서는 사브리나의 반응이 밝혀지지 않는다. 그렇다고 해서 독자로서 사브리나의 반응에 대하여 상상해보지 않고 이 소설을 분석한다는 것은 너무 많은 가변적 요소를 미진하게 남겨두고 작품을 해석하는 것이기 때문에 아이리스의 용기 있는 증언의 의미가 퇴색되는 결과를 가져온다고 생각한다. 이 글에서는 여러 가지 실마리에 의지하여 사브리나가 이 책의 편집자라는 것을 밝혀보았다. 이것은 할머니가 물려준 트렁크를 사브리나가 거부하지 않았으며, 그 안에 들어있는 출생의 비밀에 상처를 받고 자살하기는커녕, 할머니의 메시지를 긍정적으로 받아들였음을 추정할 수 있는 단서가 된다.

이와 같이 볼 때 이 소설의 결말은 아이리스와 사브리나의 친밀한 관계 맺기가 이루어진 것이라고 볼 수 있다. 앞에서 논한 바와 같이 회고록 초반에서 아이리스는 독자를 고려하지 않아야 진실을 기록할 수 있다고 했으나, 사실은 사브리나와 같은 독자를 염두에 두지 않았다면 글을 쓸 이유도 없었을 것이고, 계속 써 나갈 추진력도 얻지 못했을 것이다. 롭이 말하듯이 증언을 한다는 것은 독백이 아니다. 듣는 사람, 그것도 침묵까지도 기다리며 존중하며 들어 줄 수 있는 마음이 통하는 사람의 존재를 전제해야만 충격적인 상처에 대해서 이야기 할 수 있는 것이다. “증언은 누군가에게, 그것도 오랫동안 기다려온 누군가에게 말하는 것이다”(Laub 71). 아이리스가 증언을 함으로써 자신의 이야기를 재구성 한다는 것은 그녀가 더 이상 소극적으로 기록되는 존재가 아니라 능동적으로 기록하는 존재가 되었음을 나타내는 적극적인 변화의 행동이다. 그리고 사브리나에게 그 글이 전달되었다는 의미는 아이리스의 눈먼 상태가 전달된 것이 아니라 아이리스의 깨달음이 손녀에게 전달되었다는 중요한 의미를 갖는 것이라고 생각한다.

사브리나가 이 책을 출판했다고 추정하는 것이 중요한 이유는 아이리스의 증언이 출판으로 인하여 공적 영역으로 들어갈 수 있다는 점이다. 만약 사브리나가 할머니의 원고를 읽는 것에 그치고 말았다면 아이리스와 로라의 이야기, 그리고 그 시대의 캐나다 역사는 잡지나 신문기사에 나타난 바와 같이 미화되고 왜곡된 버전만 계속 존재할 것이다. 이것은 「눈먼 암살자」의 출판이 리처드에게 끼친 영향에서도 드러난 바 있다. 아이리스가 자신의 글을 로라의 이름으로 출판한 것은 로라의 저항적 모습을 공식적으로 모두 은폐한 리처드의 권위적 언어에 대항하기 위해서이다. 로라가 「눈먼 암살자」에 나오는 것처럼 알렉스와 육체적 관계를 맺은 것은 아니지만 그를 매우 사랑한 것이 사실이기 때문에 이 소설에 나오는 여자의 모습이 로라와 아주 다른 것은 아니다. 이 소설을 로라와 알렉스의 이야기라고 생각한 리처드는 로라가 자신의 전유물이 아니었다는 생각에 매우 실망하였고, 이 소설로 말미암아 스캔들에 휩쓸려 정계진출에 실패한 후 죽음을 맞게 됨으로써. 이 대중소설은 성공적으로 리처드의 권위적 언어를 파괴했었다. 이와 마찬가지로 사적이고 비밀스러운 공간에서 이루어진 트라우마 증언은 결국 사라지고 말 것이기 때문에, 사브리나는 아이리스의 증언을 출판함으로써 아이리스의 증언에 왜곡된 역사를 수정할 수 있는 힘을 부여한다고 생각한다.

지금까지 필자는 아이리스의 트라우마 증언과 사브리나의 청자 역할에 주목함으로써 『눈먼 암살자』의 구조와 의미를 이해하려고 시도하였다. 사브리나에 주목하여 이 작품의 복잡한 격자구조에 나타난 그녀의 편집의도를 파악해 보려고 시도했으며, 세대를 넘어 전달되는 페미니스트적 메시지를 부각시키려하였다. 물론 현실적인 차원에서는 이 작품이 애트우드의 창작물이지만,[4] 소설 속의 차원에서는 아이리스가 기록한 글들과 모아놓은 자료들을 손녀 사브리나가 편집하여 출판했다는 실마리에 근거하여 『눈먼 암살자』를 해석해본 것이다. 그리고 애트우드가 사브리나를 편집자로 설정한 것을 두 인물 사이에서의 메시지의 전달을 나타내려는 작가의 의도로 보았다. 사브리나에게 전달되었다는 것을 고려하지 않는다면 아이리스의 회고록은 그녀의 독백으로 끝날 것이다. 그렇게 본다면, 과거를 언어로써 재구성하여 타인에게 전달할 수 있는 아이리스의 적극적인 면모가 부각되지 못하고, 그녀는 남성중심주의 사회의 희생자인 연약한 인물로 남게 될 것이다.

아이리스와 사브리나의 언어는 공적인 남성 언어에 도전하는 여성적 주변언어라고 할 수 있다. 신문 및 잡지 기사, 그리고 공식 서한들은 아이리스의 남편 리처드가 대표하는 권위적 언어인 반면, 대중적 연애소설이자 SF 소설인 「눈먼 암살자」는 권위적 언어에 대항하여 침묵되고 왜곡되었던 진실을 전해주려는 주변 언어이다. 신문이나 잡지 기사에 보도된 리처드와 아이리스의 부부관계는 매우 다정하고 이상적인 상류층 부부의 관계이다. 반면 「눈먼 암살자」에 등장하는 '불륜' 관계의 남녀는 실제 아이리스와 그녀의 연인 알렉스와의 이야기로서 애정 없는 정략적 결혼생활에서 탈출하고자하는 아이리스의 원래 모습을 전달하고 있다. 아이리스의 회고록도 로라의 자살 원인을 추적하는 대중적인 탐정소설의 형식을 따르고 있다. 사브리나는 공적언어

4 물론 현실적인 차원에서 『눈먼 암살자』는 애트우드의 창작물이다. 심지어 신문기사도 퀸 매리 호 처녀항해 기사를 제외하고는 모두 작가 애트우드의 창작물이다.

(신문 및 잡지 기사, 그리고 공식 서한)와 이에 대조되는 주변 언어(저급한 대중 연애소설과 탐정소설 같은 아이리스의 회고록)와 같은 이질적 언어들을 병치하여 독자들로 하여금 그 사이의 간격을 파악하고 진실에 접근하게 하는 방식을 채택하고 있다.

과거에 대한 공적인 언어와 사적인 언어의 차이는 아이리스의 개인적인 가정사에 국한되는 것이 아니라 20세기 캐나다의 국가적 과거의 재구성 과정에서도 나타난다. 1차 세계대전에 참전하여 두 형제를 잃고 부상당한 아버지, 경제 대공황 당시 공산주의 선동가로 나타난 후 스페인 내전에 참전했다가 2차 세계대전에서 전사한 알렉스, 냉혹한 자본주의자로서 오직 사업상의 이익을 위하여 2차 대전 전과 후에 독일에 대한 태도를 손바닥 뒤집듯 바꾸는 리처드, 그리고 이들과 관계를 맺는 여성인물들의 이야기에는 캐나다의 국내외적인 정치적, 경제적, 이념적 변화가 담겨져 있다.

그런데 아이리스가 개인적으로 보는 캐나다의 과거 이야기는 공적인 역사의 어두운 이면이 드러낸다. 1차 세계대전은 당시 영국의 식민지였던 캐나다의 독립과정을 가속화시켜준 영광스러운 전쟁이었다. 전쟁 기념비를 세울 때 마을 사람들은 승리를 기념하는 멋진 동상을 세우자고 주장한다. 그러나 아이리스의 아버지는 결코 "자발적"으로 참전하지 않은 병사들이 겪었던 비참한 실상을 잊지 않아야 한다고 주장하며 영웅적으로 보이는 병사의 동상 대신에 "지친 병사"(The Weary Soldier)의 동상을 세운다(148). 또한 공상과학적 자이크론 행성 이야기를 빌어서 캐나다 자본주의의 계급 차별에 대한 신랄한 비판을 가한 알렉스는 전쟁이 "우리 시대의 평화"를 위한 것이 아니라 기업 및 국가 간의 이권 사업 이라는 것을 냉소적으로 비판한다. 그는 스페인 종전 후 또 전쟁이 일어날 것이라고 예언하면서 다음과 같이

말한다: "그[자본가]들이 원하는 것은 엉덩이를 붙이고 앉아서 돈을 버는 동안 엉클 조[스탈린의 러시아 공산주의]와 아돌프[히틀러의 나치 독일]가 서로를 산산 조각내고, 덤으로 자신들을 위해 유태인까지 제거해주는 거지"(462). 알렉스가 비판하는 이러한 태도는 "힘찬 갈채"를 받았다고 신문에 실린 리처드의 연설 내용에 여실하게 나타나 있다(455). 이와 같이 아이리스가 보여주는 아버지와 알렉스의 저항적 관점은 공적인 캐나다 역사와 충돌하여 독자들로 하여금 과거의 역사를 새로운 눈으로 다시 보게 만드는 역할을 한다.

III. 맺음말

애트우드는 현재까지 12권의 소설 작품에서 다양한 실험을 계속해 왔지만 그녀 작품의 공통적인 초점은 『눈먼 암살자』에서 살펴 볼 수 있는 바와 같이 사회의 여러 차원에서 벌어지고 있는 권력 대결 양상(power politics)이라고 할 수 있다. 비평가 코랄 앤 하웰스(Coral Ann Howells)가 주장하듯이 애트우드는 첫 소설 작품부터 당대의 사회적 정치적 이슈를 주제로 다루고 있다. 이 때 정치적인 것이란 사람과 권력 구조 사이의 관계를 말한다. 권력 대결 양상의 한 형태인 남성과 여성과의 관계, 여성의 삶과 육체와 정체성 추구 과정, 캐나다의 국가적 정체성과 특히 미국에 대항하는 캐나다의 국제 관계에 관련된 문제, 인권과 환경문제와 새로운 생명공학 기술의 위험성 등등에 대한 관심은 모두 애트우드의 공통된 정치적 관심에서 나온 것이며, 각각의 작품들은 여러 각도에서 다양한 장르의 이야기 기법을 사용하여 초점을 달리하여 접근한다는 것이다. 따라서 그녀 작품에 대한 논의에서 사용되는 주요 용어는 페미니즘, 기존 장르의 실험적 사용, 포스트모더니즘, 탈식민주의, 역사 서술(historiography), 그리고 공상 소설(speculative fiction)[5]이다. 이와 같이 캐나다의 국가적 정체성, 캐나다와 미국과의 관계, 인권 문제, 환경 문제, 그리고 젠더 문제 등등 폭넓은 문화 비판으로 우리에게 새로운 시각을 보여주는 것이 애트우드 작품이 가진 강력한 매력인 것이다.

참고문헌

Atwood, Margaret Eleanor. *The Blind Assassin*. New York: Nan A. Talese, 2000.

Bouson, J. Brooks. "'A Commemoration of Wounds Endured and Resented': Margaret Atwood's *The Blind Assassin* as Feminist Memoir." *Critique* 44.3 (2003): 251-69.

Caruth, Cathy, *Trauma: Explorations in Memory*. Baltimore: Johns Hopkins UP, 1995.

_____. *Unclaimed Experience: Trauma, Narrative, and History*. Baltimore: Johns Hopkins UP, 1996.

Felman, Shoshana and Dori Laub. *Testimony: Crises of Witnessing in Literature, Psychoanalysis, and History*. New York: Routledge, 1992.

Hite, Molly. "Tongueless in Toronto." *Women's Review of Books* 18.6 (2001): 1,3.

Howells, Coral Ann. "Lest We Forget." *Canadian Literature: A*

5 애트우드는 자신의 소설을 공상과학소설(Science Fiction)과 구별하여 사변적 소설(speculative fiction)이라고 부른다. 공상과학소설은 현실에서 불가능한 괴물이나 우주선의 이야기이지만 자신의 소설은 실제 가능성에 입각한 사변적 소설이라는 주장이다.

Quarterly of Criticism and Review 173 (Summer 2002): 114-16.

Hutcheon, Linda. *A Poetics of Postmodernism: History, Theory, Fiction*. New York: Routledge, 1988.

Ingersoll, Earl. "Waiting for the End: Closure in Margaret Atwood's *The Blind Assassin*." *Studies in the Novel* 35.4 (2003): 543-58.

Mallon, Thomas. "Wheels Within Wheels." *New York Times Book Review* (Sep. 3, 2000): 7.

Showalter, Elaine. "Virgin Suicide." *New Statesman* 129.4506 (Oct. 2, 2000): 53.

Staels, Hilde. "Atwood's Specular Narrative: *The Blind Assassin*." *English Studies* 85.2 (2004): 147-60.

Atwood, Margaret. "Spotty-Handed Villainesses: Problems of Female Bad Behaviour in the Creation of Literature." 1994. 18 June 2001 <http://www.web.net/owtoad/vlness.html>.

Bulger, Laura Fernanda. "The Stone Angels: From Manawaka to Port Ticonderoga." 2001. 5 May 2004 <http://www.evora.net/comparada/VolumeI/THE%20STONE%20ANGELS.pdf>.

Clark, Alex. "Vanishing Act." *The Guardian* (Sep. 30, 2000). 18 June 2001 <http://books.guardian.co.uk/print/0,,4069866-105727,00.html>.

출처: 『영미문학페미니즘』 제14권 1호 (2006년), 99-120쪽에 실린 글을 수정한 것임.

기억의 정치학

—피터 캐리의 『켈리 일당의 실화』

이석구(연세대 교수)

I. 서 론

'부시레인저' 전통은 오늘날 호주인들에게 특별한 의미를 갖는다. '산적'을 의미하는 부시레인저의 시초는 18세기 말엽 영국의 유형지 시드니 코브를 도망쳐 산속으로 숨어든 죄수들로부터 유래하였다. 이 범법자들이 호주에서 특별한 의미를 띠는 이유는 이들이 '오지'에서 국가를 건설하는 힘겨운 싸움을 해 온 호주인들에게 그들의 개척 정신, 감당하기 어려운 역경에도 굴하지 않는 일종의 '투사'의 정신을 환기시키기 때문이다. 이 '투사'를 호주 작가 캐리(Peter Carey, 1943-)는 한 인터뷰에서 "영원히 투쟁하나 결코, 영원히 성취하지는 못하는 자"이되 "호주에서는 명예로운 지위"에 속한다고 설명한 바 있다 ("Powell's Interviews"). 이처럼 호주에서 '국민 영웅'의 대접을 받는 부시레인저 중에는 '스트링이바크 살육'으로 뉴사우스웨일즈를 떠들썩하게 만든 네드 켈리(Ned Kelly)가 있다.

『호주인명사전』(*Australian Dictionary of Biography*)의 요약에 의하면, 네드의 도피 행각은 피츠패트릭(Fitzpatrick) 경관이 1878년 4월 15일에 네드의 동생 대니얼(Daniel)을 체포하러 왔다가 네드의 총격을 받았다는 주장을 하면서 시작된다. 비록 네드는 현장에 없었다고 주장하나 이 주장은 받아들여지지 않는다. 대니얼과 네드가 몸을 숨겨버리자 경찰은 대신 어머니와 매형, 그리고 이웃을 살인 미수 교사 혐의로 체포하여 형을 살린다. 네드와 대니얼이 산악지대로 숨어들고 친구 조(Joe Byrne)와 스티브(Steve Hart)가 합류하면서 소위 '켈리 일당'이 구성된다. 이들은 자신들을 체포하기 위해 출동한 경관들을 급습하는데 이 사건이 악명 높은 1878년 10월 26일의 '스트링이바크 살육'이다. 이 사건으로 인해 도주자 신세가 된 켈리 일당은 경찰의 추적을 성공적으로 따돌릴 뿐만 아니라 1878년 12월 9일과 이듬해 2월 10일에 유로아와 제릴데리의 은행을 차례로 털어 은행 강도로서 악명을 날리게 된다. 1880년 6월에 글렌로완에 마침내 집결한 켈리 일당은 60명의 호텔 투숙객을 인질로 잡고 철갑옷으로 무장한 채 멜번발 특별 열차가 당도하기를 기다린다. 경찰 병력이 이 열차로 도착할 것을 알고 있었기에 철로를 훼손하고 기다렸던 것이다. 그러나 네드의 배려로 풀려난 한 인질이 경찰에 이 사실을 제보함으로써 이 계획은 무산된다. 6월 28일에 조는 경찰과의 총격전에서 사망하고, 대니얼과 스티브는 경찰이 지른 불길에 사망한다. 네드만 부상을 입은 채 체포되어 멜번으로 호송되었다가 결국 같은 해 11월 11일에 교수형에 처해진다. 이것이 '켈리 일당 사건'의 전모이다.

네드에 관한 전설은 피터 캐리에 의해 2000년에『켈리 일당의 실화』(*True History of the Kelly Gang*)로 다시 태어난다. 이 작품 덕택에 캐리는『오스카와 루신다』(*Oscar and Lucinda*)로 1988년에 부커상을 수상한 이후 2001년에 또다시 부커상을 수상하는 영광을 안는다. 그러나 사실 이 소설은 부커상을 수상하기 전에도 이미 호주에서 베스트셀러가 되었고, 이어 작가는 2001년에 '올해의 호주인'으로 선정된다. 호주인들에게 일종의 '로망'으로 다가오는 이 과거의 부시 레인저를 오늘날 새롭게 되살리는 작업에는 어떤 의미가 있을까? 네드가 생전에 영국을 비판한 인물이라는 점을 감안하다면, 그의 반영주의(反英主義)는 오늘날에서 호주에서 일고 있는 '공화주의'로 쉽게 번역될 수 있다. 익히 알려져 있듯 호주는 건국 이래로 영연방의 수장인 영국 여왕을 국가의 수반으로 하는 입헌군주국이다. 반면 국가의 수반을 호주인의 손으로 뽑으려 하는 공화주의는 식민 모국과의 관계를 청산하고 명실상부한 독립국이 될 것을 지향하는 운동이다. 영연방으로 출범한 호주에서 영국과의 관계는 항상 논란의 대상이었지만, 이전에는 지엽적인 문제에 지나지 않던 이 문제가 정치적으로 정식 의제가 된 것은 1982년에 노동당이 공화제를 지지하면서부터라고 알려져 있다. 1999년에 호주는 공화제 문제를 국민 투표에 부치게 된다. 그 결과는 예상 외로 공화제의 부결이었다. 『켈리 일당의 실화』가 출간되자마자 비평가들과 독자들로부터 대단한 호응을 받았다는 사실은, 언뜻 공화주의자들이 실망과 분한을 억누를 수 없었던 바로 그 시기에 소설이 출판되었다는 점과 관련 있는 것으로 여겨진다. 즉, 억울함을 삭이지 못하던 공화주의자들이 네드의 거침없는 반영주의적 목소리에서 일종의 '대리 만족'을 느끼고 이에 열광적인 반응을 보인 것으로 해석할 수 있는 것이다.

그러나 본 연구는 어찌 보면 다소 쉽게 예측 가능한 이 결말을 준비하지는 않는다. 그 이유는 소설에 대한 당대 호주인의 반응을 조사해 보면, 이 소설이 정파를 초월하여 대다수 호주 대중을 매료시킨 것으로 드러나기 때문이다. 캐리의 소설이 호주에서 즉각적으로 거둔 성공은 비평가 오라일리(Nathaniel O'Reilly)에 의해 다음과 같이 표현된다. "비록 켈리의 서사가 교육적, 사회적 담론에서 각별한 위치를 차지하기는 했지만, 대중문화 속에서 지배적 위치를 차지하게 된 것은 최근의 일이다. 네드 켈리는 현재 호주의 민족의식에 있어 지배적인 인물이 되었는데, 이는 주로 피터 캐리의『켈리 일당의 실화』가 거둔 상업적, 비평적 성공에 기인한다”(488). 이러한 성공의 여파로 2002년 8월에 브리스번 시의회는 이 책을 읽자는 대대적인 캠페인을 시작하였고, 산하 32개 도서관에서 이 책을 구입하게 하였다. 네드에 대한 호주 정부의 애착은 2001년 7월 31일 네드가 경찰과의 전투 중에 입었던 철갑옷 중 상박과 어깨를 덮는 쇳조각 하나를 경매에서 사들이기 위해 199,750 호주달러를 지불한 데서도 상징적으로 드러난다.

그렇다면 네드의 어떤 면이 호주의 대중뿐만 아니라 정부에게까지 호소력 있게 다가간 것일까? 이 질문을 좀 다른 각도에서 하자면, 호주의 대중과 정부가 기억하는 네드는 어떤 인물일까? 맥도날드(Ben McDonald)나 거스터(Robin Gerster) 같은 비평가들의 리뷰는 캐리가 그려낸 네드가 당대의 호주인들에게 어떤 의미를 띠는지를 잘 드러낸다. 말도둑으로 출발하여 은행 강도로 끝난 이 범법자에 대한 거스터의 표현을 빌면, “호주의 아이콘”으로서의 네드가 “자신보다 더 큰 무엇을 대표하게 되었다는 것은 확실하다. … [그의 목소리]는, 자신에게 부여되었고 스스로가 또 만들어내기도 한 경험과는 다른 무엇을 열망하는 자, ‘네드 켈리’ 외의 다른 무엇이 되고 싶었던 자의 목소리이다”(401). 즉, 살아서 반영주의자였던 주인공은 캐리의 소설에서 민족과 정파를 초월하는 ‘보편적 호주인’으로, 주어진 환경과 한계를 극복하려고 노력한 일종의 ‘파우스트적인 영웅’으로 기억되었던 것이다.

II. 계급 담론과 도덕적 이분법

네드 켈리의 전설을 되살려 냄에 있어 캐리는 '세밀화'에 비견될 만큼 많은 세세한 정보를 제공한다. 368쪽에 이르는 이 소설에서 작가는 네드와 그의 가족들이 식민지 호주에서 어떠한 시련을 겪었으며 주인공이 어떻게 범죄자가 될 수밖에 없었는지에 대해서, 마침표나 쉼표를 제대로 찍을 여유도 없이 이야기를 펼쳐 나간다. 쉼표나 마침표를 생략하는 것이 네드 생전의 글쓰기 특징임을 고려할 때, 소설에서 이러한 글쓰기 스타일을 선택한 것이나 소설을 편지 꾸러미의 형태로 제시하는 것은, 자신이 그려내는 네드에게 '진정성'과 원전의 '아우라'를 부여하고자 하는 작가의 의도가 엿보이는 대목이다. 이러한 진정성에 대한 강조와 더불어 식민지 사회의 경제적 상황을 하층 계급의 눈을 통하여 '정황적으로' 상세히 재구성해내었다는 점에서 이 소설은 당대의 식민지 사회에 대한 일종의 '하위 계급적 역사 보고서'라는 인상을 주기에 충분하다.

참고로 네드 당대 호주의 지주 계급은 '공유지 정착자'로 불렸다. 이 계급은 호주 개척 초기에 영국 왕실 소유지에 무단으로 정착한 사람들을 의미하였으나, 차츰 영국 출신이거나 스코틀랜드 출신으로서 정부로부터 상당한 크기의 땅을 임대받거나 사들인 목장주를 지칭하게 되었다. 이들은 시간이 지나면서 식민지 사회의 상류층을 구성하였고 금력과 권력을 동원하여 자신의 기득권을 지키기에 바빴다. 영국 정부는 토지의 편중 현상을 해소하기 위해 1860년에 새로운 토지법을 통과시켜 하층민들에게도 왕실 소유지를 임대받을 수 있는 권리를 주게 되는데 이때 땅을 빌린 임차인들을 '선택농'이라고 불렀다. 맥컬록(Jude McCulloch)의 연구에 의하면, 이론상으로는 목장주들이 무단으로 점유한 땅도 일반인에게 임대가 가능하였으나 실제로 목장주들은 명의 도용을 통해 광대하고도 비옥한 땅을 선점해놓았다. 뿐만 아니라 이들은 오늘날의 '알박기'와 유사한 수법으로 물길이 있는 땅을 미리 사들여 물길을 독점하였고, 그 결과 인근의 땅을 농토용으로는 쓸모없게 만들어 버렸다. 즉, 선택농들이 목장의 인근에 경쟁자로 자리 잡는 것을 효과적으로 막았던 것이다(McCulloch 5-6). 그 결과 토지법이 시행된 이후에도 목장주들은 비옥한 땅에 거대한 목장을 여전히 소유하게 되었고, 반면 선택농들은 미측량된 땅에 농사를 짓겠다는 약속을 하고서야 오지의 땅을 약간 빌릴 수 있었던 것이 당대의 계급적 현실이었다.

『켈리 일당의 실화』는 지주 계급과 선택농 간의 갈등을 사회적 약자인 후자의 시각에서 그려낸 듯하다. 일례로 아버지 존 켈리(John Kelly)가 사망한 후 켈리 부인도 선택농의 길을 가게 된다. 집도 불타 버린 데다 생계가 막막해지자 정부로부터 일레븐스 마일 클릭 지역의 땅을 임대받은 것이다. 캐리의 소설은 선택농이 된 켈리 가족이 공유지 정착자들 때문에 어떠한 고통을 받게 되는지를 자세히 그려낸다. 네드의 표현을 빌면, "정치인들과 경찰의 묵인 아래 이 나라의 최고 옥토에 알박기를 한 위티(Whitty)와 맥빈(McBean)이 우리의 삶을 어렵게 만든 장본인이었다"(204). 이 중 악덕 지주 위티의 횡포는 방목용으로 옥토를 독점하는데 그치지 않는다. 그는 공유지도 자신의 것으로 선점해 놓았는데 이런 행위는 가뭄이 들게 되면 선택농의 가축 사육을 심각하게 위협하였다. 물길이 있는 초지를 위티가 선점해놓았기에 소농들에게는 풀이 자라는 땅에 대한 접근이 원천적으로 불가능하게 되었을 뿐만 아니라, 가축들에게 길가의 풀이라도 먹이면 위티는 사유지 침범을 이유로 소농들의 가축을 압류하였다. 네드에 의

하면 어떤 날에는 가난한 농부들이 소유한 말 60두가 단 하루 만에 압류되었다고 한다(196). 네드의 말 한 마리도 같은 방식으로 압류되자 네드는 이에 대한 보복으로 위티와 맥빈의 목장에서 말을 훔쳐 불록 크릭으로 숨어든다. 이렇게 말하고 보면, '네드 켈리 일당' 사건은 단순히 범법자들의 강도 행위라는 차원을 넘어 명백히 경제적이며 정치적인 차원을 서브텍스트로 갖는다.

식민지 호주에서 소농이나 서민을 괴롭히는 집단 중에는 지주 계급뿐만 아니라 공권력의 집행자들이 있었다. 네드의 서간문에서 이들은 여러 차례 "호주의 독버섯" 같은 존재로 언급되는데 이러한 비판은 캐리의 소설에서도 원용된다. 교정시설의 관리자 계급이 한 예이다. 아일랜드인 아버지 존이 반디만즈랜드(오늘날의 태즈마니아)에서 유배 죄수로 겪었던 고초도 그렇지만, 존이 어린 네드의 죄과를 대신해서 형을 산 후 몸과 마음이 망신창이가 되어 사망하게 된 사건을 통해서 캐리는 식민지 감옥에서 죄수들이 겪어야 했던 비인격적인 처우를 고발한다. 그러나 켈리 가족을 가장 악랄하게 괴롭힌 집단으로는 아무래도 식민지 경찰을 꼽아야한다. 소설에 등장하는 부패 경찰의 목록에는 켈리 부인을 집적대는 경사 오닐(O'Neil) 외에도 순경 플라드(Flood), 홀(Hall), 그리고 앞서 언급한 피츠패트릭이 있다. 플라드는 네드와 매형이 수감되어 있는 동안 네드의 누이 애니(Annie)를 임신시킬 뿐만 아니라 네드의 말 30두를 훔친 장본인이다. 홀은 네드를 말도둑으로 몰고 살해하려고까지 하였다. 또한 피츠패트릭은 네드의 여동생 케이트(Kate)에게 구혼을 하다 네드 가족에게 여성 편력이 들통 나게 되는데, 이에 앙심을 품고 네드에게 경찰 살인 미수의 죄를 뒤집어씌운다. 이처럼 부도덕한 지배 계급 아래에서 고통 받았던 호주 이민자들과 죄수들의 비참한 삶을 캐리는 하층 계급의 눈을 통해서 그려낸다.

그러나 이 소설을 자세히 살펴보면 한 가지 흥미로운 사실이 발견되는데, 그것은 '지배 계급은 사악한 가해자'이며 '피지배 계급은 선한 피해자'라는 공식이 적용이 잘 되지 않는다는 점이다. 누가 누구를 핍박했는지의 관점에서 이 소설을 읽어 보면 켈리 가족을 힘들게 한 이들이 지배 계급에만 국한되지 않는다. 공권력이나 지주 계급 못지않게 켈리가를 괴롭히고 착취하는 이들 중에는, 아버지가 돌아가신 후 홀연히 나타난 삼촌 제임스(James), 이모와 이모부인 로이드(Lloyd)부부, 두 의붓 아버지 빌(Bill Frost)와 조지(George King), 그리고 켈리에게 강도짓을 가르치는 해리(Harry Power), 같은 계층이면서도 네드에게 사기를 친 와일드(Wild Wright), 주인공에게 시비를 걸어 결국 3개월 형을 언도받게 만든 장사치 맥콜믹(McCormick) 등 그 목록의 길이가 만만치 않다. 일례로 두 번째 편지 뭉치에 등장하는 제임스는 경사 오닐의 뒤를 이어 켈리 부인을 집적거린다. 뿐만 아니라 제임스는 켈리 부인이 유혹에 응하지 않자 앙심을 품고 집을 불태워 켈리 가족이 뿔뿔이 흩어지게 만든다. 세 번째와 네 번째 편지 뭉치에서도 켈리가를 괴롭히고 착취하는 이는 지배 계급이나 영국법이 아니라 같은 하층민 계층이다. 어머니의 새 남편 빌은 켈리 부인을 인격적으로 모독하고 박대할 뿐만 아니라 그녀가 정부로부터 임대받은 땅의 관리를 내팽개침으로써 그 땅을 환수당할 위기로 가족을 몰아넣는다. 두 번째 의붓아버지 조지도 빌과 크게 다르지 않다. 사회의 최하층민이라고 할 노상강도 해리도 주인공을 착취하기는 마찬가지다. 다섯 번째 편지 뭉치는 로이드 부부의 탐욕심과 야비함을 고발한다. 이모부 로이드는 해리를 경찰에 밀고한 대가로 거금을 챙긴 후 네드가 밀고자라는 소문을 퍼뜨린다. 그 결과 아일랜드계 이민 사회에서 네드와 그의 가족은 공동체에서 완전히 소외당하는 어려움을 겪게 된다.

이처럼 『켈리 일당의 실화』에서 지배 계급은 말할 것도 없이 피지배 계급도 도덕적 우월성을 확보 받기가 어렵다. 두 계급 모두 착취, 모함, 폭력, 방화, 절도 등 각종 악행에 참여하고 있기에 지배 계급에 대한 비판이 정당성을 확보하기가 어려운 것이다. 이처럼 지배자와 피지배자를 구분하는 도덕적 이분법이 분명하지 않다는 점에서, 피착취 계급 내에서 또다른 착취와 억압의 구조가 연쇄적으로 발견된다는 점에서, 캐리의 소설을 읽는 독자는 식민지 호주에 있었던 지배 계급의 억압에 제대로 주목하기가 어렵다. 무엇보다도 피지배 계급도 착취와 부패의 고리에서 자유롭지 못함을 강조하였다는 점에서 이 소설을 읽는 독자에게 '계급적 현실에 대한 조사'보다는 '혼란스러운 사회 일반에 대한 고찰'이 더 비중 있는 의제로 다가온다. 이분법적인 계급 구도가 배제된 결과 당대의 부조리한 현실에 대한 비판이 계급 담론으로 수렴되지 못한 것이다. 그 결과 이 소설은 '모두가 힘들었던 시절'에 관한 이야기 정도로, 민족 국가로 일어서기 전에 식민지 호주가 거쳐야 했던 '혼란스러웠던 한 때'에 관한 이야기로 읽힐 가능성이 다분히 있다. 그러나 한 역사 보고서는 이 사건이 "목장주의 특권에 대한 도전이요, 토지에 관한 보다 넓은 지평의 투쟁에 관련됨"(McCullloch 8)을 적시한 바 있다. "땅을 못 가진 다수와 땅을 독점한 목장주 간의 계급 투쟁" 같은 정치·경제적인 차원이 있음을 분명히 보여준다는 맥킬튼(Francis McQuilton)의 주장(Ch. 3)도 같은 지적을 한 것이다. 여기서 유의해야 할 사실은 이러한 논평이 캐리의 소설에 관한 것이 아니라 소설의 소재가 된 역사적 사건에 관한 것이라는 점이다.

III. 켈리의 전설과 '사적인 텍스트'

네드는 실제로 어떠한 인물이었던가? 이 질문에 대답하기 위해서는 앞서 인용한 적 있는 네드 당대의 사회에 대한 역사학자나 사회학자의 연구도 도움이 되지만 네드가 생전에 남긴 「제릴데리 편지」(Jerilderie Letter)나 「캐머론 편지」(Cameron Letter)를 살펴보는 것도 중요하다. 이는 캐리가 네드에 대한 집단적 기억을 되살려 낼 때 어떤 부분을 누락시키고 또 강화하였는지를 파악하는데 도움을 줄 것이기 때문이다. 1878년 12월 14일자 「캐머론 편지」와 이듬해 2월 10일자 「제릴데리 편지」의 공통점은 네드가 지주 계급과 공권력의 횡포를 지적하고 자신의 행동을 정당화하는데 상당한 지면을 할애한다는 점이다. 일례로 「캐머론 편지」에서 네드는 자신과 조지가 위티의 목장에서 말을 훔친 것을 인정은 하되 이 행위는 그들이 받은 피해에 대한 보복이나 보상의 의미임을 밝힌다. 뿐만 아니라 경관 피츠패트릭에 대한 살인 미수 혐의에 대해서도 이를 무고라고 주장하며, 이 주장을 뒷받침하는 증거로서 자신은 위티의 말을 팔아치운 후 여행을 떠나버렸기에 피츠패트릭이 자신으로부터 총격을 받았다고 주장하는 시점에는 빅토리아에 없었다는 사실을 지적한다. 뿐만 아니라 자신이 고향에서는 잘 알려진 존재이므로 만약에 빅토리아에 자기가 있었다면 어린 학생들도 이를 다 알고 있을 것이라는 정연한 논리로 네드는 살인 미수 혐의에 대해 자신이 무죄임을 주장한다(Pars. 4, 5, 6, 7).

그러나 「캐머론 편지」에서 드러나는 네드는 자신의 처지를 논리적인 언어로 위정자들에게 호소하는 인물만은 아니다. 오히려 그는 폭력적인 보복을 다짐함으로써 지배 계급의 간담을 서늘하게 만든 협박자에 가까웠다. 「캐머론 편지」에서 드러나는 '응징자'로서의 네드의 면모를 살펴보자. 이 편지에서 네드는 자신의 가족이 받고 있는 치욕과 고통, 그리고 도망자가 되어야 했던 자신의 억울한 처지가 피츠패트릭의 무고 때문임을 적시하며 불의에 대한 항거를 다짐한다.

> 나는 이유 없이 도주자가 되었고 상황이 이보다 더 나쁠 수 없으며 한 번 죽지 두 번 죽지는 않기에 만약 대중이 보는 앞에서 정의가 시행되지 않는다면, 하나님이 나에게 방아쇠를 당길 힘을 주시는 한은, 나와 나의 가족에게 가해진 나쁜 평판과 모독에 대해 복수할 것이다. 피츠패트릭의 거짓말을 증명할 수 있는 증인은 광고를 내면 구할 수 있을 것인데, 만약 즉각적으로 이 일이 시행되지 않으면, 무시무시한 재앙이 뒤따를 것이며, 아일랜드에서 성 패트릭이 뱀과 개구리의 살육의 원인이 되었지만, 피츠패트릭은 다음 세대에 이보다 더 큰 살육의 원인을 제공하게 될 것이니, 나의 앞길에 놓인 것은 무엇이든지 간에 절도하고, 약탈하고, 강간하고, 살해하였다고 할지라도 나의 평판이 지금보다 더 나쁘지는 않을 것이라. (par. 18)

윗글에서 네드는 피츠패트릭이 주장하는 살인 미수 혐의에 대한 진실을 밝히기 위해 사건의 증인을 구하는 "광고"를 즉각적으로 낼 것을 요구한다. 그리고 이러한 요구가 수용되지 않을 경우 "무시무시한 재앙"이, "큰 살육"이 있을 것임을 예고한다. 이러한 협박을 자신이 잃을 것이 더 이상 없는 한계 상황에 처해 있다는 주장과 함께 읽을 때 그것이 단순한 엄포로 다가오지만은 않는다. 피의 보복을 다짐하는 네드의 냉혈한적인 면모는 자신의 요구가 수용되지 않을 경우 무엇이 되었든, 누구가 되었든 "절도하고, 약탈하고, 강간하고, 살해할 수도 있다"는 그의 각오가 잘 드러낸다. 그러나 사실 「캐머론 편지」에서 발견되는 이 거친 언어도 「제릴데리 편지」에 비하면 온건하다고 해야 할 것이다. 일례로 「제릴데리 편지」에서 경찰의 편을 드는 배반자들에게 경고성의 발언을 할 때 사용되는 언어는 흉악하기가 그지없다. 이 후자의 편지에서 한 문장만 인용하면, "개미가 들끓는 땅바닥에 못 박혀, 배를 가르고 기름을 꺼내, 펄펄 끓여 목구멍을 타고 흘러내리게 할 때 느낄 고통도 내가 … 어떤 식으로든 경찰을 돕거나 은닉하거나 조력하는 이들에게 줄 즐거움에 비하면 아무 것도 아닐 것이다"(50). 바로 이 소름끼치는 응징자의 언어가 캐리의 소설에서는 누락되어 들리지 않는다.

캐리의 소설에서 본 연구가 주목하는 바는 이처럼 거칠고 흉악한 네드에 대한 기억이 극히 '사적이고도 인간적인 텍스트'로 만들어지는 방식이다. 캐리의 소설이나 네드의 편지글 모두 반항에 관한 서사이다. 그러나 네드의 가족사(家族事)에 초점을 맞춘 결과 캐리가 그려내는 반항의 서사에서는 식민지 내부의 민족 문제나 사회·경제적 갈등의 서브텍스트보다는 개인적인 '가정 문제'가 더 도드라져 보이게 된다. 구체적으로 이 소설에서 어머니 켈리 부인과의 관계가 네드의 삶과 죽음을 결정하는 가장 중요한 추동력으로 작용한다. 스트링이바크 살육이 있기 직전 네드가 들려주는 그 간의 삶도 같은 맥락에서 이해될 수 있다.

> 평생 동안 나는 [어머니]를 지켜왔고 어머니가 고기를 드실 수 있도록 10살 때에 머레이 소유의 암소를 죽였고 불쌍한 아버지가 돌아가셨을 때 나는 어머니 옆에서 함께 일하였고 나는 장남이었고 나는 12살에 학교를 떠났고 그래서 어머니가 농장을 하실 수 있도록 하였고 어머니께 금을 갖다 드릴 수 있도록 나는 해리 파워를 따라 나섰고 집에 먹을 것이 없을 때 나는 노동을 했고, 집에 돈이 없을 때 나는 훔쳤고 그래서 누런 들개가 줄에 매인 암캐에 덤비듯

> 인간 말종 프로스트와 킹이 어머니 주위를 포위했을 때 나는 어머니를 구하려고 노력했지. (239)

이처럼 캐리의 소설이 그려낸 네드에게 있어 '어머니'는 삶의 전부에 가깝다. 네드가 하원의원 캐머론에게 편지를 보내는 것이나, 자신의 청원이 정치인에 의해 대변되지 못하자 제릴데리 은행을 턴 후 곧장 출판사를 찾아서 두 번째 편지를 출판하려고 시도하는 것도 사건의 진실을 널리 알려 어머니를 억울한 감옥살이에서 구하려는 의도에서였다. 사실 네드가 남긴 두 편지글에서는 가족들의 무죄뿐만 아니라 이웃의 억울함도 강조된다. 그러나 캐리의 소설에서는 어머니의 신변을 걱정하는 '아들'에 서사의 초점이 고정된다. 유로아 은행을 털어 밀항 비용을 마련한 후에도 네드는 아내 메리(Mary Hearn)의 간곡한 요청에도 불구하고 그녀와 딸만 미국으로 보낸다. 자신은 남아서 어머니의 억울한 사정을 알리려는 목적에서였다.

캐리가 그려내는 네드는 어머니를 구해내기 위하여 강도짓을 무릅쓰는 효자이지만, 또한 딸에게는 이상적인 아버지이기도 하다. 캐리의 텍스트에서 네드는 험난한 도주 생활 가운데서도 500쪽에 이르는 편지를 쓰는데, 이 불가능해 보이는 작업을 수행하는 것은 얼굴도 모르는 딸을 위한 것이다. 아버지에 대하여 있을지도 모를 딸의 오해를 풀기 위해 자신의 행각을 장문의 글로써 변호하기에 여념이 없는 그는 부성애(父性愛)의 화신이다. 뿐만 아니라 여러 차례 벌인 인질극에서 인질 모두를 정중하게 다루는 그는 나무랄 데 없는 신사의 미덕도 소유하고 있음을 보여준다. 이처럼 주인공의 거칠고 위협적인 면을 모두 깎아내어 이상적인 아들이자 아버지로 변모시켰다는 점에서, 캐리의 손에 의해 이루어지는 네드의 재현은 그의 야성적인 면을 '식민화'

시키는 과정에 다름 아니다. 즉, 캐리의 재현 작업 속에서 하층민 출신의 거친 강도 네드는 교화되어 예의바른 존재로 길들여지는 것이다. 네드에게는 실제로 아내도, 자식도 없었음에도 불구하고 캐리가 소설에서 이들을 등장시킨 것도 결국 주인공의 따뜻한 부성애와 인간적인 면을 강조하기 위한 의도라는 추측을 방증한다. 그러므로 네드는 강도라는 직업이 어울리지 않는 사랑스러운 '가정적인 존재'요, 가정적 가치의 옹호자이다. 캐리의 소설이 무엇보다 네드의 '가족에 대한 책임'(Morgan 72)을 집중적으로 조명하고 있다는 사실은 초기의 리뷰에서도 지적된 바 있다. 캐리가 재현해내는 네드가 일종의 '순치된 인물'이라는 주장은 맥더모트(Alex McDermortt)의 비평에서 좀 더 구체적인 언어로 표현된다.

> 캐리의 『켈리 일당의 실화』에서 19세기의 감수성을 떨게 만들며 스스로를 만천하에 알린 놀라운 야수가 이빨과 발톱을 박탈당한다. 켈리의 수사는, (가상적인) 딸을 향한 서사의 일부로서 자리를 잡는다. 그의 언사는 힘도, 위협적인 성격도 많이 상실하고 만다. 그것들은 결코 처음에는 의도하지 않았던 임무를 위해 포섭되고 만다. 그것은 이제 모두 가족사(家族事)에 지나지 않는다. 그것은 좀 시시해지고 만다. (par. 21)

이러한 맥락에서 보았을 때 캐리의 재현 작업은 특정한 역사적 기억에서 적극적으로 공적인 맥락과 정치적인 함의를 제거하는 기능을 한다. 즉, 정치적인 사건을 가정(家庭)적인 문제로 환원시킴으로써 켈리의 사건이 당대의 법질서와 권위에 저항한 '대항 담론'으로서 기억될 가능성을 사전에 차단해 버린 경우에 속하는 것이다.

IV. 아일랜드 민족주의와 '보편적 호주인'

영국에 대한 태도에서도 「제릴데리 편지」와 캐리의 소설 간에는 큰 차이가 존재한다. 캐리가 『켈리 일당의 실화』을 쓸 때 특히 많이 참고하였다고 하는 이 편지에서 영국 정부나 영국법, 색슨족, 영국 여왕에 대한 거명이 거침없이 이루어진다. 길지 않은 이 서신에서 영국에 관한 직접적인 언급이 열한 번 이루어지는데, 이는 368쪽에 이르는 캐리의 소설에서 이루어지는 영제국에 대한 거명과 거의 맞먹는 수치이다. 캐리의 소설로부터 이 편지가 더 명확하게 변별되는 지점은, 후자의 글이 보여주는 영국법 및 영국군에 대한 도전과 민족적 대결 구도이다. 이 서간문에서 네드는 "영국 법에는 정의가 없다"(13)는 비판과 아울러 식민지 경찰뿐만 아니라 영국군에 대한 도전적인 발언도 서슴지 않는다.

> 고통 받는 이 사람들에게 결백, 정의, 자유를 돌려주는 것이 정부에 도움이 되는 일이다. 만약 그렇게 되지 않을 경우 나는 빅토리아 경찰과 주민들뿐만 아니라 전 영국군의 눈을 번쩍 뜨이게 만들 식민지의 전략을 보여줄 수밖에 없을 것이며 … 피츠패트릭이 아일랜드에서 성 패트릭이 야기했던 뱀과 두꺼비의 살육보다 더한 살육을 영국인들에게 야기시킬 것이다. (19-20)

위 원전에서 캐리는 "식민지의 전략"만을 차용할 뿐 그 외의 전복적인 요소들을 자신의 소설에서 누락시킨다. 위의 글이 캐리의 소설에서 앞뒤가 잘리고 바뀌는 편집 과정을 살펴보면 다음과 같다. "정부는 죄 없는 자들을 감옥에서 방면해야지 그렇지 않다면 나는 식민지의 전략을 보여줄 수밖에 없을 것이다. 그것이 무엇이 될지 나도 모르나 진실을 말하자면, 빅토리아의 녹균병보다도, 뉴사우스웨일즈의 메뚜기에게 건기의 목마름보다도 나쁠 것이다"(337). 네드가 원전에서 "식민지 전략"이 "전 영국군"을 상대로 하는 군사 행동, 즉 전쟁을 일으키는 것이 될 것이며, 그 결과가 끔찍한 "살육"이 될 것임을 명시하고 있는 반면, 캐리의 소설에서는 "식민지 전략"은 명백한 지시 대상이 없는 모호한 기호로 존재한다. 그것은 기껏해야 곡식의 "병충해"나 "건기의 목마름" 보다 "나쁜" 정도로 우회적이고도 추상적인 용어로 표현될 뿐이다. 흥미로운 사실은, 살육의 가능성과 관련하여 성 패트릭과 피츠패트릭을 비교하는 것은 「캐머론 편지」에서도 언급되었으나, 「제릴데리 편지」에서는 보다 구체적으로 대규모 살육의 피해자가 "영국인"으로 적시되어 있다는 점이다.

캐리의 소설에서 누락된 「제릴데리 편지」의 또다른 중요한 요소는 아일랜드계 출신의 경관에 대한 고발과 영제국의 식민 정책에 대한 적개심이다. 앞서 살펴본 바와 같이 캐리의 소설에서도 아일랜드계 경관은 비판의 표적이 된다. 그러나 편지에서 발견되는 아일랜드 경관에 대한 비판은 '계급적인 언어'의 옷이 아니라 '민족적인 언어'의 옷을 입고 있다. 즉, 하층 계급이 지배 계급을 비판하는 식이 아니라 같은 아일랜드인으로서 동포를 비판하는 형식을 띠는 것이다. 구체적으로 네드는 식민지 빅토리아에서 활동하는 아일랜드계 경찰을 자기를 낳아 준 어머니와 조국을 배신한 "역적"으로 적시한다. 네드의 표현을 빌면, 아일랜드계 경찰은 "조국과 조상들과 종교를 배반한 역적이었던 것이, 색슨과 크랜모어의 굴레가 지배하기 전에 조상들이 카톨릭이었으며, 그 이후로 그들은 박해받고 학살당하고 순교자의 처지로 전락하였고 지금의 세대가 상상할 수 없을 정도로 고문 받았다" (44-45). 여기서 "크랜모어의 굴레"가 빅토리아 여왕의 식민 통치를 일컫는 것임을 고려할 때, 네드는 단순히 동족을 잡아가두는 행위에 대한 원망의 차원을 넘어서 아일랜드가 영제국으로부터 받았던 박해의 기억을 되살리고 있다. 「제릴데리 편지」에 의하면, 아일랜드계 식민지 경관은 또한

> 게으르고 빈둥거리며 비겁한 직장을 위하여 물푸레나무 구석을 떠나고 참된 정신과 미의 상징 진정한 토끼풀을 버리고 그들의 조상을 송곳투성이 통에 넣어 언덕길로 굴리거나 손발톱을 뽑거나 바퀴에 매달아 굴리거나 모든 상상 가능한 고문에 의해 파괴하고 학살하고 살해했던 국가와 국기 아래 봉사하러 간 자이고, 더 많은 사람들이 반디만즈랜드로 호송되어서 성경이 약속한 지옥보다 더한 폭군들 속에서 기아와 고통 속에서 젊음을 병들게 되었고 조국의 땅에서 살해당하지 않았거나 미국이나 다른 나라로 훗날 꽃을 다시 피우기 위하여 떠나지 않았던 진정한 혈통과 뼈와 아름다움을 지닌 존재들은 머콰리 항구, 통가비, 노포크 섬과 에무 플레인즈로 가는 운명을 지게 되었고, 그 폭압과 저주의 장소에서 앞날이 창창한 많은 아일랜드인이 색슨의 굴레에 굴복하느니 매질을 당하여 죽었고 노예의 족쇄를 찬 채 용감하게 죽었지만 토끼풀에 진실하였고 패디의 땅에 명예로운 존재였다. (45-46)

위 인용문에서 "토끼풀", "물푸레나무", "패디"는 모두 아일랜드인이나 아일랜드 민족주의를 지시하는 향토색 물씬 나는 환유들이다. 한편에는 억울하게 죽어간 "진정한 혈통과 아름다움"을 자랑하는 민족을, 다른 한편에는 "지옥보다 더한 폭군들"을 세움으로써 이 편지는 민족적 대결 구도를 강화한다. 또한 이 편지는 머콰리 항구, 퉁가리, 노포크, 에무 플레인즈 등 호주 초기 정착지의 지명을 일일이 거명함으로써 이곳에서 아일랜드계 죄수들이 겪어야 했던 불의에 대한 기

억을 환기시킨다. 뿐만 아니라 관리들에게 반항하다가 죽게 된 죄수들을 "색슨의 굴레"에 대한 반항이요, "토끼풀에 대한 충성이요, 명예"라고 부름으로써 이들을 '반식민 투쟁'의 전사로 세운다. 이쯤 되면 식민지 경찰에 대한 비판을 하기 위해서 아일랜드와 영국 간의 구원(舊怨)에 대한 기억을 되살리는 것이 아니라, 식민지 경찰에 대한 언급이 아일랜드 민족주의를 고취하고 반영주의를 선동하기 위한 하나의 수사적 전략에 지나지 않는가 하는 생각이 들 정도이다.

캐리의 텍스트에서도 물론 식민 통치의 근간이었던 영국법의 잔인함을 비판하는 목소리가 들려온다. 캐리의 소설을 인용하면,

> 그들은 호주인이었고 그들은 냉혹한 법의 공포를 잘 알고 있었고 불공성에 대한 기억이 그들의 피에 흐르고 있었고 한 사람이 있어 그가 은행원이든 지배인이든 한번도 감옥살이를 해 본 적이 없을지라도 감옥에서 흰 두건을 써야만 하는 것이 어떤 것인지 마음속으로 알고 있었고 간수를 쳐다보았다고 해서 채찍질 당하는 것이 무엇인지 알고 있었고. (312)

위 인용문에서 주목할 점은, 캐리의 주인공의 입에서 들려오는 비판에 식민 권력 관계나 민족적 지시어가 '완전히' 누락되어 있다는 사실이다. 그 결과 호주에서 피식민 계층으로 박해를 겪었던 "아일랜드인"이 캐리의 글에서는 "호주인"으로 호명된다. 즉, 호주인이라는 '새로운 민족'의 범주가 기존의 식민 관계를 덮어쓰기 해버리는 것이다. 이 과정에서 아일랜드인들은 사라지게 되며, 따라서 그들이 겪었던 고통도 식민주의적 성격을 상실하고 미래의 민족국가 호주라는 새로운 준거틀 내에서 이해된다. 네드가 「제릴데리 편지」를 쓸 때인 1879년은 호주가 연방국가를 결성하기 20여 년 전이다. 연방헌법 기초회

의가 연방헌법의 초안을 만든 해가 1897년이고 각 식민지에서 국민투표가 실시된 것이 그 후임을 고려할 때, 아일랜드계 이민자들과 죄수들의 후손을 "호주인"으로 호명하는 것은 일종의 '예변법'이다. 이 예변법에서 과거로 투사된 것은 작가 캐리가 소속된 훗날의 민족국가 호주이다.

「제릴데리 편지」는 영제국에 대한 대항 전략을 수립함에 있어 네드의 지향점이 궁극적으로 대결주의적 민족주의와 멀지 않음을 분명히 드러내고 있다. 영제국의 목을 칠지도 모를 전투의 가능성을 네드는 미국에서 읽고 있다.

> 만약 미국이 전쟁을 선포하고 초록색 기를 올리면 영국은 어떻게 하겠는지 왜냐하면 미국 군대와 요새와 포대를 책임지고 있는 자들이 아일랜드인들이고 심지어는 미국 호위병들과 쇠고기 감별가들조차도 아일랜드인들이니 그들이 몇 년이고 감히 입지 못했던 그 색깔을 위해 무장하여 닥치는 대로 살해하며 영국과 한판 붙으려 하지 않겠는가 그래서 오랜 에린 섬을 회복하여 그 섬을 가난과 기아 속에 가두고 적군의 외투를 입게 만든 영국의 굴레가 가하는 압박과 폭정에서 다시 한번 일어서도록 한다면. 영국이 그 외에 다른 무엇을 기대하였단 말인가. (48-49)

"에린"이 아일랜드 민족주의자들이 조국을 지칭할 때 즐겨 사용하던 표현임은 두말할 필요가 없다. 영국의 굴레로부터 벗어나기 위한 하나의 방안으로서 네드는 '아이리쉬 디아스포라'에서 무장의 가능성을 읽고 있지만, 이러한 전복적 요소는 캐리의 소설에서 완전히 삭제된다. 대신 캐리가 취한 요소는 자신을 두려워할 이유가 있는 자들은 미망인과 과부를 위해 십일조에 해당하는 재산을 내어놓고 빅토리아를 떠날 것을 요구하는 네드의 주장뿐이다.

요약하자면, 네드가 생전에 대변한 아일랜드 민족주의의 목소리는 캐리의 서사에서 경찰과 목장주의 횡포를 비판하는 "호주인"의 목소리에 의해 대체된다. 물론 캐리가 그려내는 주인공도 식민지 지배 계층을 비판하는 발언을 하지만, 그의 비판과 저항은 어디까지나 '내국인'으로서 한 행동일 따름이다. 즉, 민족적 지시어가 대부분 삭제되었기에 캐리가 그려내는 네드는 그가 가장 체제 비판적이었을 때조차도 여전히 호주인이었으며, 기껏해야 '식민지 빅토리아의 하층민'이었을 따름이라는 말이다. 더구나 말도둑이자 노상강도에게서 발견될 법한 거칠고도 위험한 면이 깎인 네드는 가족의 가치를 최우선으로 삼는 예의바른 '가정적(家庭的) 인간'이다. 네드가 살아서 갖지 못했던, 그가 그토록 갖고 싶었던 '웅변적인 목소리'를 작가 캐리는 주인공에게 주는 듯하나 사실 작가가 준 것은 네드의 목소리가 아니다. 네드는 앵무새처럼 주어진 대본을 반복하며 '호주 국민 피터 캐리'의 목소리를 내고 있을 뿐이다. 네드에 대한 기억을 이런 식으로 되살릴 때, 그는 더 이상 살아서 내고자 하였던 반제국주의나 아일랜드 민족주의의 '불온한' 목소리를 내지 못한다. 캐리의 소설이 재현하는 네드가 아일랜드 민족주의자나 반(反)제국주의적 아일랜드계 이민자가 아니라 "호주의 민족 영웅"이자 "낭만적인 시대의 반항아"로 대중의 뇌리에 각인될 수 있었던 것도 바로 이러한 연유, 즉 특정한 민족이나 민족적 경험과의 '거리두기'가 가능했기 때문이다. 이러한 점을 염두에 둘 때 캐리가 오늘날 호주를 대표하는 작가로 인정받는 것이나, 이 소설이 "민족적 정체성을 추구하는 호주의 연대기"라는 식으로 호주 내에서 칭송되는 것은 결코 놀랍지 않다.

V. 결 론

캐리의 소설이 출간되기 직전에 호주에서 실시되었던 국민 투표로 잠깐 다시 돌아가면, 워허스트(John Warhurst)가 지적하듯 과거에 군주제 지지율이 계속해서 과반수가 넘은 상황이 1990년대에 이르면 급속히 변하게 된다. 1999년 11월 6일의 국민 투표를 남겨두고 몇 차례 있었던 여론 조사에서도 공화제 지지는 군주제 지지를 앞서고 있었다. 이쯤 되면 호주가 공화제로 가는 것은 시간문제인 것으로 여겨졌다. 그러나 개표 결과 공화제는 부결되고 만다. 여론의 일반적인 추세와 예상을 뒤집은 이 결과는 적어도 공화주의자들이 보기에 당시 하워드(Howard) 정권의 교묘한 술책에 기인하였다. 당시 하워드가 이끌던 정부는 양원이 대통령을 임명하는 류의 공화제에 대하여 국민들에게 가부를 묻도록 함으로써, 대통령 직선제를 원하는 공화주의자들을 공화제 찬성 대열에서 이탈시킬 수 있었던 것이다. 달리 표현하면, 하워드 정권은 공화제 문제를 대통령 선출 방식과 연계시킴으로써 공화제를 저지시킨 것이다.

이처럼 공화제가 예상을 뒤엎고 부결된 상황에서 '네드의 기억'에 대한 공론화는 하워드가 이끄는 친영 정권에 대한 공화주의자들의 분노에 불을 붙이는 도화선의 역할을 할 수 있었겠지만 사실은 그렇게 되지 못했다. 이 소설이 대부분의 호주인들에게 어떻게 다가왔는지는 한 비평가에 의해 다음과 같이 표현된다. "이 민족의 위대한 신화들 중의 하나를 읊었다는 점에서는 [캐리]의 역할은 음유시인이라고 할 만 했다. 여기에 많은 수의 호주 국민들에게 그들이 누구인지를 직접 들려주는 호주 작가가 있었던 것이다"(O'reilly 493에서 재인용). 즉, 동시대 호주인의 집단적 기억에서 '아일랜드계의 반항아'로서의 면모를 삭제 당하였기에 네드는 호주의 '문화적 아이콘'이자 호주 민족주의를 대변하는 인물이 될 수 있었던 것이다. 그가 특정한 정파를 초월하여 왕정주의자와 공화주의자 모두를 '호주인'으로 '호명'할 수 있었던 이유가 여기에 있다.

식민지 경찰에 의해 쫓기는 중에서도 네드는 두 통의 서간문을 남겼다. 자신의 행적이 후대에 '특정하게 기억되기를' 바랬던 것이다. 『켈리 일당의 실화』는 이러한 기억을 네드의 의도와는 다른 방식으로 되살려낸 또다른 '기억 담론'에 지나지 않는다. 특정한 과거에 대한 회상이 오히려 역사에 대한 진정한 접근을 봉쇄하고 만다는 점에서 캐리가 그려내는 네드는 보수 정권이 존립을 위해 필요로 하는 일종의 '위생 처리된' 반항의 아이콘이며, 정파를 초월하여 모든 호주인들에게 '무해한 저항'의 포만감을 약속하는 인스턴트식품에 지나지 않는다는 것이 이 글의 결론이다.

참고문헌

Carey, Peter. *True History of the Kelly Gang*. 2000. New York: Vintage, 2003.

Clark, Manning. *A Short History of Australia*. 3rd Ed. 1963. New York: Mentor, 1987.

Cowie, Nicky. "Ned Kelly's Armour—Enduring Aussie Icon." *NedKellyBushranger*. 6 Mar. 2002. <www.bailup.com/NicollaneousArmour.htm>.

Edward (Ned) Kelly. *Australian Dictionary of Biography Online Edition*. <http://www.adb.online.anu.edu.au>.

Gerster, Robin. "The Ned Kelly Myth and Australian Identity: *True History of the Kelly Gang*." *The Lancet*. 357(Feb. 3, 2001): 401.

Kelly, Edward. "The Cameron Letter." <http://www.kellygang.asn.au>.

_____. "Jerilderie Letter." State Library of Victoria. <http://www.slv.vic.gov.au>.

McCulloch, Jude. "Keeping the Peace or Keeping People Down? Policing in Victoria." *History of Crime, Policing and Punishment Conference, Canberra 9-10 Dec. 1999* by the Australian Institute of Criminology. <www.aic.gov.au/conferences/hcpp/mcculloch.pdf>.

McDermott, Alex. "In His Own Write." *Eureka Street Online, Jan.-Feb. 2001*. <http://www.eurekastreet.com.au>.

McDonald, Ben. "*True History of the Kelly Gang*." *The Christian Century*. Apr. 10-17 2002. 41-42.

McQuilton, Francis John. *The Kelly Outbreak 1878-1880: The Geographical Dimension of Banditry*. Melbourne UP, 1979.

Morgan, Wendy. "Treading a Fine Line? Carey's Kelly." *Social Alternatives*. 20.1(Jan. 2001): 71-72.

O'Reilly, Nathaniel. "The Influence of Peter Carey's *True History of the Kelly Gang*: Repositioning the Ned Kelly Narrative in Australian Popular Culture." *Journal of Popular Culture*. 40.3 (Jun 2007): 488-502.

"Powell's Interviews: Peter Carey." *Powell's Books*. n.d. <http://www.powells.com/ authors/carey.html>.

Warhurst, John. "From Constitutional Convention to Republic Referendum: A Guide to the Processes, the Issues and the Participants." *Department of the Parliamentary Library, Information and Research Services, Research Paper No 25 1998-99*. <http://www.aph.gov.au/library>.

출처: 『영어영문학』 제55권 2호 (2009년), 337-359쪽에 실린 「『켈리 일당의 실화』와 기억의 정치학」을 수정한 것임.

역사적 진실 찾기

—마이클 온다치의 『아닐의 유령』

육성희(숙명여대 교수)

I

"결코 다시는 하나의 이야기가 유일한 단 하나의 이야기인양 회자되지 않을 것이다"(6). 이 문장은 마이클 온다치(Michael Ondaatje)가 마야 재기(Maya Jaggi)와의 인터뷰에서 인용한 존 버거(John Berger)의 문장이다.[1] 존 버거에게 1972년 부커상을 안긴 소설 『G』(*G*)에서 인용된 이 문장은 지배담론에 의존하는 모더니즘적 역사 인식을 지양하고 다층적이고 다양한 역사적, 문화적 상황과 현실에서 나오는 복수의 이야기들에 귀 기울일 것을 권고한다. 모더니즘에서 포스트모더니즘으로의 인식의 전환의 틀을 제공하는 획일적이고 보편적인 역사에

1 언급된 존 버거의 문장은 인도 작가 아룬다티 로이(Arundhati Roy)의 소설 『작은 것들의 신』(*The God of Small Things*, 1997)의 명구(epigraph)로도 쓰이고 있다. "권력과 무력의 관계, 그리고 이 둘이 관여되어 있는 끊임없는, 순환적인 갈등"에 대한 주제를 다루는 로이는 존 버거의 문장에 대해 다음과 같이 덧붙인다. "결코 하나의 유일한 이야기만 존재할 수는 없다. 단지 보는 방법들만이 존재할 뿐이다. 따라서 내가 이야기를 풀어낼 때는 하나의 절대적인 이데올로기를 다른 이에게 부여하기를 원하는 이론적 지도자로서가 아니라 보는 방법을 공유하기 원하는 화자로서 이야기를 풀어낸다"(*War Talk* 45-46).

대한 비판은 온다치의 소설 『아닐의 유령』(*Anil's Ghost*, 2000)의 중심 주제가 된다.

온다치의 『아닐의 유령』은 스리랑카를 배경으로 하는 그의 첫 소설로 1980년대 중반부터 1990년대 초반까지 절정을 이루었던 스리랑카 내전이라는 역사적 사건에 대한 접근방법을 다룬다.[2] 소설에서 역사에 대한 상이한 접근법은 스리랑카 태생이지만 스리랑카를 떠난 후 15년 만에 영국시민이자 유엔 인권위원회의 조사관으로서 본국을 방문하는 주인공 아닐 티세라(Anil Tissera)와 아닐이 접촉하는 스리랑카 현지 인물들이 보여주는 역사와 진실에 대한 시각의 차이로 드러난다. 18세에 본국을 떠나 영국과 유럽에서 수학한 후, 현재 미국에 근거지를 둔 법의병리학자(forensic pathologist)인 아닐은 자신이 믿고 실천해 온 서구의 과학적 지식을 스리랑카의 내전 상황을 분석하는 데 그대로 적용한다. 아닐의 과학적, 객관적 증거에 기반을 둔 진실은 고고학자인 사라스 디야세나(Sarath Diyasena)와 그의 스승 팔리파나(Palipana)의 분석방법에 의해 도전을 받게 되면서 그것의 오류와 한계를 보여준다.

이러한 역사인식에 대한 상이한 접근법은 역사와 진실이라는 거대담론이 내포하는 총체성 또는 보편성에 대한 온다치의 경계의식을 반영하는 것이다. 서양/동양(스리랑카), 문명/야만, 외부자/내부자, 가해자/피해자와 같은 이항대립구도를 소설의 기본 틀로 하면서 온다치는 스리랑카에 대한 오리엔탈리즘적 시선을 비판한다. 동시에 비판의 대상을 초국가적 경험을 가지고 고향으로 돌아 와 서구의 시각으로 스리랑카의 내전을 보고하는 아닐로 설정하면서 초국적 기업의 확

2 온다치는 1982년에 출판한 가족의 이야기를 담고 있는 회고록 『집안 내력』(*Running in the Family*, 1982)에서 스리랑카를 소재로 삼은 바 있다.

산과 자본의 흐름, 노동자, 이민자, 망명자의 전지구적 이동, 테크놀로지의 발달로 인한 지정학적 경계의 붕괴 등과 같은 초국가시대의 특성들이 자연적으로 문화상대주의와 이질성, 다양성, 혼종성, 복수성에 대한 인식으로 연결되는 것은 아님을 보여준다. 따라서 이 글은『아닐의 유령』에서 역사 인식에 대한 대립구도를 이루는 인물들을 통해 아닐이 표방하는 과학적 접근방식의 한계를 살펴보고, 그것이 담아내지 못하는 스리랑카 내전의 상황적(situated), 지역적(local), 종속적(subjugated) 지식들을 살펴 볼 것이다. 또한 안팎에서 생산되는 지식과 정보의 장·단점 혹은 접점 및 대치점을 살펴보고 문화상대주의와 다양성에 기반하는 초국가시대가 요구하는 역사접근방식에 대해 고찰할 것이다.

II.

1. 서구과학의 객관적, 보편적 지식

온다치의『아닐의 유령』은 표면적으로 이민·이산 문학의 전형적인 귀향서사를 취하고 있지만 서구화된 아닐에게 스리랑카는 고향이기보다는 분석의 대상으로 존재한다. "이산적 정체성에 관한 기본적 서사"(Härting 46)를 제공하는 고향은 심리적/물리적 귀향, 고국에 대한 향수, 망국·실향처럼 고국의 역사에 새겨진 트라우마 등과 같이 고국을 떠나 살고 있는 이민·이산의 주체들과는 분리될 수 없는 주제이기도 하다. 이산 주체들과 고국/고향과의 연계성은「현대사회의 이산: 고향과 귀향의 신화」("Diasporas in Modern Society: Myths of Homeland and Return")에서 윌리엄 사프란(William Safran)이 제시하는 현대사회 이산 주체들이 지니는 특징에서도 드러난다. 사프란에 따르면, 많은 이산 주체들은 "고국에 대한 집합적 기억과 비전 그리고 신화를 간직"하고, "조상들의 고향을 그들의 진정한 이상적인 집으로 생각하여 […] 결국에는 돌아가야 하는 곳"으로 여긴다. 또한 "고국의 안전이나 번영"에 관여하며, 그들을 고향과 연관 짓고 그들의 민족공동체적 의식과 유대도 이러한 연관성에 의해 형성된다(83-84).[3] 이런 맥락에서 빅터 람라지(Victor Ramraj)는 초국적, 혹은 이산적 주체의 글쓰기는 "언제나 원심성의 고향을 향한 개개인의 공동체적 애착과 연결되어 있다"(216)고 주장한다. 하지만 아닐에게 모국은 정신적·물리적 고향, 혹은 향수의 근원이기보다는 조사와 분석, 그리고 탐구의 대상으로 존재한다. 18세에 스리랑카를 떠난 이후 아닐에게 스리랑카를 상기시켜 준 것은 "크리스마스 때마다 부모님이 보내 주신 새 사롱과 수영대회의 뉴스 클립"(10) 뿐이었다. 미약하게나마 유지했던 모국과의 연결도 아닐의 부모가 차 사고로 갑작스럽게 사망하면서 두절되고, 유학중에 만나 결혼했던 스리랑카인 남편과의 짧은 결혼이 파국에 이르면서 스리랑카는 아닐에게 '공동체적 애착'을 불러일으키는 고향으로서의 원심력을 잃어버린다. 15년간의 외국생활로 국적이 바뀌고 유엔 인권위원회에 소속되어 모국으로 귀향한 아닐은 이제 스리랑카를 고국과의 애착관계를 유지해 온 '귀향자'의 시선이 아닌 "외부인의 시선"(long-distance gaze 11)으로 바라본다.

---

3 스튜어트 홀(Stuart Hall) 역시 「문화적 정체성과 이산」("Cultural Identity and Diaspora")에서 캐리비안 이산(Caribbean Diaspora)을 다루면서, 실질적인 귀향이든 상상적인 귀향이든, 아프리카는 아프리카 출신의 이산 주체들의 문화적 정체성의 한 중심에 위치하면서 계속해서 의미를 생산한다는 유사한 논점을 제시한다(224).

온다치는 아닐이 서구세계에서 겪은 동화과정에 많은 지면을 할애하지 않는다. 영국에서의 수학기간 동안 유지했던 짧은 결혼생활과 미국에서 법의학 전문가로서 자신의 경력을 키워나가는 모습에서 아닐의 내면에 있었을법한 주류사회로의 편입에 대한 열망과 실천의 의지는 구체화되지 않는다. 다만, 법의병리학자로서 성공한 아닐의 모습과, 서구의 과학적·실증적 지식체계에 대한 신념이나 모국어인 신할라어(Sinhalese)로 의사소통이 불가한 면, 그리고 과거 수영대회에서 우승했던 그녀를 기억하는 스리랑카 현지인들을 불편해 하는 모습 등은 아닐이 고국과 관련된 자신의 과거를 잊거나 지우며 살아 왔음을 보여주는 일화이다.

아닐의 의식적인 애착관계의 거부는 모국과의 관계에서만 나타나는 것은 아니다. 현재 서구화된 아닐의 일상을 지배하는 가장 기본적인 원칙은 공적 업무와 사적 관계에서 대상과의 '거리감'을 유지하는 것이다. 법의병리학자로서 아닐은 검시하는 "주검의 사망시간을 결코 사적인 시간으로 환산하지 않는다"(13). 즉 아닐은 주검의 사망 시간을 자신이 지내는 런던에서의 시간이나 샌디에이고에서의 시간으로 환산하여 분석의 대상인 주검의 주체와 자신을 동시대를 살아가는 주체로 인식하는 것을 거부한다. 법의학자로서 다루는 주검은 그녀의 일상과는 연계되어 있지 않는 대상으로만 존재하며, 대상과의 관계에서 아닐은 죽음의 원인을 밝혀내는 '앎'의 주체이자 지식의 생산자로 존재할 뿐이다.

이러한 자신과 외부세계와의 거리유지는 아닐의 애정관계에서도 나타난다. 유부남 쿨리스(Cullis)와의 부적절한 관계를 최근까지 유지했던 아닐은 작가 마사 겔혼(Matha Gellhorn)의 문구를 빌어 "가장 좋은 관계란 훌륭한 유머감각을 지니고 다섯 블록 멀리 사는 사람, 그리고 자신의 일에 열중하는 사람과 맺는 관계"(150)라고 정의한다. 외부와의 연결고리를 거부하고 감정적으로 맺어지는 친밀한 인간관계 혹은 애착관계를 거부하는 아닐은 일면 "중심과 출신지역 혹은 모든 종류의 진정한 정체성의 개념을 소멸"(Braidotti 5)시키는 유목적 주체의 모습을 지닌다. 스리랑카에서 보낸 자신의 유년기와 청년기의 기억을 사장시키고, 공적·사적 관계에서 정서적·감정적 친밀도를 배제하고 거리감을 유지하는 아닐의 삶의 양식은 거리를 통한 객관적 시각을 유지하는 그녀의 역사 이해 방식과도 닮아 있다.

제네바에 본부를 둔 인권위원회의 조사관으로 임명되어 15년 만에 귀향한 아닐의 임무는 스리랑카 정부가 마지못해 지명한 고고학자 사라스와 함께 7주 동안 스리랑카 내전의 폭력성과 인권유린의 참상을 조사하여 보고하는 일이다. 아닐은 스리랑카 정부 보호구역인 6세기 유물·유적지에서 최근에 죽은 것이 분명한 하나의 유골을 발견하고 그 유골을 '선원'이라고 명명한다. '선원'이 정부 관할지역에서 발굴되었다는 것 자체가 정부가 '선원'의 죽음에 개입되었다는 반증이라 믿으며, 아닐은 '선원'의 신원과 죽음을 밝혀 스리랑카에서 벌어지는 대학살에 정부가 개입되어 있음을 증명하고자 한다.

스리랑카 내전 중 사라진 사람들의 침묵의 역사와 현실을 상징하는 '선원'의 신원을 찾아가는 여정에서 아닐이 보여주는 스리랑카 내전에 대한 접근방식은 국제 인권위원회가 주창하는 "보편적 정의" (Marinkova 112)로 드러난다. "국제 사회의 압박 때문에 그리고 서구의 파트너들을 달래기 위한"(16) 목적으로 스리랑카 정부가 승인한 국제 인권위원회의 조사에서 아닐은 안팎으로 자격을 부여받은 진실 발굴의 주체이고 진실의 보고자가 된다. '선원'의 정체성을 파악해 나가면서 아닐은 "한 마을은 많은 마을을 대변"하고 "한명의 희생자는 많은 희생자들을 대변"(176)할 수 있다고 믿는다. 이는 아닐이 소속된 인권위원회의 '보편적 정의'를 실현하기 위한 기본 방침, 즉 부분이 전체를 대변할 수 있다는 기본적 전제를 언급하지만, 그 안에 내포되어 있는 균질화와 획일화의 위험에 대한 검증은 이뤄지지 않는다.[4]

또한 아닐은 '선원'의 죽음을 밝혀낼 수 있는 법의학이야말로 스리랑카에서 벌어지는 인권유린의 현실을 고발할 수 있는 가장 과학적이고 객관적인 매개라고 확신한다. '선원'의 신원을 구체화하는 과정에서 아닐이 보여주는 법의학의 과학적 증명방식은 실로 '선원'에 대한 많은 정보를 제공한다. 아닐은 '선원'이 발굴된 곳의 토양 성분에 화학적, 곤충학적 실험을 통해 '선원'의 유골이 정부 관할 유적지에 매몰되기 이전에 이미 다른 곳에 묻혔었던 사실, '선원'의 키, 몸무게, 나이, 사망할 당시의 자세, 직업 등을 밝혀낸다. 아닐에게 '선원'의 유골에 남겨진 상흔에서 발견한 증거는 "영원한 진실"(64)로서 스리랑카의 콜롬보에서나 고대유적지인 트로이에서나 다를 것이 없다. 즉 아닐의 과학적, 실증적 증거는 시간과 공간을 초월하고, 그에 기반하여 도출된 진실은 "5%의 오차범위"(95)만을 갖는다. 과학적 증거가 보여주는 객관성, 투명성, 보편성은 스리랑카라는 특수한 지역적 상황과 문제점을 고려하지 않는다. 콜롬보와 트로이의 지역적, 문

4 탐 르클레어(Tom LeClair)의 「스리랑카 환자들」("The Sri Lankan Patients")에 인용된 다음의 글은 인권(human rights)이라는 용어에 대한 온다치의 비판적 입장을 대변한다. "일부 단어들, 일부 구문들은 너무 자주 언급되어서 어떠한 반향도 불러일으키지 않는다. '인간의 권리,' 이 구문은 분리가 불가능하지만, 나에게는 어떠한 의미도 주지 않는다. 나는 '정치'라는 말을 들을 때 눈을 굴리거나, 정치적 발언을 들을 때 참을 수가 없어진다. 그래서 한편으로는 그러한 단어들 밑으로 숨어버리고, 그 단어들을 언급하지 않으려 노력한다. 그 단어들은 오래된 동전과 같다. 그것들은 사실적으로 느껴지질 않는다."

화적, 지리적, 사회적 차이는 아닐의 "증거로서의 유골/진실로서의 유골에 대한 이데올로기적 신념"(Burton 43) 앞에서 그 의미를 잃어버린다. 또한 '선원'의 죽음을 증명함으로써 스리랑카 정부의 인권유린의 폭력성을 증명해 내고, 그 증명을 통해 스리랑카의 유혈사태에 정의를 실현할 수 있다는 아닐의 믿음은 테레사 데릭슨(Teresa Derrickson)이 지적하듯이 "선원의 죽음에 관한 법의학적 진실이 스리랑카의 인권 보고에 관련한 정치적인 진실로 확대"(142)되는 위험을 내포하고 있다. 즉 국제 인권위원회가 내세우는 보편적 정의와 아닐이 사용하는 과학적 접근법은 보편성과 객관성이라는 이념 아래 지역적 상황들의 획일화·균질화의 위험과 제3세계에 대한 정치적 보고서의 생산 의도를 은폐시킨다.

2. 스리랑카의 상황적, 지역적, 종속적 지식

아닐이 되돌아 온 스리랑카는 "그리스 비극들도 이곳에서 벌어지는 것에 비하면 무고한 것"(11)처럼 여겨지는 아비규환의 장소이다. "대부분의 미스테리의 원인에 이르는 명확하게 표시된 길들"을 파악할 수 있었던 서구세계와는 달리 스리랑카는 "진실이 소문과 복수(vengeance) 사이에서 이리저리 흔들리는"(54) 곳이다. "정보가 우회와 숨은 의미를 담은 채로 일반에게 알려지는"(Information was made public with diversions and subtexts 55) 스리랑카의 현재는 누가 적이고 누가 아군인지조차 구분할 수 없고 "전쟁의 이유가 전쟁"(43)이 되는 곳이다. 이러한 상황적 현실에서 발굴된 '선원'의 유골에서 사라스가 충고한 "한 사실에 대한 고고학적 배경"(44)이나 사건의 문맥을 배제하고 객관적 증거만을 수집하는 아닐의 접근법은 사라스와 그의 스승인 팔리파나가 보여주는 고고학적 해석과 대립된다. 아닐에게 진실이란 유골이나 침전물에 새겨져 있는 이미 완결되어 발견되고 발굴되어질 대상이지만, 사라스와 팔리파나에게 진실이란 살아있는 사람들에게 여전히 풍기고 있는 "기질, 미묘한 차이, 분위기"(character and nuance and mood 259) 속에 존재한다. 내전의 상황을 겪어 내고 있는 사라스와 팔리파나에게 진실 탐구란 탐구의 대상이 속한 세계에 대한 친밀도를 바탕으로 인간적인 이해가 선행되는 것으로, 세계 어느 지역에서나 통하는 보편적, 전지구적 서사로서의 진실이 아닌 스리랑카 내전이라는 특수한 지역과 시간 속의 "개인의 지역적 관점"(Farrier 84)에서 생산되는 것이다. 즉 아닐과 사라스가 보여주는 과학적 진실탐구와 고고학적 진실탐구의 대립구조는 보편적/지역적 진실의 대립이며, 사라스와 팔리파나와 같은 현지인들이 언급하는 하나의 사실이 내포하는 은유적 진실들은 스리랑카 내전을 겪어내고 있는 사람들의 '상황적 지식'(situated knowledges)을 의미한다.

사이보그 페미니즘의 선두주자인 도나 해러웨이(Donna Haraway)가 설명하는 특수한 상황에 위치한 '상황적 지식'은 객관성에 근거하여 진실성을 확보하는 서구과학을 비판한다. 해러웨이는 시간과 공간을 초월하여 적용되는 서구과학의 객관성을 거부하고, 특수성, 세부성, 구체성을 강조하는 페미니즘적 객관성을 촉구한다.

> 교훈은 간단하다. 오직 부분적인 관점만이 객관적 시각을 보증한다. 객관성에 관한 서구의 모든 문화적 서사는 우리가 정신과 몸, 거리감과 책임감이라고 부르는 것들의 관계를 지배하는 이데올로기의 알레고리이다. 페미니즘의 객관성은 주체와 객체를 초월하거나 분리하는 것이 아니라 한정된 지역과 상황에 위치 지워진 지식에 관한 것이다. (583)

해러웨이는 '중심'과 '밖'에서 생산되는 서사보다 '주변'과 '안'에서 생산되는 세부적이고 구체적인 서사가 "세상에 대한 보다 적절하고, 일관되고, 객관적이고, 변화 가능한 설명"(584)을 가능케 한다고 주장한다. 즉 해러웨이의 '상황적 지식'은 "장소와 그 안에 있는 것들의 개별화된 지식, 즉 뿌리 깊은 경험으로부터 잉태되는"(a particularistic knowledges of place and the things in it; a knowledge born from rooted experience, Raffles 328) 지역적 지식(local knowledge)이다. 동질적이며 유일한 관점을 제공하는 서구과학담론과의 상대적인 관계에서 지역적, 부분적, 세부적, 상황적으로 평가되는 '안'으로부터 나오는 지식들은 보다 투명하고 객관적인 현실에 근접할 수 가능성을 내포하고 있다.

해러웨이의 초월적 객관성을 거부하는 '상황적 지식'은, 미셸 푸코(Michael Foucault)의 용어를 빌리자면, 역사/진실이라는 거대 담론의 "기능주의적 일관성 또는 공적 체계성"(a functionalist coherence or formal systemisation 81)에 의해 거부되고 사장되어 왔던 '종속적 지식'(subjugated knowledge)과 맥을 같이한다. 푸코는 어떠한 기능적인 담론이나 이론보다 사회 비평의 효과를 창출하는 것은 그 사회의 "갈등과 투쟁의 파열 효과"(the ruptural effects of conflict and struggle 82)를 가시화하는 역사적 내용물이라고 주장한다. "인식과 과학성의 일정 수준에 못 미치는, 체계의 하단부에 위치하는 … 특별한, 지방의, 지역적 지식"(a particular, local, regional knowledge 82)을 통해서 효과적인 비평 작업이 가능해진다는 것이다. 해러웨이와 마찬가지로 푸코의 '종속적 지식'은 차이와 다름을 과소평가하고 동질화하거나 차단하는 지배 담론의 이데올로기에 저항하는 현실과 밀착되어 있는 토착적 지식이다.

『아닐의 유령』에서 ‘안’으로부터 제공되는 ‘상황적, 종속적 지식’은 분석 대상의 토착적 이해로부터 출발하며, 팔리파나의 고고학적 접근법을 통해서 은유적으로 나타난다. 팔리파나는 국내외에서 추대 받는 금석학자였지만 그가 발견하고 번역한 6세기 룬(rune) 문자의 실체적 증거가 없다는 제자의 고발로 세속의 생활을 접고 숲에서 수도승의 금욕생활을 하는 인물이다. “서구세계가 아시아 역사를 유럽이 동양과 만나는 희미한 지평선 정도로 인식하는 동안” 스리랑카에 대한 심도 깊은 해석과 접근으로 팔리파나는 “유럽의 문화가 오래된 것이라면, 아시아의 문화는 더 오래되었음”(79)을 세계에 알린 인물이었다. 이렇게 존경받는 학자였던 팔리파나가 학계에서 제명된 이유는 (아닐이 그토록 집착하는) 객관성의 잣대가 되는 증거의 부족 때문이다. 팔리파나는 고고학적 유물을 역사 서적이 아닌 “지역적으로 전수된 기술에 대한 실용적 인식”(the pragmatic awareness of locally inherited skills 82)으로 접근한다. 즉 팔리파나는 지식의 보고인 책이나 대학교수와 같은 전문가들과 일하면서 얻는 추상적인 이해보다는 “새롭게 발견된 바위 사이의 작은 웅덩이에서 빨래하는 여성의 얘기를 듣거나 석공의 옆에서 일하기를”(82) 즐겨한다. 유물이 발견된 장소의 지역적, 실용적 이해는 팔리파나의 고고학적 지식·연구와 함께 새로운 진실을 추측할 수 있는 기반을 이루기 때문이다. 유일한 진실을 거부하며 “진실은 단지 견해일 뿐”(102)이라고 여기는 팔리파나는 자신이 도출한 진실을 사기나 허위로 인식하지 않는다. 자신이 고고학적 유물의 배경에 존재하는 지역적, 토착적, 상황적 지식과 정보를 이용하여 번역한, 문제가 되었던 룬문자의 해석은 허위가 아니며 진실을 향한 다양한 해석 중 하나일 뿐이다. 따라서 팔리파나에게 아닐이 고집하는 과학적 기술과 증거의 수집은 단지 진실에 근접할 수 있는 여러 수단 중 하나로 여겨질 뿐이다. 객관적이고 실체적인 증거의 부재가 팔리파나의 금석학자로서의 인생을 종결시키는 결과를 초래했지만, 팔리파나의 진실탐색의 오류를 증명할 수는 없다. 그러나 그가 옳다고 증명할 방법도 없는, 현실 세계를 구성하는 서구과학담론의 한계로 저명한 한명의 고고학자는 학계에서 사장되었다.

3. 객관적, 보편적 지식과 상황적, 종속적 지식의 충돌

온다치의 소설은 겉으로는 스리랑카의 내전 상황에서 벌어지는 유혈사태를 표방하지만, 안으로는 서구과학담론으로 무장한 아닐이 스리랑카의 '상황적, 종속적 지식'과 조우하면서 겪는 내적 충돌 및 성장에 초점을 둔다. 아닐이 추구하는 법의병리학의 과학적 접근법은 '선원'의 죽음에 정부가 개입되어 있다는 목적론적 접근법으로 변질되고, 아닐은 그 변화를 인식하지 못한 채 스스로 내린 결론을 뒷받침하는 증거를 수집하기에 급급하다. 하지만 아닐이 믿고 수행해 온 지식체계는 '선원'의 신원을 찾아 나서는 여정에서 스리랑카의 현실에 밀착된, 과학적 논리와 객관적 사유로 설명할 수 없는 상황들과 맞닥뜨리면서 도전을 받게 된다. 스리랑카의 현실은 아닐이 생각하는 것처럼 그렇게 간단하지 않다. 누가 가해자이고 누가 피해자랄 것도 없이 "이제는 우리 모두의 옷에 피를 묻혔다"(48)는 스리랑카 내전의 아이러니한 현실은 사라스가 목격한 두 명의 반군이 한 남자를 납치하는 장면에서 잘 드러난다.

> 그는 신발을 신지 않았어요. 그리고 안대로 눈이 가려진 채였죠. 그들이 그를 일으켜 세우더니 자전거의 가로대에 이상하게 앉혔어요.

> 납치자 중 한 명이 안장에 앉고, 총을 가진 다른 한 명은 그의 옆에 서 있었죠. 내가 그들을 봤을 때는 막 떠나려던 참이었어요. 그 남자는 그에게 닥칠 일이나 그가 어디로 가는지 아무것도 알 수가 없었죠.
>
> 그들이 출발했을 때, 안대를 쓴 남자는 어떻게든 매달려야 했어요. 한 손은 자전거의 손잡이에, 그러나 다른 한 손은 자기를 납치한 사람의 목에 둘러야했죠. 그건 충격적인 불가피한 친밀감이었어요. 총을 든 남자는 다른 자전거를 타고, 그들은 그렇게 흔들거리면서 사라져 갔어요. (154)

서로가 죽이고 죽는 관계임에도 자전거를 타고 가면서 서로에게 의지한 채 균형을 맞추는 이들의 관계는 논리적으로 설명할 수 없는 스리랑카 내전의 상황을 보여준다. 이미 정치적인 명분은 사라지고 살인의 행위만이 연출되며 "불확실성의 분위기"(56)가 압도적인 스리랑카의 현실은 '선원'의 죽음과 관련한 객관적이고 가시적인 증거만으로 담아내기에는 무리가 있다. 오히려 '선원'과 '선원'이 대변하는 수많은 사라진 이들의 죽음의 원인을 모두 스리랑카 정부에게 돌리는 아닐의 섣부르고 성급한 판단은 사라스가 경고한 것처럼 '정의의 실현'이기보다는 "새로운 복수와 학살"(157)을 초래하는 결과를 낳을 뿐이다.

'문화적 이방인'으로 아닐이 유지하는 '외부인의 시선'은 소설 초반에 사라스와 그의 동생이자 외과의사인 가미니(Gamini)에 의해서 경고 받는다. 아닐과 팀을 이루게 된 사라스는 아닐이 "한 사실에 대한 고고학적 배경을 이해"하지 않으면 "가식적 공감과 비난"(44)에 찬 보고서를 쓰는 수많은 언론인들 중 하나가 될 것이라고 경고한다. 아닐이 대표하는 서구 언론에 대한 가미니의 비판은 다음의 인용에서 드러난다.

> 미국 영화들이나 영국의 책들—이것들이 어떻게 끝나는지 기억해요? … 그 미국인이나 영국인은 비행기에 오르고 떠나 버리죠. 그게 그냥 끝이에요. 카메라도 그와 함께 떠나죠. 그는 창문으로 몸바사나 베트남이나 자카르타나, 그가 구름사이로 볼 수 있는 곳을 내다보겠죠. 지쳐버린 영웅처럼. 그 옆에 앉은 아가씨에게 몇 마디 말을 걸겠죠. 그는 집으로 돌아가는 겁니다. 그렇게 사실상 전쟁은 끝이 나죠. 그것이면 서구에 충분한 현실이거든요. 아마도 그것이 지난 200년간 서구에서 생산한 정치적 글의 역사일거에요. (285-86)

사라스와 가미니는 아닐만큼은 "가식적 공감과 비난"에 찬 보고서를 쓰거나, 표피적인 보고서의 완성과 함께 스리랑카의 문제도 해결된 것처럼 스리랑카의 현실을 그들의 관심대상에서 지워버리는 서구 언론인들의 행태를 벗어나기를 바란다. 스리랑카의 상황에 깊숙이 관여하지 않은 채, 표피적인 관찰에 기반하여 생산한 스리랑카에 관한 보고서는 서구/비서구, 말/침묵, 주체/타자와 같은 이분법적 힘의 관계를 드러내는, 스리랑카가 아닌 서구사회에만 "충분한 현실"이 된다. 따라서 유엔 인권위원회를 대표하여 파견된 조사관으로서 문화적 이방인의 관찰자 시점을 유지하는 아닐에게 사라스와 가미니는 그녀가 작성할 스리랑카 내전에 대한 보고서가 그동안 서구에서 생산한 수많은 정치적 글들이 지녔던 오류를 범하지 않도록 경고한다.

사라스와 가미니의 경고에도 불구하고 아닐의 지역적, 상황적 이해의 부족은 결국 사라스의 죽음을 초래한다. '선원'의 신원이 밝혀졌을 때 아닐은 사라스가 스리랑카 정부와 결탁되어 있을 것이라고 의심한다. 아닐은 부친의 친구였던 의사 페레라(Dr. Perera)에게 도움을 청하지만, '선원'의 유골을 포함하여 모든 증거자료를 정부 당국에 몰수당한다. 역설적이게도 스리랑카 정부의 개입을 증명하는 자신의 조사 결과를 발표하는 장소에서 아닐의 앞에 놓여진 유골은 자신의 결과를 객관적으로 증명하는 '선원'이 아니라 정부 관할지역에서 발굴된 6세기의 유골이다. 아닐이 '선원'을 탐색하며 밝혀 낸 진실은 이제 그 진실을 뒷받침해 줄 객관적 증거를 잃어버린다. 서구과학담론 안에서 팔리파나가 자신이 옳다고 증명할 방법이 없었듯이, 아닐도 '선원'의 유골을 빼앗기면서 자신이 탐색한 그간의 조사가 진실임을 증명할 방법을 잃어버린다. 스리랑카 정부 관계자들을 청중으로 하는 공식 발표장에서 아닐은 증거의 부재로 자신이 밝힌 진실이 '허위'로 인식되는 과정을 경험한다. 서구과학담론의 객관성과 실증적 증거가 전복되고 조작되는 스리랑카의 현실을 스스로 경험하는 것이다. 공식 발표장에서 "당신들이 수백의 우리를 죽였다"(272)면서 객석에 앉아 있는 스리랑카 정부 관계자들을 고발할 때, 아닐은 자신을 '수백의 우리'에 포함시키면서 자신과 스리랑카 사이에 유지했던 거리감을 무너뜨린다. 하지만 증거가 조작되고 개개인의 역사가 폭력적으로 사장되는 스리랑카의 현실에서 아닐이 밝히고자 하는 진실은 "휘발유로 가득한 잔잔한 호수"(157)에 불씨를 던지는 것과 같다. 온다치가 데이브 웨이치(Dave Weich)와의 인터뷰에서 밝히는 것처럼, 아닐은 "다른 무엇보다도 진실을 우선하는 서구적 정서에 익숙해져" 있기 때문에 자신이 밝히려는 진실이 또 다른 위험을 불러오는 불씨가 될 수 있음을 인식하지 못한다. 결과적으로 불편한 진실을 고발하는 아닐의 정의에 찬 정치적 발언은 현실적 상황을 고려하지 않는 순진한 행동이었고, 발표현장에서는 아닐을 정부의 편에서 공격하는 체 하지만, 이후에 잃어버린 '선원'의 유골을 되찾아 주며 하루 동안 얻을 수 있는 연구결과를 가지고 스리랑카를 떠나도록 도운 사라스의 죽음의 직접적 원인이 된다.

4. 지역적 지식의 근접성(proximity)과 친밀성(intimacy)

아닐이 이해하길 바라는 스리랑카 내전의 "고고학적 배경"은 아난다 우두가마(Ananda Udugama)가 '선원'의 유골을 복원하는 과정에서 상징적으로 나타난다. 아난다는 석불의 눈을 그려 생명을 불어넣는 석불 예술가였지만, 자신의 부인 시리사(Sirissa)가 납치되어 사라진 지난 3년 동안 부인의 생사를 확인할 수 없는 암울한 상황에서 광부로서 일하는 시간을 제외한 모든 시간에는 술에 절어있는 인물이다. 팔리파나의 소개로 사라스가 아난다에게 '선원'의 두상에 진흙을 붙여 생전의 모습을 복원하는 일을 부탁했을 때, 첨단적 과학 기술과 지식에 의존하는 아닐에게 아난다의 아날로그적 복원 작업은 지역적인 풍습과 미신에 지나지 않는다. 복원을 부탁받은 아난다는 '선원'이 살았던 곳으로 추정되는 지역의 마을에서 사람들과 대화하며 그들의 몸이나 얼굴의 특징을 관찰하고, 음식 및 생활방식에 대한 토착적인 지식을 파악하는 것으로 일을 착수하기 때문이다. 하지만 아난다가 복원한 '선원'의 모습은 아닐이 전혀 기대하지 못했던 충격을 안긴다. 그것은 병리학적 근거에 기반하여 '선원'의 "어린 시절이래 모든 트라우마의 흔적을 알고 있는"(184) 아닐이 기대했던 '선원'의 모습을 그대로 재현해서가 아니라, "그 얼굴에는 그녀가 요즘 자주 볼 수 없는 고요함이 깃들어"(184) 있기 때문이다. 복원된 '선원'의 얼굴에 깃든 고요함, 편안함, 평화로움은 아난다가 그의 아내의 얼굴에서 보았던 것이고, 모든 희생자들이 누리기를 바라는 것임을 깨달은 아닐은 아난다가 복원 작업을 통해 모든 학살 희생자들에게 바치는 애도에 감동한다.

아난다가 '선원'을 복원하는 작업은 유골에게 루완 쿠마르(Ruwan

Kumara)라는 실체를 되돌려 주고 잃어버리고 사라진 역사를 재구성하는 작업인 동시에 죽은 자의 애도와 영면을 기리는 의식이기도 하다. 스리랑카 내전의 상황을 과학의 객관적 증거로 규명하는 아닐의 작업은 죽음에 대한 원인과 결과 외의 그 주검의 주체를 애도하지도 감정적으로 연결하지도 않는다. 그녀가 몰두하고 있는 '선원'의 신원찾기 과정이 남은 사람들에게도 애도의 기회를 제공할 수 있음을 알지 못했고, 정부를 고발하는 것만큼 죽은 자들과 남은 자들의 트라우마를 헤아리는 것도 의미 있는 일임을 깨닫지 못했다. 이러한 인식의 부재는 공적 업무와 사적 관계에서 친밀성을 배제하고 거리감을 유지해 온 아닐에게 당연한 결과일지도 모른다. '선원'의 주검을 연구와 조사의 대상으로만 인식하고, 자신의 사적인 시간과 공간으로 끌어들이지 않는 아닐의 접근법은 가미니가 경고했던 서구사회에만 "충분한 현실"처럼, 서구사회의 자족적인 제스처로 그치게 되는 한계가 된다.

사라스와 가미니의 경고와 우려에도 불구하고 귀향의 주체인 아닐이 피할 수 없었던 "아시아에 대한 경솔한 제스처"(157)를 극복하는 방법은 무엇인가? 서구 과학과 이데올로기로 스리랑카를 조사하는 아닐은 사라스와 함께 와라우와(walawwa)의 벽에서 발견한 이름 중 하나인 마캄크루카(*makamkruka*), 즉 "교동자, 선동자(a churner, an agitator 165)"에 해당한다. 마캄크루카가 선동자임에도 불구하고 사원의 신성한 지역을 지키는 책임감을 부여받은 것처럼, 온다치는 불편한 진실을 발굴하고 폭로하면서 사회를 뒤흔들어 놓았지만, 아닐이 모국의 내전 상황을 진단하고 보고하는 임무를 수행하면서 '외부자의 시선'을 내부자의 시선으로 변화시키고, 모국과의 관계를 새롭게 정립해가길 원한다. 가미니가 자신의 정치적 견해를 떠나 의사로서의 역할을 수행하면서 스리랑카의 현실에 참여하고, 사라스가 '선원'의 유골을 되찾아 주면서 자신의 역할을 다하는 것처럼, 온다치는 모국인 스리랑카와 단절된 채로 살아온 귀향자 아닐이 이산 주체로서 모국/고향에 대한 자신의 역할을 고민하길 바란다. 이러한 고민은 온다치가 웨이치와의 인터뷰에서 밝힌 자신에게 묻는 "도덕이란 정확히 무엇인가? 고향에 대한 당신의 책임은 무엇인가?(What exactly is the morality? What is your responsibility to the place you come from?)"라는 질문과 연결된다. 이산 주체가 고국에 대해 느끼는 도덕성/윤리성 또는 책임감에 대한 온다치의 이러한 고민은 아닐이 의식적으로 지향하는, 모든 애착관계를 끊어버리는 자유로운 유목적 주체의 가능성에 대한 부정적 해석을 낳는다. 따라서 '선원'의 삶의 계보를 추적하는 과정은 모국/고향과 분리할 수 없는 이산 주체인 아닐이 고국에 대한 새로운 이해와 관계정립을 시작하는 은유적 과정으로, 그 새로운 관계의 정립은 아닐이 유지했던 '거리감'(distance)이 아닌 '근접성'(proximity)과 '친밀성'(intimacy)을 바탕으로 이루어진다.

지역적 지식의 근접성과 친밀성은 사람과 사람사이의 접촉을 통해 대표적으로 드러난다. 아난다가 '선원'의 복원을 통해 사라진 모든 이들에게 빌어주는 평안함이 아닐에게 충격을 주었다면, 아닐의 눈물을 닦아주는 아난다의 손길은 언어가 통하지 않은 두 인물사이의 감정적 교류를 가능케 한다.

> 그[아난다]는 두 발자국 앞으로 와서 엄지손가락으로 그녀의 눈물과 함께 눈가의 고통도 닦아 주었다. 그것은 그녀의 얼굴에 닿은 가장 부드러운 감촉이었다. 마치 그 날 응급실에서 간호원의 손이 가미니의 어깨에 놓여있었던 것처럼, 그의 왼쪽 손은 그녀의 어깨

에 부드럽게 그리고 공손하게 놓여 있었다. … 그것은 그녀가 받은 다정함이었다. (187)

유년시절 유모의 따뜻했던 손길을 기억나게 하는 아난다의 손길은 일이나 대인 관계에서 거리감을 통해 객관성과 감정적 중립을 유지했던 아닐의 근본적인 삶의 철학을 무장해제 시킨다. 소설에 등장하는 인물들이 모두 공통적으로 결여하고 있는 것은 사람간의 유대 혹은 친밀감이다. 아닐이 귀국해서 유일하게 찾았던 자신의 유모였던 라리사(Lalitha)는 이제 언어적으로 소통이 불가능하고, 오랜만에 병원에서 조우한 형제인 사라스와 가미니는 악수도 없이 마치 아닐이 중재자인양 서로 대화도 나누지 않는다. 이들은 각자가 종사하는 일과 학문의 세계에 자신을 가두고 사람들과의 친밀감이나 유대를 잃어버리거나 거부한 채로 살아간다. 하지만 아난다의 비극적인 이야기에 울음을 터뜨리는 아닐은 이미 '선원'과 '선원'의 복원된 얼굴에 겹쳐지는 시리사를 단순히 연구의 대상이 아니라 개별적인 역사들을 지니는 주체로 인식하기 시작했음을 의미한다. 더욱이 아닐에게 향한 아난다의 손길은 언어를 넘어서는 친밀감을 바탕으로 서로에 대한 이해를 가능하게 한다. 존 커처(Jon Kertzer)가 명시한 것처럼, "*만지는 것*은 친근하게 *아는 것이다*"(To touch is to know intimately 121, 필자의 강조). 즉 만지는 것(touching)은 인식(perception)의 중요한 기제이며 대상과의 거리감(distance)이 아닌 친밀감(intimacy)에 기반한다. 사라스와 팔리파나가 손으로 더듬어 발견하고 발굴하는 바위에 새겨지고 땅에 파묻힌 진실들이 삶과 현장에 보다 밀접하게 관련된 지식이고 정보인 것처럼, 아닐도 친밀도를 바탕으로 스리랑카 내전을 겪어내는 사람들의 살아있는 역사에 한 발 다가서게 된다.

접촉은 상호간의 거리를 무너뜨리고 친밀성을 높이는 몸의 언어이고, 이로 인해 상대방과 상황에 대한 보다 깊은 이해가 가능해진다. 특히 소설에서 반복적으로 나타나는 접촉 혹은 친밀성은 아이를 돌보는 어머니의 이미지로 나타난다. 즉 바위에 새겨져 있는 보이지 않는 아이의 몸을 사랑으로 혹은 슬픔에서 덮고 있는 어머니의 몸이나, 가미니가 유일하게 믿고 있은 병상에 있는 아이들을 곁에서 간호하며 잠든 어머니의 이미지가 그렇다. 아난다의 손길이나 가미니의 어깨에 놓인 간호사의 손길과 더불어 아이를 돌보는 어머니의 이미지들은 각 인물들이 아비규환의 현실에서 위안을 얻는 창구이고 결국 자신만의 세계에서 벗어나 사회에서 사람들과 소통하게 만드는 동인이 된다. 아이를 돌보는 어머니의 이미지는 또한 다양한 피에타(pieta) 이미지와 겹쳐진다. 죽어가는 예수를 안고 슬픔에 찬 마리아처럼, 죽어가는 자신의 부인을 앉고 있는 사라스와 신화적 인물 사비트라(Savitra)가 자신의 남편을 죽음으로부터 지켜내려고 사투를 벌이는 모습까지. 하지만 가장 극적인 피에타의 이미지는 "형제간의 피에타"(288)로 주검으로 병원에 후송된 사라스를 앉고 있는 가미니의 모습이다.

사라스는 사랑했던 부인의 죽음 이후로 현실 세계와의 관계를 무시하고 오직 고고학적 대상에만 집중한 인물이었다. 진실에 관련하여 아닐과 대립구도를 이루는 인물이지만, 사라스는 사적, 공적 인간관계에서 친밀성을 배제하며 고고학이라는 학문의 세계에서 고립되어 살아간다는 점에서 아닐과 공통점을 가진다. 하지만 '외부'에서 파견된 아닐의 진실과 정의 구현에 대한 믿음은 '내부'에 존재하지만 방관자적 태도를 취해왔던 고고학자 사라스를 점진적으로 행동하게 만든다. 정부관계자에게 빼앗겼던 '선원'을 아닐에게 되찾아 주면서, 사라스는 그동안 유지했던 사회와의 거리감을 해제하고 스리랑카의 "복잡한 공적 세계로 다양한 진실들"(279) 들고 되돌아온다. 결국 그 대가로 비극적 최후를 맞은 사라스의 화상에 그을리고 뒤틀린 팔과 다리를 맞춰 놓으면서, 가미니는 마치 사라스가 살아있는 것처럼 상처를 치료한다. 아난다가 '선원'의 얼굴을 평안한 얼굴로 복원하면서 죽은 이들을 위한 애도의 마음을 실었듯이, 가미니 또한 자신이 책임질 수 있는 방식으로, 떠나가는 사라스의 영혼에 치유와 애도의 의식을 행한다. 이와 같이 손길이나 어머니의 이미지로 나타나는 보살핌, 따뜻함, 부드러움, 사랑의 이미지는 정치적 이해관계와는 무관한 스리랑카의 보통 사람들이 내전을 겪어내는 방식이다. 그리고 이러한 평범한 사람들이 살아가는 방식의 이해는 아닐과 같은 이산 주체가 관찰자적 시각을 벗어나 스리랑카의 토착적 현실에 대한 이해의 폭을 넓히는 토대를 마련한다.

III

온다치가 역사와 진실을 다루면서 아닐과 사라스를 통해 모더니즘적 대립구도를 유지하는 이유는 무엇일까? 아닐이 대변하는 객관적이고 보편적인 지식과 팔리파나와 사라스로 대변되는 지역적이고 상황적인 지식의 대립이 예상 가능하고 새롭지 않은 구도임에도 불구하고, 2000년도에 출판한 소설의 심층 구조에 이러한 이분법적 대립각을 고집하는 이유는 무엇일까? 아닐의 여정을 통해 서구담론이 주장하는 객관성과 보편성의 한계를 드러내는 것과 같이, 팔리파나와 사라스가 지식 생산의 토대로 삼는 '내부'로부터 드러나는 상황적, 지역적, 종속적 지식 또한 '내부'로부터의 왜곡과 조작의 가능성이 존재한다. 더불어 '내부'로부터 생산되는 담론이 얼마나 서구담론으로부터 자유로울 수 있는지도 생각해봐야 할 난제이다. 그럼에도 불구하고 진실에 관한 이분법적 구도를 통해 온다치가 전달하고자 하는 메시지는 작가의 자전적인 경험으로부터 힌트를 얻을 수 있다.

아닐의 이산 주체로서의 초국가적 이동의 경로는 콜롬보에서 태어나 11세에 영국으로 이주하고 19세에 캐나다에 정착한 온다치의 초국적 이주의 경험을 반영한다. 작가의 페르소나(persona)인 아닐이 스리랑카 내전에 대한 조사와 보고서를 작성하는 행위는 일면 소설 밖에서 온다치가 『아닐의 유령』을 쓰는 행위와 일치한다. 본문에서 살펴본 바와 같이 온다치가 이산 주체로서 모국인 스리랑카에 대해 느끼는 책임감과 도덕성에 대한 고민은 소설 전반에 걸쳐서 아닐에게 주어진 근본적인 질문이다. 이런 맥락에서 아닐의 모국과의 관계에서 겪는 도전과 좌절은 서구에서 성공한 작가로서 온다치가 스리랑카에 대해 느끼는 딜레마를 반영한다고 하겠다. 온다치는 마야 재기와의 인터뷰에서 자신 스스로도 아닐에게 부과된 혐의에서 자유롭지 않다고 밝힌다. “그것이 내가 [스리랑카]에 가서 무엇이 행해져야 한다와 같은 확고한 판단을 내길 원치 않는 이유입니다. … 그건 내게는 정말 선동적이고 안이한 행동입니다”(6). 아닐의 경험을 통해 보편성과 객관성을 강조하는 서구담론이 도출할 수 있는 스리랑카 현실에 대한 표피적인 관찰과 그 한계를 지적하는 온다치는 친밀성과 근접성을 통해 드러나는 ‘상황적,’ ‘지역적,’ ‘종속적’ 지식들을 선보인다. 조사나 탐구의 대상이 되는 현실로부터 생산되는 지역적, 토착적 지식은 비과학적이고 개별적이지만, 서구의 지배담론과 이데올로기가 포용하지 못하는 역사를 담아낸다. 특정한 현실을 살아가는 사람들의 구체적인 삶과 가장 밀접하게 닿아 있는 상황적 지식들이 진실과 역사에 대한 보다 투명한 창구가 될 수 있음을 주장하는 것이다.

인용문헌

Berger, John. *G.* New York: Vintage International, 1991.

Braidotti, Rosi. *Nomadic Subject: Embodiment and Sexual Difference in Contemporary Feminist Theory*. New York: Columbia UP, 1994.

Burton, Antoinette. "Archive of Bones: *Anil's Ghost* and the Ends of History." *Journal of Commonwealth Literature* 38.1 (2003): 39-56.

Derrickson, Teresa. "Will the 'Un-Truth' Set You Free? A Critical Look at Global Human Rights Discourse in Michael Ondaatje's *Anil's Ghost*." *Literature Interpretation Theory* 15 (2004): 131-52.

Farrier, David. "Gesturing Towards the Local: Intimate Histories in *Anil's Ghost*." *Journal of Postcolonial Writing* 44.1 (2005): 83-93.

Foucault, Michel. "Two Lectures." *Power/Knowledge: Selected Interviews & Other Writings 1972-1977*. New York: Pantheon Books, 1980. 78-108.

Hall, Stuart. "Cultural Identity and Diaspora." *Identity: Community, Culture, Difference*. Ed. Jonathan Rutherfold. London: Lawrence & Wishart, 1990. 222-37.

Haraway, Donna. "Situated Knowledges: The Science Question in Feminism and the Privilege of Partial Perspective." *Feminist Studies* 14.3 (1988): 575-99.

Härting, Heike. "Diasporic Cross-Currents in Michael Ondaatje's *Anil's Ghost* and Anita Rau Badami's *The Hero's Walk*." *Studies in Canadian Literature* 20 (2003): 43-70.

Kertzer, Jon. "Justice and the Pathos of Understanding in Michael Ondaatje's *Anil's Ghost*." *English Studies in Canada* 29.3-4 (2003): 116-38.

LeClair, Tom. "The Sri Lankan Patients." *The Nation*. 19 June 2000 <http://www.thenation.com/article/sri-lankan-patients?page=0,0>.

Marinkova, Milena. "'Perceiving […] in one's own body' the Violence of

History, Politics and Writing: *Anil's Ghost* and Witness Writing." *Journal of Commonwealth Literature* 44.3 (2009): 107-25.

Ondaatje, Michael. *Anil's Ghost*. New York: Alfred A. Knopf, 2000.

_____. "Michael Ondaatje in Conversation with Maya Jaggi." *Wasafiri* 32 (2000): 5-11.

_____. *Running in the Family*. 1982. New York: Vintage, 1993

Raffles, Hugh. "Intimate Knowledge." *International Social Science* 54.3 (2002): 325-35

Roy, Arundhati. *The God of Small Things*. New York: HarperPerennial, 1997.

_____. *War Talk*. Cambridge: South End Press, 2003.

Safran, William. "Diasporas in Modern Societies: Myths of Homeland and Return." *Diaspora* 1.1 (1991): 83-99.

Weich, Dave. "Michael Onddatje's Cubist Civil War." *Interviews*. 10 Oct. 2006. PowellsBooks. 25 July 2011 <http://www.powells.com/blog/interviews/michael-ondaatjes-cubist-civil-war-by-dave/>.

출처: 『현대영미소설』 제18권 3호 (2011), 107-128쪽.

문화지리학적 경관미학과 영국성

—카주오 이시구로의『지난날의 잔재』

김영주(서강대 교수)

I. 문화지리학과 경관미학

1987년 발표된 V.S.나이폴(Naipaul)의『도착의 수수께끼』(*The Enigma of Arrival*)는 서인도 제도의 섬나라인 트리니다드 출신의 화자가 영국 남부의 윌쳐에 위치한 에드워드조 풍의 장원영지에 정착하면서 시작한다. 영국령 서인도제도의 사탕수수 농장의 일꾼으로 트리니다드로 이주해온 인도계 후손인 화자는 젊은 시절 런던에서의 삶을 거쳐 중년을 넘어 윌쳐의 전원에 도착한다.

> 처음 나흘 동안 비가 내렸다. 내가 어디에 있는지 거의 알 수 없었다. 비가 그치고 나자 시골집 앞 외부 건물들과 잔디밭 너머로 헐벗은 나무로 구획 지어진 들판이 보였다. 그리고 저 멀리로, 빛에 따라, 반짝이는 작은 강이 보였고, 그 반짝임은 때때로 신기하게도 땅보다 위에 있는 듯 보였다.
>
> 그 강은 에이븐이라고 했다. 셰익스피어와 관련된 에이븐 강은 아니었다. 후에, 그 땅이 더 많은 의미를 지니게 되었을 때, 그 땅이 내가 자라났던 열대의 거리보다 더 많이 내 삶을 흡수했을 때에서야 비로소 나는 도랑이 있는 물에 젖은 평지의 들판을 '목초지'라

> 고, 그리고 강 너머 멀리에 있는 낮고 능선이 완만한 구릉을 '언덕진 초원지'라고 여길 수 있었다. 그렇지만 그 당시에, 비가 갠 후에 내가 본 것은, 이십년이나 영국에서 살았지만, 그저 비에 젖은 들판과 폭이 좁은 강일뿐이었다. (5)

『도착의 수수께끼』의 첫 두 문단은 자연 풍경에 대한 묘사와 인상, 즉 경관미학이 단순히 자연 풍경에 대한 수동적 지각의 결과가 아니라 자연 경관을 주관적이고도 적극적으로 읽어내는 행위임을 암시한다. 첫 문단은 윌쳐 지역의 자연 경관을 시각적으로 묘사하면서 시작하지만 곧 그 경관의 구성 요소인 강과 셰익스피어와의 연상 관계에 대한 부정으로 이어짐으로써 이 풍경을 바라보는 화자의 객관적인 관찰은 이미 셰익스피어라는 문화적 기표와 연관된 문화적 상상력과 얽혀있음을 드러낸다. 특히 '목초지(water meadows or wet meadows)'와 '언덕진 초원지(downs)'라는 어휘를 둘러싼 인용부호는 화자가 이러한 어휘를 자의식적으로 사용하고 있음을 보여주며, 이러한 어휘들은 영국의 자연 풍경을 묘사하는 문화적인 기호로서 각각 "도랑이 있는 물에 젖은 평지의 들판"과 "낮고 능선이 완만한 구릉"이라는 객관적이고 물리적인 묘사 이상의 의미의 잉여를 내포함을 화자가 인식하고 있음을 잘 드러낸다.

『도착의 수수께끼』에서 나이폴의 화자가 "도랑이 있는 물에 젖은 평지의 들판"과 "낮고 능선이 완만한 구릉"을 각각 '목초지'와 '언덕진 초원지'로 인식하게 되는 과정은 W.J.T 미첼(Mitchell)이 『경관과 권력』(*Landscape and Power*)에서 논의하는 경관미학의 소설적 예시라 할 수 있다. 미첼은 "경관"(landscape)을 단순한 자연 풍경이 아닌, 이 경관을 바라보는 이의 "사회적, 주관적인 정체성이 형성되는 과정"으로 정의한다(1). 미첼의 정의에 따르면 경관이란 자연적, 또는 인공적인 것을 포함하는 것으로 문화적 담론이며 경관을 감상하는 행위를 통해 보는 이의 주체성은 그 경관 속에 내재된 사회, 문화적 코드와 이미 결정된 관계 속에 설정된다(2). 『도착의 수수께끼』에서 나이폴의 화자는 자연 풍경을 지각하고 인식하는 이중적 과정, 즉 오랫동안 내린 비가 걷힌 후에야 주변 풍경을 시각적으로 명료하게 지각할 수 있었던 과정과 영국문화에 대한 낯설음과 친숙함 사이에서 동요하면서 같은 자연 풍경을 문화적으로 인식하는 과정을 서술한다. 미첼의 논지에 비추어 볼 때, 그리고 나이폴의 화자가 예시하는 바, "경관"은 단순한 자연 풍경이 아니라 문화적이고 사회적인 기호이며 이러한 기호를 읽어내는 과정은 이 경관을 바라보는 이의 사회, 문화적 경험과 긴밀하게 연결되어 있으며 바라보는 이의 문화적 정체성 형성에 적극적으로 기여하는 것이라 할 수 있다.

미첼의 경관미학은 공간을 객관적 관찰과 측정, 수량화를 통해 이해하고자 하는 사회과학적 지리학의 범주를 벗어나 공간과 장소의 사회성 및 역사성을 강조하는 문화지리학적 관점을 드러낸다. "경관" 미학에 내포된 사회, 문화적 맥락을 중시하고 경관미학을 사회, 문화적 정체성의 형성에 적극적으로 기여하는 역동적인 담론으로 보는 미첼의 논지는 공간적, 지리적 경험의 문화적 맥락을 중시하며 주체의 지리적, 공간적 경험을 심리적인 측면과 동시에 이데올로기적 측면에서, 그리고 재현과 재생산의 순환구조 속에서 계속 진행되는 과정으로 살펴본다는 점에서 기존의 지리학과 기본적인 입장을 달리한다. 미첼을 위시하여 데니스 코스그로브(Denis Cosgrove)와 제임스 던컨(James Duncan) 등 최근의 문화지리학자들은 "공간/장소"라는 개념을 사회, 정치, 역사적인 관계망을 통해 이해하고 다양한 문화 행위 속에 공간/장소가 다양한 형태로 재현되고 재생산되는 과정을 살펴봄으로써 공간의 사회적, 역사적 의미를 드러내고 공간을 경험하는 다양한 층위를 둘러싼 공간의 정치학에 대한 이해[1]를 강조한다. 이 글은 미첼의 경관에 대한 재정의에 주목하면서 최근 인문학 연구에서 새롭게 부상하는 문화지리학적 관점[2]을 통해 최근 영국소설, 특히

1 공간과 장소의 사회성 및 역사성은 앙리 르페브르(Henry Lefevre)와 미셸 푸코(Michel Foucalt)를 포함한 여러 사상가들이 이미 지적한 바 있으며 말콤 브래드베리(Malcolm Bradburry) 및 데이비드 하비(David Harvey)는 모더니즘 미학과 포스트모더니즘 미학을 소개하면서 근대성과 후기근대성을 시간과 공간에 대한 새로운 경험과 이해라는 측면에서 논의함으로써 문화적 경험의 지리적이고 공간적인 차원을 강조한 바 있다. 또한 영국의 문화지리학자 질리안 로즈(Gillian Rose)는 『페미니즘과 지리학』(*Feminism and Geography*)에서 최근의 문화지리학적 담론을 남성적, 그리고 여성적 주체와 인식이라는 측면에서 고찰하면서 공간의 여성화/여성성의 공간화 논의를 전개한다. 이러한 공간의 사회, 역사적 의미에 대한 다양한 고찰과 공간의 재현 및 재생산에 대한 이론적 논의를 바탕으로 스테판 대니엘즈(Stephen Daniels)는 영국 및 미국의 회화 전통을 문화지리학적 관점으로 살펴봄으로써 공간의 재현에 관한 미학 및 공간의 문화적 재생산 과정과 국가정체성에 관한 담론의 상관관계를 논의한다.

2 영국 문화와 문학을 이해하는데 있어 문화지리학적 관점은 레이몬드 윌리엄즈(Raymond Williams)가 그의 저서 『시골과 도시』(*The Country and the City*)에서 이미 도입한 바 있다. 18세기와 19세기 영국소설 전통의 핵심을 이루고 있는 장원 소설(the country house novel)의 전통을 "도시"와 "시골"이라는 지리적 공간의 메타포를 적용하여 정치, 경제, 문화적 상호관계로 풀어낸 윌리엄즈의 문화지리학적인 관점은 영국사와 영국 문화에 대한 이해를 기초로 하여 영국 문학의 특징과 흐름을 포괄하는 유용한 분석의 틀로 검증되었다고 할 수 있다. 또한 에드워드 사이드(Edward Said)가 『문화와 제국주의』(*Culture and Imperialism*)에서 지적하듯이, 영국 문화와 문학을 이해하는 데 있어서 지리적 특성과 문화적 코드의 상호 관계를 살펴보는 작업은 제국의 확장과 쇠퇴라는 근/현대 영국사를 고려할 때 배타적인 섬나라로서의 영국성과 전 세계에 걸친 영토의 확장을 통해 형성된 제국으로서의 영국성 사이의 긴장과 상호관계를 살펴보는 유용한 이론적 틀을 제공한다.

카주오 이시구로(Kazuo Ishiguro)의 『지난날의 잔재』(*The Remains of the Day*)에 나타난 공간/장소의 재현과 재생산에 내포된 문화정치학을 논의하고 잉글랜드 남동부의 장원을 중심으로 펼쳐진 전원 풍경에 드러난 영국성을 살펴보고자 한다.

II. "가장 빼어난 영국의 경관": 영국성의 경관미학

1989년 북커상 수상작인 카주오 이시구로의 세 번째 소설 『지난날의 잔재』는 이차대전을 전후로 한 격변기를 살아가는 전형적인 한 영국인 집사의 삶을 그리면서 화려하고 장엄한 영국의 장원과 그 주변의 지극히 영국적인 전원 풍경으로 대변되는 고전적인 영국의 이미지를 재현하고 있다. 1957년 7월의 어느 여름 날, 몇 십 년 만에 처음으로 달링톤 홀(Darlington Hall)을 떠나 육일간의 여행길에 오른 소설의 화자이자 주인공인 노집사 스티븐스는 솔즈베리(Salisbury)의 언덕 위에서 내려다본 풍경을 이렇게 묘사한다.

> 나는 멀리까지 굽이굽이 이어지는 들판을 내려다보았다. 땅은 부드럽게 솟았다가 내려가고 들판은 산울타리와 나무로 나뉘어져 있었다. 먼데 들판에는 양이라고 여겨지는 점점이 있었다. 내 오른쪽으로는 거의 지평선에 닿게 교회의 첨탑을 볼 수 있었다.
>
> 사방에 여름 기운이 느껴지고 가벼운 산들 바람을 얼굴에 맞으며 거기에 그처럼 서 있는 것은 참으로 좋은 느낌이었다. 그 때서야, 그 경치를 바라보며, 나는 처음으로 내 앞에 펼쳐질 여행에 어울리는 마음가짐을 갖게 되었다고 믿는다. (26)

"가장 빼어난 영국의 경관"(the English landscape at its finest)이라고 감탄하는 스티븐스의 풍경 묘사에서 두드러지는 점은 멀리까지 굽이

굽이 부드러운 능선을 이루며 펼쳐진 영국의 시골풍경이 영국의 풍경화나 영국여행 안내책자 또는 엽서 등에서 쉽게 볼 수 있는 전형적인 영국의 전원 풍경의 특징을 담고 있다는 점이다. 나무 울타리로 구획된 경작지와 목초지, 점점이 흩어져 평화로이 풀 뜯는 양떼, 멀리 보이는 교회의 첨탑 등은 인적이 닿은 적 없는 자연의 장엄미를 드러내기보다는 정돈되고 길들여진 자연의 평화로움과 안락함을 강조하며 데이비드 로웬덜(David Lowenthal)과 휴 프린스(Hugh G. Prince)가 영국의 경관미학에 대한 연구에서 영국인들이 선호하는 영국적 전원 풍경의 특징으로 꼽았던 "사람이 함께 거주하여 길들여진," "푸근하고 편안한" 자연의 모습을 드러낸다(190).

스티븐스가 묘사하는 "가장 빼어난 영국의 경관," 즉 "인본주의적 행복한 골짜기"는 17세기 이래 영국의 문화지리학적 상상력에 깊숙이 자리잡아왔다(Schma 11). 『경관과 기억』(*Landscape and Memory*)에서 사이몬 샤마(Simon Schama)는 16세기 후반에 네덜란드로부터 영국에 도입된 어휘 "경관"(landscape)은 자연 그대로의 풍경 뿐 아니라 자연을 길들이는 인간의 경작지와 거주지를 가리킨다고 지적하며 "landschap"는 독일어 어원인 "Landschaft"처럼 사회공동체 단위를 함의하고 있음을 강조한다(10). 네덜란드 풍경화 화풍이 영국에 정착할 즈음 풍경화 도안에 대한 실질적인 안내서를 최초로 기술한 헨리 피컴(Henry Peacham)은 1612년 출간한 『미네르바 브리타니아』(*Minerva Britannia*)에서 스티븐스의 묘사와 매우 유사한 전원 풍경, 즉 완만한 능선과 경작지, 자유로이 노니는 동물들, 수풀과 나무와 더불어 마을이 자리 잡은 풍경을 궁정과 도시의 대칭적 경관으로, 더 나아가 궁정과 도시의 부도덕한 삶에 대한 교정안으로 제시한 바 있다.

그림 1. Henry Peacham, *Rura Mihi et Silentium*, from *Minerva Britannia*, 1612. (Schama에서 재인용 10)

이러한 문화지리적 개념인 "경관"에 뿌리내린 영국의 인본주의적 경관미학은 「전원적 영국의 발견」에서 알룬 호킨스(Alun Howkins)가 살펴보듯이 1860년대 이래로 급격한 도시화와 산업화를 겪은 영국 문화에서 활발하게 유통되는 양상을 보인다. 특히 호킨스는 문학과 정치 연설문, 미술과 음악, 건축양식 등을 포함하는 영국의 근/현대 문화사에서 가장 영국적 풍경을 대표하는 경관으로 유통되는 전원 경관이 실제로는 잉글랜드 남동부 경관의 독특한 지역색을 담고 있음을 지적한다. 호킨스에 따르면, 1860년대 이래 대규모 산업화와 제조업에 근거한 영국북부 지역의 경제력이 쇠락함에 따라 경제적 중심지에 대한 체감 인식이 런던을 중심으로 한 남부로 이전하게 된다(65). 1890년대 이후 보어전쟁과 제 1차 세계대전을 치르면서 영국 내에 고조된 위기의식은 대영제국의 심장부인 런던의 도시 문제와 연계

된다. 특히 파시즘의 위협과 경제 공황으로 문명에 대한 불신과 위기감이 고조된 양차 세계 대전 사이 두드러지게 활성화되었던 민족주의적 영국 문화에서 잉글랜드 남부의 시골은 도시화, 산업화, 제국화라는 역사의 부침 속에 잊혀졌던 고전적인 영국성이 고스란히 보존되어 있는 공간으로서, 즉 16세기 후반과 17세기 초 근대영국국가 수립의 기초를 마련한 튜더조의 영국을 근원으로 하는 영국적인 전통과 가치관이 살아 있는 곳으로, 영국이라는 국가와 민족 정체성의 뿌리가 남아 있는 곳이자 발현되는 장으로 자리매김한다(70). 샤마와 호킨스의 논의는 영국의 경관미학이 단순히 물리적이고 시각적인 공간에 대한 지리적 경험의 산물이 아니라 사회, 문화적 정체성의 형성에 적극적으로 기여하는 역동적인 담론이며 재현과 재생산의 순환구조 속에서 계속 진행되는 과정이라는 점을 강조한다.

『지난날의 잔재』에서 스티븐스의 경치 감상이 흥미롭게도 곧이어 다른 나라의 경관과의 비교로, 그리고 영국성에 대한 반추로 이어지는 것을 이러한 영국적 경관미학의 형성과 전개 양상과 연관지어 살펴볼 수 있다. 여행의 첫 날을 마감하며 스티븐스는 솔즈베리의 전원풍경을 되새기면서 그가 아침나절에 보았던 풍경이야말로 다른 나라의 풍경에서는 찾아볼 수 없는, 오직 영국에서만 찾아볼 수 있는 영국적인 무엇을 드러낸다고 반추한다. 스티븐스는 솔즈베리의 풍경의 아름다움은 "노골적인 볼거리"가 결여되어 있음에, 즉 아프리카나 아메리카 지역의 "꼴사나운 드러냄"(29)과는 달리 "그 아름다움의 평온함, 그 절제된 느낌"에 기인한 것이라고 분석한다. 스티븐스에게 절제된 영국의 풍경의 정수로 비쳐지는 이 경관은 영국 식민주의자들이 전 세계 오지에서 맞닥뜨리는 열대지방의 이국적이고 낯선 풍경과 대조된다. 레이몬드 윌리엄즈(Raymond Williams)나 마틴 위너(Martin

Wiener)를 비롯한 많은 문화비평가들은 20세기 초엽 이래 영국 문화에 널리 확산된 전원주의 경관미학과 영국의 전원이라는 공간이 내포하는 문화적 의미를 추적하는데 있어 영국사회의 산업화와 더불어 제국화라는 맥락을 중시하여 논의한다. 『시골과 도시』에서 윌리엄즈는 전원주의 국가관, 즉 영국과 영국민족은 본질적으로 전원사회에 뿌리내리고 있으며 산업화와 도시화라는 근대적 변화를 겪으면서도 변하지 않는다는 믿음은 특히 19세기 후반 가속화된 도시화와 산업화, 제국의 팽창이라는 급격한 사회변화와 함께 확산되었다고 지적한다(248). 미첼 또한 경관의 의미론적 요소들은 제국주의 역사 서사와 맥을 같이 하여 형성되어 왔음을 주목한다. 제국의 공간적 확장은 이질적인 "자연" 공간으로의 문화와 문명의 확장으로 여겨지는 한편, 공간이라는 측면에서 제국의 외향적인 역동성은 제국의 중심부의 자연경관을 어떻게 재현할 것인가에 대한 새로운 관심을 불러 일으켰다. 블레이크가 "영국의 푸르고 아름다운 땅"이라 칭했던 영국의 전원적 경관은 대영제국의 심장이자 제국의 정체성의 상징이 되었다(Mitchell 17). 대영제국의 지리적 상상력 속에서 영국의 전원, 혹은 전원적 영국은 도시적 근대성 뿐만 아니라 "식민지배의 긴장과 오지 정착지에서의 고립"에 이항대립적인 공간으로(Williams 281), 즉 콘래드가 그리는 콩고 강 유역의 꿰뚫어 볼 수 없는 밀림이나 포스터가 묘사하는 인도의 마라바 동굴의 어둠과 혼돈에 대비되는 공간이다.

이렇게 볼 때 스티븐스의 솔즈베리의 목가적 경치와 이에 따른 감흥은 제국의 확장이라는 역사를 통해 수립된 국가정체성에 대한 담론과 맥을 같이 한다. 스티븐스가 영국의 전원 풍경을 그리는 방식은 영국인들의 온건한 기질에 위협적인 것으로 간주된 식민지의 불볕더위와 끝없이 막막한 사막, 빽빽한 열대우림과 대조되어 절제된 영국의 풍경과 날씨에 상응하는 영국성을 환기시킨다. 스티븐스의 경치 감상에서 영국성과 대영제국의 연관성은 너무나 뚜렷하여 영국의 전원 풍경의 "위대함"(greatness)에 대한 스티븐스의 감상은 곧 "대브리튼"(Great Britain)에 대한 자부심과 애정의 표현으로 이어진다. 스티븐스의 "대브리튼"에 대한 언급은 잉글랜드와 웨일즈, 스코틀랜드를 포함한 브리튼 제도를 지칭하는 지리적인 명칭으로서의 "대브리튼"을 지칭하는 데서 더 나아가 오랜 세기동안 끊임없이 대영제국으로의 확장을 이룬 국가의 위엄에 대한 애정과 자부심을 드러내는, "위대한" 역사를 체현한 국가에 대한 헌사이다. 실제로 "브리튼"이라는 용어는 고대 영어 이후에 헨리 8세와 에드워드 6세 시대에 잉글랜드와 스코틀랜드를 합병하고자하는 정치적인 노력과 관련하여 다시 사용되기에 이르렀으며, "대브리튼"은 1536년 웨일즈와 합병한 잉글랜드가 1707년 스코틀랜드와 합병하면서 이룬 연합왕국을 지칭하는 공식적인 명칭이다. 이런 점을 고려할 때 "대브리튼"의 형성은 잉글랜드의 영토 확장사와 잉글랜드의 문화를 핵으로 하는 영국성의 형성사라 할 수 있다. "대브리튼"과 잉글랜드의 제국주의적 확장사의 연관은 근대로 올수록 더욱 뚜렷해져 1868경에는 끝없이 확장하는 대영제국, 즉 "대브리튼과 식민지"를 지칭하는 명칭으로 "Greater Britain"이 널리 쓰이게 된다(*OED* 561).

스티븐스는 솔즈베리의 영국 풍경을 바라보면서 유럽의 섬나라에서 출항하여 세계의 오지를 아우르는 대영제국을 이룬 "대브리튼"의 "위대함"에 대한 강렬한 자부심과 애정이 고양되는 것을 경험한다. 하지만 이러한 스티븐스의 확신은 그 경험이 1956년 7월의 여행을 시간적, 공간적 배경으로 하고 있음을 고려할 때 아이러니하다. 스티븐스의 여행이 그가 평생을 바쳐 헌신했던 달링톤 경(Lord Darlington)

의 죽음 이후 화려하고 웅장한 달링톤 홀의 새 주인이 된 미국인 패러데이(Farraday)의 권유와 배려로 실행된다는 소설적 맥락이 암시하듯이, 영국 현대사에 있어서 1956년 7월은 이집트가 수에즈운하의 국유화를 선언하면서 영국이 이집트 침공을 계획하였으나 미국의 개입으로 무산된 수에즈 사태를 통해 공식적으로 팩스 브리타니카(Pax Britannica) 시대가 막을 내리고 팩스 아메리카(Pax America) 시대가 시작됨을 확인하는 시기이다. 1956년의 수에즈사태는 "영국이 더 이상 세계 질서의 중심이 아님"을 선언하고 영국의 국가적 위엄의 공허함과 동시에 전후 세계질서에서 미국의 영향력을 측정할 수 있는 계기로 "영국의 국가적 자존심에 상당한 치명타"를 가했다고 할 수 있다(Haseler 84). 이차 대전 이후 새롭게 구축된 세계질서—대영제국의 와해와 초강대국으로서의 미국의 부상—에 편입된 채, 스티븐스는 오직 감상주의적인 기억을 통해서만 달링톤 경이 상징하는 빅토리아조의 규범과 대영제국의 부와 권위를 확인할 뿐이다.

『지난날의 잔재』에서 스티븐스는 이러한 시대착오적인 감흥에서 더 나아가 "절제"라고 하는 특성을 영국의 지형과 영국 민족 모두에게서 찾는다는 점에서 영토와 민족의 상응을 주장하는 본질주의적이고 배타적인 국가관에 근접한다. 스티븐스는 빼어난 영국적 풍경에서 찾아볼 수 있는 "절제"라는 미덕은 오직 영국 민족만이 소지한 자질이라고 강조하고, 더 나아가 이러한 절제라는 덕목을 통하여 진정한 집사는 오로지 영국에서만 존재할 수 있다고 역설한다. 스티븐스에게 시골 풍경에 대한 반추는 단순한 경치의 감상을 넘어 민족주의에 뿌리를 내린 국가정체성 및 민족성이라는 집단 정체성에 근거한 그 자신의 정체성을 모색하는 적극적인 기제로 작동하는 것이다. 알렉스 포츠(Alex Potts)는 영국의 전통적인 경관미학은 영국민족의 인종적 정체성을 논의하는 담론의 장이었음을 지적한 바 있다. 포츠에 따르면 "진정한 영국인 혈통은 영국의 토양에서만 배양"된다는 인식이 특히 양차 세계대전 사이에 활성화되어 "인종적 정체성에 관한 이론들이 경관에 전이"되었다(166). 토양과 혈통을 동일시하는 인종지리학적인 논의에 근거한 국가관은 특히 이차세계대전 당시 프랭크 뉴볼드(Frank Newbould)가 제작한 전쟁 포스터에 잘 나타난다.[3] 1612년에 출간된 헨리 피컴의 영국 전원의 풍경화 화풍에 놀라울 만큼 충실하게 그려진 포스터에는 완만하게 이어진 구릉과 목초지, 구릉 아래 오목한 곳에 아늑하게 자리 잡은 마을과 녹음이 짙은 수풀과 잘 자란 나무, 양떼를 돌보는 양치기 개와 목동을 전경으로 "당신의 영국, 이제 그 영국을 위해 싸우자"라는 문구가 새겨져 있다. 이 전쟁 포스터는 평화롭고 아늑한 영국 남부지역의 풍경을 영국의 젊은이들의 용기와 희생을 통해 수호해야 할 국가와 민족으로 동일시한다. 여기서 경관은 단지 "미학적이거나 시각적인 것일 뿐만 아니라 이데올로기적인" 것이다(Potts 166). 이 전쟁 포스터의 전경과 몹시 유사한 솔즈베리의 풍경을 반추하는 스티븐스의 경관미학은 "우리 영국인들"(We English)이라는 국가에 기반한 집단 정체성을 결정하는 근간으로 인종/민족을 제시함으로써 동질적이고 본질적인 정체성을 모색하는 국가 담론과 맥을 같이 하며 이러한 인종적/민족적 정체성을 자신의 개인적 정체성을 확인하는 근간으로 삼는다.

3 데이비드 하비 역시 근대성과 후기근대성에 대한 고찰에서 지정학적인 국가 담론의 양상을 살펴본 바 있다. 하비는 나치즘은 혈통과 토양, 인종과 국가의 본질주의적이고 배타적인 국가신화를 활성화한다고 지적한다(209).

그림 2. Frank Newbould, Word War II civilian–effort poster. (Schama에서 재인용 11)

그러나 호킨스가 지적하듯이 전형적인 잉글랜드 남부의 지역 풍경이 전형적인 영국적 풍경으로, 즉 지역적으로 독특한 풍경이 고유한 영국성과 국가정체성의 주요 담론이 형성되고 유통되는 공간으로 전이되는 모순이 영국의 경관미학에 내재하듯이, 달링톤경으로 체화된 지배 계급의 가치와 규범을 자신의 것으로 수용한 스티븐스는 정체성의 모순과 혼란을 맞이할 수밖에 없다. 양차세계대전 사이 유럽의 평화를 확보하기 위하여 나치즘을 승인하고 영국 내 반유태주의와 결탁한 달링톤경이 달링톤 홀에서 일하던 유태인 하녀를 해고한 사건은 배타적 인종주의의 폭력성을 드러내는 동시에 무비판적으로 이러한 폭력을 묵인한 스티븐스의 자기기만적인 면모를 예시한다. 스티븐스가 여행길에 오르면서 달링톤경의 친구가 물려준 신사복을 차려입고 패러데이가 빌려준 자동차를 타고 영국인 신사들의 억양과 어투를 따라 익힌 어조로 이야기 할 때 그를 대면한 이들은 한결같이 스티븐스의 계급적 정체성을 오인하거나 의아해한다. 데븐에 이르러 모스콤 마을 사람들과 대화를 나누면서 스티븐스는 의도하지 않은 채 헌신적인 집사의 모습을 감추고 그 스스로 달링톤경 행세를 함으로써 스스로 곤란하고 민망한 처지로 자신을 몰아간다. 유행이 지난 신사복을 입은 집사는 이렇게 시대착오적인 지배계급의 이데올로기를 자신의 정체성의 근간으로 체화하면서 스스로를 소외시키고 배제한다.

이시구로의『지난날의 잔재』는 옥스포드의 달링톤 홀을 떠나 솔즈베리를 거쳐 데븐과 콘월을 경유하여 바닷가에 위치한 웨이머스(Weymouth)에 도착하는 스티븐스의 여정을 따르는 동시에 완벽한 영국인 집사로서의 스티븐스의 삶 전반에 대한 기억의 미로를 더듬어 간다. 이러한 소설 구조를 고려할 때 여행 도중 스티븐스가 마주치는 잉글랜드 남부의 다양한 자연 풍경은 기억의 미로를 더듬는 스티븐스의 심리상태를 암시하는 이정표라고 할 수 있다. 여행 초기 솔즈베리의 빼어난 경관에 대한 스티븐스의 감상은 달링톤 홀을 영국의 심장으로, 달링톤경을 진정한 영국인의 전형으로 여기며 삼십오 년 동안 진정한 영국인 집사가 되고자 헌신한 자신의 삶에 대한 자부심 어린 반추와 일치한다. 그러나 여행의 중반 데븐의 황야에서 예기치 않게 길을 잃으면서 스티븐스는 파시즘과 반유태주의 성향을 띤 달링톤경의 정치적 행보에 관한 기억을 떠올리며 갈등을 겪는다. 기억의 미로를 더듬으며 스티븐스는 불편한 기억을 외면하거나 자신과 달링톤경의 관계에 대하여 거짓 진술을 하거나, 혹은 위엄있는 영국인 집사로서의 자신의 정체성 구축이 달링톤경으로 대변되는 가치에 근간을 두었던 것임을 애써 부인하고자 한다. 육일간의 여정 동안 기억의 미로를 더듬어 온 스티븐스는 여행의 말미에서 이제 고통스러운 자기 인식에 도달한다. 달링톤 홀과 달링톤경으로 형상화되는 제국주의적, 인종주의적, 계급주의적 영국성은 시대착오적이고 배타적이며 폭력적일 뿐 아니라 이러한 영국성을 자기 정체성의 근간으로 삼은 자신의 삶이 공허한 것임을 인정하면서 노집사는 잉글랜드 남서쪽 바닷가 마을의 부두에서 망망한 바다를 바라보며 낯선 이 앞에서 눈물을 흘리며 씁쓸해 한다. 여행의 끝에서 자기기만과 자기모순을 직시하고 "위엄"(dignity)과 "절제"라는 영국적 미덕을 스스로 위반하는 스티븐스에게 솔즈베리의 경관미학의 감흥은 더 이상 없다.

III. "영국보다 더 영국적인 영국": 신화적 경관의 재해석

『지역에 대한 재고』(1998)에서 존 앨런(John Allen)과 도린 매시(Doreen Massey) 등 최근 영국의 문화지리학자들은 국가 정체성의 지리적이고 공간적인 차원을 강조하면서 전후 영국사회에서도 여전히 영국의 국가 정체성이 역사적으로, 또한 지리적으로 잉글랜드의 남동부 지역성을 근간으로 한다고 지적한다. 「전원적 영국의 발견」에서 호킨스 역시 잉글랜드의 남부의 지역적으로 독특한 전원 풍경이 진정한 영국과 영국성을 대변하고 측정하는 척도가 되었음을 논의하면서 이러한 잉글랜드 남부를 중심으로 하는 경관 미학이 특히 콘월(Cornwall)이나 이스트 앵글리아 지역의 독특한 풍경을 배제하고 있음을 주목한 바 있다(64). 80년대에 발표된 소설로서 이시구로의 『지난날의 잔재』는 대영제국의 와해와 종언 이후 역사적 상실감과 현재에 대한 불안 속에서 더 좋았던 것으로 기억되는 과거를 지향하는 정서, 공동체적 역사와 문화를 되짚어봄으로써 영국성을 재규명하고자 하는 80년대 영국 사회의 문화적 징후들을 뚜렷이 반영한다. 이시구로의 『지난날의 잔재』는 전후 영국 사회에 두드러지는 과거지향적인 정서, 미화된 과거에 대한 향수만큼이나 현재에 팽배한 상실감을 날카롭게 포착하면서 영국성을 대변하는 잉글랜드의 남동부 지역의 전원적 경관미학을 소설적 상상력으로 풀어낸다.

『지난날의 잔재』는 과거를 회고하는 화자의 자서전적 이야기를 통해 국가적, 혹은 민족적 역사의 부침과 역사적 인식을 소설화한다. 1988년 발표된 이시구로의 『지난날의 잔재』는 달링톤 홀의 집사 스티븐스의 회고담을 통해 이차세계대전을 기점으로 현재보다 더 좋았던 시절로 기억되는 과거와 고통과 상실로 인지되는 현재와의 대비를 통해 전후 영국사회의 한 단면을 포착한다. 현재의 위기와 상실감을 달래기 위해 과거를 돌아본다는 점에서 『지난날의 잔재』는 80년대 영국문화의 과거지향적 정서를 반영하는 동시에 공동체적 정체성을 개인의 삶을 풀이하는 근간으로 삼는다는 점에서도 이 소설은 영국적 정체성과 영국성을 재규명하고자 하는 당시의 문화적 명제에 부응한다. 흥미롭게도 『지난날의 잔재』에서 현재보다 더 나은 과거는 장원을 중심으로 하는 "전형적인 영국"의 전원 풍경, 실제로는 런던을 중심으로 하는 잉글랜드 남동부 지역의 전원풍경에 투사된다. 이시구로의 소설은 현대 영국 문화에서 물리적이고 감각적인 동시에 문화적이고 담론적 기호로 유통되는 잉글랜드 남동부 지역 경관에 대한 대중적 감흥에 강하게 호소하는 한편 이 기호를 둘러싼 의미화 체계를 구체적인 역사적 맥락에 둠으로써 공간의 의미화 과정에 내포된 사회적, 역사적 의미를 드러내어 경관이라는 문화적 기제의 작동체계를 보여준다. 이시구로의 『지난날의 잔재』에서 드러나는 지리적 공간은 단순한 공간상의 배경으로 제시되는 것이 아니라 이데올로기적인 의미 부여와 해석을 가능케 하는 새로운 담론의 공간이기도 하다.

『지난날의 잔재』에서 스티븐스가 솔즈베리의 풍경을 바라보는 행위는 미첼이 정의하듯이 "문화적 의미와 가치"가 내포된 "상형문자"를 읽어내는 행위인 동시에 경관을 감상하는 행위를 통해 자신의 주체성을 그 경관 속에 내재된 "방대한 문화적 코드의 네트워크"속에 설정하는 문화적 담론 행위이다(13, 14). 이렇게 볼 때 『지난날의 잔재』는 스티븐스가 솔즈베리의 자연풍경을 바라보는 행위에 "자연"스럽지 않은 문화적 기제가 작동하고 있음을 역설적으로 드러낸다. 이시구로의 『지난날의 잔재』에 나타난 경관미학에 대한 이러한 고찰은 미첼이 논의하듯이 "경관"이란 문화에 의해 "중재된 자연 경관"으로서"기표"인 동시에 "기의"이며 "실제 장소"인 동시에 "가상현실"임을 드러낸다(5). 1993년 알란 보르다(Allan Vorda)와 킴 허징거(Kim Herzinger)와의 인터뷰에서 이시구로는 자신의 소설이 영국에 관한 특정한 신화, 즉 "점잖은 사람들과 집사들이 사는 나른하고 아름다운 마을이 있고 사람들이 잔디밭에서 차를 마시는 영국," "영국보다 더 영국적인 영국"에 대한 재해석이라고 말한 바 있다(14). 이시구로는 "영국보다 더 영국적인 영국"을 의미하는 상형문자로서의 전원적 경관미학의 신화를 재해석하면서 영국의 장원을 중심으로 한 전원적 경관미학에 내포된 자의성과 역사성을 아이러니하게 드러낸다.

이시구로의 소설에서 재해석된 경관미학의 정치성은 1993년 이 소설을 영화화한 같은 제목의 영화에서 시각적으로 재해석된다. 1993년 머천트 아이보리 프로덕션(Merchant Ivory Production)에 의해 제작된 영화 『지난날의 잔재』는 사슴이 한가로이 노닐고 아름드리 고목들이 무성한 달링톤 홀의 영지를 구불구불 가로지르는 길을 롱샷으로 따라가다가 저택의 전경에 도달하면서 시작한다. 정돈된 자연의 아름다움에 어우러지는 건축물의 화려함을 시각적으로 강조하면서 시작한 영화 『지난날의 잔재』는 곧이어 달링톤 영지와 저택, 그리고 저택에 소장되어 있는 초상화 및 가구들의 경매 장면으로 바뀌면서 소설 『지난날의 잔재』의 주요 모티프인 상실과 변화를 강조한다. 소설의 서두[4]와는 다른 이러한 영화의 도입부는 상실과 변화라는 소설의 모티프를 전면에 드러내면서도 장원을 중심으로 한 전원적 경관미학에 내포된 신화성을 아이러니하게도 더욱 강하게 불러일으킨다. 영화 곳곳에 삽입된 정돈되고 절제된 자연경관과 전통적인 영국의 계급구조와 경제구조를 상기하게 하는 활기차고 떠들썩한 여우사냥 행사 장면, 화려하게 꾸며진 만찬장을 담아낸 장면 등은 과거와 현재의 대비를 통하여 장원 중심의 경관미학의 자의성과 역사성을 아이러니하게 드러내기 보다는 스티븐스의 회고의 주된 기조인 노스탤지아를 시각적으로 강화한다. 카메라의 시선은 해가 저물 무렵의 어두움을 주 배경으로 황량하고 음울한 데븐과 모스콤의 자연풍경을 포착할 때와는 달리 달링톤 홀을 중심으로 한 화려하고 정돈된 풍경 및 절제되었으면서도 아늑한 솔즈베리의 풍경을 담아낼 때에는 이를 눈부시게 아름다운 공간으로 제시함으로써 시각적으로 관객을 현혹한다.

영화의 후반부에서 스티븐스의 여정은 다시 신화적 영국의 공간인 달링톤 홀로 되돌아옴으로써 끝난다. 영화의 끝 장면에서 카메라는 도입부의 시선을 되짚어 달링톤 홀의 내부에서 시작하여 달링톤 저택과 영지를 굽어보는 드넓은 영국의 자연경관을 포착하도록 이동하면서 영화의 구성면에서 공간적 환원을 이룬다. 이러한 시각적 구성은 잉글랜드 남서쪽 바닷가 마을의 부두에서 망망한 바다를 바라보는 스티븐스의 시선으로 끝나는 소설과는 달리 목가적이고 정돈된 전원 경관의 매력을 다시 한 번 부각함으로써 신화적 영국을 감각적으

4 소설 『지난날의 잔재』는 이미 달링톤 홀의 새주인이 된 미국인 패러데이가 서재에서 스티븐즈에게 여행을 권유했던 것으로 시작한다.

로 환기한다. 이시구로의 소설에서 1930년대에 발간된 영국여행책자를 손에 들고 옛 주인 시절 물려받은 신사복을 입고 길을 나섰던 늙은 집사는 어스름이 내려앉는 바닷가 부두에서 발을 멈춘다. 낯선 바닷가 풍경에 둘러싸인 채 눈물을 터뜨리며 흐느끼는 노집사의 회오는 "절제"를 미덕으로 하는 영국성이라는 신화의 와해를 드러냄과 더불어 시대착오적인 과거지향적인 정서 속에 미화된 전원주의 경관미학을 해체한다. 그러나 영국의 경관미학에서 가장 영국적인 경관으로 꼽히는 잉글랜드 남동부의 정돈되고 푸근한 전원 풍경은 영화 『지난날의 잔재』에서 현재의 상실감을 상쇄할 상상의 공간으로 또다시 환기된다. 이렇듯 영국의 경관은 스티븐스에 의해, 이시구로에 의해, 이시구로의 소설을 영화화한 머천트 아이보리 프로덕션[5]에 의해, 그리고 소설 『지난날의 잔재』와 영화 『지난날의 잔재』의 독자와 관객의 시선을 통해, 문화적 상형문자 체계로서 문화적 의미화와 의미전달을 위해 끊임없이 상기되고 유통되고 재형성된다.

5 머천트 아이보리 프로덕션은 인도 출신의 이스마일 머천트(Ismail Merchant)와 미국인 제임스 아이보리(James Ivory)가 각각 제작과 감독을 담당하고 독일계 유태인인 영국인 루스 프러워 즈하발라(Ruth Prawer Jhabvala)가 주로 각본을 맡으며 헨리 제임스(Henry James), E. M. 포스터(Forster) 등 정전화된 영국소설을 영화로 제작하여 예술성과 흥행성 측면에서 성공을 거두었다. 흥미롭게도 『지난날의 잔재』를 포함하여 『전망 좋은 방』(*A Room with a View*), 『모리스』(*Maurice*), 『하워즈 엔드』(*Howards End*) 등 머천트 아이보리 프로덕션에 의해 제작된 일련의 영화들은 주로 잉글랜드의 남동부에서 촬영되었다. 존 핌(John Pym)은 위에 거론된 영화의 야외 및 실내 로케이션 촬영지를 영국 지도에 표기하고 이를 "머천트 아이보리의 영국적 촬영지(English locations)"라고 표기한 바 있다.

참고문헌

Allen, John, Doreen Massey, and Allan Cochrane. *Rethinking the Region.* London: Routledge, 1998.

Gasiorek Andrzej. *Post-war British Fiction: Realism and After.* London: Edward Arnold, 1995.

Harvey, David. *The Condition of Postmodernity.* Oxford, UK: Blackwell Publishers Ltd. 1990.

Haseler, Stephen. *The English Tribe: Identity, Nation and Europe.* London: Macmillan P Ltd., 1996.

Howkins, Alun. "The Discovery of Rural England." *Englishness: Politics and Culture 1880-1920.* Ed. Robert Colls and Philip Dodd. London: Croom Helm Ltd., 1986. 62-88.

Ishiguro, Kazuo. *The Remains of the Day.* New York: Vintage International, 1988.

______. Interview with Allan Vorda and Kim Herzinger. "Stuck on the Margins: An Interview with Kazuo Ishiguro." *Face to Face: Interviews with Contemporary Novelists.* Ed. Allan Vorda. Houston: Rice UP, 1993. 1-36.

Lowenthal, David, and Hugh G. Prince. "English Landscape Tastes." *Geographic Review* 55(1965): 186-222.

Mitchell, W. J. T. *Landscape and Power.* Chicago: U of Chicago P, 1994.

Naipaul, V. S. *The Enigma of Arrival.* 1987. New York: Vintage Books, 1988.

Oxford English Dictionary. Prepared by J. A. Simpson and E. S. C. Wiener. 20 vols. Oxford: Clarendon P, 1989.

Potts, Alex. "'Constable Country' Between the Wars." *Patriotism: The Making and Unmaking of British National Identity.* Ed. Raphael Samuel. Vol. 3. London: Routledge, 1988. 160-86.

Pym, John. *Merchant Ivory's English Landscape: Rooms, Views, and Anglo-Saxon Attitudes.* London: Pavilion Books Limited. 1995.

The Remains of the Day. Dir. James Ivory. Perf. Anthony Hopkins,

James Fox, and Emma Thomson. Merchant Ivory Production, 1993.

Schama, Simon. *Landscape and Memory.* New York: Vintage Books, 1995.

Williams, Raymond. *The Country and the City.* 1973. New York: Oxford UP, 1975.

출처: 『현대영미소설』 15권 2호(2008), 7-34쪽에 수록된 「최근 영국소설에 나타난 문화지리학적 상상력: 카주오 이시구로의 『지난날의 잔재』와 그레이엄 스위프트의 『워터랜드』를 중심으로」를 수정한 것임.

색인

ㄱ

『거인의 도시』(*A Bend in the River*) 207
『검은 피부 흰 가면』(*Black Skin White Masks*) 104
경관미학 380, 381, 386, 394
공상 소설(speculative fiction) 329
공화주의 333
『국가와 서술』(*Nation and Narration*) 106
『군중 속의 남자』(*The Man of the Crowd*) 185
권위적 언어 325
귀향서사 357
기쿠유 20
기쿠유와 뭄비(Kikuyu and Mumbi) 20
김지하 24

ㄴ

『나라의 심장부에서』(*In the Heart of the Country*) 65
나이폴(V.S. Naipaul) 173, 197, 225, 270
남성 언어 326
남아프리카 62, 66, 78, 93, 96, 208
내러티브 64
네그리튀드(negritude) 166
네드 켈리 334
『눈먼 암살자』(*The Blind Assassin*) 308
느웨(Nwoye) 55

ㄷ

『대서양 중간항로』(*The Middle Passage*) 199, 215
대처 수상 220
『더 빛나는 태양』(*A Brighter Sun*) 174
도미니카 249
『도시 교외의 부처』(*The Buddha of Suburbia*) 221
『도착의 수수께끼』(*The Enigma of Arrival*) 379
『드넓은 사가소 바다』(*Wide Sargasso Sea*) 249
도시 산책자(flâneur) 178
디아스포라 221

ㄹ

래밍(George Lamming) 173, 270
레비(Andrea Levy) 194
로이(Arundhati Roy) 148
로체스터 254
루시디(Salman Rushdie) 106, 220
리스(Jean Rhys) 10

ㅁ

마오이스트(Maoist)
마우마우(Mau Mau) 19
『마이클』(*Life & Times of Michael K*) 93
『마티가리』(*Matigari ma Mjimruumgi*) 23
매판자본 29
맥클라우드 260
『모든 것이 무너지다』(*Things Fall Apart*) 33
모세 삼부작(Moses trilogy) 175
『모세 이주하다』(*Moses Migrating*) 175

『모세 출세하다』(*Moses Ascending*) 175
『무지개 기호』(*The Rainbow Sign*) 222
『문화의 소재지』(*Location of Culture*) 106
문화지리학 381, 382
미첼(W.J.T. Mitchell) 380

ㅂ

바바(Homi Bhabha) 67, 253
버사(Bertha) 251
벤야민(Walter Benjamin) 178
보들레르(Charles Baudelaire) 178
보편적/지역적 진실 363
『부서진 공화국』(*Broken Republic*) 149
부시 레인저 332
브론테 252

ㅅ

사변적 소설(speculative fiction) 329
상황적 지식(situated knowledges) 363
셀본(Sam Selvon) 173
생고르(Léopold Senghor) 166
서구과학담론 364
성장서사 284
세계화(globalization) 148
세자르(Aimé Césaire) 162
스리랑카 내전 360
스미스(James Smith) 46
스미스(Zadie Smith) 194
스피박(Spivak) 103, 251, 276
시뮬라크라(simulacra) 230
식민주의 79
식민주의자들 34, 70, 151, 202, 209, 268, 280, 386
「식민주의에 관한 담론」(“Discourse on Colonialism”) 162
『십자가 위의 악마』(*Caitaani Mutharaba-ini*) 23

ㅇ

『아닐의 유령』(*Anil's Ghost*) 356
아웃사이더 214, 216
아일랜드 민족주의 345
아체베(Chinua Achebe) 33
『악마의 시』(*The Satanic Verses*) 8
앙투아네트(Antoinette) 251
『야만인을 기다리며』(*Waiting for the Barbarians*) 85
『암흑의 핵심』(*Heart of Darkness*) 35
『애니 잔』(*Annie John*) 284
애트우드(Margaret Atwood) 305
여성 도시 산책자(flâneuse) 189
「영국 내부의 새로운 제국」(“The New Empire Within Britain”) 220
영국법 338
영국성 244, 259, 383, 394, 397
에이미스(Kingsley Amis) 229
오콩퀴(Okonkwo) 38
온다치(Michael Ondaatje) 355
『외로운 런던인들』(*The Lonely Londoners*) 174
워(Evelyn Waugh) 229
이보의 전통 38
이산의 보편성 200, 211
이산 주체 372
이시구로(Kazuo Ishiguro) 383
이집트 211, 389
이케메푸나(Ikemefuna) 39
이항대립 299
인도 53, 58, 105, 117, 131, 148, 151,

167, 199, 203, 228, 323

ㅈ

자메이카 257
「자유국가에서」("In a Free State") 200, 207, 215
자유의 희생자들(casualties of freedom) 201
『작은 것들의 신』(*The God of Small Things*) 148
『작은 곳』(*A Small Place*) 271
잔모하메드(Abdul JanMohamed) 70
장자상속법 257
『정글북』(*Jungle Book*) 235
제국주의 91
「제릴데리 편지」(*Jerilderie Letter*) 340
『제인 에어』(*Jane Eyre*) 250
종속적 지식(subjugated knowledge) 364
주변언어 326
『지난날의 잔재』(*The Remains of the Day*) 383
지배담론 318
지역적 지식(local knowledge) 364

ㅊ

『철의 시대』(*Age of Iron*) 65
초국적 자본주의 149

ㅋ

카리브계 여성작가 267
카리브계 흑인여성 269
카리브해 관광담론 276
카바피(C.P. Cavafy) 62
칼립소(calypso) 43, 176
코스모폴리탄주의(cosmopolitanism) 150
콘래드(Joseph Conrad) 35, 77, 199, 207
쿳시(J.M. Coetzee) 62
크레올(Creole) 249
크리스토핀(Christophine) 254
키치너(Lord Kitchener) 176
키플링(Rudyard Kipling) 78, 235
킨케이드(Jamaica Kincaid)
「캐머론 편지」(Cameron Letter) 340
『켈리 일당의 실화』(*True History of the Kelly Gang*) 339

ㅌ

탈식민 상황 38
탈식민적 생태주의 151
탈식민주의(postcolonialism) 149
탈식민화 35
트라우마 320
티아(Tia) 254

ㅍ

파농(Frantz Fanon) 101, 187
페미니즘 329
포스트/식민 흑인여성 성장서사 288
『포우』(*Foe*) 65, 92
피카레스크 225
캐리(Peter Carey) 332
『핏빛 꽃잎』(*Petals of Blood*) 22

ㅎ

하니프 쿠레이시(Hanif Kureishi) 194, 221
『한 알의 밀알』(*A Grain of Wheat*) 21
혼종성(hybridity) 8

영어권 탈식민주의 소설연구
한국현대영미소설학회

필 진

이석호

한국외국어대학교 영문과에서 첫 번째 박사학위를, 남아프리카공화국의 University of Cape Town 대학교에서 영어권 아프리카 문학으로 두 번째 박사학위를 취득했다. 현재 (사)아프리카문화연구소의 소장 직을 수행 중이며 원광대학교의 학술연구교수로도 재직 중이다. 쓴 글로는 「탈경계 인문학 연구의 한 사례」 등이 있고, 역서로는 『아프리카여, 슬픈 열대여』 등이 있다.

이성진

목포대학교 영문과를 졸업하고, 동대학교 대학원에서 영문학 석사학위, 전남대학 대학원에서 박사학위를 취득하였으며 현재 서남대학교 영어학과에 교수로 재직 중이다. 저서로는 『현대 영어권 문화의 이해』(공저), 역서로는 『살만 루시디와 자정의 아이들』, 『카리브해의 어느 작은 섬』이 있다. 논문으로는 「살만 루시디의 소설에 나타난 탈식민 비전」 등이 있다.

왕은철

전북대학교 영문과를 졸업하고 클래리언 펜실베이니아 주립대학교에서 영문학 석사학위, 메릴랜드 주립대학교에서 영문학 박사학위를 취득하였으며 현재 전북대학교 영문과 교수로 재직 중이다. 저서로는 『J.M. 쿳시의 대화적 소설』, 『문학의 거장들』, 『애도예찬』 등이 있고 역서로는 『야만인을 기다리며』, 『한톨의 밀알』, 『남자들의 나라에서』, 『거짓의 날들』 등이 있다.

전수용

이화여자대학교 영문과를 졸업하고, 미국의 미시건 대학교(앤 아버 소재) 대학원 영문학부에서 영문학 석사학위, 미시건 대학교에서 영문학 박사학위를 취득하였으며 현재 이화여자대학교 영문학부에서 교수로 재직 중이다. 공저로는 『신화적 상상력과 문화』, 역서로는 『결정론과 문학』 있다. 논문으로는 「팻 바커의 <갱생> 삼부작–정신병리학과 사회비판」, "Hitchcock in America," 「콘라드의 언어–언어의 탈이데올로기적 기능」 등이 있다.

박혜영

이화여자대학교 영어교육학과를 졸업하고, 서울대학교 영문과에서 영문학 석사학위와 영국의 글래스고대학에서 영문학 박사학위를 취득하였으며, 현재 인하대학교 영문과에서 교수로 재직 중이다. 역서로는 아룬다티 로이의 『9월이여, 오라』, E. F. 슈마허의 『굿 워크』가 있다. 논문으로는 「생태파괴시대의 페미니즘」과 「워즈워스와 맬서스: 빈곤과 자립을 바라보는 두 가지 경제학」 등이 있다.

이정화

경북대학교 영문과를 졸업한 후, 고려대학교에서 영문학 석사학위와 University of Florida에서 영문학 박사학위를 취득하였다. 현재 조선대학교 영어교육과 조교수로 재직 중이다. 대표적 논문으로는 “Jean Rhys's Racial Disorientation: ‘The Imperial Road’ and the Question of Racial Identification in the 1970s,” 「불결한 여성성과 오염된 인종, 혹은 비체: 진 리스의 『어둠 속의 항해』,” 「에드워드 시대 사무직 계층과 문화적 구별짓기: 포스터의 『하워즈 엔드』」 등이 있다.

박종성

충남대학교 영문과를 졸업하고 서강대학교 대학원 영문과에서 영문학 석사학위, 런던대학교(퀸메리 칼리지)에서 영문학 석사와 박사학위를 취득하였으며 현재 충남대학교 영문과 교수로 재직 중이다. 저서로는『탈식민주의에 대한 성찰』이 있다. 논문으로는 「이언 매큐언의 『토요일』에 드러난 차이의 정치학과 타자의 윤리학」 등이 있다.

홍덕선

성균관대학교 영문과를 졸업하고, University of South Carolina에서 영문학 박사학위를 취득하였으며 현재 성균관대학교 영문과에서 교수로 재직 중이다. 저서로는 『20세기 후반기 영국소설의 지형도』, 『몸과 문화』,『조이스 문학의 길잡이』, 『조이스 문학의 강의』, 역서로는 『젊은 예술가의 초상』, 『혹스무어』, 『필름클럽』, 『나무들의 은밀한 생활』, 『훌륭한 군인』 등이 있다. 논문으로는 「아이리스 머독의 실존주의 비판」, 「경계에 선 유태인 타자로서의 불룸」, 「홀로코스트의 재현방식: 마틴 에이미스의 『시간의 화살』」 등이 있다.

이경민

충남대학교 영문과를 졸업하고, 충남대학교 대학원 영문과에서 영문학 석사학위를 취득하였으며, 동 대학원에서 박사과정을 수료하였다. 논문으로는 「Jean Rhys의 *Wide Sargasso Sea*에 나타난 크레올 여성의 정체성 연구」가 있다.

이경란

이화여자대학교 영문과를 졸업하고, 이화여자대학교 대학원 영문과에서 영문학 석사학위, 영문학 박사학위를 취득하였으며 현재 이화여자대학교 이화인문과학원에서 HK연구교수로 재직 중이다. 저서로는 『젠더와 문학』, 『미국이민소설의 초국가적 역동성』(공저), 논문으로는 「'문화번역'과 포스트식민 이주서사 자메이카 킨케이드의 『루시』」 등이 있다.

이귀우

1976년 서울여자대학교 영문과를 졸업하고, 서울대학교 인문대학원 영문과에서 영문학 석사학위, 미국 뉴욕 주립대학교(빙햄튼)에서 영문학 박사 학위를 취득하였으며 현재 서울여자대학교 영문과에서 교수로 재직 중이다. 저서로는 『페미니즘 어제와 오늘』(공저), 『20세기 미국소설의 이해』(공저) 등이 있으며, 역서로는『경마장의 함정』, 『피로 물든 방』이 있다.

이석구

연세대학교 영문과를 졸업하고, 연세대학교 대학원 영문과에서 영문학 석사학위, 인디애나 대학교(블루밍튼)에서 영문학 박사학위를 취득하였으며 현재 연세대학교 영문과에서 교수로 재직 중이다. 저서로는 『제국과 민족국가 사이에서』, 『탈식민주의: 이론과 쟁점』(공저), 『에드워드 사이드 다시 읽기』(공저), 역서로는 『어둠의 심연』이 있다.

육성희

숙명여자대학교 영문과를 졸업하고, 숙명여자대학교 대학원 영문과에서 석사학위, 뉴욕시립대학교에서 박사학위를 취득하였으며 현재 숙명여자대학교 영문학부 조교수로 재직 중이다. 논문으로는 "Mourning Unmourned Deaths: Shamanic Rituals in Nora Okja Keller's *Comfort Woman*," "The Psychical Dynamics of Melancholic Identification in Theresa Hak Kyung Cha's *Dictee*" 등이 있다.

김영주

연세대학교 영문과를 졸업하고, 연세대학교 대학원 영문과에서 영문학 석사학위, 텍사스 A & M 대학교에서 영문학 박사학위를 취득하였으며 현재 서강대학교 영문과에서 교수로 재직 중이다. 논문으로는 「"가슴 속의 이 빛이": 버지니아 울프와 고딕미학의 현대적 변용」, 「잔혹과 매혹의 상상력: 앤젤라 카터의 동화 다시 쓰기」, 「최근 영국소설에 나타난 문화지리학적 상상력」 등이 있다.

영어권 탈식민주의 소설연구

초판 1쇄 발행 _ 2012년 12월 31일

저　　자 • 한국현대영미소설학회
발 행 인 • 정 현 걸
발　　행 • 신 아 사
인　　쇄 • 예지인쇄
출판등록 • 1956년 1월 5일 (제9-52호)
주　　소 • 서울특별시 은평구 녹번동 28-36번지 2F
전　　화 • 02)382-6411 · 팩스 02)382-6401
홈페이지 • www.shinasa.co.kr
E-MAIL • shinasa@chol.com

ISBN 978-89-8396-782-4(93840)

정가 15,000원